《暨南大学年鉴》编辑委员会

《暨南大学年鉴》编辑部

2007

暨南大學年鉴

JINAN UNIVERSITY

《暨南大学年鉴》编辑部 编

暨南大學出版社
JINAN UNIVERSITY PRESS
中国·广州

图书在版编目（CIP）数据

暨南大学年鉴（2007）/《暨南大学年鉴》编辑部编．—广州：暨南大学出版社，2009.4
ISBN 978-7-81135-208-5

Ⅰ．暨…　Ⅱ．暨…　Ⅲ．暨南大学—2007—年鉴　Ⅳ．G649.286.51-54

中国版本图书馆 CIP 数据核字（2009）第 040393 号

出版发行：暨南大学出版社

地　址：中国广州暨南大学
电　话：总编室（8620）85221601
　　　　营销部（8620）85225284　85228291　85220693（邮购）
传　真：（8620）85221583（办公室）　85223774（营销部）
邮　编：510630
网　址：http：//www.jnupress.com　http：//press.jnu.edu.cn

排　版：暨南大学出版社照排中心
印　刷：广州市官侨彩印有限公司

开　本：787mm×1092mm　1/16
印　张：18.25
字　数：635 千
彩　插：18
版　次：2009 年 4 月第 1 版
印　次：2009 年 4 月第 1 次

定　价：58.00 元

（暨大版图书如有印装质量问题，请与出版社总编室联系调换）

1978年叶剑英元帅为在广州复办的暨南大学题写校名

暨南大学校徽

第一组：百年校庆

2006年11月18日上午，学校在邵逸夫体育馆隆重举行暨南大学建校100周年庆典大会

2006年11月17日，国务院侨办主任陈玉杰（左一）莅临学校视察指导工作

2006年11月16日，学校在南门广场举行“百年暨南”纪念碑揭幕仪式，碑石刻字由我校20世纪40年代校友吴学谦题写

2006年11月16日，学校举行《暨南大学建校100周年100版纪念特刊》、《百年暨南丛书》、百年暨南纪念邮册等发行仪式

2006年11月16日，学校在图书馆大堂举行暨南六先贤铜像揭幕仪式，陶铸之女陶斯亮（右一）、原校长何炳松之女何淑馨（右二）出席仪式

2006年11月16日，学校在曾宪梓科学馆国际会议厅举办中外校长论坛，美国威斯康星欧克莱尔大学校长斯坦科维奇教授作演讲

校党委书记蒋述卓主持召开“暨南精神大讨论”座谈会，学校将暨南精神的主要内涵确定为“忠信笃敬、知行合一、自强不息、和而不同”十六个字

2006年11月25日晚，“联通世界风”暨南大学庆祝建校100周年庆典晚会在学校田径场举行

第二组：2006年重要事件

2006年1月14日，国务院侨办副主任刘泽彭（右五）代表侨办党组宣布胡军（右一）任暨南大学校长，因年龄关系刘人怀（右二）不再担任校长职务

学校新领导班子组成，前排分别为胡军（左二）、蒋述卓（右二）、贾益民（左一）、陆大祥（右一），后排分别为纪宗安（中）、王华（右二）、叶勤（左二）、周天鸿（右一）、刘洁生（左一）

2006年10月27日，百年校庆前夕，前中共中央政治局委员、国务院副总理李岚清为师生作“音乐·艺术·人生”专题讲座

2006年11月17日，国务院侨办副主任刘泽彭（右一）为暨南大学华侨华人研究院揭牌

2006年12月20日，国务院侨办副主任许又声（前左）出席学校承办的国务院侨办课题研究优秀成果颁奖会暨第二届中国和平发展与海外华侨华人研讨会开幕式，并向国务院侨办咨询专家颁发证书

2006年6月9日，学校承办第五届广东省“挑战杯”中国移动大学生创业计划竞赛决赛，广东省副省长雷于蓝(前右)在校长胡军陪同下参观大学生参赛作品

2006年11月15日，暨南大学海外华语研究中心揭牌仪式在华文学院举行，国务院侨办文宣司司长刘辉、教育部语言文字信息管理司副司长王铁琨出席仪式

2006年3月29日，校长胡军在澳门拜会澳门特别行政区行政长官何厚铧并赠送学校礼物

2006年11月11日，暨南大学产业经济研究院揭牌

2006年5月29日至30日，学校顺利通过“十五”“211工程”建设项目整体验收

2006年6月29日，学校在曾宪梓科学馆举行庆祝中国共产党成立八十五周年暨表彰先进大会

2006年9月25日，国家"863"高科技项目、我校"重组黄曲霉毒素解毒酶基因工程菌"项目进入产业化阶段

第三组：校史回眸

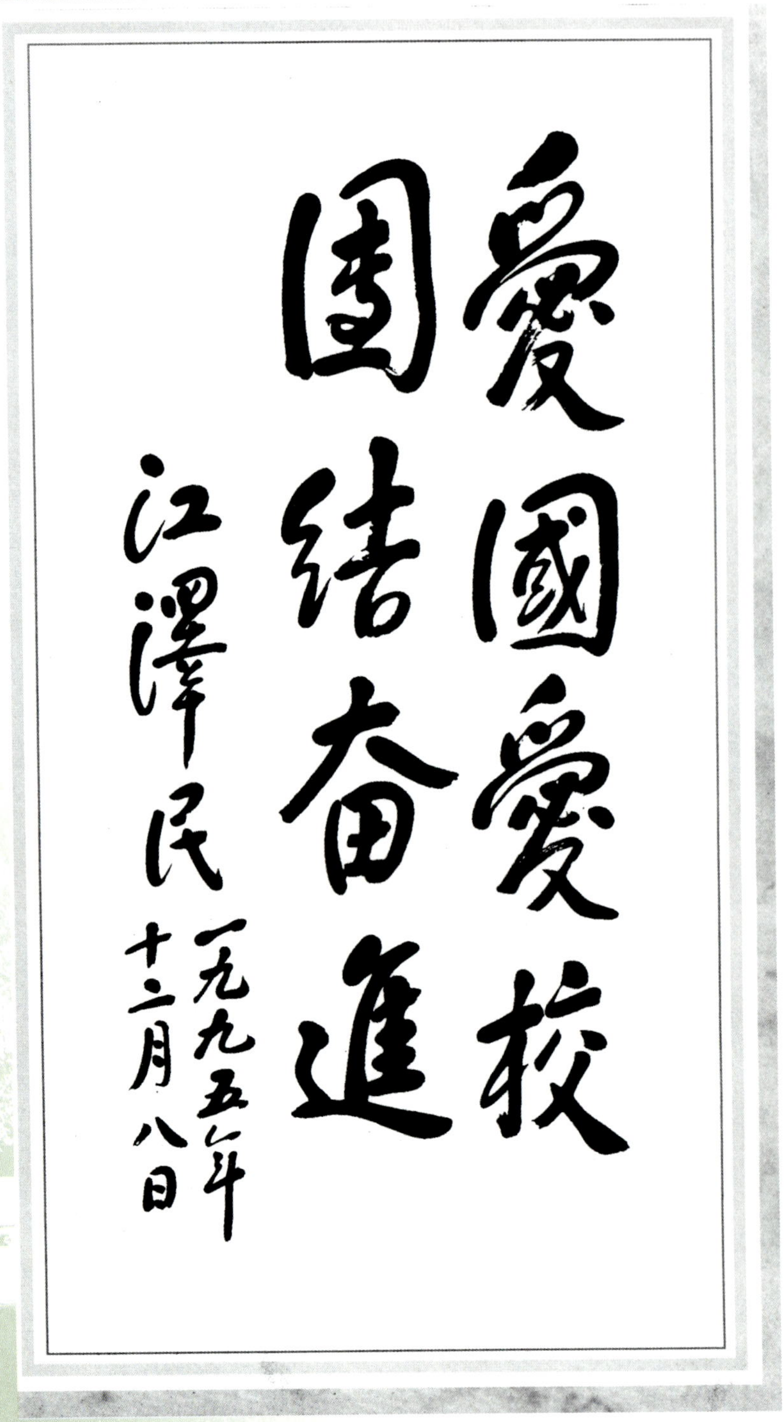

爱国爱校
团结奋进

江泽民
一九九五年十二月八日

1995年12月，中共中央总书记、国家主席江泽民为暨南大学90周年校庆题词

1958年暨南大学在广州重建时校门，校名由陶铸同志题写

1978年暨南大学在广州复办后的首届开学典礼在学校大礼堂举行

1959年冬，师生修建人工湖，工程完毕后命名为明湖，如今明湖已成为暨南园一大景观

1978年6月9日，全国人大常委会副委员长、暨南大学董事会董事长廖承志主持召开暨南大学第一届董事会第一次会议

1984年，暨南学子千里跋涉，骑车进京，首倡教师节

1986年10月18日，暨南大学校友、国务院副总理吴学谦（左二）回母校指导工作

1988年，全国人大常委会副委员长、暨南大学董事会董事长荣毅仁莅校视察指导工作

1996年6月14日，学校通过“211工程”部门预审，进入面向21世纪国家重点建设的大学行列

1996年3月3日，暨南大学中旅学院（现深圳旅游学院）在深圳华侨城举行开学典礼

2000年9月7日，国务院侨办华文教育基地挂牌仪式在华文学院举行

2001年3月28日，全国政协副主席、暨南大学董事会董事长、名誉校长钱伟长与广东省委常委、珠海市委书记黄龙云等领导参加珠海学院校园工程奠基典礼

2005年11月7日至10日，我校成功承办第一届亚洲大学生田径锦标赛

编　辑　说　明

《暨南大学年鉴》（2007）是暨南大学建校以来的第一本年鉴，反映了暨南大学2006年度在教学改革、学科建设、科学研究、对外交流等各方面的发展进程和最新成就，供全校各单位及社会各界了解和研究学校现状与发展情况时参考使用，同时也是暨南大学发展概况的历史记载。

《暨南大学年鉴》（2007）是资料性文献汇编，以文章和条目为基本体裁，以条目为主。全书共有特载、专文、暨南大学概况、机构与干部、学院以及直属教学单位情况、教育教学、科学研究与产业开发、行政管理与后勤保障、党建与思想政治工作、人物、表彰与奖励、毕业生名单、2006年大事记等基本栏目。为了增加信息量，增强可读性，本年鉴还按百年校庆、2006年重要事件、校史回眸的次序设彩色图片专辑。

2006年是暨南大学建校100周年，这是暨南大学乃至中国侨界的盛事，本年鉴为此设置特载一栏，记载暨南大学百年校庆的重要活动及相关资料。特载中还记录了暨南大学完成“十五”“211工程”建设项目整体验收的有关资料。

本年鉴所收录的各学院、直属教学单位的资料，基本上按照发展概况、学科建设、科研工作等条目进行编写。统计数字附在相关内容之后。

本年鉴所刊内容由各单位负责提供，并经本单位负责人审定。

本年鉴主要收录了各单位2006年1月1日至2006年12月31日发生的重大事件，部分内容依据实际情况在时限上略有延伸。因系首本年鉴，本年鉴对既往资料亦适当溯及。

《暨南大学年鉴》（2007）由暨南大学校长办公室组织编写，在编写过程中，得到了学校各单位的大力支持，在此谨表深深的谢意。年鉴涉及面广、内容多，加上编辑人员经验不足，其中的错误、疏漏还望读者指正，以使我们不断改进。

《暨南大学年鉴》编辑部

2009年3月

编 辑 说 明

序　言

暨南大学是中国政府创办的第一所华侨高等学府，素有纪事修史的优良传统。一百多年薪火相传，暨大取得今天海内外瞩目的办学成绩和水平，靠的是一种精神——暨南精神！而传承暨南精神的，是一代代的学人和学子，是散发墨香的书册和典章。

百年校庆前，学校已启动年鉴的编纂工作，拨出专款，计划逐年出版。赖全校各部门各单位的通力支持，数位同志的忘我工作，终于奉献给读者这部《暨南大学年鉴》(2007)。百年校庆之感奋人心，传声教育桃李人才之济济，科研强校服务社会事业之昌盛，尽在一册之中，这确实是一件可喜可贺的事。

年鉴是逐年编纂、连续出版的资料性工具书，鉴者，镜鉴也，说明了年鉴鉴往知来、资政育人的作用。可以说，年鉴是昨天的史实，今天的镜鉴，出版时间愈久，作用就会愈显著，作为工具书的价值就愈大，所以看见学校第一部年鉴的面世，我感到欣然。

中国大学里编年鉴的，暨南大学不是第一家。希望全校继续鼎力支持，编辑部不断学习总结经验，常编常新，争取把《暨南大学年鉴》编成一部质量高、实用性强、富有特色的年鉴，编成海内外社会各界认识、了解、研究暨南大学的一种不可或缺的工具书。同时也希望师生好好学习年鉴、利用年鉴、宣传年鉴、推介年鉴，充分发挥年鉴的作用，为建设特色鲜明、海内外知名的研究型大学贡献一己之心力。这也是我们编纂年鉴的鹄的。

百年暨大的第一部年鉴总会有这样那样的疏漏，这并不是什么可怕的事。暨大的生命是长久的，年鉴的价值是长远的。“不积跬步，无以至千里”，我相信暨南大学年鉴会越编越好。

是为序。

暨南大学校长　胡军

二〇〇九年三月

目　　录

·学院、直属教学单位情况·

·教育教学·

·科学研究与产业开发·

·行政管理与后勤保障·

·党建和思想政治工作·

·人　物·

·统计资料·

·表彰与奖励·

·2006 年毕业生·

·2006 年大事记·

·附　录·

·特　　载·

百年校庆

综　　述

2006年，是我国实施“十一五”发展规划的开局之年，也是暨南大学建校100周年。2006年11月16日是暨南大学建校100周年纪念日，为了方便海内外校友和领导、嘉宾出席庆典活动，学校特意将11月18日（星期六）定为庆典日。11月16日至18日，学校隆重、顺利、圆满地举行了一系列纪念学校百年华诞的庆祝活动，获得广大来宾、校友和师生的广泛好评。庆祝活动达到了预期效果：凝聚了人心，鼓舞了士气，统一了思想，明确了目标，扩大了影响，提高了声誉。

一、百年校庆得到了各级领导的重视和社会的广泛关注

（一）党和国家领导人及中央各部委、地方政府领导、社会知名人士纷纷题词或发来贺信祝贺暨大百年华诞

此次校庆，中共中央政治局常委、全国政协主席贾庆林，中共中央政治局常委李长春，原中共中央政治局常委、国务院副总理李岚清，原国务院副总理、暨南大学校友吴学谦分别发来贺信或题词。张德江、唐家璇、陈至立、许嘉璐、路甬祥、韩启德、马万祺、罗豪才、董建华、曾荫权、何厚铧、高祀仁、白志健、黄华华、黄丽满、陈绍基、钟阳胜、朱小丹、宋海、孔泉等领导，国务院侨办、教育部、卫生部、国务院台办等单位也分别发来贺信或题词，极大地鼓舞了全校师生。

此外，107所兄弟院校和学校的姊妹大学、27个友好单位和个人发来了贺信，170多个友好单位、团体及个人赠送了礼品，共贺暨大百年华诞。

（二）各级领导应邀出席庆典大会和欢迎晚宴，将庆祝活动推向高潮

（1）11月18日上午10点整，暨南大学建校100周年庆典大会在暨南大学邵逸夫体育馆隆重举行。会场布局简约别致、喜庆大方，来宾引导规范有序、座次清晰，庆典气氛庄重热烈、高潮迭起，进出会场安排得体、安全通畅。

全国政协副主席周铁农，国务院侨务办公室主任陈玉杰，澳门特别行政区行政长官、暨南大学董事会副董事长何厚铧，国务院侨务办公室副主任、暨南大学董事会副董事长刘泽彭，国务院港澳事务办公室副主任周波，国务院台湾事务办公室副主任叶克冬，外交部部长助理、暨南大学董事会副董事长孔泉，中央人民政府驻香港联络办公室副主任、暨南大学董事会副董事长王凤超，中央人民政府驻澳门联络办公室副主任、暨南大学董事会副董事长王今翔，中共广东省委副书记欧广源，中共广东省委常委、广东省人民政府常务副省长钟阳胜，中共广东省委常委、广州市委书记朱小丹，广东省人大常委会副主任游宁丰，广东省常务副省长汤炳权，广东省政协副主席周天鸿，广东省检察院检察长张学军，全国人大常委、暨南大学董事会副董事长曾宪梓，海南省人大常委会原副主任王学萍，广东省人大常委会副主任侣志广，广东省政协原副主席李辰，广东省武警总队总队长牛志忠少将，广东省教育厅厅长罗伟其等20余位各级领导人及中央有关部门、广东省和广州市的领导在主席台前排就座。出席庆典的还有200余位广东省属单位、广州市属单位、合作单位、海外姊妹大学、“211工程”高校、广东省内各高校、国内其他省市的领导，暨南大学董事会董事、海内外校友、各界嘉宾朋友、中央省市和港澳60余家媒体记者以及暨南大学师生员工等共计4 000多人。陈玉杰、钟阳胜、朱小丹、罗伟其、胡军等发表讲话。

（2）11月17日晚，学校在广州东方宾馆宴会厅举行盛大欢迎晚宴。宴会规模宏大、井然有序、气氛热烈、别具一格、深受宾客赞赏。国务院侨办领导陈玉杰、刘泽彭，中央有关部委领导叶克东、王凤超、王今翔，省市领导宋海、薛晓峰等，以及姊妹大学、兄弟院校、各省侨办领导，暨南大学校董、赞助商代表、海内外校友及各界嘉宾共1 500多人出席了百年校庆欢迎晚宴。宋海、薛晓峰、胡军等发表讲话。

（三）媒体的高度关注有效宣传了学校的办学成就

暨南大学百年校庆得到了中央电视台、人民日报、光明日报、经济日报、中国青年报及广东省内主要媒体、港澳与海外华文媒体的高度关注。据不完全统计，除南方日报社隆重推出的暨南大学建校100周年纪念特刊外，中央、省市、港澳与海外华文媒体对暨大百年校庆活动的新闻报道超过1 500多篇（条），其中境外媒体的报道100多篇；中央电视台综合频道、国际频道先后6次报道；新华社向全国媒体发出通稿并被广泛刊播。

二、顺利、圆满地完成了系列庆祝活动

自11月16日开始，学校共举行了博物馆画展剪彩仪式及孔子铜像揭幕仪式，南方日报《暨南大学建校100周年100版纪念特刊》暨珍藏缩印本发刊仪式，“百年暨南丛书·暨南文丛”首发式，百年暨南纪念邮册、首日封、明信片发行仪式，“百年暨南”纪念碑揭幕仪式，暨南大学六先贤铜像揭幕仪式，暨南大学校友总会第三届理事会扩大会议，校史展览，“马超、王静三绘画作品展”，暨南大学第五届董事会第二次会议，暨南大学建校100周年欢迎晚宴，暨南大学建校100周年庆典大会，澳门校友会“百年盛鼎”捐赠仪式，中外校长论坛，暨南大学建校100周年庆典晚会，CBA劲旅篮球对抗赛，百年校庆礼品展等十余项重要庆祝活动。在各部门各单位及全校师生的精心策划和辛勤努力下，各项活动都得以顺利开展，且各富特色，好评如潮。

三、精心设计，周密安排，切实开展百年校庆筹备工作

（一）重访暨南旧址，传承暨南精神

2006年8月，学校组织的“百年校庆寻根团”从广州出发，沿着暨南大学播迁的足迹开展寻根之旅，以此缅怀百年暨南走过的曲折道路，追思逝去的不平凡岁月，鼓舞暨南大学师生承前启后，与时俱进，永远向前。南京、上海、建阳，所到之处，无不展现了百年暨南的厚重与深沉，留下暨南人百折不挠的高风亮节。校友们的深情回忆和诉说，体现出他们对母校过去的眷念和自豪。在过去的一百年里，暨南大学屡次搬迁和停办，与中华民族共荣辱，同命运，尽管几经曲折坎坷，但一直弦歌不辍。在新的百年里，面对国家的重托、海内外校友和社会各界的厚望，暨南大学任重道远。

（二）开展暨南精神大讨论，概括和提炼暨南大学传承百年的精髓

开展“暨南精神大讨论”是学校喜迎百年校庆的重要活动之一。为加深学校师生对暨南历史和暨南精神的认知和理解，自2006年3月以来，学校组织师生和校友积极参与暨南精神大讨论。在长达9个多月的时间里，学校通过征集论文、举办论坛与名家讲座等形式开展深入讨论，最后，“暨南精神”的主要内涵确定为“忠信笃敬、知行合一、自强不息、和而不同”十六个字。记录“暨南精神大讨论”精华内容的《凝聚暨南精神》一书已由广东人民出版社正式出版。

（三）名家讲座大师云集，内容丰富

校庆前夕，学校邀请了许多海内外名家大师为师生举行学术报告会和讲座，多达200余场，深受师生欢迎。

理工医方面，共举办院士论坛21场，其中外籍院士8场、国内院士13场，名家讲坛47场、学术讲座98场、学术沙龙1 200余场，涵盖了生命医学、生物医药技术、资源环境和理工信息等领域，参与者和听众达20 000人次。人文社会科学方面，共举办讲座70余场，涉及文学、新闻传播学、管理学、经济学、教育学等领域，参与师生共计8 500余人次。

此外，学校就成才、科学、语言等不同主题举办了6场“百年暨南讲坛”，听众约2 000人次。

（四）接待工作分工明确，有条不紊

为切实做好接待工作，提前掌握来宾的有关情

况，并据此做好住宿、交通安排，学校分两次向拟邀请对象发出邀请函，并对已有回执并决定参加校庆的来宾信息反复进行确认。校庆办公室还专门组织力量为校庆接待开发软件系统，以便动态地掌握来宾的情况。同时，对每个嘉宾都安排志愿者进行点对点的联系，互通信息。

校庆期间，学校共接待来自中央有关部委、广东省、广州市、合作单位、海外姊妹大学、"211 工程"高校、广东省内各高校、全国各省市的领导，暨南大学董事会董事，海内外校友，中央省市和港澳媒体记者等 1 700 余人，接待自发返校的校友约 17 800人。

（五）认真筹划校庆宣传工作，充分彰显学校风采与特色

为全面彰显百年侨校的独特风采，深入提炼厚重的文化底蕴，进一步扩大学校的影响力，学校开展了多角度、多层次的校庆宣传工作。学校设立百年校庆专题网站、与南方日报社合作推出的暨南大学建校 100 周年纪念特刊《百年暨南》、与广东电视台合作拍摄的专题片《百年暨南》、与香港亚视合作拍摄的专题片《暨大与港澳》、与光明日报社合作刊登《百年暨南》连载，开展"暨南精神大讨论"，出版《百年暨南》画册和《凝聚暨南精神》、《见证暨南——媒体暨南精选》等书籍，进行全方位宣传，为百年校庆的顺利举行营造了良好的舆论氛围，提供了强大的舆论支撑，有效提升了学校的知名度和美誉度。

（六）精心策划，刻苦排练，为百年校庆献上了一场精彩的庆典晚会

庆祝晚会筹划早，准备充分，参与师生多，它以学校百年的发展历程为主线，由学校师生自编、自导、自演的文艺节目为主要内容，气势恢弘、内容丰富、特色鲜明、激动人心、令人难忘。晚会的正式演员1 696人，场景演出组1 800 人，参加的演职人员达3 800多人。

（七）充分发挥志愿者的作用，推动各项校庆活动顺利开展

在校庆的各项活动中，参与志愿者总人数达 1 012人。他们参与了接待、会务、宣传、礼仪、医疗、后勤、保卫、交通、财务等工作，并且在工作中体现了纪律性强，积极主动，吃苦耐劳，注重礼节的良好风尚，协助各工作组出色地完成了校庆筹备工作，解决了任务繁重而工作人员数量不足的矛盾，得到了来宾和学校各单位的肯定。

（八）凝聚各方力量，积极募集资金，提供资金保障

为了实现学校校董和热心教育的企业家投资教育，支持学校建设的愿望，同时也给百年校庆的顺利举行寻求经费支持，在百年校庆筹备委员会的正确领导下，校庆办公室、董事会办公室、财务处等部门认真筹划，辛勤工作，积极募集资金，且成效显著。

四、百年校庆活动的重要意义和影响

（一）加深了对暨南精神的理解，增强了凝聚力和向心力

开展暨南精神大讨论，过程比结果更重要。通过长达9 个多月的热烈讨论，进一步挖掘和总结出了暨南大学世代传承的精髓，并将其发扬光大。提炼和概括出暨南精神的主要内涵，可以更好地宣传和弘扬暨南精神，增强学校的凝聚力和向心力，为学校教育发展提供思想基础和精神动力。

通过暨南精神大讨论和百年校庆系列活动的开展，师生的爱校热情得到激发，士气更加高涨；对校史的认知更加深入，对学校的未来更加自信；学校的向心力进一步增强，目标更加明确。师生对学校的批评少了，赞扬多了；珍惜暨南大学名誉的人多了，诋毁的人少了；以身为暨南人而感到自豪的人多了，妄自菲薄的人少了。

（二）有效贯彻了"庆典为体，学术为魂"的校庆原则，校园学术氛围更加浓厚

为营造浓郁的学术氛围，深入贯彻"庆典为体，学术为魂"的校庆原则，自 2005 年开始，学校就结合学校的发展需要，不断邀请海内外著名专家学者来校作报告或开办讲座，他们当中很多是享有重要学术地位和学术声望的重量级人物和著名学者，如来自美国的管理学大师彼得·圣吉、新儒学大师杜维明、我国著名作家王蒙、博鳌亚洲论坛秘书长龙永图、香港凤凰卫视著名主持人杨锦麟等。报告内容涉及学科领域广，探讨的问题前沿且有深度。报告会和讲座历时长、参与者多，开拓了师生们的学术视野，活跃了校园学术氛围，达到了预期效果。

（三）充分凸显了暨大干部出色的策划能力、组织管理能力、协调能力和合作精神，体现了暨大师生求真务实，追求卓越的精神风貌

校庆筹备工作和校庆期间的活动是个巨大的系统工程，也是对暨大师生能力的巨大挑战和考验。它需要全体师生的积极参与，更需要周密的策划，科学的组织管理，有效的协调和默契的合作精神，这些都在近乎完美的校庆活动中得到了充分体现。空前规模的欢迎盛宴，隆重热烈的庆典大会，令人难忘的庆典晚会等，无不体现着敬业奉献、敢为人先的暨南人求真务实、追求卓越的精神风貌。

（四）校园环境进一步美化，后勤保障更加有力

为营造一个干净整洁、舒适宜人的校园环境，2006年，学校专门成立了暨南大学综合管理委员会，下设校园综合管理办公室，对校园环境和交通秩序进行了全面整治。此外，学校还完成了总建筑面积达11.3万平方米的7项基建工程；完成了188项维修、改造、装修和绿化工程及校庆期间校园环境的布置。随着整治工作的逐步深入，部分基建工程陆续竣工，各项维修、改造和绿化工程相继就绪，校园环境更加整洁，道路更加通畅，绿化面积进一步扩大，校园面貌得到根本改善，为建设和谐校园奠定了良好的基础。

校庆各项工作能够顺利开展离不开来自总务后勤、保卫处等部门的有力保障。整个校庆期间，学校在水电供应、交通运输、食宿安排、卫生保洁等方面经受住了严峻考验，保证了对各方需求的正常供应，赢得了来宾和师生的一片好评。

（五）提升了学校在海内外的影响力和美誉度

除媒体报道中的诸多溢美之词外，许多嘉宾都对学校的校庆工作表示了由衷的赞叹和敬意，同时也对暨南大学未来良好的发展前景充满信心。美国威斯康星欧克莱尔大学在感谢信中说："我们要再次向你们表示感谢，感谢你们对我们的热情和友好！我们为有暨南大学这样的合作伙伴而感到幸运，我们盼望继续这种伟大的合作。"美国沙基诺大学来函说："没有语言能表达我们对你们周到接待的感激之情。我们对你们欢迎晚宴的各个细节以及暨南大学所有朋友对我们的友情印象极为深刻。"一位来自欧洲的嘉宾说："此次来访让我们对你们伟大的国家有了一个全新的认识，贵校学生、老师所表现出来的那种对学校、对国家尽义务的精神，在西方国家是难以想象的。"陶铸之女、中国市长协会副会长陶斯亮女士称赞说："你们的接待非常细致、周到，在其他大型活动中也是少见的，非常感谢你们。"卫生部科技司刘雁飞副司长在暨大感受到了回家的温暖，他虽然停留时间短暂，但印象深刻。

暨南大学董事会副秘书长、暨南大学校友总会会长马有恒说，董事会、庆典大会、晚宴都很成功，校庆晚会相当振奋人心，很有凝聚力。18号的晚会他坐了很长时间都不想离开，25号又专程从澳门返校观看晚会。全国政协常委、新聘校董陈永棋感受到暨南大学文化底蕴之深，赞扬暨大对在全球传播中华文化、促进港澳回归方面作出了贡献。

北京大学校务委员会副主任林钧敬在参加庆典大会离开广州后，专门发送短信对学校校庆工作表示赞赏，并要求寄照片以作留念。新疆大学校长泰来提·艾米尔艾力18日当晚冒雨参加了学校百年校庆的庆祝晚会，在被雨淋湿后，依然兴致勃勃，对学校师生在晚会现场遭遇大雨后仍然秩序井然表示赞赏。

五、圆满举办校庆系列活动的成功经验

（一）指导思想明确是根本

学校举行建校100周年校庆的指导思想是：全面总结一个世纪以来学校的办学成就和经验，弘扬传统，彰显风范，凝聚侨心，共谋发展，大力推进"侨校+名校"发展战略的实施，提升学校在海内外的知名度和美誉度。同时明确，举办校庆活动必须遵循"隆重热烈，俭朴务实，办出特色；庆典为体，学术为魂"的指导原则。这一指导思想和原则始终贯穿于校庆各项工作之中，成为校庆各项活动顺利实施的指针。

（二）各级领导的重视和支持是前提

举行百年校庆活动，既得到了国务院侨办的同意，也得到了党中央、国务院以及广东省委省政府、广州市委市政府的高度重视和支持，学校领导更是亲力亲为，亲自参与各项方案的制订和实施。为做好校庆筹备工作，学校成立了以胡军校长为主任、蒋述卓书记为常务副主任、其他校领导为副主任的校庆筹备委员会。每位校领导在校庆工作中都有明确的分工。筹备委员会委员包括各部处、学院负责人。校庆筹备委员会下设校庆办公室。

校庆筹备期间，学校领导始终十分重视、关心筹备过程中的各个环节，共召开各类协调会议50余次。胡军校长、蒋述卓书记多次过问筹备工作的进展情况，并通过校长办公会议或亲自主持专题会议及时解决遇到的难题。其他校领导督促相关职能部门积极工作，保证了校庆筹备工作的顺利开展。

（三）一支策划能力、组织能力、管理能力、执行能力、协调能力突出的队伍是保证

校庆筹备工作主要是由校庆办公室及其下设的11个工作组承担的，校庆办公室的主任由校长办公室主任兼任，副主任及各工作组组长、副组长均由各职能部门负责人兼任。他们不仅具有强烈的责任感和荣誉感，而且各方面能力突出。校庆办公室负责校庆筹备工作的总体策划、组织管理和统筹协调，而这也是决定校庆筹备工作质量和效率的关键因素。各工作组之间分工明确，团结协作，根据所负职责精心安排、周密部署、落实责任，有效保证了各项工作的快捷、顺利实施。

既要保证日常工作正常运转，又要及时做好校

庆筹备工作，校庆办公室和各工作组的同志们在长达半年的时间内几乎没有节假日，他们经常加班加点，甚至带病工作，却毫无怨言。正是他们的积极努力和无私奉献，使得筹备工作得以圆满完成。

（四）全校师生满腔的爱校热情是动力

校庆是一项全校性的工作，需要全校师生的共同参与，这一点在整个校庆工作中得到了充分体现。不仅学校各部处、学院的行政干部积极投身校庆工作，身处教学科研第一线的教师们对校庆工作也有着同样的热情，学生的积极参与更是缓解了人员不足的压力。校庆期间，学校共组织了1 012名学生志愿者参与各方面的工作，1 696名学生参加了庆祝晚会的演出，1 800名学生担任了场景演员，300多名学生担任晚会的工作人员。学生的爱校热情在18日的晚会因暴雨不能如期进行演出的时候得到了淋漓尽致的体现，数千名同学自发地聚集在一起，举行了一场别开生面、富有特殊意义的晚会庆祝暨南百年华诞。华文学院、珠海学院、深圳旅游学院的师生都相继开展了专题校庆活动，并举办了专场晚会。

百年校庆，留下了许多宝贵经验，锻炼和发现了一批有胆识、有能力、有魄力的干部，凸显出师生的工作热情和拳拳爱校之心——这些，正是暨南大学未来发展的基础和保证。

（孙彧）

百年校庆寻根之旅

百年校庆前夕，校长胡军、党委书记蒋述卓率领“百年校庆寻根团”，沿着暨南大学播迁的足迹，开展了寻根之旅。胡军校长一行先后到达南京、上海、建阳，瞻仰了学校过去的办学旧址，并在上海真如、宝山，福建建阳举行办学旧址纪念碑落成典礼，与各地校友进行座谈。党委书记、副校长蒋述卓参加了南京、上海的寻根活动；副校长贾益民、刘洁生等参加了此次寻根之旅。香港校友会、澳门校友会也自发组织校友代表参加了寻根之旅。

暨南大学“百年校庆寻根之旅”的首站是南京。2006年8月13日，校长胡军、党委书记蒋述卓一行13人来到南京鼓楼公园前的暨南学堂办学旧址纪念碑所在地，与南京校友会会长徐钊其等十余位校友，先期到达的香港校友会副会长蔡丽华、司库刘淑英会合，并会见《现代快报》等南京当地媒体记者。胡军校长向南京、香港、澳门校友会分别赠送纪念品，南京、香港、澳门校友会之间也互赠纪念品。

8月14日，校长胡军、党委书记蒋述卓率“百年校庆寻根团”来到此次旅程的第二站——上海。上午9点10分，“百年校庆寻根团”与来自上海校友会的校友以及香港、澳门、台湾、南京、北京、浙江、杭州校友会的代表，上海中环集团和上海市有关部门负责人共百余人在“国立暨南大学真如旧址纪念碑”所在地——上海万里住宅区绿化广场参加揭碑典礼。上海校友会会长徐名亮、暨南大学校长胡军、上海中环集团总裁周玉升、香港校友会会长李昭瑜、澳门校友会理事长黎栢强、南京校友代表郑宏基等先后致辞。胡军校长、周玉升总裁及上海校友会朱鸿兴名誉会长、南京校友会徐钊其会长共同揭碑。上午10点45分，暨南大学上海宝山路办学旧址，现上海市北职业中学内，暨南大学“百年校庆寻根团”与上海市闸北区教育局副局长朱正林、上海市北职业中学校长徐敬琪，来自香港、澳门、台湾、南京、北京、浙江、杭州校友会的代表及上海校友会校友共百余人出席“国立暨南大学旧址纪念碑”落成典礼。上海校友会会长徐名亮、暨南大学校长胡军、上海市北职业高中校长徐敬琪、来自台湾的上海校友会名誉会长王乃昌、北京校友会会长陈默先后发表讲话。蒋述卓书记、朱正林副局长、徐敬琪校长、浙江校友会夏雷会长共同为纪念碑揭幕。下午，校领导胡军、蒋述卓、贾益民、刘洁生等与各地校友一起座谈。贾益民副校长主持了座谈会。胡军校长向校友们通报了学校的有关情况，蒋述卓书记向校友们通报了百年校庆的筹备情况。校友们对学校的建设和发展提出建议。

8月17日上午，暨南大学建阳办学旧址，现福建省建阳市人民医院大门左侧，“百年校庆寻根团”和建阳市教育局，建阳市人民医院，建阳一中的领导，暨南大学香港、澳门、南京、上海、北京校友会的代表和建阳校友共40余人出席暨南大学建阳办学旧址纪念碑落成典礼。胡军校长和中共建阳市委常委、市委宣传部长张颖共同为纪念碑揭幕发表讲话。建阳时期校友会会长范家震老人和前来出席典礼的各地校友会代表分别发言。当天下午，在范家震会长及建阳时期老校友的陪同下，胡军校长一行参观了建阳市童游镇暨南大学学生当时住过的宿舍。

开展“百年校庆寻根之旅”活动，对团结校友，凝聚人心，共谋学校发展意义深远。此次活动通过缅怀暨南大学一百年来走过的曲折道路，追寻学校一脉相承的忠信笃敬、爱国爱校、艰苦奋斗、百折不挠的光辉精神，激发了广大师生和校友爱校的热情，进而激励和鞭策全体师生员工传承、发扬百年暨南的优良传统和精神，为实现学校“侨校＋名校”的发展战略和建设高水平研究型大学的宏伟目标而努力奋斗。

（校长办公室供稿）

博物馆画展剪彩及孔子铜像揭幕仪式

2006 年 11 月 16 日是暨南大学百年校庆日，孔子铜像的揭幕及书画展剪彩仪式揭开了暨南百年校庆系列庆祝活动的序幕。

上午 8 点 30 分，蔡冠深博物馆画展剪彩仪式及孔子铜像揭幕仪式隆重举行。校长胡军、副校长陆大祥、校董梁仲景、孔子铜像设计者胡江以及杜滋龄、陈金章、陶为渊、朱荣华、徐文实等艺术界名人出席了画展剪彩仪式和孔子铜像揭幕仪式。

胡军校长与梁仲景先生、胡江先生一同为孔子铜像揭幕。这尊题为“万世师表”的孔子铜像是梁仲景先生赠送给学校百年校庆的礼物，由著名艺术家胡江先生历时 11 个月精心设计而成。铜像高 5.2 米，立在 1.5 米的基座上。孔子铜像左手持简、右手立一，是典型的教育家形象。此举旨在以孔子为人师表、教书育人的形象启迪后学。

随后，出席仪式的领导、嘉宾一同来到博物馆前，为博物馆书画展览剪彩。

（据中新社记者郭军报道）

百年校庆系列图书首发式

2006 年 11 月 16 日上午 10 点 30 分，暨南大学校庆系列活动中的重头戏——《暨南大学建校 100 周年 100 版纪念特刊》暨珍藏缩印本发刊仪式，“百年暨南丛书・暨南文丛”首发式，百年暨南纪念邮册、首日封、明信片发行仪式在校行政办公楼举行。

暨南大学胡军校长说：“看到特刊，感到非常振奋，能在这么短的时间内做出来，而且具体生动地反映了暨大百年的来龙去脉，这是送给校友师生最好的礼物。”蒋述卓党委书记从历史的视角，对特刊所体现出来的厚重感、文化味道倍加赞许：“这是一份将一所百年学府放在百年中国的历史图卷中审视的特刊。”

该特刊出版 15 万份。内容分为盛代风华、百年庆典和世纪传薪三个部分，其中第二部分 48 个版面，重点反映了暨南大学百年来厚重的历史和文化积淀，大气而典雅，另外，特刊还选用了许多鲜为人知的校史图片。

“百年暨南丛书”包括《百年暨南史》、《百年暨南人物志》、《暨南往事》、《图说暨南》四部作品，从不同侧面反映了百年暨南光荣的奋斗史。“暨南文丛”则以每类入选者的生辰为序分为三卷，收录了沈从文、梁实秋等 34 位在暨南园留下深刻印记的名师名家的作品。其作品内容涉及文学、历史、和社会科学三大方面，彰显了百年来暨南大学名师荟萃的历史。

“暨南大学建校一百周年系列纪念邮品”当天同时上市发行，共分四个系列，包括纪念邮资信封、纪念邮册、个性化纪念邮票、纪念明信片各一套。

其中，由国家邮政局特别批准的该套带邮资图的专用纪念信封，是在中国邮政最新调整邮资后发行的首套纪念邮资纪念信封，也是暨南大学历史上首次以国家发行纪念邮品的方式庆贺校庆。

纪念邮册则以“暨南百年”、“暨南辉煌”、“暨南愿景”、“暨南足迹”、“暨南人物”、“暨南记忆”

六个主题尽显暨南大学百年来的沧桑和辉煌。

纪念邮票是以版票的形式发行的个性化纪念邮票，共16枚。纪念明信片一套共10张，封面为吴学谦手书题字“暨南大学”。

（据中新社记者郭军报道）

“百年暨南”纪念碑揭幕仪式

2006年11月16日下午3点整，镌刻有“百年暨南”字样的纪念碑在暨大教学楼门前隆重揭幕。暨南大学校长胡军、副校长贾益民、吴学谦先生之子吴晓镛先生、北京校友会会长陈默和200多名学生代表参加了仪式。

这块由北京校友会捐赠的黄蜡石重13吨，高2.2米，宽3.6米，深0.8米，上书“百年暨大”四个大字。这四个大字是由40年代暨南校友、前中共中央政治局委员、国务院副总理兼外交部部长吴学谦先生在2006年春季题写的。碑石由一个红色的基座撑起，基座的正面刻着介绍此碑由来的文字，背面则刻有“北京校友会捐赠”字样。纪念碑正对南门，有“南暨”之意。

仪式开始后，胡军校长与嘉宾共同为碑石揭幕。吴晓镛先生与陈默先生也分别在仪式上致辞，表达了对暨南大学真挚的祝福、对数以万计的校友亲切的问候。

（据华声报记者王凯报道）

暨南六先贤铜像揭幕仪式

2006年11月16日下午，暨南大学在新建成的图书馆内隆重举行六先贤铜像揭幕仪式。暨大校长胡军致辞并与六先贤的后代——郑洪年之子郑宝伦、何炳松之女何淑馨、陶铸之女陶斯亮为铜像揭幕，200多名师生参加了揭幕仪式。

暨南大学六先贤铜像指的是端方、郑洪年、黄炎培、何炳松、陶铸、廖承志六个人的铜像。这六位先贤是从在暨南大学建校、复办的历史中立下汗马功劳、起到巨大推动作用的校长（董事长）中遴选而出，按铜像与真人2∶1的比例制成的。

端方是暨南的创办人，1906年他在南京薛家巷（今汉口路）创办暨南学堂，专门招收华侨子弟，在暨南校史与中国近代华侨教育史上充当了拓荒者的角色。探花出身的江宁提学使陈伯陶受端方委派，负责筹建工作，在给学堂命名时，他考虑到学生主要来自南洋，遂引用《尚书·禹贡》“东渐于海，西被于流沙，朔南暨，声教讫于四海”中“朔南暨”给学堂取名“暨南”。暨南学堂创办之后，端方一直关心着学堂的成长与发展。

郑洪年是暨南学堂首任堂长，暨南大学首任校长，他将学堂改组为国立暨南大学，学校进入全盛时期，被誉为华侨最高学府。他曾将暨南的使命概括为八个字：“中华文教，远陛绝域。”为此，学堂开设了10门课程，既重点讲授中华民族的传统文化，也学习外国文化科学知识。在学术上，他兼收并蓄，允许各种学派各抒己见、自由阐发。同时，他也重视南洋问题和华侨问题研究。

著名爱国民主人士、社会活动家黄炎培1917年主持了暨南学堂复校工作，并筹划迁校至上海真如，对中国华侨教育事业作出了重要贡献。

何炳松，1935年至1946年任国立暨南大学校长，在抗日战争八年中，暨南大学先后迁往上海租界和福建建阳，在艰难困苦中坚持办学，坚持爱国立场，使中国的华侨教育屹立不倒。

陶铸是新中国华侨高等教育的拓荒者，他亲自领导在广州重建新中国第一所华侨高等学府——暨南大学，并兼任校长。

廖承志是新中国华侨教育事业的开创者之一，1958年支持广州重建暨南大学，1978年，中共中央、国务院批准恢复暨南大学后，他曾再次担任暨南大学董事会董事长，领导复办工作并制定学校的发展规划。

（据中新社记者郭军报道）

百年校庆庆典大会

2006年11月18日，历经一个世纪的沧桑与变迁、一直致力于为海外和港澳台地区培养人才、享誉海内外的“华侨最高学府”暨南大学，迎来了建校100周年盛典，整个校园变成了一片欢乐的海洋。

中共中央政治局常委、全国政协主席贾庆林，中共中央政治局常委李长春给学校发来贺信，向全体师生员工和海内外校友表示热烈的祝贺。

原中共中央政治局常委、国务院副总理李岚清为暨大百年校庆题词“百年侨校，人才辈出”；原国务院副总理、暨南大学校友吴学谦题词“百年暨南”。

中共中央政治局委员、广东省委书记张德江发来贺信，向全校师生员工和广大校友表示热烈的祝贺，希望暨南大学能够尽快建设成为海内外知名的高水平研究型大学，为国家的华侨事业，为建设经济强省、文化大省、法治社会、和谐广东，实现全省人民的富裕安康作出新的贡献。

国务委员唐家璇、陈至立，全国人大副委员长韩启德，全国政协副主席马万祺、罗豪才、董建华，全国政协原副主席、暨南大学董事会董事长钱伟长，香港特别行政区行政长官曾荫权、澳门特别行政区行政长官何厚铧，中央人民政府驻香港特别行政区联络办公室主任高祀仁、中央人民政府驻澳门特别行政区联络办公室主任白志健，广东省省长黄华华、广东省人大常委会主任黄丽满、广东省政协主席陈绍基给学校发来贺信或题词祝贺；中央人民政府驻香港特别行政区联络办公室副主任王凤超，中共广东省委常委、常务副省长钟阳胜，中共广东省委常委、广州市委书记朱小丹，广东省副省长宋海等领导也分别给学校发来贺信、题词。

贾益民副校长在庆典大会开始前介绍了出席大会的各位领导和嘉宾。全国政协副主席周铁农，国务院侨务办公室主任陈玉杰，澳门特别行政区行政长官、暨南大学董事会副董事长何厚铧，国务院侨务办公室副主任、暨南大学董事会副董事长刘泽彭，国务院港澳事务办公室副主任周波，国务院台湾事务办公室副主任叶克冬，外交部部长助理、暨南大学董事会副董事长孔泉，中央人民政府驻香港联络办公室副主任、暨南大学董事会副董事长王凤超，中央人民政府驻澳门联络办公室副主任、暨南大学董事会副董事长王今翔，中共广东省委副书记欧广源，中共广东省委常委、广东省人民政府常务副省长钟阳胜，中共广东省委常委、广州市委书记、暨南大学董事会副董事长朱小丹，广东省人大常委会副主任游宁丰，广东省人民政府常务副省长汤炳权，广东省政协副主席周天鸿，广东省检察院检察长张学军，中共海南省委常委、统战部部长王守初，全国人大常委、暨南大学董事会副董事长曾宪梓，海南省人大常委会原副主任王学萍，广东省人大常委会副主任侣志广，广东省政协原副主席李辰，广东省武警总队总队长牛志忠少将，广东省教育厅厅长罗伟其等出席了庆典大会。

出席庆典大会的领导和嘉宾还有中央有关部委、广东省、广州市、合作单位、海外姊妹大学、“211工程”高校、广东省内各高校、各省市政府及侨务、教育部门的领导、暨南大学董事会董事，海内外校友，中央省市和港澳60余家媒体记者以及各界嘉宾朋友等共计4 000多人。庆典大会由暨南大学党委书记蒋述卓主持。

10点整，暨南大学党委书记蒋述卓宣布庆典大会正式开始。随后，校长胡军发表讲话。在讲话中，他回顾暨南百年来的风雨历程，总结了暨南大学一百年来的办学经验和成就，并展望暨南未来的发展前景。

国务院侨务办公室主任陈玉杰在讲话中对暨南大学的办学成就给予了高度肯定。她说，暨南大学为贯彻国家侨务政策，弘扬中华民族优秀文化，广泛联系海外华侨华人，实现香港、澳门顺利回归，推动地方经济发展和社会进步作出了突出贡献。

中共广东省委常委、广东省常务副省长钟阳胜代表广东省委省政府讲话。他指出，暨南大学作为广东省培养造就优秀人才的摇篮，在科教兴粤、加快广东省实现现代化进程中有着不可代替的重要地位。多年来，暨南大学为广东地方经济与社会发展作出了重要贡献。

中共广东省委常委、广州市委书记、暨南大学董事会副董事长朱小丹代表广州市委、市政府讲话。他说，暨南大学在广州复办以来扎根广州，辐射珠三角，在教学、科研等方面取得了丰硕的成果，很好地实现了产学研合作，大大促进了地方经济的发展。他希望，让千年羊城与百年暨南携手，再创新辉煌！

广东省教育厅厅长罗伟其代表教育主管部门讲话。他表示，暨南大学具有悠久的办学历史、光荣的革命传统和深厚的学术文化底蕴，在广东办学近半个世纪以来，大批优秀毕业生活跃在我省的各条战线上，为广东省的经济和社会发展作出了重要贡献。

兄弟院校代表、北京大学校务委员会副主任林钧敬，姊妹大学代表、美国威斯康星欧克莱尔大学校长 Brian Levin Stankevich，港澳台地区高校代表、香港中文大学副校长郑振耀分别代表内地、海外和港澳台地区大学校长致辞祝贺暨南大学百年校庆。

校友代表、中华全国新闻工作者协会副主席、全国韬奋新闻奖获得者、南方日报社社长杨兴锋致辞。他满含深情地回首在母校学习的片断，代表全体校友衷心感谢母校的培育，并表达了对暨南大学未来发展的冀望。

暨南大学药学院教授、国家杰出青年科学基金获得者叶文才代表暨大全体教师发言。在校学生、“挑战杯”全国大学创业计划竞赛金奖获得者蔡怡媛代表全校3万多名学生发言。

“扬子滔滔连珠江，暨南教泽播八方。百年沧桑千里路，一朝涅槃出凤凰。”在豪迈的校歌声中，隆重的庆典大会结束。

（陈文举　夏　泉　卢健民）

中外校长论坛

2006年11月18日是暨南大学百年校庆庆典日。以“大学竞争力——管理·创新”为主题，由暨南大学主办的中外校长论坛吸引了海内外100多位大学校领导到暨大“论剑”。18日下午，听众期待已久的论坛在暨南大学国际会议厅隆重举行，论坛由暨南大学副校长兼党委副书记王华教授主持。来自海内外的各大学校长围绕高校在全球化浪潮中如何提升竞争力的问题展开了精辟、激烈的“舌战”。

暨南大学校长胡军、美国圣道大学校长路易斯艾吉尼斯、复旦大学党委书记秦绍德、厦门大学副校长李建发、美国威斯康星欧克莱尔大学校长布赖恩·勒富因·斯坦科维奇、日本立命馆大学副校长药师寺公夫、日本兵库县立大学副校长阪本靖郎、日本关西国际大学校长滨名笃、澳大利亚格林菲斯大学卢耀梓院长、俄罗斯人民友谊大学副校长克里斯托克瓦罗夫·维克多等13位大学的校领导结合本国和学校的实际作了精彩的演讲，场下的听众积极发问，气氛热烈。

首先发言的是东道主暨南大学校长胡军教授，他认为大学的精神文化才是大学确立竞争优势的保证。他指出：“大学的竞争力就是知识创造、知识传播、知识应用能力的综合，而这些能力的融合又都离不开大学精神文化的塑造和提升，而大学的精神文化，才是大学确立竞争优势的根本保证。”当场下的听众提问问到大学从一般性教育到现在提倡科学研究教学并重的环境下应该怎样理解“服务”时，他说：“知识创新、人才培养、服务社会是大学的基本要求，在现代环境下，大学在保持象牙塔的独立性的同时，也应该面向社会，服务社会。”在场的一位研究生结合自己的实际问到研究生应该具备什么样的综合素质，胡校长从做人和学习两方面作了回答。他指出，一方面，研究生要有认真务实的人格；另一方面，在学校提供的改革环境下，研究生要提高自己的创新能力。胡军校长的精彩演讲博得了一阵阵热烈的掌声。

论坛休息期间，胡军校长还接受了香港凤凰卫视记者的采访。

胡校长对记者谈了举办此次校长论坛的意义，他说，全球化环境下高校面临着严峻的挑战和难得的机遇，西方高等教育的历史比我们要早很多，国外已经有400多年历史的大学了，而暨南大学仅仅走过了一百年，和西方大学相比，我们有很大差距，我们应该正视这个差距。百年校庆是一次对历史的总结，也是对未来的展望，我们坚持“庆典为体，学术为魂”的宗旨，已经举办了220多场学术讲座，此次汇集近百名中外校长探讨高校管理大计，既是为暨大祝寿，也是我们学术活动的一个高潮。

在谈到高校竞争力这个话题时，胡校长说，全球化环境下如何提高竞争力，形成自己的特色和优势，是大学校长们无时不在思考的问题，我们为论坛拟的这个主题得到了校长们的认可，他们纷纷要求发言，会场气氛非常热烈。

复旦大学党委书记秦绍德教授作了题为“当代中国大学管理中遇到的几个问题”的精彩发言。他结合复旦的实践探讨了“民主办学、教授治学”的大学学术管理机制、行政管理、多校区管理、如何处理政府与大学之间的关系等问题，指出大学应该建立现代大学管理制度，通过管理创新增强大学的自主创新能力，进而增强大学的综合实力。会上，一位国外校长针对他讲到政府与大学之间的问题问到：“你提到政府既管宏观又管微观，在澳大利亚，我们也遇到同样的问题，我们就跟政府谈判，说政府给我们多少钱，我们就给多少权利，现在我想问，政府给一年你们学校多少经费?”秦绍德教授回答：“学校不是企业部门，经费问题没有商业秘密，我们的经费，政府、学校、其他渠道各占三分之一。”接着，他又幽默地说：“但是，政府管的不是按着比例来的，我在这里讲这个是冒着很大的风险的，估计明年教育部给复旦大学教育经费就会减少了。”会场顿时响起一阵笑声。“但是，我不是为了复旦大学的利益，是为了全国的大学利益去想这个问题。政府应该给大学更多的自主权。”秦绍德教授的发言博得了听众热烈的掌声。

新世纪里，大学应该培养什么样的人才？美国威斯康星欧克莱尔大学校长布赖恩·勒富因·斯坦科维奇说：“应培养世界最需要的人才，我们必须弄明白我们的毕业生如果要在21世纪的竞争中获胜需要什么样的工具，然后我们就提供给他们相应的教育。”

最后，主持人王华副校长作了总结，他说：“在这里既有经验的交流，也有心得的分享，更有友谊的传播。在提高大学核心竞争能力上，各大学都有自己的高招，彼此之间学到了不同的东西，我希望各国大学的交流不断地继续下去，为各国的社会和经济发展培养更多的新世纪人才，为世界的发展作出贡献。”

“怀揣着一个思想来，抱回满筐思想走”，思想的交换不同于市场的交易，不是一换一的等值交换，思想的碰撞激发的是灵感的火花。暨南大学值此百年校庆之际，为大学校长们提供了一场高等教育思考的“满汉全席”，同时也将暨南大学以“庆典为体，学术为魂”为宗旨的校庆活动推向了高潮。

（彭梅蕾　张壮乒）

百年校庆庆典晚会

2006年11月18日，一场狂风暴雨阻挡了原定举行的暨南大学校庆晚会，25日夜，暨南校友再聚暨南园，以一场盛大的晚会和一种更亮丽的姿态、更震撼的形象为母校庆贺。

百年校庆晚会紧扣“忠信笃敬、知行合一、自强不息、和而不同”的暨南精神，由《序》、《风雨百年》、《暨南魂》、《暨南情》、《暨南风》、《尾声》六个板块组成。历经一年的精心策划和准备，排练了100个日夜的3 800名师生，在酷似航空母舰的舞台上向观众展示百年暨南的风采。

“扬子滔滔连珠江，暨南教泽播八方，百年沧桑千里路，一朝涅槃出凤凰。”由480位教授、博士组成的暨南校史上规模最大的合唱团，以一曲高昂的校歌，为晚会奏响了序曲。

“声教讫于四海，俊彦遍于五洲。”晚会中，著名表演艺术家、暨南艺术学院院长张铁林教授用朗诵的形式为人们讲述了暨南绵延百年的历史故事。

22年前，8位暨南学子从广州出发，骑自行车上北京，一路宣传尊师重教的传统，倡导在中国设立教师节，第二年，全中国的教师们有了自己的节日。《教师节》节目重新演绎了这段历史，虽然只有短短的1分57秒，但表演所勾起的记忆让在场的暨南人感慨不已。

中国56个民族的服装秀轮番亮相后，绚丽登场的土风舞掀起了晚会的另一个高潮。暨大土风舞以其磅礴的气势、高超的水平闻名于国内，这种表现世界各地区各民族原生态文化的舞蹈一直是学生活动的“招牌”，这次更特别挑出其中翘楚，五支队伍，五种风格，400多人，震撼感观。

“一百年的路，荣与辱交织，我们昂然自信。一百年的路，血与火铺就，我们依然年轻。岁月始终充满欢笑，回忆永远不会结冰，听到你的呼唤，我们心潮澎湃，喊着你的名字，我们热血沸腾。”在土风舞的震撼后，唱出无数暨南人心声的《一百年的路》响起，将晚会推向最后的高潮。

（据南方网记者张洋报道）

系列学术讲座

学校秉持“庆典为体，学术为魂”的原则，邀请了众多海内外名家大师来校讲学，以“百场讲座喜迎百年校庆”，彰显了百年侨校深厚的文化底蕴和学术氛围。校庆前夕，学校举行各类学术报告会和讲座总数达200余场，深受师生欢迎。理工医科方面，共举办院士论坛21场，其中外籍院士8场、国内院士13场，名家讲坛47场，学术讲座98场，涵盖了生命医学、生物医药技术、资源环境和理工信息等领域。人文社会科学方面，共举办讲座70余场，涉及文学、新闻传播学、管理学、经济学、教育学等领域。此外，学校就成才、科学、语言等不同主题举办了6场“百年暨南讲坛”。主要学术活动见下表。

百年校庆主要学术讲座一览表

日期	讲座题目	演讲人	地点	主办单位
3月29日	著作权的概念与发展	谢肃方 香港知识产权署署长	学术会议厅	知识产权学院
4月21日	我国市场化进程的制度经济学分析——兼论地方政府在我国市场化进程中的特殊作用	杨瑞龙 中国人民大学教授	曾宪梓科学馆 国际会议厅	广东省委宣传部 广东省社科联
4月28日	如何成为一位有魅力的美术设计师	张吟玲　教授	行政办公楼 1111会议厅	校长办公室
4月29日	全球时代学校发展所需要的领导力	卡罗琳·珊德尔博士 国际学校合作组织总裁	曾宪梓科学馆 国际会议厅	校长办公室
5月12日	如何利用三大索引（SCI、EI、ISTP）进行课题创新研究及成功申请国家基金	万跃华 浙江工业大学教授	曾宪梓科学馆 国际会议厅	科技处
5月25日	从“十一五”规划纲要中把握我国经济发展走势	王振中 中国社会科学院研究员	学术会议厅	经济学院
6月2日 至5日	2006金融工程国际学术研讨会	迟国泰　教授 陈伟森　教授 刘少波　教授 George X. Yuan 教授 茅　宁　教授 王春峰　教授 王　聪　教授 吴冲锋　教授 吴世农　教授 汪寿阳　教授 叶永刚　教授 张　维　教授	广东东园宾馆	暨南大学 中国科学院数学与系统科学研究院

（续上表）

日期	讲座题目	演讲人	地点	主办单位
6月23日	领导力的中国企业实践	赵　民 新华信集团创始人	校友楼四楼 第一案例室	社科处 科技处 研究生团委
6月24日	中国软实力的内涵和传播——兼谈和平崛起与香港、台湾元素	杨锦麟 凤凰卫视主持人	珠海学院 C113阶梯教室	教务处 珠海学院
6月25日	中国软实力的内涵和传播——兼谈和平崛起与香港、台湾元素	杨锦麟 凤凰卫视主持人	曾宪梓科学馆 国际会议厅	教务处 珠海学院
6月30日	急性髓性白血病分子特点	马钰波　博士	医学院四楼 活动中心	广东省抗癌协会 血液肿瘤专业委员会 医学院 血液病研究所
10月23日	"学习·执行·创新·和谐" ——2006中国企业创造力论坛	杜维明 彼得·圣吉 尼克·赞纽克	亚洲国际大酒店	管理学院 广东省国有资产 管理委员会
10月27日	音乐·艺术·人生讲座	李岚清 原中共中央政治局常委、 国务院副总理	邵逸夫体育馆	校庆办公室
11月14日 至16日	首届高尔夫职业经理人国际论坛	Alan J. R. McGregor 詹国勇 郁小平 陈亚雄 吴克详	深圳华侨城 深圳旅游学院	深圳旅游学院 苏格兰爱姆伍得学院
11月29日	国际食品安全研讨会	张永慧　广东省卫生监督所所长 Daryl Loback博士（加拿大） 林本固　加拿大驻华大使馆商务参赞	理工学院103 学术报告厅	广东省食品学会

百年暨南讲坛

日期	时间	讲座题目	演讲人	地点	主办单位
4月14日	14：30	关于科学的学术报告会	潘毓刚　教授	曾宪梓科学馆 国际会议厅	校团委
4月15日	15：00	成才报告会	刘人怀　院士	曾宪梓科学馆 国际会议厅	校团委

（续上表）

日期	时间	讲座题目	演讲人	地点	主办单位
4月20日	14：30	自觉·自主·自择——谈大学生的自我意识与成才之关系	蒋述卓　教授	曾宪梓科学馆国际会议厅	校团委
5月11日	14：30	语言的功能与陷阱	王　蒙 著名作家、原文化部部长	曾宪梓科学馆国际会议厅	教务处
6月10日	19：40	大学文学教育与人格塑造	温儒敏　北京大学中文系教授 关爱和　河南大学教授 汪文顶　福建师范大学教授 王富仁　汕头大学教授 黄曼君　华中师范大学教授	曾宪梓科学馆国际会议厅	大学生文化素质教育办公室
6月10日	19：40	文学与人	严家炎　北京大学教授 陆耀东　武汉大学中文系教授 黄修已　中山大学中文系教授 孔范今　山东大学文学院教授 朱德发　山东师范大学教授	曾宪梓科学馆国际会议厅	文学院 中文系

“暨南精神大讨论”活动

“暨南精神大讨论”活动是学校喜迎百年校庆的重要活动之一。学校借百年校庆契机开展“暨南精神大讨论”活动，旨在引导广大师生知暨南，爱暨南，建设暨南，进一步总结、宣传、培育、传承和弘扬暨南精神，营造“凝聚人心、展望未来、振奋精神”的思想舆论氛围，为实施“侨校＋名校”的发展战略，建设高水平大学奠定坚实的思想基础和提供强大的精神动力。

“暨南精神大讨论”活动自2006年3月启动，在学校的统一部署和各单位的大力支持、配合下，全校师生通过不同的组织、活动形式踊跃参与，认真讨论，从不同角度对暨南精神进行了深入的解读和阐释。

3月，校党委在全校印发《关于在全校开展“暨南精神大讨论”活动的实施意见》及《关于在我校开展“迎百年校庆，扬暨南精神”征文比赛活动的通知》，总体部署“暨南精神大讨论”活动。

3月16日，学校举行“暨南精神大讨论”座谈会，座谈会由校党委书记蒋述卓教授主持。随后，学校党委统战部、基层党委、学生组织、离休的部分老同志也分别组织召开了座谈会。基层组织通过召开座谈会、讨论会、民主生活会，对“暨南精神”作了深入探讨。各院系、学生组织也灵活多样地开展了系列活动。如外国语学院举办“爱我暨南园”英语有奖征文活动；华文学院播放学校宣传教育片、参观校史馆、举办校史院史讲座；生命科学技术学院化学系和生物医学工程系就“暨南精神”专门开设宣传栏；新闻与传播学院、文学院、经济学院、管理学院、医学院等邀请宣传部部长夏泉作了相关讲座；校学生会院际辩论赛的决赛、半决赛论题围绕“暨南精神”展开；《暨南研究生》报开设了《暨南精神大讨论》专刊；校研究生会还举行“大学的理念”主题演讲比赛；新闻与传播学院配合全校征文活动在院内对教工党支部设立“最佳组织奖”和“最佳征文奖”，以鼓励教工积极参与。

在“暨南精神大讨论”活动中，征文是一种重要的形式。师生们通过各种体裁的文章表达对“暨南精神”、大学文化的见解，抒发对学校的感情。学校还通过其他渠道搭建交流平台。学校在校园网主页和“百年校庆”专题网站上开设了“暨南精神大讨论”专栏，并特别编印《领导内参》“大学文化·大学精神”专辑。3月，学校特邀全国高教研究会文化研究与发展中心顾问、教育部高教司原司长王冀生教授来校座谈大学文化有关问题，并作“百年暨南讲堂之大学文化与办学特色”专题报告。9月，学校举办“暨南精神”论坛，将讨论活动进一步推向深入。

10月，校长办公会议专门就暨南精神的主要内涵如何表述进行研究，决定将“暨南精神”的主要内涵确定为“忠信笃敬、知行合一、自强不息、和而不同”十六个字。其主要理由和内容阐释是：

第一，这十六字用词典雅、内涵丰富、平实易懂、言简意赅、便于识记，其内涵的包容性、伸缩性大。既吸收和容纳了暨南大学的百年文化底蕴，又突出了暨南大学的侨校办学特色和大学个性；既坚持了暨大的核心价值观（用“忠信笃敬、知行合一”来表达）；又突出了两条主线：一是奋斗，包括奋斗历程和奋斗精神（用“自强不息”来表达）；二是宽容（用“和而不同”来表达）。

第二，“忠信笃敬”是百年来暨南人在奋斗中凝练而成的理想追求和价值判断。“忠信笃敬”是校训，出自《论语·卫灵公》：“言忠信，行笃敬，虽蛮貊之邦，行矣。言不忠信，行不笃敬，虽州里，行乎哉？”校训“忠信笃敬”是暨南精神的高度概括和重要载体，融爱国、爱校、务实、坚韧、诚信、尊重、包容、传承、创新等元素于一体，展示了中华文化精神的基本内核、文化传播的基本要求和国际交往的基本原则，已被暨南人熟记于心，成为广大师生共同的道德价值观和精神追求。

第三，“知行合一”是暨南大学的优良传统和人才素质优势。“知行合一”是明代思想家王阳明的认识论命题（“知善知恶是良知，为善去恶是格物”、“知者行之始，行者知之成，圣学只一个工夫，知行不可分作两事”），意为“人的知识和良知必须落实到为善去恶、经世致用的格物活动中去”，体现了人生修养和人才成长的本质规律。

第四，“自强不息”是暨南大学在百年发展历程中所形成的最突出的精神品格。“自强不息”出自《易·乾》：“天行健，君子以自强不息。”意为“不畏艰险，努力向上。”“自强不息”客观地反映了暨南大学三落三起、五次播迁的悲壮历程。

第五，“和而不同”是暨南大学最显著的文化风格和特征。“和而不同”出自《论语·子路》：“君子和而不同，小人同而不和。”“和而不同”体现了暨南大学的侨校性质、办学宗旨、办学思想、多元校园文化特征以及暨南人包容的精神气度，涵盖了“声教暨南、协和万邦、兼容中外”等含义。

（宣传部供稿）

中共中央政治局常委、全国政协主席贾庆林
致暨南大学百年校庆的贺信

暨南大学：

值此贵校建校100周年之际，我谨向全校师生员工和海内外校友表示亲切的问候和热烈的祝贺！

暨南大学是中国第一所由国家创办的华侨学府。在一个世纪的办学历程中，学校秉承“忠信笃敬”的校训，恪守“宏教泽而系侨情”的办学宗旨，贯彻“面向海外，面向港澳台”的办学方针，为推进国家的侨务工作、祖国的统一大业、港澳的繁荣稳定和国家的现代化建设培养了大批高素质人才，作出了重要贡献。

希望你们坚持以邓小平理论和“三个代表”重要思想为指导，全面贯彻落实科学发展观，认真执行党的侨务方针和侨务政策，积极开拓创新，努力把暨南大学建设成为海内外知名的高水平的社会主义华侨大学，为国家的华侨事业，为中华民族的伟大复兴作出新的更大的贡献！

中共中央政治局常委
全 国 政 协 主 席 贾 庆 林

2006年11月15日

中共中央政治局常委
李长春致暨南大学百年校庆的贺信

暨南大学：

值此贵校建校100周年之际，我谨向全校师生员工和海内外校友致以热烈的祝贺和诚挚的问候！

暨南大学素有“华侨最高学府”之称。百年以来，贵校恪守“宏教泽而系侨情”的办学宗旨，坚持“面向海外，面向港澳台”的办学方针，实施“侨校+名校”的发展战略，为发展海外华文教育、传播中华民族的优秀传统文化，为香港、澳门特别行政区的顺利回归和繁荣稳定，为民族振兴和实施科教兴国战略作出了重要贡献。

希望你们以百年校庆为新的起点，高举邓小平理论和“三个代表”重要思想伟大旗帜，全面贯彻落实科学发展观，牢记办学使命，开拓创新，锐意进取，努力把暨南大学建设成为一所海内外知名的高水平研究型大学，为华侨高等教育事业的发展，为中外文化的交流，为实现中华民族的伟大复兴，建功立业，再创辉煌！

中共中央政治局常委　李长春

2006年11月15日

暨南大学校长胡军在庆祝暨南大学建校100周年大会上的讲话

（2006年11月18日）

尊敬的各位领导、各位嘉宾、各位校董、校友们、老师们、同学们：

今天，我们在这里欢聚一堂，隆重庆祝中国华侨最高学府——暨南大学百年华诞。这是海内外暨南人欢欣鼓舞的盛大节日，也是检阅百年侨校办学成就的庄严典礼！

首先，请允许我代表学校，向前来出席庆典、指导工作的各位领导、嘉宾和国际友人表示热烈的欢迎！向遍布世界各地的20余万暨南校友致以亲切的问候！向长期以来关心、支持暨南大学建设的国务院侨办等中央有关部委、广东省委省政府等各级领导、社会各界、诸位校董、校友，以及为学校建设付出辛勤劳动的师生员工表示衷心的感谢！

伟大的事业都源自一个幼小的发端。20世纪初叶，面临中华民族千年未遇之大变局，清政府废科举、兴学堂，力图以教育挽救危局。在南洋华侨子弟归国求学的热望下，1906年，清末五大臣之一，两江总督端方在南京创办暨南学堂，第一批21名来自爪哇的华侨子弟渡海前来求学。这是中国政府兴办华侨教育的起点。

我们的校名取自《尚书·禹贡》：“东渐于海，西被于流沙，朔南暨，声教讫于四海。”意即面向南洋，将中华民族的优秀文化远播五洲四海，寄寓了民族的自觉，中华文化的自信和崇高的办学使命。

“天将降大任于斯人也，必先苦其心志，劳其筋骨，饿其体肤。”一百年间，暨南大学的发展跨越了两个世纪，清末、民国和新中国三个时期。钟山黄浦，建阳白云，见证了暨南大学五次播迁、三落三起的艰难足迹；见证了暨南大学与国家的兴衰、与华侨华人的命运相与流转、共同浮沉。辛亥鼎革，新生的暨南首遭顿挫。1918年再起，1927年改组为国立暨南大学，数年之内，已被海内外誉为华侨最高学府。抗战时期，华侨教育之血脉不绝于缕，内战末期，再遭顿挫。新中国成立以后，暨南大学在广州重建，毗邻港澳，成为联系海外侨胞、港澳同胞的重要纽带。中兴在望，而“文革”爆发，三遭顿挫。直至改革开放，暨南的伟大事业才迎来了又一次新生，1996年成为“211工程”国家重点建设大学。

源远流长育五洲英才，根深叶茂立百年基业。今天，我们可以骄傲而自豪地回顾先辈们历尽艰辛开创的光辉业绩，总结中国华侨高等教育的办学成就和经验。

首先，一百年来，暨南大学始终以推动和发展中国华侨高等教育事业为己任。

历史上，暨南与华侨华人的命运紧密相连，她的每一次复生，海外华侨必为之欢呼雀跃；每一次停办，海外华侨必为之呐喊呈情。中国高等教育史上，暨南大学始终高举华侨高等教育的火炬，辗转迁徙，兴学不辍。20世纪的中国，每当社会动荡尘埃落定，暨南大学便迎来她的新生。

一百年间，暨南大学为海外培养了成千上万的华文教师，推动了华侨教育事业的发展。可以说，暨南大学的发展历史就是中国华侨教育的发展史。

暨南大学是中国开展对外汉语教学和华文教育的重要基地，与世界各地的华文教育机构有着良好的合作关系，起到了联系海内外炎黄子孙和传播中华文化的重要桥梁作用。

第二，一百年来，暨南大学始终坚持“宏教泽而系侨情”的办学宗旨，坚持面向海外、面向港澳台地区培养人才，是促进祖国完全统一、凝聚侨心、涵养侨力的一支重要力量，也是向海外传播中华文化，实现中华民族伟大复兴的一支可靠力量。

在过去的一百年里，先后有来自全球五大洲100多个国家和地区的学生走进暨南大学的校门，有20余万各类专门人才奔赴世界各地，这在中国的大学中是独一无二的。暨南师生中走出了7位全国人大副委员长，2位国家副总理，8位院士，还有许多人担任国内外各大学的校长。泰国副总理、众议院主席许敦茂先生，新加坡大学第一任校长李光前先生，国际奥委会委员、台湾的徐亨先生，香港的郑耀棠先生，澳门的马友恒先生都是暨南大学不同时期的优秀毕业生。

自1978年复办至今，暨南大学共为港澳地区培育各类人才6万余人，许多学子在港澳政府或社会团体担任要职，是爱国爱港爱澳的中坚力量。作为目前内地招收台湾学生最多的高校，学校在推动两岸“三通”，反对“台独”、促进统一方面发挥了积极作用。

另外，大批的海外华侨华人学生学成之后回到居住地，为促进住在国经济建设的发展，促进中国与住在国人民的交往，弘扬中华文化，作出了积极贡献。

第三，暨南大学始终坚持育人、科研和社会服务的有机结合，已经成为实施科教兴国战略，建设创新型国家和为广东率先实现现代化，全面建设小康社会培养高层次专门人才、开展科学技术研究的重要力量。

1958年以来，暨南大学扎根广州，不断发展壮大。改革开放以后，已有15万多广东学生从学校毕业或结业，他们中的很大一部分现在都已成为广东的建设者。

现在，学校拥有一批国家和省部级重点学科、实验室、工程中心和基地，构建了一批创新平台，汇聚了以7位院士为学科带头人的1 500多名中高级职称的教师，学科建设形成了人文、经管学科实力厚实，理工医学科富有特色，十大学科协调发展的良好局面。

“十五”期间，学校进校总科研经费六亿五千万元，最近四年的经费都超过一亿元人民币，被SCI等三大索引收录的科技论文722篇，承担国家自然科学基金项目和哲学社科基金项目近200项，“863”子项目13项，“973”子项目6项。其中，近三年的国家哲学社科基金项目数量位居全国前20名，涌现出一批标志性的研究成果和发明，获得多项国家和省部级科研奖项，实现了全国优秀博士论文、国家杰出青年科学基金等项目的突破。

另外，我校还积极为中央和地方省市制定经济、社会发展战略规划和相关政策提供研究成果和咨询服务，与地方政府和企业加强合作共建，加快科技成果的转化。

上周我校正式成立产业经济研究院，积极发挥广东经济建设重大决策的智囊团作用。

昨天，我校华侨华人研究院正式挂牌，将为国家开展侨务工作基础性研究，提供政策咨询等方面发挥应有的作用。

第四，一百年来，暨南大学坚持外向型办学，探索出一条独具特色的办学道路。

“朔南暨，声教讫于四海。”暨南大学办学之初，就确定了外向型办学的方向，确定了“宏教泽而系侨情”的办学目标。

现在，暨南大学在校学生来自世界五大洲77个国家和地区，其中境外和港澳台学生12 145人，国际化特色十分显著。针对不同国家和地区学生社会文化背景和学业水平的差异，我校推行“大平台”招生、“分流教学”、“标准学分制”、“导师制”等教学教务改革措施，初步探索出对国内生和境外学生实行分流培养的方法和制度。

为顺应全球化的潮流，暨南大学积极开展国际交流与合作，先后与世界五大洲的72所院校结为友好学校，通过交换学生、外聘专家、公派出国讲学、出席国际会议等各种形式，丰富了学校的对外教育交流。

第五，在一百年的奋斗历程中，暨南大学形成了“忠信笃敬、知行合一、自强不息、和而不同”的暨南精神。

不同时期，暨南园的文化呈现出不同的特点，但“忠信笃敬”的校训和爱国爱校的传统被一代代暨南人恪守，形成了“忠信笃敬、知行合一、自强不息、和而不同”的暨南精神。

“忠信笃敬”是一百年来暨南人在奋斗中凝练而成的理想追求和价值判断。“自强不息”是暨南大学在百年发展历程中所形成的最突出的精神品格。

暨南师生具有知行合一、身体力行的优良传统。早在上海真如时期，学校就成立了知行学会。“知行合一”是暨南大学的优良传统和人才素质优势。

“和而不同”是暨南大学最显著的文化风格和特征，是暨南人处理人际关系和对待不同学术观点的基本态度和准则，是校园内多元文化共存共生、和谐发展的生动体现。

各位嘉宾、老师们、同学们，暨南大学所取得的成绩和荣誉离不开党中央、国务院的关怀，离不开国务院侨办、教育部、广东省委省政府的正确领导，离不开中央有关部委、广州市委市政府、国内外大学的支持，也离不开海内外校董、校友和社会各界人士的厚爱。

让我们以热烈的掌声向所有关心和支持暨南大学事业的人们，向曾经和正在为暨南大学的事业作出贡献的全校师生员工和离退休教职工表示深深的敬意并致以节日的问候！

此时此刻，我们不由得想起端方、郑洪年、何炳松、黄炎培、陶铸、廖承志等建校先贤，更加缅怀他们为学校建设作出的卓越贡献！

回首百年，尤其是改革开放以来暨南大学走过的道路，我们心潮澎湃，暨南大学已经进入了国家重点综合性大学的行列，综合实力稳居全国高校前列。

进入新的世纪，站在新的历史起跑线上，我们深知，百年学府不仅仅是一个时间的概念，更重要的是一个质量的概念。质量和创新才是百年学府分量所在和未来所重。

瞻望未来，我们决心以百年校庆为契机，继往开来，坚持改革创新，坚持“侨校＋名校”的发展战略，树立“质量是大学的生命，创新是大学的灵魂”的办学理念，坚持“国际化、现代化、综合化”的办学道路，为中华文化的传播和中华民族的伟大复兴，为建设海内外知名的高水平研究型大学努力奋斗！

最后，祝各位领导、各位嘉宾、各位校董、校友们身体健康，事业进步！

谢谢大家！

国务院侨务办公室主任陈玉杰
在庆祝暨南大学建校100周年大会上的讲话

（2006年11月18日）

尊敬的各位来宾，老师们、同学们、朋友们：

南国金秋，硕果满园。今天，我们怀着无比喜悦的心情欢聚在这里，共同见证、共同庆祝中国最高华侨学府——暨南大学百年华诞。这是暨南大学的一大盛事，也是中国侨界的一大盛事。首先，我谨代表国务院侨务办公室，向暨南大学百年校庆致以最热烈的祝贺！向各位来宾、各位朋友表示最热烈的欢迎！向关心和支持暨南大学的中央各有关部门、广东省委省政府、暨大董事会以及社会各界热心人士表示最衷心的感谢！向暨南大学全体师生员工和海内外校友表示热烈的祝贺和诚挚的问候！

暨南大学是我国第一所国家创办的华侨高等学府。100年前，应海外侨民的需要，清朝政府在南京设立暨南学堂，旨在“宏教泽而系侨情”。百年间，学校虽屡遭变故，然宗旨不改。新中国成立以后，党和国家十分重视华侨高等教育事业的发展。1983年，中共中央、国务院专门下发了进一步办好暨南大学的文件，确定了暨南大学面向海外、面向港澳台的办学方针，并将学校列为国家重点扶植的大学。根据党和国家赋予的特殊办学使命和办学任务，暨南大学锐意进取、开拓创新，致力于为海外华侨华人社会和港澳台地区培养专门人才，积极开展海外华文教育工作。为弘扬中华民族优秀文化，广泛联系海外华侨华人；为实现香港、澳门顺利回归和繁荣稳定，促进祖国统一大业；为促进地方经济发展和社会进步作出了突出贡献。与此同时，暨南大学勇于抓住机遇加强自身建设，通过实施两期“211工程”，实现了跨越式发展，学校的办学水平和综合实力迅速提升，在全世界华侨华人社会和港澳台地区的地位不断得到巩固，国际化特色更加明显，在海内外的声誉不断扩大。

暨南大学的今天，与中央有关部门以及广东省委省政府的正确领导和大力支持是密切相关的。国务院侨办与广东省和广州市政府开展共建以来，暨南大学成为广东高等教育的重要组成部分，广东省委省政府和广州市委、市政府更加重视学校各项事业的发展，省直、市直各有关部门也给予了学校大力的支持和帮助。借此机会，我谨向中央各有关部门，向广东省委省政府，向广州市委、市政府表示衷心的感谢！同时，我也希望暨南大学继续为广东的经济发展和社会进步贡献力量！

中共广东省委常委、广东省常务副省长钟阳胜
在庆祝暨南大学建校100周年大会上的讲话

（2006年11月18日）

各位领导，各位嘉宾，老师们、同学们：

百年风雨兼程，百年春华秋实。在暨南大学迎来建校百年华诞之际，我谨代表广东省委、省人民政府，向学校全体师生员工和校友们表示热烈的祝贺！向参加学校百年庆典的海内外朋友和社会各界人士表示热烈的欢迎！

暨南大学是一所具有优良传统和光荣历史的华侨高等学府。百年来，暨南大学始终坚持“面向海外，面向港澳台”的办学方针，秉承“忠信笃敬”的校训，恪守“宏教泽而系侨情”的办学宗旨，兼容中西文化，荟萃名家大师，与民族共命运，与时代同奋进，形成了爱国爱校、自强不息的优秀传统。特别是改革开放以来，学校面向世界与未来，立足社会实践，加强基础建设，大力推进教育教学改革，

积极开展对外交流，为推动祖国统一大业，为国家建设和广东经济社会发展作出了积极贡献。建校至今，暨南大学培养了来自世界五大洲114个国家和港澳台3个地区的各类人才20余万人，堪称桃李满天下，已成为中国拥有海外及港澳台学生最多的大学。

当前，随着经济全球化的深入发展，科技进步日新月异，世界各国都把人力资源视为战略资源和提升国家竞争力的核心因素，大力加强人力资源能力建设，人才竞争正在成为国际竞争的焦点。党中央、国务院高瞻远瞩，审时度势地作出了提高自主创新能力、建设创新型国家的战略决策，广东全省上下正在按照党中央、国务院的部署全面推进实施自主创新战略。高等院校是培养创新人才、发展科学技术和引领创新文化的重要阵地，在加快推进教育强省、人才强省建设，推动自主创新，增强经济发展后劲等方面具有不可替代的重要作用。希望暨南大学坚持以邓小平理论和“三个代表”重要思想为指导，牢固树立和落实科学发展观，继续充分发挥华侨高等学府连接港澳同胞的桥梁枢纽作用，发扬爱国爱校、团结奋进的暨南精神，进一步解放思想、深化改革，以学科建设为龙头，以培养高素质的创新人才为核心，不断提高教育质量和办学效益，大力实施“侨校+名校”的发展战略，努力实现跨越式发展，早日建设成为海内外知名的高水平研究型大学。

老师们、同学们，我们伟大祖国的未来无限美好。我衷心期望大家深怀爱国之心，“立志、修身、博学、报国”，自觉把个人理想与自我价值追求同国家和民族的命运联系起来，为全面建设小康社会和实现中华民族的伟大复兴，为把广东早日建设成为经济强省、文化大省、法治社会、和谐广东，实现全省人民的富裕安康而努力奋斗！

最后，祝暨南大学的明天更加辉煌！祝老师和同学们身体健康，教学科研不断取得新成就！祝校友们身体健康、家庭幸福、事业进步！

谢谢大家！

中共广东省委常委、广州市委书记朱小丹在庆祝暨南大学建校100周年大会上的讲话

（2006年11月18日）

尊敬的周铁农副主席、陈玉杰主任，尊敬的曾宪梓先生、何厚铧先生，尊敬的欧广源副书记、钟阳胜常务副省长，尊敬的胡军校长、蒋述卓书记，各位领导、各位来宾，老师们、同学们：

今天，素有“华侨最高学府”之称的暨南大学迎来了百年华诞，这既是暨南大学建设和发展史上的一大盛事，也是广东、广州高等教育事业发展的一大盛事。在此，我谨代表广州市委、市政府，向暨南大学的全体师生员工和海内外校友，表示热烈的祝贺！

百年艰辛砥砺，世纪涵英哺华。暨南大学建校一百年来，承担着引领华侨教育、将中华文化传播于四海、将华夏精神弘扬于世界的崇高使命，百折不挠、奋勇前行，逐步发展成为一所蜚声侨界、享誉国内外的著名学府。暨南迁校于广州近半个世纪，暨南的历史，是与祖国、民族和人民的命运紧密相连的历史，同时也是与广州共生共荣、交相辉映的历史。百年暨南，见证了羊城的沧桑，促成了广州的辉煌。暨南培养出一代又一代英才，为广州、广东乃至祖国的社会主义建设和改革开放事业作出了卓越的贡献。“忠信笃敬”和“爱国爱校，团结奋进”的暨南精神，已经融入云山珠水，成为推动广州这座英雄城市与时俱进的重要动力之一。广州市与暨南大学由来已久的亲密合作，已经并将继续谱写出壮丽的篇章。

暨南百年华诞，是暨南昂首阔步迈上新征程的里程碑。站在新起点，面对新使命，我们衷心祝愿暨南大学秉承“朔南暨，声教讫于四海”、“宏教泽而系侨情”的办学宗旨，大力实施“侨校+名校”的发展战略，为实现教育现代化，促进祖国统一大业作出更大的贡献。我们热烈期盼暨南大学继续关心和支持广州的发展，以高尚的人文精神提升城市文明与和谐的程度，为广州现代化大都市建设提供更强大的人才、智力、科技和文化支撑。广州市委、市政府将一如既往全力支持暨南大学的建设和发展，让千年羊城与百年暨南携手再创辉煌！

谢谢！

广东省教育厅厅长罗伟其
在庆祝暨南大学建校100周年大会上的讲话

（2006年11月18日）

尊敬的各位领导、各位来宾、老师们、同学们：

今天，大家欢聚在美丽的暨南园，共庆暨南大学100年华诞。这不仅是暨南大学的喜事，也是我省教育史上的一件大事。在此，我谨代表广东省教育厅，向暨南大学全体师生员工和海内外校友表示热烈的祝贺！

暨南大学具有悠久的办学历史、光荣的革命传统和深厚的学术文化底蕴。1906年，暨南学堂在南京创立，承担起了将中华文化传播四海，将华夏精神弘扬世界的伟大使命，开创了我国华侨教育历史之先河。一百年来，暨南大学恪守“弘教泽而系侨情”的办学宗旨，为海内外培养了来自世界五大洲114个国家和香港、澳门、台湾3个地区的各类人才20余万人，真可谓声教讫四海，桃李遍五洲。暨南大学在广东办学近半个世纪以来，大批优秀毕业生活跃在我省的各条战线上，为我省的经济发展和社会发展作出了重要贡献。

和风诵咏百年弦歌，岁月洗却历史铅华。暨南大学历经三落三起，五次播迁，然而暨南师生凭着自强不息的精神，以海纳百川、兼收并蓄的博大胸怀，秉承文化血脉，薪火相传，弦歌不辍。如今，历经世纪风雨和改革开放的洗礼，暨南大学迈入了一个持续快速发展的新时期，学校的综合实力得到显著提高，办学规模不断壮大，办学层次稳步上升，在海内外的影响和知名度日益扩大，成为名副其实的“华侨最高学府”。

“天行健，君子以自强不息。”我们今天所处的时代是一个伟大的时代，是一个充满希望的时代。我们坚信，在新的历史条件下，暨南大学一定能够不辱使命、不负众望，团结奋斗、勇攀高峰、再创辉煌，早日建设成为一流的高水平研究型大学，为实现中华民族的伟大复兴作出新的更大的贡献！在这喜庆的时刻，祝福暨南大学在新的百年征程上再立新功，再铸辉煌！

谢谢大家！

北京大学校务委员会副主任林钧敬
在庆祝暨南大学建校100周年大会上的发言

（2006年11月18日）

尊敬的各位领导、各位嘉宾，暨南大学的各位老师、校友、同学们：

兰榭清秋，丹桂馨香。今天，我们欢聚在这里，共同庆祝暨南大学建校100周年。我非常荣幸应邀出席这场隆重、盛大的庆典。首先，我受许智宏校长的委托，谨代表北京大学和参加盛典的兄弟高校，向暨南大学的全体师生及广大校友表示热烈的祝贺和美好的祝愿！

创办于1906年的暨南大学是中国第一所由国家创办的华侨学府。一个世纪以来，暨南大学秉承“忠信笃敬”的校训，恪守“宏教泽而系侨情”的办学宗旨，与民族共命运，与时代同前进，积淀了深厚的文化底蕴，取得了骄人的光辉业绩，形成了优良的传统和校风。暨南大学的历史，是一部自强不息、艰苦奋斗的创业史，是一部改革创新、开拓进取的发展史。

作为中国向海外传播中华文化、维系民族亲情、开展中外文化交流的一条重要文化纽带，暨南大学在中国高等教育史尤其是华侨高等教育史上占有特殊的重要地位。百年来，暨南大学为海内外培养了二十余万各类人才，为国家建设和民族振兴，为传播中华文化，为国家的统一大业作出了重大贡献。而今，暨南大学已成为一所国际化、现代化、综合化，办学特色鲜明，享誉海内外的华侨最高学府，正朝着创建海内外知名的高水平研究型大学的目标迈进。

长期以来，北京大学与暨南大学保持着良好的合作关系。暨南大学开放的办学理念、师生员工的执著精神以及近年来的快速发展，使我们双方的合作基础更加牢固，合作领域更加宽广。今后，我们将进一步加强两校的合作。让我们相互学习、促进发展、共同提高。

朋友们、同志们、同学们，中国高等教育正在经历着深刻的变革。在知识经济迅猛发展的今天，国家和民众对高等教育寄予厚望，高等学校在我国全面建设小康社会的伟大进程中大有可为。北京大学将和暨南大学等高校携手并肩，共同担负起历史赋予我们的神圣使命，为我国高等教育事业和经济社会发展，为中华民族的伟大复兴贡献我们应有的力量！

衷心祝愿暨南大学的明天更加美好！

谢谢！

美国威斯康星欧克莱尔大学校长布赖恩·勒富因·斯坦科维奇在庆祝暨南大学建校100周年大会上的发言

（2006年11月18日）

各位上午好：

今天与诸君共聚一堂，同贺暨南大学百年华诞，是我的荣幸。

胡军教授、尊敬的各位领导、各位校长、同学们、尊敬的各位来宾，威斯康星欧克莱尔大学很荣幸与暨南大学结为友好学校，作为校长，我借暨南大学百年校庆之际，对各位的光临表示欢迎，并致以最衷心的祝贺！

纵观世界各国，高等教育事关人类的进步、健康、经济的发展和人们生活的改善。高等教育也给我们提供了机会，分享各自的文化传统、发现和希望。在众多国家的高校之间进行知识和文化交流，有助于我们全球性地理解和欣赏不同的观点。也就是说，我们可以通过对话和讨论来理解、尊重我们的差异。

我刚刚就任了我校第七任校长。再过十年，我们也将迎来我校的百年生日，届时欢迎诸位光临。在我作就职演说时，曾谈到了用过于简单化的、二元论的方法去看待复杂问题的危害。这样的方法限制了我们的批判性思维和创造性解决问题的机会。国际交流有助于我们理解不同的文化，并让我们透过这面镜子，看到的不是非黑即白，而是五彩斑斓的世界。

正因为如此，像今天这样的活动其意义尤为重大。我们相聚一堂，不仅仅是为了庆祝暨南大学的百年华诞，也是庆祝我们为了追求知识，增进文化理解，构建个人关系，为建设和平的未来所作出的共同努力。

我再一次代表大学校长代表团，向暨南大学的同事们表示祝贺，并对你们的邀请和盛情接待表示感谢。

谢谢大家！

香港中文大学副校长郑振耀在庆祝暨南大学建校100周年大会上的发言

（2006年11月18日）

尊敬的各位领导、各位嘉宾、暨南大学全体师生员工：

你们好！我今天非常高兴，可以代表港澳台的大学、高校热烈庆祝暨南大学创校百年庆典。暨南大学为国家“211工程”重点大学之一，学术传统深厚，一百年来，广栽桃李，毕业生遍布海外和港澳台地区，在各行各业担任要职，于祖国之建设发展及中华民族之繁荣兴盛贡献至巨。我们诚挚希望港澳台大学和暨南大学一如既往地加强交流协作，同为国家高等教育事业作出更好的贡献！

最后，我谨代表港澳台高校，向贵校全体的校友、师生员工再次致以衷心的祝贺，并祝贵校百尺竿头，腾飞精进！

校友代表、南方日报社社长杨兴锋在庆祝暨南大学建校100周年大会上的发言

（2006年11月18日）

各位领导、各位来宾，老师们、校友们、同学们：

今天是所有暨南人共同的节日。我们欢聚一堂，共襄百年盛典，一起见证这历史性的时刻。我谨代表100年来遍布海内外114个国家的20多万学子，对母校表示最热烈的祝贺和最衷心的感谢。

刚才走在校道上，几位建阳时期的80多岁老校友手牵着手说，“我们回来了，孩子给母亲祝寿来了”。

听到这句话，我心潮澎湃。在座的，有来自上海真如、福建建阳时期，一生孜孜不倦为中国民族解放、国家富强奔走呼号，德高望重的老校友；有广州重建、复办后毕业的，在各个领域、各条战线上开拓进取、建功立业的中青年骨干；还有现在还在校园里潜心苦读、奋发图强的新一代学子。也许肤色各异、国界不同、语言有别，也许我们之间年龄相差30岁、50岁，甚至70岁，但让我们感到同样幸福和欣慰的是，暨南是我们共同的摇篮，暨南精神和传统的感召和熏陶，教育了我们，造就了我们。

在暨南读书的四年时光终身难忘。1978年，也就是暨大在广州复办那一年，全国恢复高考的那一年，我从海南农垦局报道组考入了暨南大学新闻系。明湖的晨曦、蒙古包的饭香、图书馆的灯光、课堂里的争辩、球场上的交锋、恩师家中的笑声，都是我们留在母校和母校留给我们的青春剪影、温馨记忆。在这里，我们收获了知识，收获了对生活的理解，收获了一份珍贵的感情。我们从当年风华正茂的大学生，成长为学有所成、业有所专的有用之才，为国家、为民族、为世界贡献出青春、汗水和热血。我们庆幸有着一个传承百年的精神家园，我们对母校的感激和爱戴之情常怀于心。

就在两天前，南方日报社与暨南大学联合编撰的《百年暨南》100版纪念特刊，携着如潮的祝福飞向四面八方。我作为参与策划、主编纪念特刊的校友，再次走入母校风雨传薪的历程，触摸母校“宏教泽而系侨情”的慈母情怀，也更深地体悟到一所百年大学与一个民族同命运共沉浮的家国之情。

1906年，我们的母校诞生于六朝古都金陵。

那一年，列强们正在中国的领土上为争夺势力范围而血腥厮杀，中华民族风雨飘摇。

那一年，法国已经开办第一家生产飞机的工厂，而我国的新科学才刚刚起步，与世界的距离非常遥远。

我们的母校就是在这样天崩地裂的历史变局中一路走来。一百年栉风沐雨，一百年上下求索，一百年奋斗不懈。

越是深刻地了解，越是深沉地热爱。暨南的风雨百年，丰富了近代大学担负民族兴亡的精神内涵，形成了“热爱祖国，追求进步；兼容并蓄，和而不同；经世致用，务实办学”的精神传统，成就了暨大之为暨大的鲜明特色。

在百年校庆这一时间节点上，我们深深感到：我们不是旁观者，也不是匆匆的过客，我们的身上已经烙下永不褪色的暨南印记，我们的灵魂深处永远铭记着一个骄傲的名字——暨南。

我们坚信：只要坚持忠信笃敬的传承，坚持自强不息的信念，坚持知行合一的学风，坚持和而不同的胸襟，暨南“声教讫于四海”的办学宗旨必将誉满全球，暨南也必将开启更加绚丽辉煌的新纪元！

谢谢大家！

教师代表叶文才在庆祝暨南大学建校100周年大会上的发言

（2006年11月18日）

尊敬的领导、嘉宾，亲爱的校友、老师们，同学们：

大家好！

今天是暨南大学百年华诞纪念日，在这隆重喜庆的盛典里，作为一名暨南大学的教师，我感到十分激动和自豪。在此，请允许我代表全体暨南大学教师向学校表示衷心的祝贺，并向长期以来关心和支持暨南大学发展的各级领导、社会各界人士、海内外华侨华人、校董、校友致以诚挚的谢意！

百年沧桑，薪火相传。暨南大学自建立伊始即秉承“宏教泽而系侨情”的办学宗旨，恪守“忠信笃敬”的校训；暨南大学始终与民族命运共浮沉，与时代脉搏同起伏，弦歌不辍、英才辈出。百年风雨，百年教化，方有今日之成就；百年是时间，百年更是质量，菁菁暨南园如今已是桃李芬芳、誉传海内外。

感时思报国，拔剑起蒿莱。我们身为暨南人，肩负着殷殷的期望和重托，强烈的使命感和责任感激发着我们的创新热情和奉献之志。在传承文明、培养人才、自主创新、勇攀高峰的过程中，我们决心倾注自己的全部智慧，铸就引领时代风范的暨南精神。在此，我谨代表全体暨南教师保证：我们将尽心竭力教书育人，努力培养创新人才；立足学术前沿，开展自主创新性研究，争创世界一流的科研成果；充分发挥暨南大学与海内外联系广泛的优势，积极促进国际学术交流与合作，为实施“侨校＋名校”的发展战略，为创建海内外知名的高水平研究型大学贡献我们的全部力量！

谢谢大家！

学生代表蔡怡媛在庆祝暨南大学建校100周年大会上的发言

（2006年11月18日）

尊敬的领导、嘉宾、校友，亲爱的老师们，同学们：

大家好！

在这个举校同庆暨南大学建校一百周年的历史时刻，作为暨南大学的一名学生，能代表全体暨南学生在此发言，我感到无比的荣幸和自豪。首先，请允许我代表暨南大学全体学生向母校致以最热烈的祝贺；向长期关心支持暨南大学发展的各级领导、社会各界人士、海内外华人华侨致以最诚挚的感谢；向躬耕不辍、桃李满天下的老师们致以我们最崇高的敬意！

血脉流贯弦歌不辍，薪火相传松竹常青。暨南大学的一百年是不平凡的一百年，学校始终与民族命运共浮沉，与时代脉搏同起伏，百年暨南三落三起，五次播迁，历经磨难，自强不息，团结奋进，在中国高等教育史上写下了光辉的篇章！

百年历程，百年沧桑；百年奋斗，百年辉煌。一代代暨南学子秉承着“忠信笃敬、知行合一、自强不息、和而不同”的暨南精神，为中华民族的发展和富强贡献着力量。值此百年之交，我们一定会继续发扬母校的光荣传统，刻苦学习，完善品格，活跃校园文化，为母校成为海内外知名的高水平研究型大学贡献我们的力量。过去的百年里，前辈们塑造了暨南的荣耀和辉煌；现在和未来的百年里，从我们开始，将揭开新的壮丽篇章。

愿我们与暨南大学共同成长！

谢谢大家！

暨南大学百年校庆公告第一号

巍巍暨南，百年学府。2006年11月16日，素有“华侨最高学府”之称的暨南大学，将迎来她的百年华诞。在此，我们谨向长期以来关心和支持暨南事业发展的各级领导，社会各界人士，海内外华侨华人、校董、校友致以诚挚的谢意！

声教讫四海，桃李遍五洲。1906年，“暨南学堂”在南京创立，承担起将中华文化传播四海、将华夏精神弘扬世界的伟大使命，开创了我国华侨教育历史之先河。自此，一代代暨南人薪火相传，奋斗不息。从沧海中的一条船到今天蜚声中外的华侨最高学府，暨南大学的发展历程与祖国的前途和民族的命运休戚相关、荣辱与共。在国务院侨务办公室的直接领导下，1996年，暨南大学成为全国面向21世纪国家重点大学以后，成功实现了跨越式发展。近百年的文化传承，暨南大学已是誉传内外，桃李芬芳。迄今为止，学校已接纳过来自世界五大洲97个国家和港澳台3个地区的莘莘学子。目前，学校共有全日制学生22 000人，其中博士和硕士研究生5 008人，来自世界57个国家和港澳台3个地区的学生8 966人。

2006年的百年校庆，既是暨南大学发展史上的一个重要里程碑，也是学校继往开来、再创辉煌的新机遇。我们将以此为契机，总结经验，发挥优势，为实现“侨校＋名校”发展战略，为创建海内外知名的高水平研究型大学再续新篇！

暨南大学百年校庆的各项筹备工作已正式启动，庆典活动将于2006年11月16～18日举行。我们盛情邀请并热忱欢迎各级领导、海内外校董、校友和各界朋友聚首暨南，共襄盛典。

特此公告。

暨南大学 校　　长：刘人怀
党委书记：蒋述卓
二〇〇四年十一月十一日

暨南大学百年校庆公告第二号

百年沧桑，弦歌不辍；鸿庠承运，薪火相传。一个世纪前，来自南洋的21名华侨学子凭舟渡海，负笈南京，中国华侨教育由此而揭幕，由国家创办的华侨教育事业由此而起步，暨南大学由此而肇始。

钟山黄浦，武夷珠水。斗转星移，百年即逝，2006年11月，“华侨最高学府”——暨南大学将迎来她的世纪庆典。百年历程，曲折而不凡；百年奋斗，可歌而可贺。1906年，“暨南学堂”创始于南京；后迁沪上，1927年更名为“国立暨南大学”；抗日战争起，转徙上海租界和闽北建阳；1946年复归上海；1949年8月与复旦大学、上海交通大学等高校合并；1958年重建于广州；“文革”时期停办八载；1978年再复于原址；1996年进入国家“211工程”重点建设行列。百年间，暨南大学始终与民族命运共浮沉，与时代脉搏同起伏，几经废兴，几经迁播，然其自强不息，折而不断，犹如涅槃之凤凰，其命维新，其翔高远。近20万优秀人才曾从这里走出，可谓“声教讫于四海”，俊彦遍于五洲。如果说有海水处即有华侨华人，那么有华侨华人处则有暨南学子。

今日之暨南，秉承“面向海外，面向港澳台”之办学方针，恪守“宏教泽而系侨情”之办学宗旨，力践“忠信笃敬”之校训，正向着“海内外知名的高水平研究型大学”的目标而阔步迈进。于此重要时刻，躬逢百年胜缘，实为我暨南人之荣幸，也是中国华侨教育之盛事，亦乃世界华侨华人之节庆。百年校庆将是我校凝聚侨心、齐聚校友、展望前景、共商大计的良好契机，也将是我校创新发展、再铸辉煌的难得机遇。处千载之盛世，发百年之积蕴，润一代之鸿业，百年暨南即将开始她崭新的纪元！

在此，我们谨向暨南大学全体师生员工、全体校董、海内外校友和社会各界友好人士发布公告如下：

1. 2006年11月16日是暨南大学建校一百周年纪念日，为方便海内外校友回校参加庆典，学校定于2006年11月18日（星期六）隆重举行庆祝暨南大学百年华诞典礼，夜晚安排庆典晚会。

2. 百年校庆拟定主题为“弘扬传统，彰显风范，凝聚侨心，共谋发展”；庆祝活动以“隆重热烈，俭朴务实，办出特色；庆典为体，学术为魂”为原则。

3. 校庆方案：除11月18日举行校庆庆典大会和庆典晚会外，还包括举行系列学术会议、中外校长论坛、出版“百年暨南丛书”和“暨南文丛”等校庆系列丛书、推进校园建设、开展“暨南精神大讨论”、宣传庆典、筹集资金等系列活动。

盛矣暨南，润哉学府！暨南大学的发展，凝聚了无数情系母校的校友和海外华侨华人及各界人士的心血和汗水。在此，我们热忱欢迎全校师生员工、海内外校董、校友和社会各界热爱暨南大学的人士，关心和支持百年校庆的筹备工作。

暨南大学期待着你们的关爱！

暨南园期盼着你们的光临！

特此公告。

暨南大学 校　　长：胡　军
党委书记：蒋述卓
二〇〇六年三月二十八日

暨南大学百年校庆公告第三号

鹏翼凌云万里，暨南创业百年。从当年金陵城里的暨南学堂，到今日誉满五洲的“华侨最高学府”，整整一个世纪，肩负着“宏教泽而系侨情”办学使命的暨南大学，披荆斩棘，筚路蓝缕，一路走来，为中国华侨高等教育启山林开先河，为人类文明和祖国建设育人才献伟力，其事其义，可书可歌。

躬逢百年诞庆，乃我海内外所有暨南人之幸遇。近期来，暨南园内，校庆专题活动精彩纷呈：百场学术讲座，彰显百年老校深厚的文化底蕴；首届亚洲大学生田径锦标赛，一展暨南人的卓异风姿和开阔视野；教职工环校长跑，昭示全校上下众志成城再铸辉煌的决心；“挑战杯”大学生创业计划竞赛，表现出莘莘学子不凡的志向与才智；暨南精神大讨论，将我们引入历史和未来的沉思与遐想……

11月16～18日是暨南大学百年校庆的庆典之日，届时暨南园高朋满座，群贤毕至，这里将成为一个学术的圣地，欢乐的嘉会。五洲宾朋，几代校友，济济一堂，把酒叙情，共谋大业，何其幸哉！盛典恰逢盛世，嘉会更需嘉宾，值此历史性的时刻，我们诚邀海内外校董校友、社会各界友好人士欢聚暨南，共庆世纪学府之华诞，同沐南国侨校之祥和，让我们一起来承载暨南百年的光荣与梦想，续写中国华侨教育的新乐章。

本着“弘扬传统，彰显风范，凝聚侨心，共谋发展”的宗旨，校庆期间安排了系列庆祝活动，在此谨向海内外校友、校董和社会各界友好人士公布如下：

11月16日（星期四）	
8：30～9：30	博物馆画展剪彩仪式及孔子铜像揭幕仪式： 1. 暨南大学珍藏书画展 2. 杜滋龄、陈金章、胡江、朱永成国画联展 3. 陶冷月书画作品展 4. 朱荣华国画展、徐文实书法展
10：30～10：45	百年暨南丛书·暨南文丛首发式
10：30～11：00	南方日报《暨南大学建校100周年100版纪念特刊》暨珍藏缩印本发刊仪式
11：15～11：45	百年暨南纪念邮册、首日封、明信片发行仪式
15：00～15：30	“百年暨南”纪念碑揭幕仪式
15：30～16：30	暨南大学六先贤铜像揭幕仪式
11月17日（星期五）	
9：00～11：30	暨南大学校友总会第三届理事会扩大会议
14：30～17：30	暨南大学董事会五届二次会议
18：30～20：30	招待晚宴
11月18日（星期六）	
9：00～11：00	暨南大学百年校庆庆典大会
14：30～17：30	中外校长论坛
19：30～23：00	暨南大学百年校庆庆典晚会

特此公告，敬祈周知。

暨南大学　校　　长：胡　军
　　　　　党委书记：蒋述卓

二〇〇六年十月三十日

暨南大学完成“十五”“211 工程”建设项目整体验收

暨南大学圆满完成“十五”“211 工程”建设项目整体验收

2006 年 5 月 29 日至 30 日，由国务院侨办和广东省人民政府共同组织的暨南大学“十五”“211 工程”验收专家组对暨南大学“十五”“211 工程”建设成果进行了考察验收，专家组成员一致认为学校“全面实现了建设目标，高质量地完成了建设任务”。专家组以吉林大学原校长刘中树教授为组长，成员包括中国科学院动物研究所刘以训院士、中山大学林浩然院士、中国人民大学袁卫副校长、武汉大学胡德坤副校长、内蒙古大学呼格吉勒图副校长和中山大学测试中心鲁统部主任 7 人。

国务院侨务办公室副主任刘泽彭，广东省人民政府副秘书长罗欧，广东省教育厅厅长罗伟其、副厅长罗远芳，国务院学位办综合处处长徐伯良分别代表学校主管部门参加了验收汇报会。

专家组听取了校长胡军教授所作的《暨南大学“十五”“211 工程”建设总结报告》，对学校“十五”“211 工程”建设项目的完成情况、经费使用和设备购置情况等进行了全面的考察验收。胡校长介绍了学校总体建设目标及任务完成情况、建设效益、经验体会及下一步建设的思路和打算。

在全校师生的共同努力下，学校本着“发挥优势、深化改革、保证重点、改善条件、提高质量”的基本思路，认真做好重点学科建设、公共服务体系建设和师资队伍建设“三篇文章”，不断开拓创新，使学校在办学层次与规模，教学质量与成果，科研实力与水平，学校整体形象与在海内外的影响等方面均产生重大变化，成功实现了学校整体的跨越式发展。

验收期间，专家组实地考察了“产业经济与金融经济”、“中外关系与华侨华人”、“企业管理理论与应用”、“生物科学技术与生物医学工程”、“生殖科学与计划生育”、“中国语言文学与海外华文教育”6 个重点学科建设项目，听取汇报和参观实验室，并与项目负责人、学科带头人和中青年骨干教师进行了座谈。

验收专家组充分肯定了暨南大学在“十五”“211 工程”期间所取得的成就。专家组经过讨论后一致认为，暨南大学全面实现了“十五”“211 工程”建设的整体目标，高质量地完成了国家下达的“十五”“211 工程”建设任务，学校的综合实力有了很大的提升，办学效益显著，很好地解决了“高水平”和“有特色”的问题。同时，专家们还就学校的人才引进、学科设立与发展、团队建设等方面提出了中肯的意见和建议，并呼吁各级主管部门对学校给予更大的支持。

国务院侨办副主任刘泽彭、国务院学位办综合处处长徐伯良、广东省教育厅副厅长罗远芳分别表示，将一如既往支持学校发展，而且将更加关注暨南大学“十一五”“211 工程”的建设。

专家组与学校领导班子就考察验收情况交换了意见。针对专家们提出的希望，胡军校长说，暨南大学将克服困难，突出特色，注重人才引进和培养，加强团队建设，不断促进学科发展，为尽快实现“侨校+名校”的发展战略目标而努力奋斗。

学校领导纪宗安、王华、周天鸿和各“211 工程”建设项目负责人、各相关部处负责人参加了专家组与校领导交换验收意见会。

（摘自《暨南大学简报》2006 年第 18 期）

暨南大学“十五”“211 工程”建设总结报告

一、“十五”“211 工程”总体建设目标及建设任务完成情况

（一）“十五”“211 工程”的总体建设目标

根据国家发改委的批复，学校“十五”“211 工程”的总体建设目标是，坚持“面向海外、面向港澳台”的办学方针，以重点学科建设为核心，大力推进理论创新、制度创新、科技创新和教育创新，通过继续重点建设，进一步提高教育质量和学科建设、科学研究、师资队伍、学校管理的水平和办学效益，充分发挥培养高层次人才、发展科学文化技术、传播中华文化、服务华侨华人、解决国家和地方经济建设、社会发展重大问题的作用，保持和发展学校特色和优势，为把暨南大学建设成为海内外知名的高水平社会主义华侨高等学府，奠定全面而坚实的基础。

（二）“十五”“211 工程”建设的主要任务

重点学科建设：重点建设生物科学技术与生物医学工程、生殖科学与计划生育、产业经济与金融经济、企业管理理论与应用、中国语言文学与海外华文教育、中外关系与华侨华人等6个重点学科建设项目。

公共服务体系建设：重点建设校园计算机网络、数字化图书馆等项目。

师资队伍建设。

（三）“十五”“211 工程”建设任务完成情况

1. 重点学科建设项目

（1）生物科学技术与生物医学工程。

①重点学科与学位点建设。

成功申报生物学博士后流动站，生物化学与分子生物学博士点，在生物医学工程一级学科博士点下成功自主设置“生物材料与纳米技术”、“生物与医学物理”、“生物医药工程”、“纳米化学与生物纳米材料”二级学科。现有博士后科研流动站和博士后科研工作站各1个，一级学科博士点1个，二级学科博士点2个，一级学科硕士点4个，二级学科硕士点8个。

②师资队伍。

通过双聘的方式，引进院士2人，有力带动了学科建设。教学科研人员总数由2002年的47人增加到114人，其中博士生导师由4人增加到20人；教授由7人增加到35人；副教授由19人增加到36人；博士学位获得者由20人增加到63人。已形成以教授为主导，年轻博士为主力的格局。

③人才培养。

近3年来，共授予学士学位545人，硕士学位135人，博士学位14人。目前在读本科生826人，硕士生296人，博士生56人。

新增生态学、材料学2个本科专业，新获准一批硕士点、博士点和博士后流动站，进一步完善了人才培养体系。

④科学研究。

“十五”期间，承担了包括国家“973 计划”、“863 计划”以及国家自然科学基金重点项目在内的各类科研项目120余项，其中省部级以上项目107项，实际到位科研总经费3 714万元。发表科技论文805篇，其中SCI、EI、ISTP收录146篇，出版科研著作15部，教材5部。共获专利授权21项，获得省部级科研奖励6项。

⑤成果转化。

承担了广东省惠州市重大社会招标项目“惠州西湖生态系统构建规划与生态恢复示范工程”。完成了广东省水库富营养防治研究项目。

骨组织防粘连膜已通过中国药品生物制品检定所的检验，达到临床应用的要求；所研制的生物降解交联剂也符合临床应用的需要。研制了bFGF、BMP、PACAP 3个基因工程新药，基本完成了临床前试验。申报的诱导型活性人工角膜和显微三维立体浮雕成像系统已获国家发明专利授权。

建立了抗病毒药物筛选技术平台，其中天然提取物（千金藤碱、葡萄柚种子提取物等）抗病毒作用的研究已获得专利2项。完善了基因工程药物中试平台，获得专利1项；同时，有多个产品利用此平台进行了中试生产。

在新药方面，与河南省医学科学研究所、中科院昆明植物研究所共同合作研究开发的盐酸千金藤碱注射液已获临床研究批件，同时获得盐酸千金藤碱原料药的临床研究批件。研制的药物“去痴灵”已获国家新药发明专利授权。

⑥学术交流。

主办国际学术研讨会3次，并于2005年6月举

办了面向亚洲国家的浮游动物国际培训班。主办国内学术会议10次。聘请了来自美国、奥地利、比利时、韩国、俄罗斯、澳大利亚等多个国家的专家讲学64人次。学科项目组成员应邀出国讲学10人次，派出出国进修人员9名，国内进修35人次，参加境外学术会议22人次。

⑦实验室建设。

“十五”期间，国家重点学科水生生物学新建实验室180平方米、改造旧实验室150平方米，完成了1 500平方米的暨南大学珠海校区微藻生物技术基地实验室设计和仪器的购置工作。

建立了生物材料合成制备与评价实验室、激光散射实验室和多维显微镜技术实验室以及医学物理学教学与研究实验室。

建立了纳米测试平台。

对基因工程药物学实验室进行了改造，建立完善了200平方米的动物细胞培养实验室及基因工程上、下游技术配套实验室。

完善了天然药物及分子药理研究相关的部分仪器设备，完善了中试平台，建成了抗病毒药物筛选平台。

（2）生殖科学与计划生育。

①重点学科与学位点建设。

生物医学工程一级学科博士点之下设立了细胞与组织工程二级学科；获得生物化学与分子生物学二级学科博士点。作为主要组成单位，建立了生物学博士后科研流动站；新增免疫学侨办重点学科。

②师资队伍。

经过“十五”“211工程”建设，师资队伍不断充实，整体实力不断提高。教学科研人员总数由建设前的37人增至51人，教授由11人增至17人。有博士学位人员由15人增至26人，占学术队伍的51%。

③人才培养。

“十五”期间，授予学士学位人数492名，授予硕士学位人数由建设前的24名增至77名，授予博士学位人数由8名增至19名。培养博士后和国内研修学者有了零的突破，其中博士后10人，国内研修学者5人，使该项目成为国内培养相关专业高级人才的重要基地。此外，“生物技术专业”成功申请为广东省名牌专业。

④科学研究与成果转化。

承担省部级以上科研项目26项，其中“973计划”子课题2项，国家自然科学基金重点项目2项，国家自然科学基金面上项目7项，省部级项目15项。发表论文总数由建设前的303篇增为490篇，SCI收录论文由14篇增为23篇。出版代表性著作6部，教材13部。授权及申请专利6项。

米非司酮在产科中应用的病理性损害的系统研究，在学术界引起广泛关注，其研究结果已促成国内不再将米非司酮用于足月妊娠的催引产。

⑤学术交流与国际合作。

“十五”“211工程”建设期间，主办国内学术会议7次，聘请国外专家讲学18人次，应邀出国讲学3人次，参加境外学术会议7人次。

2005年主持了第一届中国东南部艾滋病国际研讨会。

⑥实验室建设。

建成了生殖科学与计划生育研究实验室群，包括生殖免疫学与生殖内分泌学研究实验室；妇产科学及围产医学研究实验室；受精生物学及发育生物学研究实验室；生殖遗传学研究实验室；生殖环境生物学研究实验室。拥有单台（件）价值10万元以上的仪器20台，其中包括价值400万元的时间飞行质谱仪。拥有总面积3 000多平方米的实验室。

（3）产业经济与金融经济。

①重点学科与学位点建设。

重点建设了国家重点学科——产业经济学和广东省重点学科——金融学，获得应用经济学一级学科博士学位授予权；政治经济学获博士学位授予权，实现了理论经济学博士点零的突破。同时，获得了理论经济学一级学科硕士点，使硕士点覆盖了所有的理论经济和应用经济学科。

金融研究所被确定为广东省高校人文社科重点研究基地。

②师资队伍。

建设期内，通过大力引进与培养，形成了一支以教授和博士为主的中青年学术队伍，年龄结构不断优化，学术梯队层次协调。现有教学科研人员126人，其中35岁以下35人，36～45岁的50人，两者合计占67.4%。

具有博士学位的教师由23人增加到59人，占全部教学科研人员的46.7%。教授由28人增加到37人；博士生导师由9人增加到17人。

在国内具有影响的学术带头人不断涌现，现有1名国家级重点学科带头人，3名广东省重点学科带头人，11名“千百十工程”培养对象，1名省委宣传部“十百千工程”省级培养对象。

③人才培养。

建设期内，毕业本科生1 113人（境外生338人），硕士生388人（境外生20人），博士生43人（境外生2人）。

人才培养质量不断提高。其中，产业经济学博士生、金融系教师王聪教授的博士学位论文《我国证券市场交易成本制度研究——关于中国证券市场的SCP分析框架》获"全国百篇优秀博士论文"称号，实现了学校在该奖项上零的突破。

获全国"挑战杯"学术作品与创业竞赛一等奖（金奖）1项，二等奖1项，三等奖2项；广东省"挑战杯"竞赛特等奖1项，一等奖7项，二等奖10项，三等奖12项。有35位学生获"南粤优秀研究生"称号。

金融学、统计学、国际经济与贸易三个专业被评为广东省名牌专业，"货币银行学"被评为广东省高等学校省级精品课程。

④科学研究。

共承担各类研究项目139项，其中，国家自然科学基金项目6项，国家社科基金项目6项，广东省自然科学基金项目11项，广东省哲学社会规划项目10项，广东省重大决策咨询招标项目6项，教育部项目6项，广东省软科学项目和科技攻关项目10项，广东省教育厅重大研究项目3项，广东省高校人文社科项目6项，国务院侨办项目6项。

发表学术论文的数量不断增加，高档次的论文不断增多。共发表论文496篇，其中，被SCI、EI、SSCI收录5篇，CSSCI收录299篇。出版专著20部，出版了"产业经济学与金融经济学系列丛书"。获省部级以上科研成果奖16项。

⑤成果转化。

为地方经济社会发展服务的能力显著增强。承担了"广东工业产业竞争力总报告"、"加快发展广东股份制经济和混合所有制经济研究"、"建立粤港澳更紧密经贸关系与广东对策研究"、"推动广东民营经济发展水平研究"、"美元汇率下跌对广东经济的影响分析"等多项广东省政府委托课题和广东省重大决策咨询招标课题，得到省委省政府及有关部门的高度评价，为省委省政府的决策提供了科学依据。

⑥学术交流与国际合作。

主办国际学术会议1次，国内学术会议2次。参加国内学术会议100余人次，50余人次赴境外做访问学者、讲学或参加学术会议。邀请国内外知名专家学者前来讲学交流50余场，其中外国专家18人次。参与国际合作项目12项。与国家发改委宏观经济研究院建立了长期合作关系。

（4）企业管理理论与应用。

①重点学科与学位点建设。

会计学被评为国务院侨办重点学科；获得工商管理、管理科学与工程2个一级学科博士学位授予权，新增旅游管理、技术经济等2个二级学科博士学位授权点，自主设置财务管理二级学科博士招生专业。

新建工商管理一级学科博士后科研流动站，企业发展研究所被评为广东省人文社科重点研究基地；获得全国首批会计专业硕士（MPAcc）试办权和工业工程工程硕士试办权。

②师资队伍。

教学科研人员由建设前的82人增加到125人，博士生导师由9人增加到11人，教授由18人增加到30人，拥有博士学位教师由29人增加到57人。建设期间引进拥有教授职称或博士学位的教师43人。师资队伍的年龄、学位、职称结构进一步优化，为学科的持续发展提供了良好的人才支持。

③人才培养。

"十五"期间，研究生培养规模扩大，其中，授予博士学位人数由建设前的29人增加到53人，授予硕士学位人数由715人增加到925人。同时，开展了MBA、EMBA、MPAcc、工业工程工程硕士等专业学位教育，目前在校专业学位学生811名。2005年在读境外研究生337人。会计学、工商管理、旅游管理专业被评为广东省名牌专业。

④科学研究。

承担省部级以上科研项目28项，发表论文675篇，其中，权威期刊41篇，被SCI、EI、ISTP、SSCI收录的论文由8篇增加到16篇；被CSSCI收录的论文数由124篇增加到335篇。

出版学术专著37部，编著教材34部。获国家级教学成果奖1项，省部级以上科研成果奖13项。

⑤成果转化。

建设期间共承担企事业委托项目60余项，总金额600余万元。提交《广东工业化中的环境治理》、《广州南沙开发区土地开发中心管理制度研究》等调研和咨询报告15份。横向课题"金融工具会计"研究成果已被我国《会计准则——金融工具确认和计量》所采纳。横向课题"广州市国税局能级管理"研究成果——计算机能级管理系统在广州市国税局得到了广泛应用，并对其他政府机关公务员人事行政改革起到了示范作用。

⑥学术交流与国际合作。

主办和协办国内学术会议6次。共派出250多人次参加国内外学术会议，7名教师赴美国和德国学习或合作研究，邀请了100多位国内外学者前来讲学。同时，与美国斯坦福大学合作培养EMBA，与美国宾夕法尼亚大学、加拿大UBC大学等联合培养MBA学员。会计学学科与加拿大 CGA、英国 ACCA 合作共同培养本科生。

（5）中国语言文学与海外华文教育。

①重点学科与学位点建设。

文艺学和汉语言文字学再次被评为广东省重点学科。中国古代文学获博士学位授予权，中国语言文学获硕士学位授权一级学科，建立了中国语言文学博士后流动站。

华文教育取得了显著成绩。拥有4个国家级教学科研基地：国家华文教育基地、国家语言资源监测与研究中心（海外华人社区）、国家对外汉语教学基地，同时还是支持周边国家汉语教学的重点院校。如此高密度、高规格的基地建设，在全国高校中为数不多。

②师资队伍。

现有语言、文学专业教研人员各38人，比例均衡，其中，高级职称64人，占85.3%，获得博士学位的人数占70.6%，49岁以下的中青年56人，占74.6%。

有博士生导师17人，硕士生导师30人。其中教育部跨世纪人才1人，教育部新世纪人才1人，“珠江学者”1人。

③人才培养。

“十五”期间，共毕业本科生392名，硕士研究生192名，博士研究生29名；目前在校本科生591人，硕士研究生400人，博士研究生66名。

新设立戏剧影视文学和华文教育两个本科专业。

3年来，新编本科生教材11部，研究生教材8部。“外国文学史”被评为省级精品课程。2004年，对外汉语专业被评为广东省名牌专业。

④科学研究。

近3年来，获得并正在进行研究的科研项目59项，其中国家社科项目14项，省部级等45项，科研项目的数量和层次都超过了本学科的历史水平。

共出版学术著作88部，在重要学术刊物上发表学术论文531篇，其中发表于权威刊物的代表性论文33篇，《新华文摘》转载论文3篇。

获各类学术奖项22项，其中全国高校人文社会科学优秀成果奖3项，广东省人民政府哲学社会科学优秀成果奖6项。

受国务院侨办委托，为海外华侨、华人子弟学中文而编写的“海外华文教材”包括简、繁体版《中文》教材、简体版多媒体教学光盘《中文》、简体网络版《网上学中文》。自《中文》教材面世以来，已在40多个国家和地区发行了500多万套。

⑤学术交流与国际合作。

主办国际会议4次，国内学术会议12次。

邀请国内外著名学者68人次来校讲学、交流；派出4位教师赴国外、境外大学攻读博士学位或研修；另派人员赴国（境）外参加国际学术会议18人次。

每年派至国外教学的教师超过10人次。2人长期担任香港、澳门有关大学的兼职教授。

与香港理工大学合作完成的《港式中文与标准中文的比较研究》一书，于2006年下半年由香港教育图书公司出版。

与香港大学合作开设了“粤方言国际网站”；与香港中国语文学会合作开设了“华语桥网站”。

（6）中外关系与华侨华人。

①重点学科与学位点建设。

历史学一级学科博士点申报成功，专门史再次被评为广东省重点学科，国际关系被评为国务院侨办重点学科。

②师资队伍。

教学科研人员总数由建设前的25人增加到47人，其中45岁以下的教师29位，占62%。具有博士学位的教师31位，占66%。职称结构比较合理，教授17人，副教授20人，讲师10人。研究生导师队伍不断加强，现有博士生导师10人，硕士生导师13人。有全国性学会副会长4人、省级学会副会长3人。

③人才培养。

近3年来，已毕业本科生115人、硕士生147人、博士生36人，研究生数量较“九五”期间增长了34%。目前在校本科生220人、硕士生167人、博士生83人（其中港澳台及海外学生50余人）。人才培养的质量也不断得到提高，多位研究生获广东省“南粤优秀研究生”和“暨南大学优秀研究生”等称号。此外，还获得国家教学成果二等奖1项。

④科学研究。

完成和正在承担的科研项目共59项，其中国家社科基金3项，省部级项目37项。实到科研经费310.8万元，较“九五”期间增长了132%。

出版著作30部、教材5部。发表论文438篇，其中CSSCI收录310篇，较“九五”期间增长了32%。

获省部级科研奖由“九五”期间的1项增为5项。

⑤成果转化。

有25项调研报告与咨询报告被有关政府部门所采纳，如华文教育、华侨侨眷立法问题，受到中央

有关部门的高度重视，有关的提议形成了政策措施并下发具体运作，对各级政府部门外事政策的制定起了重要的作用。

⑥学术交流与国际合作。

主办国际学术会议3次，国内学术会议7次，聘请国外专家讲学20人次。参加国内外学术会议50多人次。还派出12人次到美国、日本、新加坡等大学做访问学者，开展合作研究与实地考察。

2. 公共服务体系建设项目

（1）校园计算机网络。

经过"十五""211工程"建设，学校计算机网络及资源库建设取得了突出的成绩：

①高速、稳定、可靠的骨干网络。

校园网络出口路由器及骨干核心交换机升级，光纤主干通讯速率已提升为万兆；完成了珠海学院和校本部的异地光纤高速互联、华文学院和校本部的千兆光纤互联；各汇聚小区与骨干网实现了万兆互联。

②健全的网络安全保障体系。

采用统一认证系统进行接入控制，引进赛门铁克（Symantec）防病毒技术，对校园网客户端实施安全防护，在出口路由器上部署安全策略，实行网络安全紧急响应等一系列措施，构筑了全网范围的整体安全体系。

③高速、大面积覆盖的无线网络。

在学校教学区、办公区和公共活动区域构建高速无线网络，实现了安全无缝的无线宽带网接入，对其他高校建设无线网起到了示范作用。

④卓有成效的资源库建设。

已建设各类网络教学资源约2T，覆盖文、理、医、经、管、法等学科的490门课程；设立了教育技术"创新工程"，第一批立项45项，第二批37项；获广东省"151工程"立项28项，出版多媒体教学软件5部，获全国网络课程与多媒体课件奖7项，广东省计算机多媒体教学软件奖5项。

（2）数字化图书馆。

①较为完善的数字图书馆资源保障系统。

以SCI、SSCI、EI、ISTP、CA化学文摘等高质量的二次文献资源为核心，通过2万多种全文型中外文电子期刊资源，38万多篇全文型中外文博硕士学位论文资源，30多万册全文型电子图书资源，以及各种会议文献、数据库、特色自建资源等，为学校的教学科研提供了完善的数字化资源保障，得到广大师生的一致好评。

②较为强大的数字图书馆综合服务系统。

本着"以人为本"的宗旨，构建了以读者为中心的数字图书馆信息资源门户网站，通过整合文摘、索引、电子期刊等各种数字化资源，联结新闻通告系统、图书荐购系统、随书光盘管理系统等多个服务系统，提供个性化、智能化、功能化、一体化的信息资源服务。

3. 师资队伍建设项目

（1）教师队伍整体结构得到优化。

引进具有正高职称的58人（其中博导20人），具有副高职称的86人；博士291人，硕士308人。通过严把入口关，在逐步扩大专任教师队伍的同时，使教师队伍结构中的职称、学位、学缘、年龄结构得到进一步优化。详情见下表：

专任教师	2003年		2005年	
	人数	占专任教师比例	人数	占专任教师比例
总人数	1 247		1 484	
正高	183	14.7%	337	22.7%
副高	469	37.6%	603	40.6%
博士	232	18.6%	644	43.4%
硕士	552	44.3%	637	42.9%

（2）人才引进工程成绩显著。

文艺学"珠江学者"顺利上岗，此外，学校通过"柔性引进"人才政策，在6个重要学科聘请院士来校工作，同时，在各学科领域还聘请了49名客座教授，91名兼职教授。

"十五"建设以来，引进海外留学人员49人，在增强师资力量的同时，也拓宽了对外交流的渠道。

2004年底，学校还面向海内外公开招聘了10名学院院长。

(3) 人才培养工程进展顺利。

培养学术骨干37人，包括“新世纪优秀人才支持计划”入选者、“十百千”、“千百十”省级培养对象等。

加强对青年教师的培养。2003年以来，学校共批准239名青年教师攻读博士学位，180人攻读硕士学位，18人进站从事博士后研究工作。

拓宽出国研修渠道，积极选送青年骨干教师到国外名校进修。

提倡双语教学，聘请香港培训公司来校开办英语培训班、选送有潜质的年轻教师出国培训。

(四) 建设资金到位、使用、完成及管理情况

1. 资金到位情况

根据国家发改委批复的建设项目，截至2005年12月，专项资金总计到位1.08亿元，是计划总投入8 300万元的130%，具体情况如下表所示。

此外，学校主管部门国务院侨办投入1亿元用于基础设施建设的经费也已到位。

单位：万元

资金类别 / 经费数	中央专项		地方政府	学校自筹	总计
	发改委	财政部			
计划拨款	1 400	1 400	3 000	2 500	8 300
实际到位	1 400	1 400	8 000	0	10 800

2. 建设经费使用及完成情况

截至2005年12月，总计下达9 857万元，完成投资7 406万元，具体情况如下表所示：

单位：万元

项目名称	计划投资	实际投资	完成投资
总计	8 150	9 857	7 406
重点学科	5 250	5 780	4 362
公共服务体系	1 800	2 477	1 448
师资队伍	1 100	1 600	1 596

3. 建设经费管理情况

“211工程”建设资金坚持专款专用，严格执行经国家发展改革委员会批复的“十五”“211工程”可行性研究报告；同时，学校根据各子项目建设进展情况和建设经费实际到位情况，对资金安排作了必要和合理的调整。

从总体上看，学校“211工程”建设资金管理规范、经费使用符合国家有关规定，并取得了较好的投资效益。

(五) 仪器设备购置 (调整)、使用及管理情况

根据报告，学校“十五”“211工程”建设项目仪器设备（含软件）购置投资估算为3 850万元，其中拟购单台（件）价值10万元以上设备72台(件)。

各子项目在建设过程中，根据形势的发展，对仪器设备配置方案进行了更充分的论证，进一步完善、优化了配置计划。同时，由于广东省政府加大对学校“211工程”的投入，使学校的仪器设备投资有了很大的增加，总额度达到5 829万元。截至2005年12月，完成采购计划4 472万元，其中单台（件）价值10万元以上设备88台（件），金额为3 580万元。

为加强对仪器设备的管理，学校制定了《暨南大学“十五”“211工程”建设项目仪器设备管理办法》，积极推进大型仪器设备的共享工作。

二、“十五”“211工程”建设效益

在中央、国务院侨办和广东省委省政府的直接领导下，学校根据自身侨校特色和高校发展规律，确立了“侨校+名校”的发展战略，遵循从严治校、从严治教、从严治学，依法治校和实事求是的办学原则，按照“发挥优势、深化改革、保证重点、改善条件、提高质量”的发展思路，与时俱进，开拓

创新，使学校的整体形象和在海内外的影响等方面取得重大变化，成功实现学校稳步、快速的发展。学校“十五”“211 工程”的建设效益可以从下表中直接得到体现：

学校整体情况			“九五”期间（1998—2002 年）	“十五”期间（2003—2005 年）	增长率（%）
人才培养	已毕业的本科生（人）		9 521	7 349	−22.8
	已毕业的硕士生（人）		1 625	2 385	46.8
	已毕业的博士生（人）		115	205	78.3
	已毕业的全日制来华留学生（人）		2 272	2 302	1.32
队伍建设	获新世纪优秀人才支持计划（人）		—	5	—
科学研究	科研总经费（亿元）		3.1	4.57	47.4
	已发表的论文总数（篇）	被 SCI 收录的论文数（篇）	73	385	427.4
		被 EI 收录的论文数（篇）	56	163	191.1
		被 ISTP 收录的论文数（篇）	31	60	93.5
		被 SSCI 收录的论文数（篇）	1	3	200
		被 CSSCI 收录的论文数（篇）	1 994	2 593	30
		合 计	2 155	3 204	48.7
条件建设	仪器设备总值（万元）		6 423.34	7 986.21	24.3
	图书总藏量（万册）		29.1	94.95	226.3
	其中电子图书（万册）		1.69	25.9	1 432.5

具体表现在以下几个方面：

（一）学科布局更加完善，结构进一步优化

“十五”“211 工程”建设以来，新组建了第一临床医学院、第二临床医学院、知识产权学院、艺术学院。学校现有学院 20 个。

“十五”期间，新增 24 个本科专业（特别是获准设立了中国第一个华文教育本科专业），目前共有 61 个本科专业，形成了相对合理的专业结构。学校现有临床医学专业、汉语言文学（师范方向）、历史学（师范方向）、新闻学（国际新闻方向）、信息工程（光电与资讯科技方向）、针灸推拿学、物理学（师范方向）7 个专门面向港澳台侨学生的专业（方向）。

博士学位授权一级学科由原来的 1 个增加到 6 个，二级学科由原来的 13 个增加到 39 个；硕士学位授权点由 66 个增加到 133 个（包括 6 个专业学位）。

目前，学校学位授权的学科、专业涵盖了哲学、法学、教育学、经济学、文学、历史学、理学、工学、医学、管理学等 10 个门类，博士招生专业已达 55 个，已形成 11 个具有规模的高水平学科群。

（二）高层次人才培养规模不断扩大，质量稳步提高

目前在校研究生 6 567 人（其中博士生 787 人，硕士生 5 780 人），总体规模是 2002 年（3 245 人）的近两倍。研究生与本科生之比由 1∶3.8 上升到 1∶2.7。

与此同时，海外及港澳台学生的数量大幅度增加，由 2002 年的 6 100 人增加到目前的 10 270 人，特别是在校攻读博士、硕士学位的研究生达 868 人，占全国高校海外及港澳台研究生总数的 1/4。目前有来自世界五大洲 77 个国家和地区的学生在学校求学，暨南大学已成为名符其实的“华侨最高学府”。

在规模扩大的同时，研究生培养质量也得到稳步提高，有 1 篇论文被评为 2004 年全国百篇优秀博士学位论文，实现了学校在该项目上零的突破。

在“挑战杯”竞赛中取得优异成绩。获第四届

“挑战杯”中国大学生创业计划竞赛奖，在第九届“挑战杯”全国大学生课外学术科技作品竞赛中获得一等奖1项、二等奖3项、三等奖1项，总分并列全国第12名、广东省第1名。

在教学成果奖方面也有新的突破。2005年，有2项成果获国家级教学成果二等奖，并获省级教学成果一等奖。

（三）师资队伍结构进一步优化，素质大为提高

截至2005年12月，学校有专任教师1 484人，其中有研究生学位者1 281人，在专任教师中所占的比例由2002年的63%增加到86%。教职工中有博士学位者644人，是2002年（294人）的2.2倍。45岁以下的中青年教师在专任教师中占75%。

新聘请院士5人，目前学校有全职和双聘的中国科学院和中国工程院院士7人；引进文艺学“珠江学者”1人；新增博士生导师64人，学科队伍的素质很大程度上得到提升。

（四）科研实力增强，水平不断提高

1. 自然科学方面

（1）科技经费和项目连创新高。

“十五”“211工程”建设期间到位的科研经费达3.90亿元，较“九五”（2.77亿元）增长了40.8%。

在此期间，获2项“十五”国家重大科技专项“创新药物品种研究”专题，是广东省唯一获得该专题资助的高校；获1项“新药研究与开发的平台技术”重大专项二级子项目；1项“生物工程”主题项目和1项“海洋生态环境要素现场快速监测系统技术”主题二级子项目，并首次获得1项重大基础研究（“973”）前期研究专项项目，该项目是该年度全省唯一的一项。首次获得国家“863计划”“艾滋病专项”1项，“十五”科技攻关“纳米专项”1项，广东省“中药现代化领域”招标项目1项，国家软科学课题1项。获广东省自然科学基金团队项目1项。首次获得教育部博士点基金资助项目2项、“863计划”7项；主持了广州市科技局中药现代化专项课题（经费400万元）；首次获得科技部中小企业创新基金。

（2）科研平台建设卓有成效。

获批组建基因工程药物国家工程研究中心。获批广东省生物工程药物重点实验室、广东省高校重点实验室“工程结构故障诊断实验室”。此外，医学院病理生理实验室成为国家中医药管理局首批重点实验室。

（3）科技成果增长。

“十五”“211工程”建设以来，学校共申请发明专利89项（其中国际专利1项），获授权22项。论文数量有了较大的增长，质量迅速提高，3年来共发表科技论文4 760篇，其中608篇被SCI、EI、ISTP三大索引收录，是“九五”期间的3.8倍。获省部级以上科技成果奖励31项。

生命科学技术学院科技成果“成纤维细胞生长因子2结构类似物及其生产方法及应用”获得广东省专利金奖；第一临床医学院研制的“血液透析机”获得广东省优秀专利发明奖，相关技术自主知识产权获得市场准入证及国家新产品证书；药学院开展的“重组vMIP抗HIV感染的临床研究”获得全国首个抗艾滋病I类新药临床试用批文，这将成为我国第一个具有自主知识产权的艾滋病药物。

2. 人文社会科学方面

（1）科研项目和经费不断攀升。

“十五”“211工程”建设以来，学校人文社会科学研究取得了跨越式的发展。科研经费逐年增加，2005年实到科研经费1 280万元，是2002年（716万元）的1.8倍。

同时，承担国家级项目的能力有了较大提高，2004年和2005年的国家社科立项数均为11项，在全国排名为19位左右。

人文社会科学研究越来越注重面向社会，“十五”期间共承担企事业单位委托项目148项，仅2005年的经费就达549.7万元。

（2）科研成果丰硕，成果的推广应用取得了一定成绩。

发表社科研究论文逐年递增。2005年的论文总数比2002年增长了32%，达1 487篇。同时，论文质量不断提升，“十五”建设期间，被SCI、EI、ISTP、SSCI四大索引收录的论文数由1篇升为17篇。被CSSCI收录的论文由2002年的497篇增长到2004年的906篇。

出版社科研究著作方面，2005年比2002年增长了53%，达159部。且专著增长较快，从2002年的35部增加到2005年的67部。

2005年，学校人文社科成果获省部级以上奖励达33项，取得了历年来的最好成绩。

近年来，学校积极引导教师面向经济建设主战场，取得了较好的成绩。如承担了《广东工业产业竞争力总报告》的研究和撰写；与广州市国税局合作进行“广州市国税局能级管理”项目；完成了“广东省最低工资研究”课题。此外，还承接了番禺区、从化区、韶关市、肇庆市等众多旅游规划项目，为当地旅游经济的蓬勃发展提供了良好的智力支持。

（3）学术期刊有一定发展。

经过几年的建设，学校主办的部分社科类学术期刊在国内崭露头角，已经具备一定的学术影响和显示度。2003 年以来，学校的《暨南学报》（哲社版）和《东南亚研究》连续入选 CSSCI 收录学术期刊。

（4）重点研究基地建设进展顺利。

现有教育部人文社会科学重点研究基地（华侨华人研究所）和广东省普通高校人文社会科学重点研究基地（企业发展研究所和金融研究所）3 个。通过重点研究基地建设，优化了资源配置、深化了科研体制改革，为实现跨学科研究和团队联合攻关提供了重要的平台。

（五）学术交流与国际合作不断扩大，国际化步伐加快

1. 校际交流

“十五”期间，学校先后同法国里昂天主教大学、美国康涅狄格州桥港大学等 17 所高校或研究机构签订了学术交流协议，使学校的校际交流伙伴拓展到世界五大洲近 30 个国家。与此同时，还陆续同新加坡南洋理工大学、马来西亚新纪元学院等姐妹学校续签了合作协议，使双方合作在以往的基础上有了进一步的发展。

2. 学生交换

“十五”期间，先后派出近 80 名同学前往四大洲 8 个国家留学。同时，学校也接受了来自姐妹学校的近 40 名同学来校学习。通过交换学习，学生有了更为广阔的国际视野，同时在学生中树立了良好的学风，加快了学校国际化的步伐。

3. 外国专家

“十五”期间，学校共聘请 55 名长期专家和 43 名短期专家来校工作。合作科研领域涵盖华人华侨研究、经济学、计算机科学、材料学、人工智能、临床医学、遗传学、环境科学、水生生物学等学科。除此之外，还先后有 68 名专家学者来校进行短期访问讲学。

4. 教师出访

“十五”期间，学校共有 648 名教师前往境外讲学、授课，在推进东南亚国家的华文教育发展以及为港澳台地区培养人才方面起到了积极作用。

5. 人员培训

为提升管理水平、改进工作，2004 年，学校派出全校部处领导培训团前往美国威斯康星欧克莱尔大学培训，2005 年，又派出学院院长培训团前往澳大利亚格里菲斯大学进行管理培训。

6. 国际会议

“十五”期间，学校召开“首届海外华文文学高峰论坛”、“第四届国际双语学研讨会”、“中外关系史百年学术回顾与展望国际学术研讨会”、“经济全球化格局下的两岸产业合作研讨会”等多次国际会议，100 多人次教师出国参加国际学术会议。通过国际对话，进一步推进了学校重点学科的建设和发展。

（六）办学条件不断改善，服务质量大大提高

近 3 年，全校增购教学、科研仪器设备7 986万元，大大改善了学校的教学科研基础条件。

在基础设施方面，校本部完成了 10 栋学生宿舍、医学院大楼、理工学院大楼、土木实验楼、行政办公大楼等基建工程，总建筑面积达 14 万平方米。珠海学院也完成了体育馆、学生及教工宿舍等工程，总建筑面积达 4 万平方米。同时，新教学大楼、图书馆建设工程正在积极进行之中。

（七）为国家、地区经济建设和社会发展服务的能力不断增强

学校先后与韶关市政府、茂名市政府、江西赣州市政府、佛山市政府签署了“校市全面合作协议”。学校与签署协议的地市在文化教育、科学研究、科技开发、成果转化、人才培养、科技信息交流等方面开展的合作，有利于学校面向国民经济建设主战场，将科技成果转化为现实生产力，走教学、科研、社会服务协调发展之路，在为社会发展作出更大贡献的同时实现自身的发展。

三、“十五”“211 工程”建设的经验体会和下一步建设的设想和建议

（一）经验体会

“211 工程”国家重点建设项目体现了党中央、国务院对高等教育的重视和关怀，是实施“科教兴国”战略的重要举措，对于我国在 21 世纪建设世界一流大学具有重要的基础意义和战略意义。在“十五”“211 工程”建设实施过程中，我们有以下几点经验体会：

1. 中央和地方政府的关心和支持是学校“十五”“211 工程”建设取得成功的重要保证

学校“211 工程”建设以来取得的成绩，离不开上级部门的关心和支持。在“十五”“211 工程”建设中，国家发展改革委和财政部专门下拨了中央专项资金用于学校的重点学科建设和公共服务体系建设，广东省政府在原计划投入的基础上再追加了5 000万元，国务院侨务办公室为学校基础设施建设筹集了大量资金。正是上级部门的关心和支持，投入大量经费用于学校的“211 工程”建设，为学校实施“侨校＋名校”的发展战略提供了坚实而有力的保障，大大提高了学校的整体办学水平和在海内外

的影响力。

2. “211 工程”建设要以重点学科建设为龙头，带动学校整体水平的提高

“十五”“211 工程”建设强调以重点学科建设为核心，抓住当前高等学校实现高水平、高效益办学的关键。学科建设是高校发展的基础，是培养创新人才的保证，也是实现“有所为，有所不为”原则，体现特色，争取重大突破的核心。学校通过“十五”“211 工程”6 个学科建设子项目和 2 个公共服务体系项目的建设以及师资队伍建设，使相关学科的教学、科研条件得到改善，水平得到提高，并取得了一批高水平的标志性成果；同时也带动了学校整体教学、科研水平的提高，显示出较好的建设效益。

3. “211 工程”建设要以学科平台建设为基础，凝聚学科队伍，促进优秀人才脱颖而出

加强学科建设，要在观念、体制、机制上开拓创新，以学科平台建设为基础，实现信息与资源的共享。同时，集中优势力量，以创新学术团队建设为突破口，营造一个有利于优秀人才脱颖而出，充满生机与活力的用人环境。

（二）存在的主要问题

1. 学科项目内部的沟通与协作不够

由于学校原有的底子较薄，期望通过“211 工程”将分散的力量凝聚起来形成合力推进学科建设，创造新的优势。但总的来看，由于多数项目跨度较大（跨院系所）内在结构不紧密，致使部分项目内部缺少凝聚力，影响了工程的建设效益。

2. 标志性成果不够显著

缺乏集成性、连续性的研究成果，获国家级教学、科研成果奖偏少，高水平、标志性的成果不多。

此外，由于从规划到建设的时期较长，科研用房调配、仪器设备购置等滞后问题未能完全解决，也在一定程度上影响了建设效益的充分发挥。

（三）改进措施

1. 加强“211 工程”建设单位之间的沟通和协作

对涉及多个单位的建设项目，应强化项目负责制，同时加强各建设单位的协调与沟通，避免分散建设、重复建设，力求在学科交叉或共建项目上取得突破。

2. 保证重点，促进标志性成果的产出

对项目预期可能形成的标志性成果，要集中力量组织攻关，并在经费方面给予倾斜，有力地促进标志性成果的产出。

3. 进一步加强仪器设备的购置和使用管理工作

“十五”“211 工程”仪器设备总投资近 6 000 万元，仪器设备投入数额巨大，必须进一步规范计划、采购、使用等过程的管理，力争仪器及时到位产生效益。同时，要采取有效措施提高仪器设备的共享率 。

（四）学校下一步“211 工程”建设的设想和建议

1. 加大对“211 工程”建设的投入

资金投入是“211 工程”建设效益的根本，无论是从整个国家来说，还是就我们学校而言，要建成一所与世界接轨的海内外知名的高水平华侨高等学府，目前投入的经费还严重不足。学校希望能保持“211 工程”建设的持续性，进一步突出重点、集中资源，对重点建设项目继续加大投入力度，增强项目持续发展的能力，确保长期效益和根本目标的实现。

2. 认真做好规划工作

“凡事预则立，不预则废”，规划非常关键。全校上下应统一思想，全力搞好项目规划工作。要坚持重点突出、整体推进的建设原则。既要结合学校实际，又要具有前瞻性，以利于学校的长远建设与发展。

3. 大力加强学科内涵建设

学科是学校的一面旗帜，学科水平是衡量一所学校整体实力的重要标志。要结合学科发展的最新趋势和学科基础，强化优势学科和特色学科，改造传统学科，加强基础学科，扶持新兴学科。构建若干学科交叉平台，努力营造适合学科健康发展的运行环境，进一步提升学科建设的水平。

4. 处理好学科建设与人才建设的关系

一流的大学一定有一流的学科，而一流的学科又必须有一流的人才，学科与人才是紧密联系在一起、相辅相成、缺一不可的。要把二者紧密结合起来，在育才、引才、留才方面探索一些新路，搞好梯队建设、促进学科发展。

5. 管理创新

一流的学校必须有一流的管理，管理也是生产力。实现高等学校跨越式和可持续发展，必须转变观念，积极管理、规范管理。学校务必理顺管理机制，落实学科建设管理机构，通过“核心人物、核心机构、核心专家组”来统筹全校的学科建设工作，规范学科建设管理体系，提高管理水平。

（发展规划处供稿）

暨南大学“十五”“211 工程”建设项目验收专家组意见

根据国家“211 工程”部际协调小组办公室《关于做好“十五”期间“211 工程”建设项目验收工作的通知》（211 部协办〔2005〕8 号）精神，由国务院侨务办公室和广东省人民政府共同组织，以吉林大学原校长刘中树教授为组长的专家组于 2006 年 5 月 29 日至 30 日对暨南大学“十五”“211 工程”建设项目进行了整体验收。专家组认真听取了暨南大学校长胡军关于学校“十五”“211 工程”建设的总结报告；仔细阅读了有关文件资料；实地考察了产业经济与金融经济、企业管理理论与应用、中外关系与华侨华人、生物科学技术与生物医学工程、生殖科学与计划生育、中国语言文学与海外华文教育等 6 个重点学科建设项目；与学校“211 工程”重点学科建设项目负责人和部分学术带头人以及中青年学者进行了座谈。

专家组根据《国家发展改革委关于暨南大学“十五”“211 工程”建设项目可行性研究报告的批复》，对建设项目进行了认真严格的考核验收，提出如下评审意见：

一、暨南大学全面实现了“十五”“211 工程”的建设目标，高质量地完成了国家下达的“十五”“211 工程”建设任务

（1）教育部、国务院侨务办公室和广东省人民政府对暨南大学“211 工程”建设高度重视，给予了大力支持。学校以“211 工程”建设为龙头，不断发挥优势、深化改革、保证重点、改善条件、提高质量，使学校的综合实力大大提升，办学效益更加显著，海内外声誉得到进一步提高，为今后的快速发展奠定了坚实的基础。

（2）学校实行“侨校 + 名校”的发展战略，坚持“国际化、现代化、综合化”的办学理念，使暨南大学的“侨”字特色更加鲜明。在学科建设、人才培养、师资队伍、科学研究、教学质量和社会服务等方面均取得了明显的进展，建设成绩显著。特别在招收和培养华侨华人、港澳台学生及海外华文教育方面，数量有了大幅增加，办学效益明显；设置了中国大陆第一个华文教育本科专业，编写出版了系列的海外华文教材，为弘扬中华文化，开展侨务工作出了突出的贡献。在中国语言文学与海外华文教育、中外关系与华侨华人、产业经济与金融经济、企业管理理论与应用、生物科学技术与生物医学工程、生殖科学与计划生育等方面取得了较高水平的成果。

二、学校“十五”“211 工程”建设资金实际投入大于计划投入

主管部门建设经费按时足额到位，广东省政府实际投入经费超过计划投入。在经费使用中，学校坚持专款专用，经费管理制度化，并取得了较好的投资效益。

三、学校在“211 工程”建设项目的管理中，专门成立了领导与决策机构、管理与实施机构，制定了科学规范的管理办法，仪器设备购置论证充分，严格执行招、投标制度，保证了工程建设的顺利实施

鉴于暨南大学在“十五”“211 工程”建设中取得的明显效益和成果，专家组一致同意通过暨南大学“十五”“211 工程”建设项目验收。

专家组希望学校继续加强学科和师资队伍的建设，加大人才、特别是高水平“帅才”的培养和引进力度，进一步营造有利于人才成长的条件和环境。继续贯彻“有所为，有所不为”的原则，充分发挥综合性大学优势，突出侨校特色，优化学科结构，凝练学科方向，着力培植具有领先地位的重点学科，多出在国内外有重要影响的高水平科研成果。

为了早日实现“侨校 + 名校”的战略目标，专家组一致建议，学校的主管部门国务院侨办与广东省政府继续加大对暨南大学“十一五”“211 工程”建设项目的经费投入和政策支持，把暨南大学建设成为在国内外有重要影响和鲜明侨校特色的高水平大学。

专家组：刘中树、刘以训、林浩然、袁卫、胡德坤、呼格吉勒图、鲁统部

专家组组长：刘中树

二〇〇六年五月三十日

（发展规划处供稿）

·专　　文·

在宣布胡军同志任暨南大学校长会议上的讲话
国务院侨办副主任　刘泽彭
（2006年1月14日）

（根据录音整理，已经本人审阅）

同志们：

这次对暨南大学领导班子的调整是一次正常的人事变动。去年12月，国务院侨办党组和广东省委组织部派由赵阳同志为组长的联合考察组，考察暨南大学领导班子和校长人选，考察组根据《党政领导干部选拔任用条例》召开了中层干部大会，对暨南大学的领导班子进行了民主测评，对校长人选进行了民主推荐，与121名干部进行了谈话。根据考察结果，经国务院侨办党组慎重研究，并征得广东省委同意，决定任命胡军同志为暨南大学校长，因为年龄的原因刘人怀同志不再担任校长职务，班子中其他6位同志继续担任原职。

暨南大学上届领导班子是2000年2月组建的，5年多来，班子全体成员重视党的思想建设、组织建设和作风建设，政治上坚定，与中央保持高度一致，能够认真贯彻执行党的各项方针政策，贯彻执行国务院侨办党组和广东省委的指示，坚持正确的办学方向，在重大原则问题上立场坚定，处理得比较果断。坚持“两个面向”的办学方针，办学思路比较明确，重视抓好教学科研工作，突出“侨”字特色，努力实现“侨校＋名校”的战略目标，学校在国内外教学、科研领域的影响力不断上升。以“211工程”建设为龙头，学校重点项目建设取得实质性进展，校园环境建设、办学条件和职工福利待遇得到明显改善，应该说多数教职工是满意的。

以上成绩，是在国务院侨办党组和广东省委的具体指导下取得的，是学校全体领导班子和全体教职员工共同奋斗的结果，也是在前几代老领导打下的基础上取得的。刘人怀同志作为任职期间的一校之长，在其中发挥了重要作用。“十五”期间国家专门立项为暨大和华侨大学财政拨款10亿多，其中给暨大有5～6亿。这样的支持力度是前所未有的，全国高校中国家给予的支持力度暨大排在前十几名，体现了党和政府对侨务工作的重视，对侨校的重视和支持，这是近几年我们取得成绩的重要保证。

刘人怀同志1991年调到暨大任副校长，1995年底担任校长，在暨南大学工作了15年，担任校长整整十年，其中还兼任过学校党委书记，是中国工程院院士。刘人怀同志政治坚定，政策水平比较高，有很强的事业心和责任感，按照侨办党组和广东省委的要求，坚持“两个面向”的正确办学方向。他工作有魄力、有思路，改革意识比较强，办事果断，对暨南大学的长远发展提出的一些设想和目标，比如“侨校＋名校”的发展战略、高水平研究型的办学目标、“国际化、现代化、综合化”的办学道路，以及“从严治党、从严治校、从严治教”等，切合实际，收到了很好的效果。在他任职期间，暨南大学的招生规模、学科建设、办学水平、管理水平、硬件建设等都有很大的发展，在国际、国内的地位和影响都有大幅度的提升。刘人怀同志为暨南大学的建设和发展，为侨务工作作出了积极贡献。

胡军同志今年49岁，是硕士研究生、教授、博导，也是暨南大学自己培养的硕士研究生。他年富力强，政治素质比较高，具有高校管理经验和比较强的组织领导能力，他主持过学院的工作，也是国家重点学科带头人，作风比较民主，善于团结同志。我们相信胡军同志是担任校长的合适人选，也相信他在大家的帮助和支持下，他能够挑起这个重担。

调整后的领导班子在年龄结构上有所改善，在全国高校的领导班子中是比较年轻的，有较高的政治素质和较强组织领导能力。我们希望新一届领导班子在胡军同志带领下，在现有基础上，能够按照政治坚定、求真务实、开拓创新、勤政廉政、团结协调的要求，积极开展工作，进一步推进学校的改革与发展。

在这里，我代表国务院侨办党组对加强学校领导班子建设提几点要求和希望。

一、希望这届领导班子要讲政治，抓学习

作为高校的领导干部，应该懂教育，懂管理，但首先应当懂政治，讲政治。坚持正确的政治方向和政治立场，这是最重要的。

讲政治离不开抓学习。希望新的领导班子在业务工作比较繁忙的情况下，不要忽视班子的学习，注意学习中央的大政方针，学习中央对教育战线的方针政策，学习侨务工作的方针政策。同时中央的一些重大部署，比如最近召开的全国科技大会，胡锦涛总书记提出建设“创新型国家”这样一个目标，希望学校新的班子能够好好学习，认真领会中央的精神，把我们学校建设纳入到这个伟大的奋斗目标中去。

二、希望领导班子坚持认真贯彻民主集中制

民主集中制是我们党的根本组织制度和领导制度，领导干部要认真学习民主集中制的基本知识、基本原则和基本要求，要明确实行民主集中制的方法和程序，完善议事规则，完善领导班子的议事、决策机制。凡属学校发展规划、重大改革，包括人事、财务、基本建设等重要事项，都要坚持集体讨论，不能一个人或少数人说了算。民主集中制是我们党的一项法宝，是我们党制度建设的一项重要内容。从我们党的历史看，只要我们坚持了民主集中制原则，我们的事业就会发展；违背了这个原则，我们的事业就会受损失，甚至有血的教训。希望我们领导班子要注意认真贯彻执行民主集中制。

根据中央1983年24号文件和教育部教党函〔1998〕13号文件的规定，暨南大学实行校长负责制。校长负责制就是校长是一把手，主持学校的日常工作。贯彻好民主集中制，一把手负有重要责任，希望胡军同志认真学习民主集中制这个党的根本组织制度和领导制度，带领新的领导班子完善班子议事、决策机制，有事多和大家商量，开会之前事先要多沟通、多协商，重大问题经过会议决定，决定之后大家分头执行。

根据中央的文件规定，党委负责党的建设，对学校行政工作实行保证监督。实践证明，必须正确处理好校长负责和党委保证监督的关系，形成分工负责、协调配合的工作机制。校长是行政主要领导，要依法行使职权，全面负责学校的教学、科研和其他行政管理工作。党委要抓好党的建设，用好、管好干部，做好教职员工和学生的思想政治工作，切实对学校行政工作起到保证监督作用。

三、希望领导班子多讲团结

班子作为一个领导集体，对上向上级党组织负责，对下向全体师生员工负责，责任重大。重要的是班子要讲团结，这是学校健康发展的重要保证。“团结就是力量”，希望班子每位成员像爱护眼珠一样爱护我们的团结。

学校工作千头万绪，班子成员每人都有一大摊子事情，需要相互支持。我建议班子成员相互间要经常谈心，互相多沟通，互相多支持，互相多理解，加强工作协作。尤其是要支持一把手，支持胡军同志的工作。我们这个班子不要有了事情才在一块开会，有些事情可以在一起务务虚，在一起谈谈心，这看似浪费一些时间，但实际上非常有必要。我建议华侨大学和你们坐在一起谈一谈，互相交流一下办学经验。要舍得拿出时间来谈心、务虚，不要成天陷在事务性的工作中。多沟通，就会多理解，多互相理解，就会多互相支持。不要因为一些小事情产生误会而影响我们的工作。陈云同志有过一个很精辟的论述，他说一个杯子，你从那面看就没把儿，从这面看就有个把儿。如果两个人争论起来，可以永远争论下去，一个人说有，一个人说没有，但如果你转过来看一下，这个事情马上就能解决。我们工作中很多问题，实际上就是这么一个简单的道理。这次我说得多一点，建议这届班子放假期间多一点时间一起讨论学校的长远发展问题，如果你们有这样的机会，我和赵阳同志也愿意参加。

四、希望领导班子注意抓廉政建设

这几年学校廉政建设虽然出了一些问题，但总体上讲是很有成效的。正是因为出了问题，学校探索了与检察机关共同预防职务犯罪的办法，得到了上级检察院和有关部门的肯定，有效防止了一些不该发生的事情发生。

我曾经在学校讲过，你们一个中层干部大概贪污受贿不到100万吧，判了6年多。其实他一年的收入不止10万，10年就是100万，为了100万将自己送进去，后悔都来不及！过去一直说学校是一方净土，这大概指90年代以前，现在不能这么讲了，整个社会环境不一样了，学校在搞建设，资金流量也很大，在招生等方面还有一些权力，我非常担心学校在这方面出事，千万不要再出现把楼盖起来毁了几个人的情况。有些干部未必不是好人，一失足成千古恨，到那个时候你想帮他、救他都来不及。过去我一直在跟刘校长讲，大家要注意这方面的事情，这是对大家的爱护。各位都是中层干部，要好自为之。廉政建设一是抓教育，一是抓制度。今天借这个机会，我跟大家讲讲这个问题，希望新的领导班子反复提醒大家，做好反腐倡廉工作。

对学校的工作，我也想提几点要求。

一、不要忘记我们是一所侨校，在侨务工作上肩负着重要的职责

大家知道教育体制改革的时候，全国的高校基本上都下放到地方，只有十几个部委还保留了部属院校。当时是李岚清同志主持全国教育工作，召集外交部、国家安全部、公安部等十几个部委开会，我代表侨办去的。李岚清同志首先讲了教育改革的大趋势，说大部分的部属院校放到地方，但你们这十几个部因为肩负着特殊的任务和使命还必须保留部属院校，他举了一个例子，没有说别的部，就说了侨办，说侨办下面的两所大学还有它特殊的工作和使命。

我们要坚持中央24号文件讲的“两个面向”，即“面向海外、面向港澳台”，这个方针一定要坚定不移。这次保持先进性学习教育活动，我建议学校请侨办干部给大家上点侨务课，我认为这十分有必要。让全校教职员工了解侨情，了解侨务工作，了解中央的侨务方针政策，这对我们坚持侨校特色是有好处的。我们一些青年教师对侨生的感情和态度不是没有问题，这方面要抓紧教育，将侨务理论课作为一个制度来抓。

当前，侨务工作面临着新的重要发展机遇。2004年年初，胡锦涛同志在全国政协会议上指出要加强华文教育，并指示成立了中国华文教育基金会。同年，国务院第57次常务会议听取侨务工作汇报并作出若干决定，这是多年来少有的。中央政治局常委会第92次会议专门讨论和审议了侨务工作，并形成了一个文件，由中办和国办联合发文，这也是多年来少有的。2005年2月，国务院召开了全国侨务工作会议，由唐家璇国务委员作工作报告。在接见全体代表的时候，我们开始没有向中办提出请太多的中央领导参加，中办主动增进了很多，认为这些领导跟侨务工作都有关系。在那次接见中，胡锦涛总书记作了重要讲话，提出了侨务工作“三个大有作为”的著名论断。应该说，党和国家对侨务工作是非常重视的，我们的领导班子首先要学好这些方针政策，同时我们的中层干部、教师队伍，也要学习好、贯彻好，把我们的学校真正办成“侨校＋名校”。

2005年暨大和华侨大学两所大学港澳台和华侨华人学生招生数量占全国高校的62%。教育部部长周济同志在一个大会上讲，全国高校在校的港澳台和华侨华人学生，暨大和华侨大学加起来超过全国其他高校的总和。而且这个62%中，暨大占了大头，所以可以说暨南大学一所学校挑起了这个大梁。应该说我们的形势非常好，暨大在全国，包括在中央领导的心目中已经占据了很重要的位置，我们应该感到骄傲。我们学校还是应该坚持我们的办学方向，坚持我们的办学方针。

二、学校的建设还要坚持改革，坚持发展

这几年学校发展的思路是比较正确的，我们在现有的基础上还要往前走，要把“211工程”做好，还是小平同志那句话，“发展是硬道理”，学校要坚持发展。

明年就面临本科评估，华侨大学去年刚刚评估过，评了优秀，我建议你们去华大取取经。虽然现在很多人对评估有议论，但这个制度还在执行，还得认真对待评估。新校长上任后，要把评估工作尽快提到议事日程上来，还要抓好“211工程”建设，积极争取国家“十一五”期间的基建投资，这对学校发展也是至关重要的。今天广东的领导也来了，磨碟沙土地置换的事希望在座广东的领导多支持，这涉及学校“十一五”的规划和投资问题。

学校要上水平，关键是抓重点学科和重点学科带头人，要办成一个名校，还是要抓重点学科和人才。我们在外面招聘了一批院长，在社会上反应是好的。我到处宣传这个道理，“什么叫名校，不是因为有大楼，是因为有名师才叫名校”。要围绕着人才来改革，围绕着学校人才的发展战略来发展学校。当年刘人怀同志就是引进来的，后来成为院士，对学校在外界的影响非常好。外面引进也好，自己产生更好，政策上要倾斜，要使我们年轻的人才脱颖而出。“211工程”评估的时候左铁镛院士来学校正

面肯定了学校的发展，同时他说，暨南大学得到国家这么多的资金投入，其他高校也很羡慕。他提醒一句，国务院侨办和暨南大学一定要用跑钱、跑项目的精神去“跑人”。学校改革，要围绕人才、培养学科带头人来抓，对学科带头人的培养，政策上要有所倾斜。学校的发展和工作，也要围绕培养人才来抓。学校是培养学生的，很多名校都大力宣传毕业过什么名人。在全国科技大会上清华大学顾秉林校长在发言中谈到：“人才是最根本、最活跃的要素，创新人才离不开创新的实践，清华大学人才培养的一个重要经验和传统就是真刀真枪做科研。要提倡名师上讲台，激励学生的创新激情。”

三、要注意抓从严治校

从严治校的根本是从严治教，抓好教学工作和教师队伍建设。大家可以想一想，我也讲过几次，谁愿意把自己的孩子送到一个纪律不严格的学校？只有学校严格治校，严格学校的各项纪律，在社会上有了一定的名声，学校的名声才会上去，大家才会愿意把学生送到你学校去。

这几年我跟刘人怀校长说，学校出现考试作弊的，包括教师队伍出现的各种各样的问题，一定要从严管理，要教育我们的青年教师队伍。我也听到一点，上政治课发牢骚的青年老师不是没有，青年教师对侨生的感情和态度也不是没有问题。学校不断在发展，规模不断在扩大，青年教师队伍不断在增加，这给我们提出一个新的很大问题，就是对青年教师队伍的教育和管理，这也是我们从严治校的一项重要内容。现在社会环境和过去不太一样了，学校已不完全是一方净土。希望胡军校长带领新的领导班子，坚持“从严治校”的方针，把我们的学校真正办成一个在外面有名气，在海内外都有影响的学校，我想这是我们应该坚持的一个方向。

最后，有件小事要跟大家说说。深圳旅游学院的情况比较特殊，它当年是中旅集团等几家出钱在华侨城建的，土地现在还是华侨城的，学校也给了旅游学院很多的支持。我几乎每年都去，现在还是深圳旅游学院的院务委员会主任，我希望新的领导班子继续支持旅游学院的建设，认真研究处理好深圳有旅游学院，广州这边还有旅游系的问题，真正把旅游学院办好。

国务院侨办和广东省、广州市签了共建协议，这次旅游学院和深圳市也签了共建协议。这些年来学校的发展离不开省委省政府的领导、支持和帮助，利用这个机会，我想代表国务院侨办党组，代表侨办，感谢广东省委省政府多年来对暨南大学的支持和帮助，希望省委省政府一如既往地支持、关心、爱护暨大。

今年是暨大百年校庆年，是学校的一件大事。工作需要一代一代人的接替，像接力赛似的，共同来把学校建设、发展好。

在就任暨南大学校长宣布大会上的讲话

暨南大学校长　胡　军

（2006年1月14日）

尊敬的各位领导、各位老师：

大家上午好！

首先衷心感谢国务院侨办、广东省委省政府对我的信任，感谢同志们对我的支持和厚爱，在暨南大学即将迎来百年华诞之际，让我担任这所百年侨校的校长，在倍感光荣的同时，我深深地感到一份沉甸甸的责任。我个人的能力有限，但是有国务院侨办、广东省委省政府、省教育厅的正确领导，有校董事会和广大校友的关心和帮助，有新班子的精诚团结，有广大师生员工的鼎力支持，我有信心、有决心接过这副重任，继往开来，把暨大的事情办好，不辜负上级领导的重托，不辜负广大师生的厚望。

今年是国家“十一五”计划的开局年，更是暨南大学第一个百年的结束，第二个百年的开始。回顾过去，我们看到的是暨大悠久的历史和骄人的成就，展望未来，我们看到的是更大的机遇和更严峻的挑战，任重而道远。履任以后，我将和新的班子团结一致，认真贯彻落实“三个代表”重要思想，认真贯彻落实国务院侨办和广东省委省政府交给暨大的各项任务，认真贯彻落实“侨校＋名校”的发展战略。刚才刘主任代表侨办，做了重要讲话，我们将认真学习领会，全面贯彻落实。我们要用科学发展观统领全局，加强党的领导，保证党委的政治核心地位，坚持以人为本，坚持依法治校，科学决策、民主决策、勇于开拓、勇于创新，营造和谐校园。

就我个人而言，我会尽自己最大努力去工作，做到"两个一","三个无"。

"两个一"就是一心一意为民。真正做到情为民所系,权为民所用,利为民所谋。既要着眼于广大师生的长远利益,又要照顾他们的眼前利益。强化群众观念,体察民情,了解民意,集中民智,珍惜民力,这是第一个"一"。

第二个"一",就是一清二白做人。"公生明,廉生威。"我将时刻牢记权力的来源。坚持按原则办事,按制度办事,洁身自好,严于律己,做到仰不负党,俯不愧民。

"三个无"是"无智","无能"、"无为"。"无智"就是发挥大家的智慧。"无能",就是能而不举,发挥大家的能力。"无为"就是无为而无不为。"三个无"的核心就是要创造一个良好的环境和一种和谐的氛围,使在这个环境和氛围中的人能够愉快地工作、学习和创造,此时此刻,我们不能忘记历届学校领导对学校发展所作的积累和贡献,没有他们的努力,暨南大学不可能有过去的辉煌。我要特别感谢刘人怀院士,自1995年以来,在以他为校长的两届班子的带领下,学校实现了跨越式发展,跻身名校的行列,对他15年来为学校发展所付出的心血和努力,表示由衷的敬意。我们更不能忘记长期以来关心和帮助我们的董事们和校友们,不能忘记为暨大的发展默默无闻、无私奉献的广大中层干部和教职员工。

今天是我人生的一个新的起点,也是新的考验。我坐在这里,想到的是今后如何向各级领导、董事、校友、广大教职员工交一份满意的答卷。前面会有很多的困难和坎坷,但是有国务院侨办、广东省委省政府、省教育厅的坚强领导和亲切的关怀,有大家的共同努力,没有任何的困难可以阻挡暨南大学发展的步伐。我坚信,进入第二个百年的暨南大学的未来一定会更加美好,更加辉煌。谢谢大家。

校长胡军在学校春季中层干部会议上的讲话

(2006年2月26日)

我今天讲话的主题是:以科学发展观统筹全局,坚持以人为本,构建和谐校园。我的讲话分三个部分。

第一部分,以科学发展观统筹学校工作全局

科学发展观理论无论是对于中国高等教育的可持续发展,还是对于暨南大学的长远可持续发展来说,都是非常重要的。在学校今年的工作中认真领会科学发展观的内涵,贯彻落实科学发展观,主要体现在以下九个方面:

第一,科学的规划。大家都知道,科学的规划是成功的开始。今年是第十一个五年计划的开局之年,也是暨南大学的百年校庆年。做好今年的工作,意义十分重大,需要制定好的规划,纲举目张。今后要加强宏观思考和战略研究,提出进一步推进教育改革和发展的思路、战略和政策措施,制定规划要有战略思维,体现创新精神,要有前瞻性、全局性和战略性;要统筹兼顾,突出重点,找准切入点和着力点;要坚持从实际出发,实事求是,发扬民主,集思广益,充分听取各方面的意见和建议,充分体现广大教职工的意愿。我们初步准备成立一个全校层面上的战略规划委员会,设立一个发展规划处。作为一所综合性大学,考虑发展规划问题是非常必要的。比如说生命科学学科,它分散在不同的学院,我们在发展过程中,深深地感觉到内部资源的分配和力量的使用有重叠的现象。一方面资源有限,另一方面资源配置效率较低,像这样的学科能不能统筹?能否设立一个统筹委员会,统筹人、财、物的配置?另外,各院系、各部门也应该对本单位有个科学的定位,建立科学决策的基础,要制定自己"十一五"和更长远一点的规划。

第二,科学的制度。我们说百年老校的标志是什么呢?就是完善的、科学的制度和程序,以及浓郁的校园文化和校风。我们的院长、部处长已经去了美国和澳大利亚访问交流,大家可能非常强烈地感受到别人百年老校制度的完善,这个问题在我们国内还没有得到很好的解决。我们国内有一所著名的大学,也是百年老校,从英国聘了一个副校长。一年以后,别人就问这个副校长,你在国内一年有什么感受,他说我最大的感受就是没有想到一个百年老校每天没完没了地讨论规章制度问题。所以说,我们的百年老校还需要不断地完善制度。

什么是制度的本质呢?用术语来说,就是要有封闭性,也就是说制度制定出来了,大家都要遵守,没有例外。我在给企业的EMBA学员讲课时讲到这个观点,他们都很认可。作为一个管理者,要制定

制度去管理别人，你首先必须自己遵守，这是制度的一个本质。举个例子来说，我去日本的一个大学访问，提前三个月已经讲好了在哪里吃饭，哪些人参加吃饭，饭的价钱是多少。那天吃饭，接待的那位校长和我们都很高兴，想继续多喝点酒，可是钱已经要超预算，到了第二场，他得自己掏钱，这就是制度。所以说，我们今后要用制度管人，用制度管事。大家可以想一想，你的职责是什么，权力是什么，你应该向谁汇报，你应该跟谁打交道，我想管理最基础的就是这个。再举一个例子，比如说我们的学院应该是办学的主体和实体。学院是实体意味着对下是实体，对上也是实体，它真正是一个办学的单位，所以今后我们要将管理重心下移，让学院在整个学校的发展中起到实实在在的积极作用。我还想强调一点，我们说没有制度是万万不能的，但是我们不能迷信制度。举一个例子，在美国，管理的最佳状态就是两个部门之间既紧密相连，又有明确的分工。在美国要达到这样的状态不难，但是要耗费巨大的管理成本，所以经常出现职责不清或者交叉重叠的状态。这时候要靠什么呢？就靠一种文化。东方文化讲求和谐、默契，这是东方人的智慧，这种人际关系有利于解决制度的不完善。所以我们应朝两个方向努力，第一就是建立严格的制度，第二就是建立和谐的校园。

第三，科学的态度。就是既要看到成绩，又要看到危机。胡锦涛总书记在一个讲话中提出，我们要有高度的历史责任感、强烈的忧患意识和宽广的世界眼光，紧紧抓住机遇，应对各种挑战。中国这几年的发展举世瞩目，我们是有目共睹的，但是胡锦涛总书记还强调要有危机感和忧患意识，我认为我们作为一个大学也不例外。一个国家、一个民族、一个单位、一个人要是没有危机感，那么危机就已经来临了。日本的危机意识已经构成了其整个社会文化的一个部分，日本人为什么那么拼命，为什么他们有那么强大的动力，关键是他们时时刻刻都有危机感。作为一个岛国，没有资源，人口又多，随时面临着生存的危险，所以日本才能发展得很快。我想，危机感是一个单位、一个人发展的动力。为什么说我们要有危机感呢？我们可以看到，暨南大学这些年来，特别是自1996年以来，发展非常迅速。从国务院侨办领导、广东省领导到教职工，都承认我们发展得非常快，但是我们也要有危机感。比如说我们丢失了很多阵地，好不容易拿到了，但又丢掉了。再比如说，我们的博士点、一级学科、重点学科数量已经落后于一些兄弟院校。在社会的传统观念里和大家的眼中，暨南大学在全省还是稳居第3位，但是我们应该看到一些变化和变化的趋势，要有危机感，看到自己的不足。我们现在是处在一种爬坡的状态，搞好了就能上一个新的平台，搞不好就要退下来。就是说前有标兵，后有追兵。如果我们不继续努力或者没有紧迫感，就会变成前有标兵，后无追兵，那是谁都不想看到的局面。

第四，认真的态度。这是跟浮躁和急功近利相对立的工作态度。毛泽东同志早就讲过，世界上怕就怕“认真”二字，共产党最讲认真。现在在我们的工作当中，确实存在着某种程度的不认真，可以举出很多例子。大家可以想一想，德国和日本为什么能够发展得那么快，其实最本质的东西就是认真，如果我们去过德国和日本，就能感受到他们的工作是做得非常优秀的。以前日本超过美国之后，美国人不服气，一个美国人就写了一篇文章问“我们为什么不行”，但是他到日本考察完之后，回来又写了一篇文章，就说日本行，我们果然不行。那为什么不行呢？工人的素质和态度就不及日本。所以，我们要以认真的态度，正确地做事，做正确的事。

第五，节约的观念。暨南大学经过这么多年的发展，财务状况比起有些学校债台高筑确实要好得多，我们能做到收支平衡，可以说财务状况是非常好的。但是我们不能仅仅这样认识问题，相对于别人我们还差得很远。比如说美国的明尼苏达大学跟暨南大学的规模是差不多的，但是明尼苏达大学每年的支出是17亿美金，即使这样，他们的校长还是认为钱不够花。要是把17亿美金给我们暨大，我们可能都不知道如何去花，所以我们真的差得很远，特别是国民待遇实施之后，今年秋天我们净收入可能一下子减少六七千万，这六七千万比我们一年校内工资的总额还多。我们的财政并不乐观，必须厉行节约，反对奢靡，还要想方设法开源节流。能不花的钱尽量不花，把钱花到刀刃上，花到如何引进人才、培养人才上面。即使是砸锅卖铁，也要先保证发展，保证人才的培养和引进。

第六，大侨务的观点。我们是一个侨校，这是立校之本，不能够改变，所以我们必须办出侨校特色。什么是侨校，什么是名校，值得我们深思。这次全国侨办主任会议上，侨办领导表扬暨南大学，说暨大港澳台本科生跟内地生数量是1：1了，总量也超过万人。但是我们自认为不能仅仅强调这一点，侨校不仅是港澳生的比例大，要真正办成华侨高等学府，也就是说，我们不能仅仅针对港澳台学生，我们办学要面向整个华侨华人群体。我们作为一个综合性大学，经济管理学科力量比较强，要多为侨办作一些决策咨询的工作，在华商研究上就可以有所作为，加大社会服务力度，以服务求支持，以贡献求发展。现在港澳生的总量已经十分可观，下一步可以考虑在学生结构上做文章，提高办学层次，总之，要多层次地办学，多方位地办学。只要开动脑筋，开阔思路，是能够争取更多的资源的。今后我们在做侨务工作，在人才培养上要注重培养政治上有影响、社会上有地位、经济上有实力、学术上有造诣的人才，这样的“四有”人才培养得越多，国务院侨办交给我们的办学任务我们就能完成得越好。

第七，品牌意识。在市场经济中，企业的一个发展走势是向大品牌靠拢。在高校也一样，资源向大品牌靠拢，这是一个必然的走势。如果我们看不到这个趋势，那么以后的发展规划就可能会出现偏差。我们要有意识地维护暨南大学的品牌，要千方百计提升暨南大学的品牌。报纸等各种媒体是社会认知、认同暨大的一个很重要的窗口，对品牌的形成和巩固十分重要。暨大已经有一批很不错的专家学者，要鼓励他们在媒体上，在政治、经济、科技、管理等多种领域，发出我们暨大的声音，这也是提升学校品牌一个重要的途径。

第八，差异化的发展战略。暨大今后的发展要“有所为，有所不为”。在资源有限的制约条件下不能全线出击、全盘开花，“要锦上添花，不雪中送炭”。我们传统的优势学科已经形成很不错的品牌，一些在全国排名较前的学科，应该重点扶持，使之尽快再上一个台阶，要分轻重缓急来发展不同的学科。我经常有这么一个观点，就是一个大学的文、经、管强大，还不能算真正的强大，一个真正强大的大学，它的理工医学科的水平一定要上去。所以不管文经、管也好，理工医也好，一定要发展优势学科，要尽快使之脱颖而出。

第九，就是质量的观念。科学发展观理论的核心就是重视发展的质量，而不仅仅是数量的扩张。一个百年老校如果质量不行，就不能算办得很成功。所以下一步的工作重心要转移到提高教学质量、科研质量、工作质量上。比如说科研质量，最近几年，我们取得了很多的科研成果，但总体来讲，真正有影响、有很高显示度的成果不是太多，今后我们就要在提高科研成果的质量上下大工夫。

1996年以来，上两届领导班子一直在研究、探索暨大的发展问题，包括发展的战略、目标、道路等问题，提出了一些很好的思想，我们要坚持下去，包括继续坚持“侨校+名校”的发展战略，坚持建设高水平研究型大学的办学目标，坚持国际化、现代化、综合化的办学道路，坚持从严治党、从严治校、从严治教的办学原则。我们现在要做的就是在前人的基础上以科学发展观为指导，不断巩固成果、深化改革、提高质量、持续发展。

2006年，我们有五大重要任务。第一个重要任务就是办好百年校庆。我们定了11月18日是庆典日，现在已经到了2月底，时间已经很紧迫。校庆不仅仅是一个庆典，大家要静下心来好好反思过去、总结经验、展望未来。要以百年校庆为契机，统一思想，弘扬传统，彰显风范，继往开来，再创辉煌。百年校庆的工作，一是抓好宣传工作，加强校园网网站的内容建设，展示学校的办学成果和办学实力，展现暨大的风采。二是要做好筹资工作。现在很多校友有意愿向母校捐资，我们要以适当的方式，发挥我们老同志的作用，尽量满足校友的心愿。要加快校园基础设施建设和环境整治，包括校园整体规划、绿化、道路等。各个学院也要建立百年校庆的领导班子和工作班子，要制订计划，开学之后我和蒋书记会下来检查工作，开现场办公会，听取各方面意见，使各项准备工作落到实处。

第二是本科评估。本科评估对暨南大学的未来发展非常重要，必须高度重视，本科评估如果拿不了“优”，对暨大今后发展的影响可以说不堪设想。本科评估要做大量的基础性工作，会很辛苦，我们要有心理准备。要以本科评估为契机，搞好校风、教风、学风建设。要深化教育教学改革，改革人才培养模式，包括课程体系、教学内容、教学方法，特别要健全教学质量监控与保障体系，以本科教育评估为重要抓手，形成完善的质量监控及评价机制，要坚决把工作重心放在提高教学质量，包括研究生教育的质量上。

第三是申办研究生院。今年下半年就要申报，对我们来说难度相当大。我们学校不是教育部直属大学，本来杨卫主任要来我们学校看一看，后来有事情就来不了了。但是我们还是有机会的，我相信在侨办的高度重视下，在我们共同的努力下，我们能够通过申办研究生院将学校真正的实力和潜力反映出来。

第四是“211工程”的全面验收，包括重点学科的验收。进入“211工程”建设时期以来的10年，是暨南大学发展最快、上水平最快的一段时间之一，学校抓住机遇，实现了跨越式发展。“211工程”二期验收，我们要高度重视。通过此次验收，要认真总结经验，迎接“211工程”三期建设的到来。

第五就是华文教育。现在中央高度重视华文教育，把华文教育提高到一个很高的高度，国务委员唐家璇谈到，华文教育是提高国家软实力的一个重

要方面。为什么改革开放之后我们国家能够发展得那么快？关键在于中国有这么一大批华侨华人。随着国家经济实力的增强和中华民族的复兴，除了华侨华人，越来越多的外国人都想学习汉语，了解中华文化，华文教育作为国家软实力的体现将大有可为。华文教育是这次侨务工作会议的重要议题，也是暨大作为侨校非常重要的工作任务之一。下一步对我们来说，华文教育要进一步上层次、上水平，也要多元化，其中包括教学手段和教学方法的多元化。我们提出“侨校+名校”的发展战略，从某个角度讲，是要在培养华侨华人子弟、研究华侨华人问题这方面做出名气。如果我们将华侨华人学生培养得好，研究华侨华人问题能为国家的发展提供战略决策的依据，这也是对“名校”目标的一种实践。

还有几个问题需要我们进一步去研究。第一就是新校区的问题。暨大的发展空间已经非常有限，开辟新校区势在必行。至于新校区选址在哪里，该如何推进，我们要抓紧探讨；第二就是国家工程研究中心。这也是学校的品牌之一，希望得到有关单位、老师全力支持；第三是华侨华人研究基地的问题。华侨华人研究是暨大的特色和品牌，要抓紧时间、抓紧工作，成立专门的小组来研究并解决这个问题；再者就是校内工资问题。校内工资制度对我校的发展起到了很好的作用，改善了大家的生活，调动了大家从事科研和教学工作的积极性，这个历史贡献是不能否定的。但是从管理的角度讲，全世界没有一个薪酬体系是最好的，总有各式各样的问题，一种管理办法不能永远有效，所以校内工资制度也有调整的空间，使之能够更好地调动大家的积极性，促进学校上水平、上台阶。

第二部分，坚持以人为本

以人为本，学校首先是以教师为本。教育大计，教师为本。教师是教育的第一资源，要充分发挥广大教师在学校中的主体作用，为他们创造一个发挥自身聪明才智的空间。你把他看成一流的人才，他就能做出一流的工作，你把他看成三流人才，他只能做出三流工作。要大力加强人才队伍建设，培养造就一批具有国内、国际领先水平的大师和学术带头人，一大批具有创新能力的中青年学术带头人和学术骨干，一批能够承担重大任务、参与国际国内竞争的创新团队。我们既要重视引进大师和高水平人才，更要着眼10年以后、着眼未来，重视现有的潜在人才的培养。今后我们要鼓励“学科带头人+创新团队”的组织模式，这是提高科研水平的一个很有效的组织模式，很多大学已经在做。学科团队可以考虑从原有的考评体系当中脱离出来，用一种新的机制、措施来考核。另外，要进一步提高教师的待遇和地位，增强教师队伍的吸引力。教师的地位在校内怎么体现呢？我个人的理解是我愿意当一个教授，不愿意从事别的工作，这就是地位的体现。

教育部以后可能要实行教职工全员聘任制，竞争上岗，择优聘用，通过深化人事分配制度改革，建立充满生机和活力的用人制度，把广大教师内在的积极性最充分地调动起来。这给了我们一个信号，岗位聘任制可能今后势在必行，所以我们要做好心理准备。以教师为本，具体到管理部门、机关部处，就是要牢固树立服务意识、增强服务意识。

以人为本还要以学生为本，一切为了学生的发展，一切为了学生的健康成长。从企业的角度来看，一方面，学生是我们的产品，另一方面，学生是我们的顾客。作为产品，我们要严格要求，保证质量。既然是我们的顾客，我们要有服务意识，要服务好学生，研究生部、学生处以及各院系要做好这方面的工作。我们校长和院长去澳大利亚访问，带回来很多经验，澳大利亚的教师培训体系和学生培训体系是非常完善的，比如澳大利亚国立大学是澳洲最优秀的大学之一，设有教育开发中心，教学方法中心、教学技能与学习中心，专门对老师进行教育方法、研究方法、领导方法的持续培训，包括研讨会、模拟教学等，这些工作我们都没有做。我们看到很多年轻老师进校后，感到很茫然，上课不知道怎么去教，遇到学生不配合就很茫然、很苦闷，可见我们没有做好这方面的工作。新教师进校后，学校应该对他们有一个完整的培训，有一个职业生涯的设计，多关心他们，帮助他们成功。在我的印象中，我们举行过电脑培训班和英语培训班，至于教师技能和方法辅导都没有，所以有个别年轻老师来了以后，精神上出了问题，压力太大。

学生也一样，他们从高中毕业进到大学，在学习上会有困难。所以澳大利亚很多学校有个共同的特点就是学生工作非常细致，有帮助学生提高学习技能和方法的，就业辅导、心理咨询也都做得很系统，澳大利亚的学校在这方面做得很好。比如说学生到可口可乐公司就业，首先要到辅导员那里进行就业辅导，辅导有关公司的文化是什么，应该穿什么样的衣服，应该怎样回答问题。这方面我们的学生管理部门有大量的工作要做。我们的学生工作已经开展得不错，特别是文体活动开展得有声有色，影响也很大，要继续保持这种特色和水平。另外，学生心理咨询、就业辅导工作也不能放松。我们应该更加努力，这样才能真正体现以学生为本，以人为本。现在教育部在探讨学分制怎么样进一步完善的问题，学分制我们学校实行得比较早，我们也要进行探讨和完善。中央关于制止教育乱收费的精神，希望各有关部门要严格执行，坚决不能乱收费。

第三部分，构建和谐校园

关于构建和谐校园，蒋书记在上次教代会上的发言讲得非常全面，这个我不想再多讲。我建议将蒋书记的讲话整理出来，印发给大家进行讨论，让大家真正重视起来。我想强调几个方面。

第一，构建和谐校园首先要构建和谐的领导班子。和谐的领导班子是和谐校园的根本保证。我们的领导班子要按照政治坚定、求真务实、开拓创新、勤政廉政、团结协调的要求积极开展工作，要认真贯彻民主集中制，明确民主集中制的方法和程序，完善议事规则，正确处理好校长负责制和党委保证、监督的关系，形成分工负责、协调配合的工作机制。我们的班子首先要和谐，“和”就要和而不同。华侨大学的吴承业校长总结华侨大学校园文化的核心是“和而不同”，来自全世界的人在一起，大家和而不同，这是大家处理工作关系的准则。我特别希望各学院的班子也能按照上述的要求进行工作，学院的领导也要发扬民主，集中大家的智慧，这样才能把工作做好。关于学院的班子建设，我们今后再进行探讨。

第二，和谐校园要有和谐的人际关系。我们要讲团结、讲协调，不团结、不协调是影响工作成效的大忌。我们学校总体来讲非常团结，但我们不能否认仍有个别单位的团结出了问题。我们部处之间很团结，但还要讲协调。我觉得从正面来讲团结讲得太多了，在这里我想讲得轻松一点。比如说团结跟健康的问题，大家都很重视保健，都讲究饮食锻炼。我想，人的心情对健康是最重要的。互相关爱，大家心情自然就好；如果你老是觉得有人跟你对着干，心情就不好。举一个例子，有一个美国老板，他很会做思想工作，每次新的工人入厂之后，他就要训话。训话就问三个问题，第一个问题是人来到这个世界上容易不容易？第二个问题是这个世界上大家聚在一块容易不容易？第三个问题是大家每天聚在一块开开心心容易不容易？工人都说不容易，老板就说我们企业就是把这些不容易的人凑在一块，然后创造一个氛围，让大家开开心心地工作，这就是我们企业的工作宗旨和目标，我们在实现这些宗旨和目标时，顺便赚点钱。这个老板的工作做得非常不错。我们有个中层干部总结得很精彩：“相互补台，一起上台；相互拆台，一起下台。”我前不久收到一个短信，觉得很有借鉴意义，和大家分享一下：“和谐就是水平，平衡就是稳定，无事就是本事，低调就是高调，合力就是能力，大气就是人气，快乐就是幸福，健康就是财富。”

第三，和谐的上下级关系。做领导要大气，领导要像空气，看不见、摸不着、离不开。领导要像木匠，胸中有蓝图，眼中无废料，一个小东西都能利用起来。如果做到这两点就是很高境界了。做下级要做到“两心”、“五事”。“两心”就是对工作、对事业、对群众要用心，对上级、对领导要不用心；“五事”就是想干事、能干事、会干事、不出事、能共事。做到这一点，我想我们的和谐就能达到。当然这个提法不一定对，大家可以批评。

第四，就是安全和稳定工作。这是建立和谐校园最基本的底线。如果稳定和安全都没有了，就谈不上什么和谐校园。稳定和安全问题关乎生命、关乎全局，责任重于泰山。稳定压倒一切，没有一个稳定的局面，什么改革开放都无从谈起。在百年校庆之际，我们特别需要稳定。各学院、职能部门，特别是保卫处、总务处都应该切实担负起责任，要重视、重视、再重视，尽心、尽心、再尽心。我们要通过扎实的工作、严格的管理和细心的关爱去保证校园的安全和稳定。我想在这个方面要做好三点：一是更加主动地推进信息公开和宣传，做好校务公开工作。二是更加主动地接受广大教职员工的监督和批评，欢迎监督，欢迎批评。广大教职工赞成的事，我们就要坚持去做；广大教职工不赞成的事，我们就坚决不做。三是更加主动地对教职工关心的热点问题进行研究和宣传，及时解释，争取理解和支持，包括学生的网络上经常有一些谣言，我们原来的做法是把它删掉就算了，重庆大学的做法不是这样，他们不是删，而是把事实告诉你，最后谣言也就不攻自破了。所以我觉得今后的工作要做得更细，增加透明度。

这里我顺便讲一下关于教工住宅区的管理问题。在教工住宅区搞物业管理是学校领导为了关心广大教职员工，社会上的小区都是这么管理的，我们的小区业主委员会做的问卷调查和填表反映出大部分的老师也都拥护这种做法，但是部分教师反应比较大，不那么赞成。希望工会、离退休工作处做做思想工作，了解一下大家的想法，看看这个事情到底怎么办好。还有就是晚上工地施工的问题，也有部分老师反应比较强烈。教学大楼在学校的正门，是学校最重要的景点，百年校庆的时候，是海内外校友回到母校的必经之地，我们希望利用晚上时间，将工程进度加快一点，这个事情希望教工多多理解，支持学校工作。

最后，我想简单谈一下学校领导班子分工的问题。大家知道学校领导班子刚刚换了届，但是我们还有一个职位没有补齐，缺一个副校长，加上今年百年校庆，工作非常紧张，事情非常多，千头万绪。为了学校稳定和工作的连续性，学校领导班子的分工暂时不动，就是把我原来分管的工作由几位校领导承担，刘人怀校长以前的分管工作由我接过来，基本不动。等到新的领导到任，再研究领导分工的问题，因为分工与分工之间的连接如果不顺畅，会给基层工作带来不顺畅。所以我们想暂时先这样，目的就是先维持稳定，保持工作的连续性，让大家集中精力，办好百年校庆，完成今年的各项工作任务。

今年的工作设想大概就是这样，有些工作已经逐步展开，非常希望我们上下团结一致，借百年校庆的契机，大家努力工作，团结一致，把暨南大学建设得更好。

谢谢大家！

校党委书记蒋述卓在学校春季中层干部会议上的讲话

（2006年2月26日）

各位领导、各位同志：

我们班子在前不久学习了四天，这四天学习的文件很多，同时结合学校改革发展的实际进行了充分的讨论。刚才胡校长把我们班子讨论、集体研究的意见进行了综合，加上他自己的发挥，进行了一次宣讲，使大家明确了我们今年这一年以及以后应该走的方向。我们班子换届之后，大家也感觉到，这是一个新的契机，可利用百年校庆这样一个开端以及今后的“十一五”发展，在原来的基础上创造出新的成绩，这是对领导班子的一个考验，也是领导班子继续开拓创新的一次机会。在四天的学习当中，班子里的每个同志都畅所欲言，能真正出于公心，就学校未来的发展以及未来的规划，充分地发表意见。当然，学校的发展是长期的，应考虑到以后的可持续发展。作为一个好的校领导，或者一个好的校长，应该考虑得更长远，无论是制定的政策，或者考虑办学方向，都应该是长期的，要为这个大学的发展以及这个大学的文化增添内容。我们深切地感觉到，我们这个班子在这种承前启后的过程中，应以最大的努力，团结奋斗，开拓创新。这四天的学习使我们有了一些初步的想法、初步的规划，但要完成这些想法和规划，还得经过一个阶段。刚才胡校长已经把所有的工作都说了，下面我只就党委如何做好有关工作，配合行政把学校工作做到最好来作一个讲话。我讲四个方面。

一、党委要带领领导班子抓大事，议大事，以理论武装头脑，坚持社会主义办学方向，坚持“两个面向”的办学方针，坚持走特色鲜明、个性突出的办学道路。我们百年侨校，面临着新的百年如何走的问题；我们班子面临着要把这所学校办成什么样的大学、如何建成这样一所大学的问题。这是一件大事，头脑要清醒。我们回顾一下，1978年复办的时候，再推向前，包括1958年在广州重建以后的发展，那时的办学方向和思路是不一样的。1978年，当时的校领导班子存在一些争论，有个别领导想把学校办成一个统战型大学，因为我们承担的统战任务很重；但班子也在进一步讨论，作为一个大学，还是应该按照大学的规律来办，她毕竟是一个高等学校，尽管我们也承担着特殊的任务，但主要任务还是办大学。在遵循高等教育规律的前提下，我们要围绕国家发展的大局，围绕国务院侨办的大局、国务院侨办的中心工作，来办好我们的教育。刚才胡校长谈到，我们必须有一个大侨务的观念。这种大侨务观念，就是我们一定要按照“面向海外，面向港澳台”这个办学方针来办学，这面旗帜是不能倒的。但在建成一所什么样的大学的问题上，我们必须按照高等教育的规律去办事。比如说华文教育，这既是一个特殊任务，又是按高等教育规律办的事情。从海外来的学生，使他们能够接受中华文化的教育，也是华文教育的一个重要内容。不仅仅是教他们说中国话、认中国字，更重要的是使他们接受中国传统文化。实际上我们对海外生的华文教育，是要他们通过学习中国语言来了解中国文化，来维系与中华民族的感情和纽带。我们要把这个事情做好，就要按照高等教育的规律来办事。另外，我们办大学，有学科发展的问题。我们的学科不可能按以前的统战学校那样办：办得单一化，许多学科不在全国学科发展的前列。这样办起来，水平会越来越差，学校就越失去吸引力。现在全国2 000多所高校中许多学校都在向港澳台招生，不像上世纪80年代，只让一两个学校在港澳台单独招生。现在好的学生，他们读大陆的学校，首选北京的一些著名高校。所以我们在招收学生的层次、培养学生的做法上，都要研究新的形势，拿出更好的应对措施，真正按照高等教育的规律去办事。名校的含义是很丰富的，不仅仅因为我们有百年历史就是名校，更重要的是，学校的综合实力要在国内外排入前列，学科建设、人才队伍、学术大师，能引起人家的重视。所以才有“大学者，非有大楼之谓，有大师之谓也”的说法。大学里有越多的大师，学校的名声就越大。暨南大学在上世纪三四十年代为什么那么出名，就是因为那时候拥有一批学术大师——周谷城、严济慈、钱钟书……很多名师都在这个学校任教，那时候是群星灿烂，所以影响力非常高。现在回顾起来，那时候的历史确实荣耀，这就是大学之所以成为名校很重要的原因。现在我们班子也有这么一个想法，我们要通过努力，搞好学科建设，培养高层次人才，抓好师资队伍建设，进一步培养教师队伍，培养更多的学术名师，也要争取出大师。但大师的标准很难达到，名师是应该有的。在上次教代会上我曾经提出，我们要有院士的培养工程，要有更多的名师培养工程，从而使我们学校成为一个名校。因此在办学的方向、道路上，我们也在思考。刚才胡校长提出了差异化道路问题。我们这样一个学校，办学必须走一种特色鲜明、个性突出的道路。因为现在全国高校这么多，不可能办成一个样，如果每个学校都去求大、求全，没有自己的特色，那么这个学校最后也会被湮没。我们得思考，作为一个综合性大学，又是一个华侨大学，如何在特色鲜明、个性突出上做出成绩，也就是在培育人才、科技创新、服务社会这三大功能方面做出自己的东西，为国家和地方经济社会的发展作出贡献。为达到这个目标，我们可能要进行一些结构上的调整，以及进一步发挥办学优势。走差异化的道路就要思考，学校究竟在哪些方面有自己的特色，哪些特色应该进一步发挥？像医学学科，本来是我们很重要的一个学科，也是我们80年代以来最早办的，为学校的发展奠定了良好基础。生命科学技术学院这几年的发展，应该说离不开医学院这个基础。正因为有了这个基础，它跨学科才成为可能。生命科学技术学院很多学科是由原来医学院的学科延伸出来的。我们本该拿到更多一些的国家与教育部的实验中心，这些本来就跟医学、生命科学紧密相关，但我们没有很好地把握优势。我们在理工科、医学这些方面，还是有优势的，但我们没有挖掘，所以需要仔细地研究。我们要按照最近出台的国家中长期科技创新规划，去认真研究，看哪些方面我们能跟上去。如果理工科还不能跟进国家学科前沿的话，那么我们就谈不上提升学校的综合实力。我们文科固然有优势，许多学科进入了前20名，前10名，甚至前6名。比如说广告，全国高校本来就办得很少，新兴学科本来就不强，我们的广告学科很快就上到第6名。所以新兴学科我们更要抓住，在新兴学科上也要有前沿意识。那我们的优势学科还要不要加强？肯定要。比如华侨华人研究、华文教育、华文文学、产业经济、管理等优势学科一定要保证，而且要进一步发展。但我们还要着重瞄准那些新兴学科；要根据国家中长期科技发展规划，看我们在哪些方面能够进一步发展，包括能源、材料、环保这些将来国家发展受限的方面，去进行突破。中国科大校长朱清时教授曾举美国圣巴巴拉大学的加州分校为例：一两个学科在世界排一、二名，这个学校就是名校。所以我们要思考究竟把学校办成一所什么样的学校，在坚持社会主义方向、坚持“两个面向”的办学方针的前提上进一步思考。我想党委主要的工作是率领领导班子认真思考这些大事。实际上，我们领导班子和我们党委的主要工作也是这些事情。上次讨论时，王华同志提得很好，说基层党委书记要合格，在抓学科建设上也应该是合格的。如果这个党委书记在抓学科建设上，抓学校大事上不好的话，他就是不合格的。这话讲得很好，对我也是一种勉励。我想党委书记跟院长更应该在这个方面心往一处想，集中精力去抓学科建设、抓自己学院的发展。学科建设是龙头，要围绕着学校的中心工作来做好党的工作。

二、落实科学发展观，构建和谐校园，培育校园文化，全面提升学校的竞争力。上一次我在工会的报告，主要就是讲构建和谐校园、节约型校园，全面提升学校竞争力问题，但这些思考要付诸以后的行动，要有措施。学校党委的工作，就是要围绕学校改革发展的中心工作，与行政一道，落实科学发展观，紧紧抓住发展这个要务不放，抓好“十一五”“211工程”建设，抓好重点学科、优势学科的建设，抓好研究生院的申报，抓好科研人才队伍的培养。科学发展观体现在许多方面，包括学校的总体发展，所以我们班子在研究成立一个战略与规划研究委员会，就是要研究学校总体的发展，包括“十一五”规划。“十一五”规划，我们肯定要重新进行讨论，进一步把它细化，希望发挥大家的智慧，把规划制定得更加完善。比如新校区怎么样发展的问题，这也是可持续发展、科学发展观里的一个重点问题，也是我们最近非常头疼的问题。由于错过了机会，大学城一期我们没有进，但是大学城二期，我们面临着土地怎么换的问题。如何换、如何发展是我们的瓶颈。大家都看到，学校里的每个地方都建满了，不能再容纳多少学生了。如何使暨南大学有更大的发展空间，或者说是更充分地扩张，是值得思考的。我们班子现在更多地在考虑新校区如何建设的问题，还有多校区如何发展协调的问题，包括珠海学院如何定位。我们在考虑如何使珠海校区发挥它的效益，它的规模和效益要对等，如何使它的学科形成自己的特点，尽量跟本部不要重复。还有我们的旅游学院，旅游学院面临的困难也很大，因为学科比较单一，人数比较少，办来办去还是1 000多人，刘泽彭主任也很着急，1 000 多学生怎么办啊？多的学科怎么样容纳啊？恐怕我们要有一个新的应对措施。深圳能有一个新校区当然是很好，现在看来，能不能做成都是一个未知数。还有一个就是学科建设的可持续发展，我们现在就要开始研究如何保持我们学科的可持续发展，包括师资队伍的可持续发展。我原来的本意是讲包括绩效考核逐渐迈向等级制，今天胡校长也提出以学术团队、学术项目来组建的问题，用考核的办法使大家的潜力进一步得到发挥。现在教师们存在过多短期行为，本来一篇论文可以在最高刊物上发表，他偏要分成好几篇去发表，为什么？工分多、钱多。所以发表在高层次、重点刊物上的重点、优秀、经典论文就少了。我们跟华师比，人家高质量的社会科学的文章确实比我们多，因为它保证了一批特聘教授脱离出来，不在考核的体系之内。当然我们也需要一个过程，要平稳地发展，平稳地过渡。但从总体上，我们要研究一下，如何使我们的考核体系以及科研机制走可持续发展的道路。另外就是和谐校园问题。构建和谐，从大的意义上说，反映了整个中国的走向，胡锦涛同志提出要构建和谐社会，这是共产党在思维方法、思想哲学上一个很大的转变。从高处讲，我们过去继承马克思主义，更多地提出无产阶级专政、无产阶级斗争，是一种“斗”的哲学。到了90年代、21世纪初的时候，整个文化哲学都发生了变化，就是提出“和”的哲学。“和”的哲学才是中国的哲学，也就是说把马克思主义中国化，也就要使得马克思主义的精髓跟中国文化进一步结合，所以提出了“和”的文化的问题。在中国，构建和谐社会的意义非常重大，它不仅涉及各方面的和谐，也涉及整个社会的和谐。现在社会的不和谐已经发展到比较重要的关头，城市和农村，工业和农业，还有经济和政治等这些方面都出现一些不和谐的状况，使得整个社会的矛盾相对集中，发展的列车在不断震动。为什么中央高度重视农民工问题、矿难问题、安全事故问题、群体性事件上访问题？中央对群体性事件，发生矛盾的问题连续发了五个文件。为什么？目的就是要保证社会稳定，构建和谐社会。在这个大背景下，我们来构建和谐校园，我想这应是我们班子往前走时要重点考虑的问题。构建和谐校园，我上次也谈到几个方面，当然包括民主、公正、法治、关爱等原则，我就不再细讲。但其中我想最重要的还是如何培育校园文化。作为一个百年老校，我们的校园文化一定要好好地挖掘，好好地提升。我们要通过这次校庆，好好挖掘我们的校园文化。党委已决定利用校庆开展一次“暨南精神”大讨论，以此来凝聚人心，构建和谐校园、和谐暨大。作为一所百年老校，学校有光荣的历史传统，有骄人的奋斗精神。我曾经想，我们学校经历了这么多的曲折，三次停办、三次复校，还在往前走，这值得我们思考，学校具有不屈不挠、团结奋斗的精神，不管遇到什么艰难困苦，都在坚持办学。西南联大的精神后来成了北大等一些学校优秀的传统校园文化。我们学校也有这种精神，这种精神要发扬。我们学校往前发展的过程中也面临着许多困难，或者说现在还处于一个艰苦的阶段，但是我们不能丧失信心，要有危机意识、忧患意识，不可泄气。我们要发扬暨大的传统，不屈不挠、艰苦奋斗、团结奋进。另外，我们百年侨校也有兼容中外、和而不同的传统校园文化。中、外文化都在这里，来自世界各地的学生带来了不同的文化，不同的文化融汇在一起；但我们又和而不同。暨大的学生培养机制有一个很重要的特点，就是个性非常突出。我以前就讲过，暨大的学生能力很强：动手能力很强，敢于发表不同意见。这样，他们有能力，出去以后跳槽的机会也多。我们这次“暨南精神”大讨论，希望大家多多参与，共同把暨南文化精神挖掘出来，用这个来凝聚人心。另外，不要把一些官场文化搬到校园。暨南大学的学术文化不够浓厚，相反，倒有一些官场文化、习气渗透到学校里面。我们的中层干部本该为学术服务、为教学服务，但是把官场的一些习气搬进来以后，摆架子，官僚习气重，甚至不愿意接近群众，我觉得这非常可悲。这样的校园文化如果不改变，学术文化什么时候都不可能提升。刚才胡校长表了态，我们欢迎群众监督，欢迎群众提意见，党委也是这样。在这里跟大家说一下门禁系统的问题，我们上班的时候门绝对是打开的，你们有意见，有想法可以同我们班子谈。当然，校长有校长的工作，如果随时去找校长恐怕不太合适，平常的事情还是电话约一下。再者，我们还开通了其他渠道：一是设置了校长信访日，二是有信访办。我想说明的是，我们随时都有时间跟你谈，我们的门绝对是敞开的。当然下班之后，我们还是会把门关了，出于文件安全和保安考虑。我想让大家知道我们有这个胸怀，我们一定听取群众的意见，不把这种官场文化带到学校来。

关于全面提升学校竞争力问题，这是我们大家的事，要一步一步来。一个是开现场办公会，解决有些学院、有些学科重点发展的问题；另外还要去调研，跟每一个学院、每一个学科谈人才队伍建设、学科发展方向问题。我跟胡校长说，要去我们俩一起去，大家一起共同来抓。通过调研，我也要做到心中有数，去了解师资队伍和我们的情况，尤其是理科方面我不是很熟，还得好好地向大家学习，了解具体情况。

三、发挥党的政治核心和保证监督作用，加强党的领导，建立先进性教育的长效机制，调动广大党员和广大教职工的积极性，尤其在建立健全制度上下工夫。也就是说，我们要在制度上进一步地做好。刚才胡校长就制度问题提了一个很好的意见，我非常赞同，就是我们一定要在制度建设上进一步做好，而且做好了以后，一定要按照制度办事。我们要为后人创造更好的制度和树立执行制度的典范。我想更重要的是要建立一个长效机制，把党的领导真正落到实处，要围绕学校的中心工作开展，保证学校的党的政治核心作用和保证监督作用。我们在校级领导班子当中，在专门开会的时候谈过校领导班子的建设问题，就是如何坚持民主集中制，按照集体领导、民主集中、个别酝酿、会议决定的要求来严格决策的程序，不断提高科学决策、民主决策的水平，使党的政治核心作用和保证监督作用落到实处。我们这次开会已经开了一个好头，以后我们还会继续做下去的。我们讨论的时候还重点考虑到院这一级的领导班子如何贯彻民主集中制，如何发挥党的政治核心作用和保证监督作用，如何使党的作用在基层真正落实的问题。我们也意识到某些学院的领导班子不太好的现象，就是某些学院的院长和书记不协调、不和谐，甚至开会也坐不到一起来；打一个报告，本该是集体决策的，结果院长送来一份，书记送来一份，意见不同，这就有问题了。一定要在院级班子里也建立决策机制，有些学院领导班子连党政领导的协调会都没好好开，这恐怕不行。我们今后要重点考虑在这一级怎么把决策机制和保证监督机制做到位。因为学院的院长和书记是学院里面很关键的人物，如果两者不协调，将来就会出问题，学院的发展就会受到限制。所以一定要团结协调、求真务实、勤政廉政、开拓创新。

还有一个，班子当中应该说党的领导作用和保证监督作用仍要做好。我们在先进性教育时期已经做了，但是还有一些方面没有做好，需要通过一定的措施把它完善。

另外关于干部的考核问题，要有一定的业绩指标。我们上次讨论到，现在的干部考核还是比较粗，某些绩效和指标都没有，那如何来衡量呢？这就是我们今后要重点考虑的问题，包括部处级干部、院一级干部，也要有一个绩效考核指标。上次只做了科级这个层面，大家觉得不够，得有一个全面的。

当然，我们的党政肯定需要进一步加强团结协调，共同做好工作。从党的这一方面讲，我想是如何配合行政做好工作的问题。其实分工的问题，我一直讲是分工不分家，党政应该是一家人，如果把它分得太清楚，有些事就做不了。但从另外一个角度来说，一定要分工，只要分工合理就行，关键看怎么做，要有模块观念，还要看所处的实际情形。我们以前的分工有点乱，为了保证校庆的进展，刘人怀老校长跟我提出来要叶书记去把校庆的工作做好，我赞成了。但是有很多人在跟我讲，为什么党委书记去抓这个事，说人家把脚伸到你的领域里头你都不管。这怎么说呢？要是从协调发展的角度讲，是可以做的，一切为了最后的目标。支持校长的工作，让书记去做这方面的工作，有什么不可以？而且当时说把校庆的工作完成以后，他还是回来做。这一次叶勤同志继续抓总务和基建，我觉得从工作的保证方面，仍然是需要的，党的工作他仍然要做，这没什么问题。我想在许多方面大家应该从大局出发，如果非得固守这个领域，是没有必要的。如果党政不协调，党政不和谐，恐怕就不行，我们一定要把握好这个度。希望我们下面的党委书记也在这方面既要坚持原则，又要保证团结协调，采取联合处理的态度。处理得不好会在很多方面对自己造成伤害，而且最主要的是会使学校的工作、学院的工作受到阻碍，一切要为了学校的发展。

四、以学习党章为指导，加强党的纪律建设，加强党风廉政建设，抓好反腐败工作，落实教育、监督、预防和惩治相结合的体系，预防为主，关口前移。刚刚召开过国务院侨办的2006年党风廉政建设工作会议，在这个会上，陈玉杰主任也作了重要讲话。中纪委也开了一次会议，会议的突出特点有四个方面：第一是遵守维护党章，要作为党风廉政建设的重要内容，这是胡锦涛同志在中纪委会上专门讲要学习党章、遵守党章的问题。第二是落实科学发展观，要作为党风廉政建设的重要内容。第三是预防惩治腐败体系的落实，要作为党风廉政建设的重要内容。第四是党员干部的道德修养，要作为党风廉政建设的重要内容。主要精神我就不传达了，这四个方面大家都知道。我们在下一步的纪律教育月重点就是抓这四个方面，尤其是党员干部的道德修养和遵守党章问题，以及维护党的纪律问题，是要作为一个重要的内容来抓。从我们学校来讲，我们要坚持十六字方针，就是“标本兼治、综合治理、惩防并举、注重预防”，主要以预防为主。学校纪委不是抓出越多事越好，是要不出事最好。以前我们确实是出了一些事，现在教育系统的腐败也特别严重，像最近在武汉地区，几所高校有40几个人出事，都是基建处处长、科技处处长、继续教育学院院长这些人在接受贿赂、贪污等。在华侨大学，一个小小的会计居然利用助学贷款贪污了100多万，这是有制度，没有预防。但我想问题有两方面，以预防为主，多多地加强监督；更重要的，我想我们还要从端正风气、增强党性这个角度出发。在我们学校，还要不信谣、不传谣，不讲不利于学校形象、不利于学校发展、不利于学校团结的话，要主动维护学校的团结与稳定。包括许多干部、老师对我们现在的领导班子有这样、那样的说法，我是一句都不听，一句不作辩解。谣言止于智者，你就去看实际行动。所以我想在这个方面，我们还要进一步以党章为指导来加强党的纪律建设和党风廉政建设。除此之外，我们还要提倡学术文化，建立学术道德。大学是一个学术的殿堂，我们在学术道德规范方面要进一步做好，要建立学校学术道德建设委员会。王华同志代表纪委也提出了这样的建议，由我们社科处和科技处去负责，关于这一点教育部也有这样的要求。我想这方面是学校要重点抓好的工作，学术规范要加强，从严治校、从严治教、从严治学，这三个“从严”是要坚持的。

最后，我想讲一下具体的工作。第一个就是关于干部、院长的考评问题。前年我们招聘了10个学院的院长，这10个学院的院长当时说试用期是一年，按照时间1月份就已经到期。1月份的时候我们也打了报告，跟国务院侨办提出来要进行考核，但是国务院侨办说要等新一届侨办班子出来后再进行考核。所以，3月份开始，我们将对这10个学院的院长就这一年的情况进行考评，具体的考核方案我们会拿出来，然后在学院里面进行；我们也会跟这10个学院的院长打招呼——所以是按照正常的工作程序来做的。根据群众的考核、群众的意见，学校常委再认真研究。我们一定会坚持“从群众中来，到群众中去”的路线，根据干部的有关考核标准实事求是地掌握好干部政策，保证学校工作的稳步发展。希望我们每一位当事人和其他的同志都能正确地对待这个事，不要把这件事看得很大，这是正常的干部考核，不要因为这个事情引起学院的动荡。

第二个问题是关于干部的换届问题。上半年我们也认真地考虑过，班子也形成了共同的意见，也考虑到实际情况。上半年的工作确实是很多，3月份要完成对10个院长的考评，弄不好还要到4月初才能把这个工作完成。4～5月份有“211”学科的全面验收，这是大事，牵涉到各个学院。5月份，院级的党委书记还要出国培训，这个事情刘校长在的时候就定了，今年5月份党委书记以副院长的身份到澳大利亚培训，这些工作我们都不改动。而下半年还要准备百年校庆。从这个角度来看，我们最后研究，干部的考核换届，本来今年7月份就应该完成，还是放在下半年进行。也就是说下半年校庆一结束，即11月20日开始到1月中旬，两个月的时间用于干部的考核换届。让大家明白这个措施以后，大家就知道了工作要按部就班地进行，不要考虑到我不干了，事情推来推去。要保证校庆很好地完成，保证我们的“211”建设验收顺利完成，保证我们的教学评估准备工作的顺利开展。下半年我们的一些工作也已经启动，有些还包括迎评工作。不要因为换届了就影响评估工作。很多准备工作是在今年上半年做，还有研究生院的申报。我们要从学校总体的稳定和平稳发展来考虑。党委的工作，自然要按章办事，但是从学校稳定和平稳过渡的角度来考虑，这样处理是对的。况且，考核换届工作也好，党委的工作也好，也不是一个人说了算，这是党委集体做的事。所以从这个角度来讲，我在这里跟大家讲清楚，不是说蒋书记对党委的工作不好好抓，去做其他工作。这个工作主要考虑还是从大局出发，从总体出发。要以大局为重，而不是以个人利益为重。这一年的工作很重，希望大家在自己的岗位上兢兢业业地把自己的职责履行好。

第三个问题就是关于群体性事件的预防和处理问题。信访工作和群体性事件处理的问题要注意，最近文件下得非常多，中央非常重视。我们要高度重视信访工作，因为其中全是涉及我们部处与群众利益相关的主要事项。部处一定要虚心听取群众意见，要开放地去听取群众意见。我在上次的教代会上就提出，应该设立类似部处接待群众的来访日，哪怕一个学期一次也好，就让教工和学生来提问，几个部处联合接待来访——现在广东省有些地方就是这样。学生有些问题没地方解决，实际上很简单，你跟他解释好就行，部处不得力，结果问题都集中到校领导这儿，这样的话就干扰了学校的总体工作。很多工作实际上在部处就完全可以处理了，像学分制问题、收费问题，以及其他问题，最后都要学校领导直接来处理，这是不行的，本来部处就应该把它解决在萌芽状态。所以包括我们信访办，要进一步为学校发挥参谋作用和助手作用。现在省里也提到，新提拔的、年轻的厅级、部级以上干部通通先到信访办工作一年，了解问题、处理问题，然后才正式到职。为什么？因为信访问题都是难解决的问题，你能把这个问题解决了，工作能力也就锻炼了。所以希望我们全体中层干部高度重视教师、学生当中的情绪问题，要及时反映、及时处理，把问题解决在苗头之中。比如华南农业大学，最近突然有两个跳楼自杀，一报道出来，对学校产生很大影响，其实有一个根本就不是这个学校的学生，是外来的人进去学校里面自杀，但学校很受影响。我们学校原来也有学生自杀现象，但我们对媒体的炒作控制得比较好，希望大家重视这方面的工作。安全保卫、消防工作等，要进一步做好，不要使学校在发展的过程中出现一些安全事故，这对学校的影响是非常大的。

总的工作我就讲这些，具体的工作我就不多讲了，希望我们中层干部、在座的诸位、民主党派、工会、学生代表，多多给我们提意见，对我们领导班子提建议，使我们能够群策群力、团结奋斗，把学校的工作推向一个新阶段。

谢谢！

·暨南大学概况·

暨南大学是中国第一所由国家创办的华侨学府，是中国第一所招收外国留学生的大学，是目前全国境外生最多的大学，是国家“211工程”重点综合性大学，直属国务院侨务办公室领导。“暨南”二字出自《尚书·禹贡》篇：“东渐于海，西被于流沙，朔南暨，声教讫于四海。”意即面向南洋，将中华文化远远传播到五洲四海。学校的前身是1906年清政府创立于南京的暨南学堂。后迁至上海，1927年更名为国立暨南大学。抗日战争期间，迁址福建建阳。1946年迁回上海。1949年9月合并于复旦、上海交通等大学。1958年在广州重建。

全国政协原副主席、中国科学院院士钱伟长任学校第五届董事会董事长、名誉校长；博士生导师胡军教授任校长。

素有“华侨最高学府”之称的暨南大学，恪守“忠信笃敬”之校训，注重以中华民族优秀的传统道德文化培养造就人才。学校积极贯彻“面向海外，面向港澳台”的办学方针，建校至今共培养了来自世界五大洲114个国家和香港、澳门、台湾3个地区的各类人才20余万人，堪称桃李满天下。

1996年6月，暨南大学成为全国面向21世纪重点建设的大学。2002年，学校通过“211工程”“十五”期间建设项目立项，确定中国语言文学与海外华文教育、中外关系与华侨华人、产业经济与金融经济、企业管理理论与应用、生物科学技术与生物医学工程、生殖科学与计划生育6个学科为重点建设学科。

学校设有20个学院，44个系，80个研究机构和68个实验室，61个本科专业；133个硕士学位授权学科，6个博士学位授权一级学科，39个博士学位授权二级学科，55个招收和培养博士的专业；是招收和培养高级管理人员工商管理硕士（EMBA）、工商管理硕士（MBA）、会计学硕士（MPAcc）、临床医学硕士、口腔医学硕士、工程硕士、公共管理硕士（MPA）单位；同时也是全国试办高水平运动队的学校。学校拥有5个博士后流动站（应用经济学、临床医学、中国语言文学、生物学、工商管理），1个博士后科研工作站（广州〈暨南〉生物医药研究开发基地），2个国家级重点学科（产业经济学、水生生物学），15个省、部级重点学科，有国家人文社会科学重点研究基地（华侨华人）、教育部中国语言文学人才培养和科学研究基地、国家大学生文化素质教育基地、国家对外汉语教学基地、国务院侨办华文教育基地和广东省人文社科重点研究基地。有国家工程中心1个，教育部工程中心2个，省、部级重点实验室5个。

学校在广州、深圳、珠海三地设有4个校区，校园占地总面积2 615.4亩，校舍建筑面积104万平方米。学校图书馆藏书270.02万册。学校设有6所国家级三甲附属医院，即广州华侨医院、深圳市人民医院、珠海市人民医院、广州红十字会医院、清远市人民医院和江门市五邑中医院，1所专科医院即深圳眼科中心，1所直属医院即深圳华侨城医院。8家医院共有职工6 040人，病床4 222张。

学校积极开展对外学术和教育交流，已同世界五大洲70所高等院校和文化机构签订了双边协议或建立了学术交流关系，如美国、巴西、秘鲁、英国、德国、法国、俄罗斯、南非、澳大利亚、日本、韩国、印度尼西亚、越南、泰国等国家和香港、澳门地区。学校在香港和澳门分设办事处，并在香港设立教育基金会。

历史上，暨南大学的教师队伍中曾有过马寅初，郑振铎、梁实秋、王亚南、周谷城、钱钟书、周建人、夏衍、许德珩、胡愈之、严济慈、楚图南、黄宾虹、潘天寿等一大批著名学者。现今学校师资力量雄厚，有专职教师1 510人，其中中国科学院院士2人，中国工程院院士5人，博士生导师127人，教授289人，副教授512人。

目前，有各类学生32 284人，其中，在校全日制学生23 892人，博士、硕士研究生6 567人，本科生16 043人。在校的华侨、港澳台和外国学生达10 270人，他们来自全球五大洲77个国家和香港、澳门、台湾3个地区，高居全国高校第一。学校学风浓郁，人文荟萃。其中，前国务院副总理吴学谦、李岚清，知名人士江上青，著名侨领、新加坡大学首任校长李光前，前泰国议会主席、副总理许敦茂，新加坡中华总商会前会长陈共存，以及近年来内地和港澳地区的王学萍、徐乐义、钟阳胜、佀志广、马有恒等许多政府、工商及文教界著名人士均是暨南大学不同时期的杰出校友。可谓人才辈出，享誉中外。

21世纪是中华民族实现伟大复兴的世纪，肩负着为海外华侨华人和港澳台地区培养人才光荣使命的暨南大学将更加任重道远。在新世纪，全体师生员工和广大海内外校友将继续弘扬“爱国爱校，团结奋进”的暨南精神，树立“国际化、现代化、综合化”的办学理念，与时俱进，开拓创新，为实现“侨校+名校”的发展战略，为建设海内外知名的高水平研究型大学而继续奋斗。

附　录

暨南大学2006年工作总结

2006年是暨南大学发展史上一个重要的里程碑。学校全体师生高举邓小平理论伟大旗帜，深入学习贯彻《江泽民文选》，尤其是“三个代表”重要思想，全面贯彻党的十六大和十六届五中、六中全会精神，认真落实科学发展观，努力推进和谐校园建设。学校新任领导班子将继续坚持“面向海外，面向港澳台”的办学方针，树立以质量为生命，以创新为灵魂的发展理念，按照“有所为，有所不为”的差异化发展思路，大力实施“侨校+名校”发展战略。以“211工程”建设为龙头，以教学科研为中心，带动学科建设、师资队伍建设、教学、科研等项工作全面进步。以学校百年华诞为契机，深入开展“暨南精神大讨论”，努力推进校园基础设施建设，加大校园环境整治力度，使校园面貌有了根本性改变。

一、加强领导班子建设，确定2006年工作重点

2006年1月14日，国务院侨办、广东省委组织部及广东省委教育厅领导在学校召开会议，任命了以胡军同志为校长的新一届领导班子。4月，国务院侨办、广东省委组织部增补了学校领导班子成员。至此，学校新一届领导班子成员的配备全部完成。

新的领导班子组成后，认真坚持民主集中制原则，深入基层调查研究，听取师生的意见和建议。经过充分调研，结合当前高等教育的发展趋势及学校的实际情况，学校新一届领导班子确立了2006年工作的重点，即以科学发展观统领学校全局，坚持以人为本，构建和谐校园。着重抓好百年校庆筹备、迎接本科教学水平评估、研究生院申报、“十五”“211工程”验收和“十一五”“211工程”启动、“十一五”发展规划的修订等各项工作，为推进学校持续、稳定发展奠定基础。

二、深入学习贯彻“三个代表”重要思想，落实科学发展观，巩固保持共产党员先进性教育活动成果，推进学校中心工作

组织学习《江泽民文选》和十六届五中、六中全会精神，开展纪念建党85周年、中国工农红军长征胜利70周年等活动，更深入地学习领会“三个代表”重要思想，更好地利用“三个代表”重要思想武装头脑、指导实践，推动学校做好“十一五”规划、“十一五”“211工程”建设、百年校庆和本科迎评等中心工作。

制定保持共产党员先进性长效机制实施意见，完善领导班子建设。坚持和完善学校党委理论学习中心组学习制度，制定学校领导班子调查研究制度和基层党委理论学习中心组学习制度、领导干部保密责任制、双肩挑干部学术假实施细则，修改完善干部选拔任用工作制度以及管理干部考核量化标准等。

三、圆满完成“十五”“211工程”建设任务，着手启动“十一五”“211工程”建设

1月6～11日，学校聘请了8个验收专家组分别对“十五”“211工程”的2个公共服务体系建设项目，“生殖科学与计划生育”、“生物科学技术与生物医学工程”等6个重点学科建设项目进行了验收。经过专家组的认真评议，学校“十五”期间的8个

“211工程”建设子项目均以“优秀”的成绩通过验收。

5月29～30日，国务院侨办和广东省人民政府共同组织专家组对学校“十五”“211工程”建设成果进行考察验收。经检查，专家组一致认为，暨南大学全面实现了“十五”“211工程”建设的整体目标，高质量地完成了国家下达的“十五”“211工程”建设任务，学校的综合实力有了很大提升，办学效益显著，很好地解决了“高水平”和“有特色”的问题。

“十五”“211工程”建设任务的圆满完成，为学校顺利启动“十一五”“211工程”建设积累了经验，夯实了基础。2006年上半年，学校按照教育部“211工程”部际协调办公室的要求完成了《暨南大学“十一五”“211工程”建设方案建议》的编制和上报工作。

四、深入研究，充分讨论，认真修订学校“十一五”发展规划

8月5～7日，学校专门召集各学院院长和有关部处负责人召开了“十一五”发展规划研讨会。会议就学校“十一五”的发展目标、学科建设、考核及薪酬制度、师资队伍建设、人才培养、管理体制、办学形式、办学规模与生源结构、校区建设及布局分工等问题展开了热烈的讨论。此次研讨会的召开，促进了各职能部门与学院之间的沟通、交流，对统一思想、提高认识、明确学校“十一五”的发展路径有着十分重要的意义。

五、巩固成果，加强建设，学位工作再上新台阶

通过第十次学位点申报，学校新增博士学位授权一级学科点3个，博士点4个，硕士学位授权一级学科点10个，硕士点12个。学科门类由原来的9个增至10个，填补了哲学门类与马克思主义理论学科的空白。现有博士学位授权一级学科6个，博士学位授权二级学科39个，博士招生专业55个，硕士学位授权一级学科18个，硕士学位授权学科点127个，专业学位种类6个。此外，学校还通过了国务院学位委员会对已有博士学位授权点的定期评估。

六、招生工作继续保持良好态势，各类生源量大质优

研究生方面，学校2006年招收研究生总数为2 288人，其中境内招生1 970人（博士生187人，硕士生1 783人）；境外招生312人（博士生78人，硕士生234人）。在职攻读高校硕士学位（包括高校教师）335人。在职攻读专业硕士学位600余人。至此，在校研究生规模已达6 530人，其中博士生为918人，硕士生为4 402人，在职人员攻读硕士学位人数为1 210人。

本科生方面，2006年学校录取的海外及港澳台本科学生人数达2 931人，他们分别来自港澳台地区和51个国家。在学生数量稳定增长的同时，生源质量也进一步提高。是年，学校计划在广东招收1 000人，第一志愿上重点线报考学校的学生达2 381人，招生比例为2.4∶1。其中总分700分以上的有333名，平均分700分以上的有23个专业，最高分为806分。2006年学校最低出档线为668分，高出重点线31分，在广东省排名第三。全校平均分达694分，高出重点分数线57分。外省生源较好的省、市、自治区有安徽、重庆、河北、内蒙古等。

七、人人参与，共同努力，在抓好日常工作的同时，全面推进迎接本科教学评估工作

全校动员，积极做好本科教学“迎评”工作。2006年，学校围绕这一中心工作，以教育部《普通高等学校本科教学工作水平评估方案（试行）》为指导，认真落实“以评促改、以评促建、以评促管、评建结合、重在建设”的20字方针，全面推进迎接本科教学评估工作。通过分析评估指标，结合学校本科教学实际情况，以保障和提高教学质量为重点，明确了教学质量全程监控体系，确立了“巩固基础、彰显特色、突出重点、优化体系”的评建思路，将评建工作融入日常工作中。

进一步完善人才培养方案，课程建设、实验室建设取得重大进展。为进一步完善人才培养方案，提高教育教学质量，迎接本科教学工作水平评估，学校组织开展了2006级本科人才培养方案修订工作。在保持人才培养方案相对稳定的基础上，统一不同校区对相同专业人才培养方案的必修课程，进一步完善了课程结构，规范各专业课程名称、学分、学时等，并首次实行培养方案责任人制度。

组织推荐申报省级精品课程11门，其中6门课程被推荐参加国家级精品课程的评选，1门课程获得国家级精品课程。组织对省级、校级精品课程进行了年度检查，进一步推进精品课程建设工作，提升已有的精品课程的建设质量，为2007年精品课程的申报工作奠定了坚实的基础，并以精品课程建设带动学校课程建设整体质量的提高。

在建设好已有省级实验教学示范中心的同时，认真准备，积极申报新的示范中心。2006年，学校媒体、化学、生物3个实验中心被评为省级实验教学示范中心，总数达到6个，占全省的10.7%。

八、突出特色地位，加强华文教育，大力推进华侨华人研究

成立华侨华人研究院。为提高研究质量，加强学术内涵的发展，建设一个华侨华人研究的“思想库”、“人才库”和“信息库”。2006年11月17日，学校正式挂牌成立华侨华人研究院。研究院院长由时任国务院侨务办公室副主任的刘泽彭同志亲自兼任。

发挥优势，积极参与汉语国际推广工作。2006年，学校积极发挥自身优势，围绕孔子学院建设、师资培养及汉语培训、外派教师、教材开发和志愿者培训基地建设等方面工作制定了2006—2010年汉语国际推广工作规划项目建议书。学校已与马来西亚董教总教育中心和印度尼西亚万隆福清同乡基金会协商合作开办了孔子学院事宜。

九、科研水平继续提升，科研项目和经费稳步增加

科研项目和经费再获丰收。按照教育部统计口径，截至2006年，学校科研经费已连续第五年突破亿元大关。2006年全校到位经费达1.03亿元，再创历史新高。当年共获批科技项目350余项，比上年增加15.1%；申报发明专利80项，获授权发明专利20项；三大索引收录论文总数达595篇，比上年增长一倍，其中ISTP 90篇，SCI 269篇，EI 236篇。2006年共计申报国家基金267项，获批34项，杰出青年基金首次获得突破；国家基金委—广东联合基金申报17项，获批3项，共获资助金额1 416万元，继续列全省第五；广东省中医药管理局项目10项。文、经、管方面，2006年共获得国家及省部级各类社科研究项目110项，到位经费422万元。签约各类横向项目62项，合同经费达1 005万元，实际到位经费560万元。在第四届中国高校人文社会科学研究优秀成果奖评比中，学校共获得二等奖4项，三等奖5项，获奖数在全国高校中名列第15位。

与广东省、市或企业的合作取得新进展。学校承担了广东省发改委“ADS系统研发应用调研”软科学项目，项目金额150万元；“863”高科技项目——“重组黄曲霉毒素解毒酶基因工程菌”历时10余年，在取得重大进展后，2006年9月学校与广州康采恩医药有限公司合作成立广州科仁生物工程有限公司、暨大（科仁）微生物技术研究所共同开发该项目，合作总金额达2 500万元，其研究成果正式进入产业化阶段。学校与顺德私营企业以“基于ARM9指纹识别门禁系统技术的开发”项目成立佛山市顺德暨得科技有限公司，注册资金500万元。2006年10月，学校与广东省四大中医药强省项目中的广东罗浮药谷有限公司签订可可茶产业化合作协议。双方在暨南大学建立可可茶研究中心，开展可可茶的成分、药效及应用研究；在惠州市南昆山、罗浮山建立可可茶种植基地，开展种苗、种植研究，使可可茶研究工作真正实现产业化、规模化。

在一些领域取得重大进步。为充分发挥学校国家重点学科——产业经济学的学科优势，积极适应和支持广东产业经济发展的需要，学校于2006年11月成立了暨南大学产业经济研究院。学校获批了“人工器官及材料教育部工程研究中心”，正式挂牌运作“基因工程药物国家工程研究中心”。获得了首个国家杰出青年科学基金，2人获教育部、科技部等七部委联合评定的新世纪“百千万”人才工程国家级人选，1个团队获广东省第二批“千百十工程”先进团队，1人获先进个人，5人成为广东省第四批“千百十工程”人选。

十、成功举行建校100周年系列庆祝活动，学校的影响力和美誉度得到提升

2006年11月16日是学校建校100周年纪念日。为了方便海内外校友和领导、嘉宾出席庆典活动，学校于11月18日举行了庆典。一年来，尤其是在11月16~18日期间，学校隆重、顺利、圆满地举行了一系列纪念学校百年华诞的庆祝活动，深受各级领导的重视和肯定，也得到了来宾、校友和师生的好评。庆祝活动达到了预期效果：展示了成就，凝聚了人心，鼓舞了士气，统一了思想，明确了目标，扩大了影响，提高了声誉。

百年校庆得到了各级领导的重视和社会的广泛关注。在国务院侨办、广东省委省政府的大力支持和学校领导积极努力下，贾庆林、李长春、李岚清、吴学谦、张德江、唐家璇、陈至立等党和国家领导人及中央有关部委和省市领导、社会贤达纷纷发来贺信或题词，极大鼓舞了全校师生再攀新高的热情和信心。此外，还有107所兄弟院校和姊妹大学、27个友好单位和个人发来了贺信，170多个友好单位、团体及个人赠送了礼品，共贺学校百年华诞。周铁农、陈玉杰、何厚铧、刘泽彭、欧广源、钟阳胜、朱小丹、罗伟其等20余位各级领导及中央有关部委、广东省和广州市的领导，200余位广东省属单位、广州市属单位、合作单位、海外姊妹大学、“211工程”高校、广东省内各高校、国内其他省市的领导，暨南大学董事会董事、海内外校友、各界嘉宾朋友、中央省市和港澳60余家媒体记者以及暨南大学师生员工等共计4 000多人出席了庆典大会。自发返校庆祝母校百年华诞的校友约17 800人。学校百年校庆得到了国内许多主流媒体及海外华文媒体的高度关注。据不完全统计，除南方日报社隆重推出的暨南大学建校100周年纪念特刊《百年暨南》外，中央、省市、港澳与海外华文媒体对学校百年校庆活动的新闻报道超过1 500多篇（条），其中境外媒体的报道100多篇；中央电视台综合频道、国际频道先后6次报道；新华社向全国媒体发出通稿并被广泛刊播。

学校顺利、圆满地完成了系列庆祝活动。自11月16日开始，学校共举行了博物馆画展剪彩仪式及孔子铜像揭幕仪式、暨南大学建校100周年庆典大会等十余项重要庆祝活动。在各部门各单位及所有爱校师生的精心策划和大力推动下，各项活动都得以按计划顺利开展，且各富特色，好评如潮。

学校精心设计，周密安排，切实开展了校庆筹备工作。

（1）组织开展纪念建校100周年"寻根之旅"。2006年8月，学校组织的"百年校庆寻根团"从广州出发，沿着暨南大学播迁的足迹开展寻根之旅，以此缅怀百年暨南走过的曲折道路，追思逝去的不平凡岁月，鼓舞暨南大学师生承前启后、与时俱进、永远向前。

（2）开展"暨南精神大讨论"。为加深学校师生对暨南历史和暨南精神的认知和理解，自2006年3月开始，学校组织师生和校友积极参与暨南精神大讨论。在长达9个多月的时间，学校通过征集论文、举办论坛和名家讲座等形式开展深入讨论，最后，"暨南精神"的主要内涵确定为"忠信笃敬、知行合一、自强不息、和而不同"十六个字。

（3）全面贯彻"庆典为体，学术为魂"的校庆宗旨。校庆前夕，学校邀请了许多海内外名家大师为全体师生举行学术报告会和讲座，总数达200余场，深受师生们的欢迎。理工医方面，共举办院士论坛21场，其中外籍院士8场、国内院士13场，名家讲坛47场，学术讲座98场，学术沙龙1 200余场，涵盖了生命医学、生物医药技术、资源环境和理工信息等领域，参与者和听众达20 000人次。人文社会科学方面，共举办讲座70余场，涉及文学、新闻学、管理学、经济学、教育学等领域，参与师生共计8 500余人次。此外，学校就成才、科学、语言等不同主题举办了5场"百年暨南讲坛"，听众约2 000人次。校庆结束以后，各类学术活动得到延续，浓郁的学术氛围已成为学校的一大特色。

（4）对外宣传丰富多彩，有声有色。为全面彰显百年侨校的独特风采，深入提炼厚重文化底蕴，进一步扩大学校的外在影响力，学校开展了多角度、多层次的校庆宣传工作。以设立百年校庆专题网站、与南方日报社合作推出的暨南大学建校100周年纪念特刊《百年暨南》、与广东电视台合作拍摄的专题片《百年暨南》、与香港亚洲电视合作拍摄的专题片《暨大与港澳》、与光明日报社合作刊登《百年暨南》连载，开展"暨南精神大讨论"，出版《百年暨南》画册和《凝聚暨南精神》、《见证暨南——媒体暨南精选》等主要形式进行全方位宣传，为百年校庆的顺利举行提供了强大的舆论支撑，有效提升了学校的知名度和美誉度。

（5）积极募集资金，工作富有成效。为了实现学校董事和热心教育的企业家投资教育、支持学校建设的愿望，同时也给百年校庆的顺利举行寻求经费支持，在百年校庆筹备委员会的正确领导下，校庆办公室、董事会办公室、财务处等部门认真筹划，辛勤工作，积极募集资金，且成效显著。

十一、人事制度改革、财务预算改革和处级干部换届工作稳步推进

启动人事分配制度改革。根据国家有关部委的要求，2006年下半年，学校启动了人事定岗工作和人事分配制度改革。

师资力量进一步增强。2006年，经省教育厅组织评审，学校资本市场理论与实践研究组荣获广东省高等学校"千百十工程"第二批先进团队称号，刘应亮教授荣获广东省高等学校"千百十工程"第二批培养对象先进个人称号。此外，学校共有42位教师被确定为广东省高等学校"千百十工程"第四批培养对象。金融系王聪教授被聘为广东省高校特聘教授。何庆瑜、苏东蔚两位教授入选"百千万工程"国家级人选。

推进预算改革，加强资金管理。2006年，按照"增加收入、控制支出、确保发展"的预算方针和"先维持、后发展"的分配原则，合理安排预算，加强资金管理，积极应对对港澳台侨学生实行大陆学生收费标准后出现的资金困难等问题，确保了学校教学科研等中心工作的顺利开展。

中层干部换届工作顺利推进。2006年11月下旬，学校正式启动处级干部换届工作。本次换届，学校遵照干部队伍建设的"四化"标准认真选拔。在选拔学院领导时采取公开推荐与考察上岗相结合的方式，选拔机关部处级领导时则普遍按照公开选拔、竞争上岗的方式。此次换届，学校加大了交流轮岗和选拔年轻干部的力度，干部队伍的知识和年龄结构得到优化。

十二、学生活动丰富多彩，成绩显著

"挑战杯"竞赛再传捷报。2006年6月，由团省委、省科协、省教育厅和省学联联合举办，暨南大学承办的第五届"挑战杯"中国移动广东大学生创业计划竞赛决赛在学校隆重举行。学校天唯创业团队获"最佳创意团队奖"，入围决赛的8件参赛作品中6件获金奖、2件获银奖，名列广东高校第一名，并获得"优秀组织奖"和"特别贡献奖"。由共青团中央、中国科协、教育部、全国学联主办，山东大学、济南市人民政府承办的第五届“挑战杯”中国大学生创业计划竞赛终审决赛于10月中旬在山东大学举行，学校共获得1项金奖、2项银奖和高校优秀组织奖。在第四届广东省大学生程序设计竞赛中，学校获得二等奖和三等奖各1项。

学生体育竞赛精彩纷呈、成绩优异。在2006年8月3日至18日召开的广东省第七届大学生运动会上，学校代表团取得了参加省大运会以来的最好成绩，共夺得奖牌115枚，其中金牌38枚，银牌37枚，铜牌40枚；甲乙组团体总分在参赛的几十所本科院校中排名第二，并获得“体育道德风尚奖”。在第十一届中国大学生网球锦标赛上，学校代表团获得了3项冠军、2项亚军的好成绩。

十三、校园基础设施建设进展顺利，校园环境整治成效显著

为营造一个干净整洁、舒适宜人的校园环境，2006年，学校专门成立了暨南大学综合管理委员会，下设校园综合管理办公室，对校园环境和交通秩序进行了全面整治。结合百年校庆和环境整治，学校完成了近200项维修、改造、装修和绿化工程及校庆期间校园环境的布置。随着整治工作的逐步深入，门岗和车辆管理不断规范，校园环境更加整洁，道路日渐通畅，绿化面积进一步扩大，校园面貌得到根本改善，为建设和谐校园奠定了良好基础。

2006年，学校完成了蒙民伟理工楼、土木工程实验楼等已竣工工程的规划和环保验收工作；完成了管理学院、图书馆等7项共约12.5万平方米重点基建工程的主体及其配套设施建设，较大改善了校园面貌和基础设施水平。完成了新校区校园规划预选址和概念规划的设计工作。

· 机构与干部 ·

暨南大学校级领导干部名单

校　长
胡　军
党委书记、副校长
蒋述卓
副校长
贾益民
副校长
陆大祥
副校长
纪宗安
副校长、副书记
王　华
副书记
叶　勤
副校长
周天鸿
副校长
刘洁生
校长助理
王志伟　林如鹏

中共暨南大学第七届党委委员名单

（按姓氏笔画排序）

马秋枫　王　华　王列耀　王心洁　叶　勤　刘洁生　刘人怀　纪宗安　李兴昌　何赐流　汪晨曦
郑文杰　赵明杰　胡　军　柏元淮　贾益民　夏　泉　宿宝贵　蒋述卓

中共暨南大学第七届纪委委员名单

（按姓氏笔画排序）

王燕菊　孔小文　叶　勤　李兴昌　肖永杰　张安国　周显志　宗世海　赵明杰

暨南大学第八届学位评定委员会名单

主　席

胡　军

副主席

蒋述卓　纪宗安

委　员（按姓氏笔画排序）

马宏伟　王　华　王玉强　王志伟　冯邦彦　刘洁生　李从东　杨冬华
张子勇　陆大祥　陈伟明　周汉新　周天鸿　胡　军　柏元淮　姚新生
贾益民　敖杰男　龚建民　符启林　韩兆洲　蔡铭泽

暨南大学第八届学位评定分委员会名单

一、经济学学位评定分委员会（10 人）

主　席：冯邦彦

副主席：张　捷

委　员（按姓氏笔画排序）：

王　聪　朱卫平　刘建平　杜金岷　吴　江　於鼎丞　封小云　韩兆洲

二、法学学位评定分委员会（9 人）

主　席：符启林

副主席：曹云华

委　员（按姓氏笔画排序）：

朱义坤　刘　颖　吴金平　邱丹阳　周显志　周聿峨　徐　瑄

三、历史学学位评定分委员会（7 人）

主　席：陈伟明

副主席：崔　丕

委　员（按姓氏笔画排序）：

纪宗安　张其凡　张晓辉　张玉春　高伟浓

四、文学学位评定分委员会（11 人）

主　席：蔡铭泽

副主席：朱寿桐

委　员（按姓氏笔画排序）：

王列耀　卢　植　朱承平　刘家林　邵敬敏　林如鹏
班　昭　贾益民　蒋述卓

五、工学学位评定分委员会（11 人）

主　席：马宏伟

副主席：周长忍

委　员（按姓氏笔画排序）：

王　璠　尹　华　刘人怀　汤顺清　张子勇　陈星旦　欧仕益　唐书泽　潘久辉

六、理学学位评定分委员会（11人）

主　席：周天鸿

副主席：柏元淮

委　员（按姓氏笔画排序）：

叶　勤　向军俭　刘洁生　刘彭义　刘应亮　徐石海　韩博平　曾耀英　潘善培

七、医学学位评定分委员会（11人）

主　席：姚新生

副主席：敖杰男

委　员（按姓氏笔画排序）：

王玉强　李杨秋　杨冬华　陆大祥　陈　剑　罗焕敏　周汉新　查振刚　唐　亮

（一）基础医学学位分委员会（7人）

主　席：敖杰男

副主席：唐　亮

委　员（按姓氏笔画排序）：

李扬秋　陆大祥　陈利国　黄中新　宿宝贵

（二）第一临床医学学位分委员会（7人）

主　席：杨冬华

副主席：陈　剑

委　员（按姓氏笔画排序）：

朱康儿　苏泽轩　陈善成　查振刚　黄　力

（三）第二临床医学学位分委员会（7人）

主　席：周汉新

副主席：肖德明

委　员（按姓氏笔画排序）：

张国志　陈升汶　徐宏里　徐坚民　黄丽娜

（四）药学学位分委员会（7人）

主　席：姚新生

副主席：王玉强

委　员（按姓氏笔画排序）：

叶文才　孙晗笑　张荣华　罗焕敏　蔡绍晖

八、管理学学位评定分委员会（11人）

主　席：李从东

副主席：王国庆

委　员（按姓氏笔画排序）：

王　华　孔小文　刘人怀　宋献中　胡　军　胡玉明

董观志　董建新　薛声家

九、珠海学院学位评定分委员会（7人）

主　席：王志伟

副主席：张江河

委　员（按姓氏笔画排序）：

付永钢　危　磊　孙东川　林福永　钱清泉

暨南大学教职工代表大会各委员会成员名单

校工会主席

叶　勤

校工会副主席

彭小川　肖永杰

校工会常务委员会委员名单（按姓氏笔画排序）

王列耀　叶　勤　李　苗　李兴昌　岑颖洲　肖永杰　林福永　赵兰英　赵明杰　宿宝贵　彭小川

校工会委员会委员（按姓氏笔画排序）

王列耀　仇光永　叶　勤　吕俊华　刘德珍　杜宝荣　李　苗　李世云　李兴昌　岑颖洲　肖永杰
张巧专　林福永　周正庆　郑少智　赵兰英　赵明杰　赵新建　凌洁如　宿宝贵　彭小川　曾庆宾
谭其学

校工会经费审查委员会委员（按姓氏笔画排序）

毛　铮　朱　宁　林明亮　周国勇　赵家敏　曾利斌

校工会女教职工委员会委员（按姓氏笔画排序）

尹　华　丘洁飞　匡迎辉　朱佩娴　刘德珍　李新平　杨卫卫　肖增璜　张从容　张巧专
张小玲　周佩如　赵兰英　钟　玲　曹海霞　覃百花　谢　红

校工会提案工作委员会委员（按姓氏笔画排序）

朱丽君　刘德珍　李秀玉　张爱民　林如鹏　范立舟　高　轩　程炎明　谭其学

暨南大学机关各部门、工会、团委负责人名单

单位	职位	负责人
校长办公室	主任	林如鹏（兼）
教务处	处长	刘洁生（2006.7 免）
	副处长（主持工作）	张荣华（2006.7 任）
发展规划处	处长	宋献中
人事处	处长	饶敏
财务处	处长	陈为刚
科学技术研究处	处长	向军俭
社会科学研究处	处长	仇光永
研究生部	主任	张子勇
招生办公室	主任	庄友明
国际交流合作处/港澳台办	处长/主任	刘渝清
资产与实验室管理处	处长	甘焕英
总务处	处长	乔雷海
基建处	副处长（负责工作）	姜煜东
党委办公室/组织部	主任/部长	王心洁
宣传部/新闻中心	部长/主任（兼）	夏泉

（续上表）

单位	职位	负责人
统战部	部长	杨松
纪监审办公室	主任	李兴昌
离退休工作处	处长	何赐流
	党委副书记（主持工作）	戴玲
机关党委	书记	谭其学
学生处/学生工作部	处长/部长	王红主
学校团委	书记	夏泉（2006.7免）
	副书记（主持工作）	区向丽（2006.7任）
保卫处/政治保卫部	副处长（主持工作）/副部长（主持工作）	林海
工会	主席	叶勤（兼）
	副主席	彭小川
	副主席	肖永杰

暨南大学直属、附属单位负责人名单

单位	职位	负责人
图书馆	馆长	朱丽娜
学报	主编	刘颖
体育部	主任	李淑芬
社会科学部	主任	高雄飞
	党总支书记	蒙雅森
高等教育研究中心	主任	马秋枫
网络与教育技术中心	主任	姚国祥（兼）
实验技术中心	主任	黄智诚
华侨华人研究所（基地）	所长	高伟浓
国际关系学系/东南亚研究所	系主任/所长	曹云华
	党总支书记	侯松岭
华侨华人研究院	常务副院长	纪宗安（兼）
产业经济研究院	副院长	朱卫平
旅游规划设计研究院	院长	王华（兼）
后勤集团	总经理	黄晓明
	临时党委书记	梁陆新

（续上表）

单位	职位	负责人
科技产业集团	临时党委副书记	周国勇
	总经理	曾庆宾（2006.3 免）
	副总经理	梁燕（2006.5 任）
建筑设计研究院	院长	高岭
生命与健康工程研究院	院长	何庆瑜
出版社	社长/总编辑	曾庆宾（2006. 3 免）
	常务副社长/副总编辑	周继武
	党总支书记	胡跃生
信息技术研究所	所长	刘明
	党委书记	张巧专
附属中学	校长	张新淮
附属小学	副校长（主持工作）	周跃
附属幼儿园	园长	张会敏

暨南大学各院、系、所、中心负责人名单

单位	职位	负责人
文学院	院长	陈伟明
	党委书记	王列耀
中国语言文学系	系主任	朱承平
	党总支书记	苏桂宁
历史学系	系主任	张晓辉
	党总支副书记	李志学
古籍所	所长	张玉春
	党总支书记	程国赋
新闻与传播学院	院长	蔡铭泽（2006. 9 免）
	院长	范以锦（2006. 11 任）
	常务副院长	董天策（2006. 9 任）
	党委副书记（负责工作）	刘家林
新闻学系	系主任	支庭荣
广告学系	系主任	杨先顺
广播电视学系	系主任	蔡铭泽（2006. 4 免）
	系主任	谭天（2006. 4 任）

（续上表）

单位	职位	负责人
外国语学院	院长	卢植
	党委书记	骆泽松
英语一系	系主任	卢植（兼）
英语二系	系主任	戴灿宇
日语系	系主任	王琢（兼）
大学英语教学部	副主任（主持工作）	胡慕辉
外国语言文学研究所	所长	卫景宜
第一党总支	副书记（负责工作）	饶红
第二党总支	书记	罗飞（兼）
国际学院	院长	孙博华
	党总支书记	余惠芬
理工学院	院长	马宏伟
	党委书记	周长忍
力学与土木工程系	系主任	王璠（兼）
	党总支副书记	黄睿
食品科学与工程系	系主任	欧仕益（兼）
	党总支书记	唐书泽（2006. 11 免）
	党总支副书记（主持工作）	晏日安（2006. 11 任）
光电工程研究所	所长	张永林
	常务副所长	高应俊
光电工程系	系主任	陈哲
	党总支书记	陈振强
物理学系	系主任	刘彭义
	党总支书记	陈惠章
环境工程系	系主任	尹华
	党总支书记	金腊华
应用力学研究所/公共安全研究中心	所长/主任	刘人怀
材料科学与工程系	系主任	周长忍（兼）
	党总支副书记（主持工作）	容建华
信息科学技术学院	院长	龚建民（2006. 7 免）
	院长	姚国祥（2006. 8 任）
	党委书记	柏元淮

（续上表）

单位	职位	负责人
电子工程系	系主任	黄君凯（兼）
	党总支副书记（主持工作）	朱家明
数学系	系主任	赵逸才
	党总支书记	丘晓平
计算机科学系	系主任	潘久辉
	党总支副书记	卢建朱（2006.8 免）
	党总支副书记（主持工作）	肖东胜（2006.8 任）
计算中心	主任	范荣强
生命科学技术学院	院长	周天鸿（2006.7 免）
	院长	郑文杰（2006.7 兼任）
	党委书记	郑文杰
生物工程学系	系主任	李贵生
	党总支书记	李弘剑
化学系	系主任	刘应亮
	党总支副书记	何德信
生物医学工程系（研究所）	系主任（所长）	黄耀熊
	党总支副书记	彭绪兰
生殖免疫研究所	主任	潘善培
水生生物研究中心 （水生态科学研究所）	主任（所长）	韩博平
生物工程研究所	所长	洪岸
组织移植与免疫实验中心	主任	曾耀英
经济学院	院长/特区港澳经济研究所所长 /经济发展研究中心主任 /台湾经济研究所所长	冯邦彦
	党委书记	杜金岷
国际经济与贸易系	系主任	张捷（兼）
	党总支副书记	李爱莲
经济学系	系主任	吴江
	党总支副书记（主持工作）	牛德生
金融学系	系主任	王聪
	党总支副书记（负责工作）	胡颖
金融研究所	所长	刘少波

（续上表）

单位	职位	负责人
统计学系	系主任	刘建平
	党总支副书记（主持工作）	彭向东
财税系	系主任	於鼎丞
特区港澳经济研究所	所长	冯邦彦（兼）
法学院	院长	符启林
	党委书记	李世云
法律学系	系主任	周显志（2006.4 免）
	系主任	符启林（2006.4 兼）
知识产权学院	副院长	徐瑄
知识产权系	系主任	徐瑄（兼）
管理学院	院长	李从东
	党委书记	孔小文
企业管理系	系主任	王国庆（兼）
	党总支书记	李相银（2006.5 免）
	党总支书记	郝英奇（2006.5 任）
人力资源管理研究所	所长	王国庆（兼）
会计学系	系主任	宋献中（2006.7 免）
	系主任	胡玉明（2006.7 任）
	党总支书记	罗其安
市场学系	系主任	卫海英
旅游管理系	副系主任（主持工作）	梁明珠
商学系	党总支书记	杨建华
行政管理系/公共管理研究所	系主任/所长	董建新
	党总支书记	何宇青
企业发展研究所	所长	李从东（兼）
医学院	常务副院长	敖杰男
	党委书记	宿宝贵
临床医学系	系主任	宿宝贵（兼）
	党总支副书记	姜静波
中医学系	系主任	陈利国（兼）
	党总支副书记	杨钦河
《中国病理生理学杂志》编辑部	主任	王华东

（续上表）

单位	职位	负责人
口腔医学系	系主任	唐亮
护理学系	副系主任（主持工作）	马绍斌
药学院	院长	王玉强
	党委书记	罗焕敏
中药及天然药物研究所	所长	姚新生
	常务副所长	叶文才
中药学系	系主任	叶文才（兼）
药学系	系主任	蔡绍晖
第一附属医院/第一临床医学院	院长	杨冬华
	党委书记	赵明杰
华文学院	院长	班弨
	党委书记	曾文明
华文教育系	系主任	曾毅平（兼）
预科部	主任	何修文
预科部	党总支副书记（主持工作）	岑文
函授部	主任	唐燕儿
应用语言学系	系主任	李军
对外汉语系	系主任	莫海斌
对外汉语系与应用语言学系联合党总支	书记	曾昭聪
海外华人社区语言资源监测与研究中心	主任	郭熙
深圳旅游学院	院长	张整魁
	常务副院长	何建伟
	党委书记	何建伟（兼）
深圳旅游学院实习酒店	总经理	王长吉
旅游管理系	系主任	吴克祥
旅游管理系	党总支书记	赵新建
旅游开发研究中心	主任	董观志
英语系	系主任	吕迎春
珠海学院	院长	王志伟（兼）
	党委副书记（主持工作）	林福永

（续上表）

单位	职位	负责人
包装工程研究所	所长	王志伟（兼）
管理科学与工程研究所	所长	孙东川
中国语言文学系	副主任	张家文
计算机科学系	副主任	武建华
基础课教学部	副主任	苏保河
企业管理学系	副主任	刘治江
外国语言文学系	副主任	付永钢
法学系	副主任	刘秉国
教育学院	院长	韩兆洲
	党委书记	吴云凤
艺术学院	院长	张铁林
多媒体设计系	副系主任（主持工作）	马超

· 学院、直属教学单位情况 ·

国际学院

【发展概况】 国际学院于2001年6月成立，目的是通过开办全英语授课专业，充分满足海外华侨学生及外国留学生来暨南大学学习的需要，进一步突出侨校特色。

国际学院采取在学校统一协调和支持下与各专业院系联合办学的模式，实行全英语教学，所开设的各类专业课、专业基础课及公共课（汉语课除外）均采用英语原版教材。为确保全英语专业授课师资质量，学校每年均举行全英语授课教师上岗资格证考试，通过考试者才能获得由学校颁发的资格证书并具备上岗资格。自2003年以来，共有146名教师取得了上岗资格证。学院实行标准学分制，在课程设置及教学管理上与国际接轨。

2006年，国际学院招生人数由2001年的64人增至336人，是2001年的5.25倍。在校学生数963人，是2001年的15倍，分别来自49个国家和地区，其中境外生占83%。国际学院的多学科全英语专业教学环境和多元文化氛围，使其成为国内外优秀考生争相报考的热点。在历届国内生中，国际学院的全英语授课专业高考录取分数均居学校各专业前列；在境外生中，高分考生和特殊人才考生也首选国际学院的全英语授课专业。

国际学院设有行政管理办公室、学生工作办公室、教学科研办公室、语言课教研室和公共基础课教研室，主要负责学生管理、教务安排、英语强化、对外汉语、中国文化教育以及外籍教师管理等，并提供全英语的管理服务环境。专业学院负责人才培养方案、教学计划、专业师资、课程建设、实验实习的制定与实施并对专业教学质量进行监控，各专业的系主任为国际学院全英语专业的专业副院长。经过5年的建设与发展，学院在学生来源、教师队伍、教材选用、管理队伍、网站信息、学生就业等各方面形成了全英语教学环境氛围。

国际学院有教职工37人，行政管理人员10人，教师27人（其中外籍专业教师14人），其中正高职称2人，副高职称2人。专业学院参与全英语教学的教职工165人，其中专业副院长8人，专业教师157人。

【学科建设】 最早进入国际学院的专业是国际经济与贸易专业和临床医学专业，共招收学生64名。2006年，国际学院设立了7个专业：国际经济与贸易、临床医学、会计学、食品质量与安全、行政管理、药学和金融学，平均每年增加1个新专业。上述7个全英语专业均为相关中文专业强势学科：国际经济与贸易、金融学、会计学是广东省重点学科，食品质量与安全专业在全国最早设立；国际经济贸易、金融学、会计学、临床医学4个专业具有博士学位授予权，以上7个专业都具有硕士学位授予权。

国际学院为境外生专门开设“初级汉语”和“中国传统文化”两门特色课程。其中“中国传统文化”为全英语授课，包括理论课与实践活动，是国家级精品课程“中国传统文化概论”的组成部分。

2006年，学院首次组织召开国际学院人才培养方案制订研讨会，明确2006级教学计划修订的原则、责任和涉及教学计划的其他问题的解决方案。

【科研工作】 2006年，国际学院共发表SCI论文3篇、国内学术论文15篇，参加学术会议5

次；主持省级科研项目 2 项、市级科研项目 1 项、省级教学改革项目 2 项；参与国家精品课程建设 1 项。

（唐书泽　刘明　黄净）

文学院

【发展概况】　文学院创办于 1929 年，是学校成立最早的学院之一，现设有中国语言文学系、历史学系、中国文化史籍研究所 3 个系级教学科研单位。其中中文系 1995 年成为教育部国家文科基础学科人才培养与科学研究基地。学院有 5 个下属研究机构即中国语言文学研究所（成立于 2004 年 9 月）、现代文学研究中心（成立于 2005 年 4 月）、历史学研究所（成立于 2005 年 3 月）、历史地理研究中心（成立于 2005 年 5 月）、港澳历史文化研究中心（成立于 1999 年）。

学院有省部级重点学科 2 个，即文艺学、中国古代史，学科建设水平在国内位居前列，特别是文艺学、汉语方言学、港澳台及海外华文文学、港澳研究、华侨华人研究等学科在国内和港澳台学术界有着重要的地位和影响。

学院在职教工 121 人，其中教学科研人员 100 人。教学科研人员具有博士学位者 66 人，具有硕士学位者 25 人；有博士生导师 23 人、硕士生导师 41 人，正高职称 43 人（教授 36 人、研究员 5 人、一级作家 2 人），副高职称 37 人（副教授 31 人、副研究员 6 人）。

学院教学科研人员中，有 1 人担任教育部中文学科教学指导委员会副主任，1 人为广东省“珠江学者”特聘教授，2 人入选教育部新世纪优秀人才支持计划，1 人被评为广东省“南粤优秀教师”，2 人被评为国务院侨办优秀教师，5 人被评为暨南大学“十佳授课教师”。

2006 年，学院本科各专业招生 95 人，12 月在校本科生 347 人，其中港澳台侨学生 137 人。招收研究生 260 人（其中博士生 47 人、硕士生 213 人），有在校研究生 533 人，其中博士生 146 人、硕士生 387 人，博士生和硕士生中港澳台侨学生 57 人。

7 月，中文系党总支被评为广东省高校固本强基先进基层党组织。

【学科建设】　文学院是暨南大学最早举办研究生教育的学院之一，目前拥有中国语言文学博士后科研流动站；历史学一级学科博士点和汉语言文字学、文艺学、中国古代文学二级学科博士点；中国语言文学、历史学一级学科硕士点和美学二级学科硕士点。本科招生专业 3 个，即汉语言文学、戏剧影视文学、历史学，其中汉语言文学专业是广东省名牌专业；设立了 2 个师范教育方向：汉语言文学（师范教育）方向、历史学（师范教育）方向。此外，学院还承担了全校大学公共语文的教学任务以及教学改革与课程的建设。

2006 年，历史学获得博士学位一级学科授权；中国语言文学获得硕士学位一级学科授权；美学获得硕士学位授权；文艺学、汉语言文字学、专门史、中国古代史 4 个博士学位授权点通过国务院学位委员会的评估。“文学概论”获批为省级精品课程。

学院获批 4 项国务院侨务办公室华侨高等教育教学改革工程项目：张世君的“外国文学史课程建设创新研究”、傅莹的“文学概论课程教学体系改革”、赵维江的“中国古代文学媒体教学网络系统”、张永春的“建国前暨南大学华侨教育经验的总结及其现实借鉴意义”；获得“十一五”国家级规划教材立项项目 4 项，即《现代汉语通论》、《高等语文》、《元朝简史》、《新编中国通史》；获得各级“教学成果奖”7 项，其中张世君的《红楼梦文化》获得第十届全国多媒体教育软件大奖赛高等教育组多媒体课件一等奖、《外国文学史》获得第六届全国多媒体课件大赛高教文科组优秀奖、“红楼梦文化专题学习网站的开发与应用研究”获得广东省高校教育技术学术年会论文奖，陈奕平的《郑和下西洋与欧洲地理大发现》获得第六届全国多媒体课件大赛高教文科组优秀奖。学院还出版了《暨南大学文学院本科教学论文集》（广东人民出版社出版）。

完成中文、历史两学科组成员的新增与调整工作。中文学科具体分为：美学学科组、文艺学学科组、汉语言文字学学科组、中国古代文学学科组；历史学科分为：历史地理学学科组，专门史学科组，中国古代史、历史文献学学科组，中国近现代史学科组。

【科研工作】　2006 年，文学院教师承担厅局级以上的科研课题31项，其中国家级课题1项、省部级课题22项、厅局级课题8项。横向项目2项。发表论文478篇、出版著作71部。教师科研成果获省部级以上奖励的有9项。

主办“第五届全国文艺学及相关学科博士点建设研讨会”、“南方开发与中外交通——2006年中国历史地理国际学术研讨会”、“两岸三地修辞学研讨会”、“首届世界华文文学联会”、“第三届国际汉语方言语法研讨会”，并参与主办“汉语语法南粤论坛”、“第十四届世界华文文学国际学术研讨会”、“大众传媒时代的文学生产学术研讨会暨中国文艺理论学会第八届年会”。

（文学院供稿）

外国语学院

【发展概况】 外国语学院的前身是创办于1927年的外文系，历史上曾有许多著名专家、学者在该系任教，如叶公超、梁实秋、钱钟书、许国璋教授等。外国语学院于2001年5月在原外语系和大学英语教学中心基础上成立。现设有英语一系、英语二系、日语系、大学英语教学部4个教学单位，另设外国语言文学研究所和应用语言学与外语教学研究所2个专门科研机构。学院目前拥有英语语言文学、外国语言学及应用语言学2个硕士点。有3个本科专业：英语语言文学、商务英语、日语。

学院现有教职员工150人，其中教授8人、副教授49人。在职教师中已获得博士学位者11人，在读博士学位者17人。大多数教师都曾经在主要语种对象国学习或从事教学科研工作。除英语和日语专业外，学院同时向全校开出的外国语言课程有法语、德语、葡萄牙语、西班牙语、俄语等。

2006年，学院有本科学生636人，其中境外生475人；研究生41人。

【学科建设】 学院的本科教学努力体现出多学科综合与交叉特征，依照“外语＋专业方向”、辅修相关专业或第二学位等复合型人才培养模式。学院修订了专业建设规划，一、二年级侧重外语基础知识和技能的训练，三、四年级开设更多富有特色的专业课程，例如，会议口译、跨文化交际、公共关系学、跨国企业的人事管理、国际金融、商务英语/日语、国际贸易实务等。此外，还针对基础好、学有余力的学生推出辅修相关专业或申请第二学位的本科生培养方案，以提高学生的学习积极性。

英语语言文学硕士点是暨南大学最早的一批硕士学位点之一，曾经以文学为主、专长翻译，著名学者曾昭科、翁显良、张鸾铃、谭时霖等教授先后担任导师。外国语言学及应用语言学硕士点在语言应用认知、语篇分析和形式音系学等方向形成了鲜明特色。2个硕士点共有12名硕士生导师，近一半导师具有博士学位，所有导师都具有在国外大学和学术机构从事科研或进修的学术经历。研究生导师主持或参与国家社科基金项目3项，省部级人文社科项目8项，厅级和校级项目10余项，在外语类和社科类权威或核心期刊发表论文50余篇，主编或参编国家级规划教材多部。

【科研工作】 学院每年召开一次全院科研教学工作会议，全院教师积极申报研究课题。2006年，学院教师承担各类研究项目9项，其中教育部留学回国人员基金项目1项，教育部人文社科基金项目2项，国务院侨办项目2项，广东省社科规划项目1项，广东省电化教学项目1项，其他横向项目2项；邀请校内外专家、学者办学术讲座或邀请校内教师举办学术讲座18项，学院教改科研项目共2项，出版专著、编著、译著合计19部，在国内外各大期刊发表论文157篇。

（外国语学院供稿）

新闻与传播学院

【发展概况】 新闻学系是新闻与传播学院的前身，1946年在上海创立，1949年因暨大停办而并入复旦大学新闻系。1958年，暨南大学在广州重建，中文系1960年开办新闻学专业。1970年，暨南大学在文化大革命中被迫停办，新闻学专业随中文系并入华南师范大学。1978年，复办后的暨南大学重建新闻学系。此后，新闻学系逐渐扩大其办学规模，1984年开设国际新闻与传播双学位专业（后改为国际新闻本科专业），1994年创办广告学本科专业，2001年创办广播电视新闻学本科专业。同年，在原新闻学系的基础上组建新闻与传播学院，下设新闻学系、广告学系、广播电视新闻学系。2003年，成立品牌战略与传播研究中心。

暨南大学新闻学系第一任系主任冯列山，第二任系主任詹文浒，以后历任系主任有周冷、马戎、马彦珣、吴文虎、马秋枫、蔡铭泽等。2001年升格为学院后，首任院长为蔡铭泽，现任院长为南方报业传媒集团原董事长范以锦，常务副院长为董天策。60年来，新闻与传播学院培养了5 000多名各层次毕业生。2006年，学院有教职员工59人，其中专任教师46人（教授10人、副教授18人、讲师14人、助教4人），教师中有博士学位者13人、硕导以上人员19名。目前，学院已建成本—硕—博一体化的完整人才培养体系。2006年，学院在读全日制本科生1 010人，其中境外生736人；研究生275人，其中境外生4人。

至2006年底，学院有2名教师获广东省新闻教育最高荣誉奖“金钟奖”，有教育部高等学校新闻学学科教学指导委员会委员1人，广东省“千百十工程”省级培养对象2人。

【学科建设】 新闻与传播学院于1986年获新闻学硕士学位授予权，是继中国人民大学、复旦大学、北京广播学院（今中国传媒大学）之后第三批次获得新闻学硕士授予权的单位之一；2001年获传播学硕士学位授予权；2006年获新闻学博士学位授予权，是华南地区首家设立新闻传播学类博士点的院系。2004年，在教育部组织的新闻传播学一级学科评估中位居全国第6名。目前，学院有博士点1个（新闻学）、硕士点2个（新闻学、传播学），博士生导师3名、硕士生导师19名。新闻学博士点包含5个研究方向：新闻传播理论、新闻传播史、新闻传播业务、媒介经营管理、海外华文传媒。新闻学硕士点包含6个研究方向：新闻传播理论、新闻传播史、新闻业务、广播电视新闻、媒介经营管理、海外华文传媒。传播学硕士点包含7个研究方向：大众传播、公共关系、广告策划、品牌传播、网络与新媒体、国际传播、编辑出版。学院有3个本科专业：新闻学、广告学、广播电视新闻学。其中新闻学专业一直是学院重点建设的对象，目前，该专业为广东省名牌专业和国务院侨办重点学科。

课程建设方面，2005年，“新闻事业经营管理”获批为广东省精品课程。

实验教学方面，学院成立媒体实验教学中心，下设摄影实验室、广播实验室、电视实验室、电视演播厅、录音室、非线性编辑室、报刊电子编辑及网络等实验室。2005年建成电话访问（CATI）实验室。2006年，中心全面整合学校相关资源，扩充场地、人员、设备，成为新闻与传播学院、文学院、艺术学院、珠海学院、网络与教育技术中心进行实验教学与科学研究的公共实验平台。整合后的实验教学示范中心建设了独立的实验课程和实验教学体系，开设了全校各专业的实验课。是年，媒体实验教学中心被评为广东省高校实验教学示范中心。该中心已与南方报业传媒集团、广州日报报业集团、羊城晚报报业集团、广东电视台、广东省广告（集团）公司等16家单位签订实习基地协议。

学院本科毕业生的就业率历年来保持很高水平，最低年份也不低于96%。据2004年和2005年的2次调查，用人单位对学院毕业生满意及比较满意率平均为87%，另据对2006届毕业生实习单位的评分统计，优良率达90%以上。

【科研工作】 2001年以来，学院教师共发表论文数百篇，出版专著和教材65部，承担省部级以上课题26项，其中国家社科基金课题5项，荣获省部级优秀成果奖3项。国家社科基金重点项目“报业集团核心竞争力与改革创新研究”的获批使暨南大学在该项目上实现了零的突破。

2006年，全院教师在核心以上级别期刊发表学术论文90篇，出版专著和教材15部，获批厅局级以上课题8项，其中国家社科基金项目1项。科研成果获奖方面取得重大突破，首次获教育部人文社科优秀成果三等奖1项。

学院在2006年举办了一系列学术活动。先后主办“都市化与传媒发展高峰论坛”、“暨南大学新闻传播教育60周年纪念活动”、“粤港澳新闻传媒人才培养研讨会”、“数字化时代传媒产业发展战略高峰论坛”等大型学术会议，还举办了“暨南大学新闻传播教育60周年系列学术讲座”，国内外学界、业界著名学者、专家近百人应邀出席会议或莅校开设讲座。

（新闻与传播学院供稿）

艺术学院

【发展概况】 艺术学院成立于2005年1月，是学校第20个专业学院。

艺术学院有教职员工32人，其中专任教师24人，著名影视艺术家、中国书画鉴赏家张铁林教授担任院长。2006年，美术学和动画专业首次招生，共招收全日制本科学生51人，其中境外生16人。是年，学院获各类国家级奖项4项。

【学科建设】 2006年，学院共设置4个本科专业：美术学（中国书画鉴赏方向、中国书画方向）、动画、音乐学（音乐艺术表演方向、作曲与电脑音乐制作方向）、导演（影视编导方向）。艺术学院还面向全校开设美术欣赏、音乐欣赏、书法鉴赏、电子与电脑音乐概论、网络音乐欣赏、影视文学创作、中国画创作、网络舞蹈欣赏等近20门欣赏及创作类选修课程。

学院秉持以下教学理念：

（1）坚持在实践中教学，培养复合型专业人才。学院注重培养学生的实践能力，将人才培养的目标和方向定位为做“艺术工人”。学院各专业都在本科人才培养方案中明确规定实践教学内容与体系。学院已建成书画临摹创作室、绘画写生室、二维动画习作室、动态检测室、电脑动画制作室、录音棚、影视观摩厅、影视后期编辑室、琴房。学院与国内各影视制作单位、动漫制作公司、博物馆等机构建立了实习及协作关系。

（2）注重培养学生的创新能力。在人才培养方案的制订上，学院把创作成果视为对学生的最终考核，动画、美术学、导演3个专业的人才培养方案中，“毕业创作”均占据4～6个学分，音乐学专业把“毕业音乐会”视为再创造的必要环节。在教学活动中，学院采取一对一、师傅带徒弟的教学方法，师生之间双向选择。学院要求新生入学时携带作品报到，以便对他们的专业基础、创作倾向、发展潜力作进一步了解，因材施教，制订出符合个人成长特点的人才培养计划。

【科研工作】 学院自成立以来，注重引进和培养年轻的科研力量，积极鼓励和组织青年教师申报有关教学科研项目，鼓励撰写和发表学术论文。2006年，艺术学院获哲学社会科学“十一五”规划青年基金项目1项，再版专著1项。举办了“城市形象综合设计国际研讨会”。

（艺术学院供稿）

经济学院

【发展概况】 1918年，应南洋华侨的需要，国立暨南学校开设商科。马寅初、王亚南等著名经济学家曾先后执教于暨南学校。1958年，暨南大学在广州重建，随即恢复设立经济系（经济学院前身），汇集了蔡馥生、赵元浩、黄德鸿、张元元等一批极富名望和影响的专家学者，成为当时华南地区经济研究的重镇。

1980年，经济学院创办，成为全国高等院校中最早成立的经济学院之一。

经济学院现有经济学系、金融学系、统计学系、国际经济与贸易系、财税系、特区港澳经济研究所6个教学单位，并设有金融研究所、日本经济研究中心、台湾经济研究所、经济发展研究中心、广东地方税收研究中心等13个研究机构以及经济前沿杂志社。

学院师资队伍雄厚，2006年有教学科研人员122人，其中教授31人，副教授49人；博士生导师30人，硕士生导师59人；具有博士学位的教师占全院教师数的46%；8位教师被评为全国或南粤优秀教师，3位青年教师获得霍英东教育基金会青年教学奖，18位教师入选“千百十人才工程”培养对象，其中国家级1人、省级3人、校级14人，1人被省委宣传部“十百千工程”定为省级培养对象。

建院以来，学院共培养毕业生3万多人，分布在几十个国家和地区。2006年招收博士研究生52人，硕士研究生357人，研究生课程进修班学员58人。学院有2届研究生同时毕业（2003级三年制研究生与2004级两年制研究生），毕业研究生人数达457人。学院在校本科生1 413人（境外生822人），硕士生717人（境外生141人），博士生225人（境外生42人）。

学院学生在“挑战杯”各级竞赛中获得优异成绩，获得全国“挑战杯”学术作品与创业竞赛一等奖（金奖）1项，二等奖1项，三等奖2项；广东省“挑战杯”竞赛特等奖1项，一等奖7项，二等奖10项，三等奖12项。47位学生荣获“南粤优秀研究生”称号。

【学科建设】 经济学院学科建设体系齐全。1981年，政治经济学专业获得我国第一批硕士学位授予权，1986年，产业经济学获得博士学位授予权。2004年，在教育部组织的应用经济学一级学科评估中，学院位居全国第12名。2006年，学院申报的理论经济学二级学科博士点——政治经济学专业博士学位授权点以及理论经济学一级学科硕士学位授权点均获批准。目前学院设有经济学、经济学（投资经济方向）、金融学、金融学（保险方向）、统计学、统计学（精算师方向）、国际经济与贸易、财政学8个本科专业和方向。拥有华南地区唯一的应用经济学一级学科博士学位授予权，下设11个二级学科博士点；拥有应用经济学博士后流动站；拥有理论经济学二级学科政治经济学博士学位授予权；硕士点覆盖了所有的理论经济和应用经济学科。

学院有3个省级名牌专业：金融学、统计学、国际经济与贸易；3门省级精品课程：货币银行学、统计学原理、国际金融；1门省级优质课程：马克思主义政治经济学。经济学院与管理学院共建的产业经济学学科为国家重点学科；金融学为广东省重点学科；金融研究所为广东省高校人文社科重点研究基地。

学院出版了一批具有影响力的教材，《统计学原理》获第六届国家统计局优秀教材编审委推荐教材及第五届国家统计局优秀教材三等奖；《应用统计学》获第五届国家统计局优秀教材三等奖。学院依托各系、所教学科研团队开展教学研究，多个教改项目获得国务院侨办、广东省教育主管部门的批准。

学院为教学科研提供了良好的硬件环境和设施条件，建有设备先进的经济学科综合实验室。其中电教室主要用于教学，并为课题研究提供相关分析工具和数据库，电脑室主要用于文献资料搜索、打印以及信息交流。全院建立教学实习实践基地8个，其中境内实习基地6个：经济学院教学实习基地、国家统计局广东调查总队实习基地、清远市地税局实习基地、工商银行广州高新技术开发区支行实习基地、开平市委党校实习基地和肇庆市对外贸易经济合作局实习基地；境外实习基地2个：香港美国友邦保险（百慕达）专业实习基地、香港讯汇金融集团有限公司专业实习基地。学院财政学专业与香港城市大学合作，在该校设点招收硕士研究生。

【科研工作】 近几年，学院教师承担多项各级各类研究项目，出版《产业经济学与金融经济学系列》丛书和《中小企业研究系列》丛书。

2006年，学院教师承担各类研究项目30项，其中国家自然科学基金项目3项，国家社科基金项目1项；全国教育科学“十五”规划重点项目1项；获国务院侨办新世纪华侨高等教育教学改革工程项目4项；广东省重大决策咨询研究课题社会招标项目1项，广东省自然科学基金项目博士启动项目1项，广东省软科学项目3项，广东省委宣传部项目1项。发表学术论文261篇，其中在国外发表论文2篇，国内权威期刊论文20篇。出版专著15部，包括“211工程”子项目“产业经济与金融经济”系列专著1套（共11部）。

科研成果方面，2006年获第四届全国高校人文社会科学研究优秀成果奖7项；全国统计科学研究优秀成果学院奖3项；国家统计局优秀统计教材奖1项；广东省哲学社会科学优秀成果奖3项。

2006年，经济学院主办了“金融工程国际学术研讨会”、“2006年第二季度穗港深论坛——‘十一五’时期粤港经济合作研讨会”、“百年校庆系列学术活动——中日经济交流展望研讨会”。为迎接百年校庆，举办“百年暨南·经济学院名师系列讲座”13场，先后邀请国内外知名专家学者前来讲学交流，以及参与其他系列学术活动。2006年赴境外学术交流50余人次。参与国际合作项目12项，与日本兵库县立大学环境人间学部、立命馆大学经济学部签署院际合作交流协议。

（经济学院供稿）

管理学院

【发展概况】 为了适应海内外对管理人才不断增长的迫切需求，1980年，暨南大学成立企业管理系、会计学系和商学系等，并在国内率先获得产业经济学学科的博士学位授予权和企业管理等学科点的硕士学位授予权。1998年，学校整合工商管理、公共行政管理和管理科学与工程等学科资源成立管理学院。

管理学院走国际化合作办学的道路，与美国斯坦福大学合作培养EMBA，与美国宾夕法尼亚大学、加拿大不列颠哥伦比亚大学尚德商学院（UBC）等签署协议联合培养MBA；长期与英国公认会计师公会（ACCA总部）联合培训国际会计师，与香港大学专业进修学院、加拿大注册会计师协会（CGA）三方合办国际会计课程，培养外向型会计人才。2001年，学院与德国SAP公司合作成立华南地区唯一的ERP研究中心。

截至2006年，管理学院共有学生5 069人，其中本科生2 796人，研究生2 273人（硕士研究生792人，博士研究生254人，专业学位学生1 227人），约占全校学生总人数的1/4。

学院学生在全国大学生数学建模竞赛、美国综合类数学模型（ICM）竞赛、全国大学生“挑战杯”创业计划大赛中取得优秀成绩，累计37人次获得国家或省级奖项。学院在学生管理中首创班联会管理模式。2006年，学院2003级G1班被教育部、共青团中央评为全国先进班集体。

【学科建设】 目前学院设10个本科专业：工商管理、物流管理、会计学、财务管理、会计学（注册会计师方向）、旅游管理、市场营销、电子商务、行政管理、行政管理（企业行政管理方向），其中工商管理、会计学、旅游管理是广东省名牌专业。学院拥有工商管理、管理科学与工程、应用经济学3个一级学科博士点，拥有企业管理、会计学、旅游管理、技术经济与管理、财务管理、金融工程、工业工程与管理、信息管理与信息系统、产业经济学9个二级学科博士学位授予权；拥有企业管理、会计学、财务管理、旅游管理、管理科学与工程、应用心理学、行政管理、教育经济与管理、产业经济学、社会保障学10个专业的硕士学位授予权；学院还开办了高级管理人员工商管理硕士（EMBA）、工商管理硕士（MBA）、会计专业硕士（MPAcc）、公共管理硕士（MPA）和企业管理专业硕士（高校师资）、工程硕士（工业工程领域，ME）等专业学位教育。

学院积极推进各系专业教学实习基地建设和产学研基地建设工作，与多家公司（企业）建立了良好关系，并先后与羊城会计师事务所、澳门酒店旅业商会、天河区政府、广东省华大物流总公司、广州地铁培训中心、合富辉煌地产公司、广之旅旅行社等签订了教学实习基地协议书。

【科研工作】 学院拥有工商管理、应用经济学2个博士后科研流动站；产业经济学科是广东省A类重点学科，也是全国仅有的6个该专业国家重点学科之一；学院的“企业管理理论与实践研究”项目被列为国家“211工程”重点建设项目；会计学为国务院侨办重点学科。学院建有包括广东省人文社科重点研究基地“企业发展研究所”在内的研究机构10个。

学院教师胡东波参与开发的“决策应用软件开发平台smart decision”获国家科学技术进步奖二等奖（排名第三），由谭跃等主持的“实物期权与高科技战略投资——中国3G牌照的价值分析”获第四届中国高校人文社会科学研究优秀成果奖三等奖，凌文轮的“中国职工组织承诺研究”获第四届中国高校人文社会科学研究优秀成果奖二等奖。

学院积极组织举办各类大型学术交流活动。2006年，学院邀请国际组织学习学会创始成员尼克·赞纽克（Nick Zenuik）、趋势科技创办人兼董事长张明正、哈佛大学杜维明教授以及《第五项修炼》的作者彼得·圣吉（Peter M. Senge）大师等人在广州亚洲国际大酒店进行“高峰对话”；邀请博鳌亚洲论坛秘书长龙永图、联想控股有限公司总裁柳传志、美国艾默生公司大中华区总裁任锦汉等在以“企业创新与发展”为主题的首届广东企业论坛进行主题演讲。

（管理学院供稿）

法学院

【发展概况】 法学院成立于1930年，是当时学校五大学院之一。成立之初设有法律学系、政治经济系和外交领事专科。法学院第一位院长由王人麟担任，中国著名罗马法专家周枏教授也曾任院长。著名社会学家潘光旦教授、中国民主同盟中央原副主席罗隆基教授等都曾在法学院任教。

1978年暨南大学复办以后，从1988年开始招收经济法专业专科生，1990年设立经济法学系，招收经济法本科生。1998年，根据教育部要求，所有与法律有关的专业都调整为法学专业。2001年恢复法学院。

法学院目前设法律学系、知识产权研究中心和网络与电子商务法研究室。至2006年底，学院在职人员52人，其中教授8人，副教授20人；教师中博士生导师3人，硕士生导师16人；教师中有硕士、博士学位者30人，占全体教师的83.3%。在册本科生414人，其中境外生占2/3；硕士研究生153人；博士研究生14人；共计581人。另有成人教育境内本科生272人，其中境外生（香港、澳门班）158人；硕士研究生香港班18人。

2006年，法学院学生在由美国国际法学生联合会（International Law Students Association，ILSA）和美国国际法学会（ASIL）联合举办的、有着“国际法学界奥林匹克竞赛”之誉的Jessup国际法模拟法庭大赛上获得二等奖。

【学科建设】 法学院开办法学本科、硕士、博士3个层次的学历教育。拥有经济法、民商法、宪法与行政法、国际法4个硕士点，国际法与国际关系挂靠国际关系学系招收博士研究生。

学院设有模拟法庭，案例讨论室，法律援助中心及法学资料室。学院依托学校图书馆资源，拥有Lexis Nexis法律数据库、Westlaw等20多个中外文法律相关数据库。所开设的必修课全部使用多媒体授课。法学院拥有2门校级精品课程、20门校级网络示范课程和5个教改项目。

学院加强以学科带头人为核心的学术梯队建设，实施教学与科研系列的岗位设置等梯队建设计划；确定了经济法、民商法、知识产权法、国际法、诉讼法、宪法与行政法、刑法、理论法的学术带头人、学术梯队、骨干教师队伍。

【科研工作】 2006年，学院教师在《中国法学》发表论文3篇，在法学核心刊物上发表论文42篇。获省部级奖项2项，获得省部级及其他类别科研项目15项，其中省部级项目6项，科研经费达30余万元。出版专著、译著或参编教材12部。

（张健民）

知识产权学院

【发展概况】 知识产权学院成立于2004年9月11日，前身是暨南大学知识产权研究中心。知识产权学院是暨南大学成立的第18个专业学院，是广东省首家集教学和科研为一体的知识产权学院，也是华南地区第一家知识产权学院。

知识产权学院下设知识产权系和知识产权研究中心，形成系所（中心）合一、教学与科研合一的体制。知识产权学院与法学院合署办公，共享法律资源和共用师资队伍。知识产权学院有专职教学和科研人员9名。学院聘请了一批国内外知名的学术造诣深厚的法学教授和富有实际管理经验的专家为客座教授或兼职教授。

知识产权学院初建时，暨南大学与广东省知识产权局、广州市知识产权局签订合作办学协议，2006年建成2个案例室、1个电子阅览室等硬件设施。

【学科建设】 2005年，知识产权学院率先在国内试办知识产权本科专业，至2006年底学院已招收2届40多名学生。2004年至今，知识产权学院已挂靠法学院招收3届21名民商法专业知识产权方向的研究生。

【科研工作】 自建院以来，知识产权学院教师在核心期刊上发表论文22篇，出版专著1部、教材1部。获得省、部、厅级和校级等科研项目20项，科研经费达68.9万元。

（周玉宇）

理工学院

【发展概况】 理工学院共有6个系：物理学系、力学与土木工程系、环境工程系、食品科学与工程系、材料科学与工程系、光电工程系，4个研究所：应用力学研究所、环境工程研究所、光电工程研究所、电力电子研究所，3个研究中心：公共安全研究中心、食品科技研究中心、赤潮与水环境研究中心。中国工程院刘人怀院士担任应用力学研究所所长，中国科学院陈星旦院士担任理工学院名誉院长。

学院现有教职员工180人，其中中国科学院院士、中国工程院院士各1人，正高职称教师39人，副高职称教师47人；博士学位拥有者76人。有研究生导师69人，其中博士生导师20人，硕士生导师49人。有4人次担任教育部2006—2010年有关科类教学指导委员会委员：刘人怀任力学教学指导委员会主任委员，马宏伟任力学教学指导委员会秘书长，周长忍任生物医学工程专业教学指导委员会委员，陈哲任光电信息科学与工程专业教学指导分委员会协作委员。

目前，学院有在读本科生1 000多名，其中境外生占1/5。在读全日制研究生271人，其中博士研究生29人，硕士研究生242人。

学院先后承办、举办了暨南大学首届结构模型设计大赛，食品科技节等活动。积极引导学生参加学生课外科技作品竞赛活动，以理工学院学生为主体的天唯创业团队获第五届“挑战杯”中国移动广东大学生创业计划竞赛决赛“最佳创意团队奖”和金奖，本科生科技作品《魔屏——基于无线数据传输的视觉暂留显示屏》获2006年广州市青年科技创新奖，“天唯光电技术有限公司”在第五届“挑战杯”飞利浦全国大学生创业设计竞赛中获银奖，“基于DSP的紫外双光谱图像检测仪”获首届广东软件创新大赛银奖。

【学科建设】 学院有11个本科专业，并在国际学院设有“食品质量与安全”的全英教学专业。拥有8个一级学科：物理学、光学工程、力学、土木工程、材料科学与工程、食品科学与工程、环境科学与工程、建筑学；3个二级学科博士点：工程力学、生物医学信息技术、生物材料与纳米技术；3个一级学科硕士点：力学、环境科学与工程、光学工程；14个二级学科硕士学位学科专业授权点。力学学科下的二级学科工程力学是国务院侨办重点学科和广东省重点学科。此外，还有环境工程、食品工程工程硕士领域专业学位2个，工程力学高校教师班1个。

学院拥有4个省部级重点实验室、1个厅级重点实验室，分别是“重大工程灾害与控制”教育部重点实验室、“人工器官与材料”教育部工程中心、广东省物理实验教学示范中心、广东省高等学校科研型重点实验室“工程结构故障诊断重点实验室”、广东省教育厅现代电子技术重点实验室光电子技术分室。

2006年，光电工程系的“信息工程”专业被评为广东省名牌专业。学院教师出版著作、自编教材12部。具体如下：

著作、教材名称	作者	著作、教材名称	作者
复合材料层合板壳理论探索	刘人怀	自清洁玻璃	李玲
物理实验	孟庆霞	素质科学概论	汪晨熙 蔡继业
Trends in Soliton Research	陈向军	土力学与地基基础	陈晓平
药用高分子材料及其应用	屠美	固态发酵技术与应用	秦华明
大学物理实验	杨燕 孟庆霞 胡翠英 张伟	光子学技术与应用	李真
南中国海红潮的关键研究	王艳	火力发电工程环境影响评价	金腊华

学院先后聘任美国 Frieder Seible 院士为名誉教授，英国 Lancaster 大学环境科学系 Kevin Jones 教授、美国阿尔贡国家实验室龙振强教授为客座教授。

学院主动与地方企业寻求合作，以校企联合方式建立实习教学基地。2006 年与广州市光机电工程研究开发中心共建“暨南大学学生创新实践与就业实习基地”。

【科研工作】 2006 年，学院获国家级科研项目 14 项，省部级项目 24 项。学院全年科研总经费达 998 万元，较上年增长 33%。是年，学院组织 38 次学术报告和 30 次学术沙龙，并承办国际食品安全研讨会。

（理工学院供稿）

信息科学技术学院

【发展概况】 信息科学技术学院成立于 2001 年 6 月，由数学系、电子工程系、计算机科学系和计算中心组成。学院有 153 名教职工，近 80% 的专职教师具有博士或硕士学位，其中包括一批从国外学成归来的中青年学术骨干。学院有双聘院士 1 名，教授 21 名，副教授 33 名，高级工程师和高级实验师 11 名，硕士生导师 44 名。在读研究生 381 名，本科生 877 名。

学院积极参加全国及美国大学生数学建模竞赛、全国大学生电子设计大赛、ACM 软件设计大赛 3 个学生学科竞赛的组织和培训工作。学院本科学生在上述竞赛和全国“挑战杯”竞赛中多次获奖。2006 年，学院组织了 4 支学生科技团队参加广东省第四届大学生程序设计大赛，获得 1 个二等奖、1 个三等奖、2 个优胜奖。

【学科建设】 学院目前有 7 个本科专业：计算机科学与技术、软件工程、电子信息工程、通信工程、数学与应用数学、信息管理与信息系统、信息与计算科学。其中电子信息工程和计算机科学与技术 2 个专业是广东省名牌专业。1 个博士学位授权二级学科：信息管理与信息系统。2 个硕士学位授权一级学科：计算机科学技术、信息与通信工程。7 个硕士点：计算机软件与理论、计算机应用技术、计算机系统结构、通讯与信息系统、信号与信息处理、基础数学、应用数学，并与相关的学院共建“概率与数理统计”硕士点。3 个工程硕士学位点：计算机技术、软件工程、电子与通信工程。学院承担全校高等数学公共课和公共计算机文化基础课的教学改革和课程建设。

数学系按基础、专业、提高、扩展四个层次展开教学，在基础层次坚持分析、代数、几何并重，在提高层次再有偏重和拓展。同时，设应用类教学主线，开设数学应用类和经济管理应用类等主线课程。计算机科学系根据专业的不同特点，在软件、硬件与网络上各有侧重，同时注重新技术的介绍和对系统开发的学习指导。电子工程系在长期的教学和实践中逐步形成“多维结构教育教学创新体系”，在完善“基础与核心课程”的同时，突出“综合与提高课程”和“研究课程”两块课群的建设，其中，“综合与提高课程”坚持理论与实践并重，而“研究课程”则突出“专题研究”、“专题设计”和“课程调研报告”等课程。

课程建设方面，继“电子电路基础”、“微机原理与接口技术”成为省级精品课程之后，2006 年“数据结构”获得省级精品课程称号。姚国祥教授主持的“中国地理常识”课件获广东省计算机教育软件高等教育组多媒体课件一等奖。

教材建设方面，2006 年，许自图老师编写的《电子电路原理分析与仿真》一书及教学软件正式出版。

计算中心承担全校非信息类专业的计算机文化基础、程序设计等基础课程，是面向全校开放的计算机实验室。学院自身的计算机实验室承担本院计算机基础课程的实验。学院各系、专业均建有基础和专业实验室，主要有：电工电子基础实验中心、电子与通信工程实验中心、现代电子技术实验中心、计算机科学技术实验教学中心。此外，学院还以“学生管理、教师指导”的模式设置学生创新型开放实验室，为学生创造自由、宽松的实验环境，调动和激发学习的主动性和积极性。学院大规模的学生创新型开放实验室有：电子技术应用及设计实验室、软件开发及网络技术实验室、数学技术实验室等。

学院成功申报“计算机专业港澳台侨学生教育模式改革的探索与实践”、“开展数学建模活动，提升定量分析能力”2 项国务院侨办华侨高等教育教改工程项目。

【科研工作】 2006 年度立项各类科技项目 28 项，批准经费 344 万元。其中，国家自然科学基金项目 1 项，批准经费 26 万元；教育部重点项目 1 项，批准经费 2 万元；省基金 4 项（1 项参与），批准经费 17 万元；省科技攻关 7 项，批准经费 95 万元；省软科学 1 项，批准经费 3 万元；市科技攻关 3 项，批准经费 115 万元；其他纵向 1 项，批准经费 4 万元；横向 5 项，批准经费 63 万元；校级 5 项，批准经费 19 万元。

教师发表学术论文 235 篇。其中，发表在核心期刊上 195 篇，发表在统计源期刊上 23 篇；被 SCI 收录 21 篇，被 EI 收录 30 篇，被 ISTP 收录24篇，被 SSCI 收录 1 篇，合计被收录 76 篇。教师出版著作 26 部。

邀请 24 位专家到学院讲学 26 场，其中 4 人来自港澳台，7 人来自海外；4 人接受邀请到校外讲学 10 场；举办科技沙龙 4 场；20 人 38 次参加学术会议，其中，1 人 1 次到台湾，4 人 4 次到海外；8 人 10 次在国内大型学术会议上作报告或特邀报告；主办 1 次学术会议，参与主办 2 次学术会议；12 月 16 日，挂靠暨南大学的广州智能工程研究会举行了“成立 20 周年庆典大会暨第五次会员代表大会”，信息科学技术学院教师在会上当选为新一届理事会会长以及正、副秘书长；3 人与港、澳地区及德国进行科研项目合作研究；9 项第二批本科生科技创新工程立项。

（信息科学技术学院供稿）

生命科学技术学院

【发展概况】 生命科学技术学院成立于 1999 年 5 月。现由生物工程学系、化学系、生物医学工程系（研究所）、生态学系（水生生物研究中心）、生物工程研究所、生殖免疫研究所、组织移植与免疫实验中心组成。

学院现有教职工 190 人，其中正高职称教师 41 人，副高职称教师 53 人；博士生导师 24 人，硕士生导师 50 人。在教学科研队伍中，60.56% 的人员具有博士学位，具有博士及硕士学历人员达 89.93%。

2006 年，学院招收本科生 138 名，在读本科生共 479 名；招收硕士研究生 189 人，博士研究生 18 人。在校研究生491人，其中博士研究生 90 人、硕士研究生 379 人、工程硕士研究生 22 人，在站博士后 11 人。

学院与广州康采恩医药有限公司、广东光华化学厂有限公司联合设立“康采恩生物奖学金”和“光华化学奖学金”。

【学科建设】 学院有 6 个本科专业：生物技术、生物科学、应用化学、生物医学工程、生态学、化学工程与工艺。2 个省级名牌专业：生物技术、应用化学。2门省级精品课程：有机化学、分子生物学。2个省级实验教学示范中心：化学、生物学。有1个博士学位授权一级学科（下设7个自主设立的二级学科）：生物医学工程。2个博士学位授权二级学科：水生生物学、生物化学与分子生物学。3个硕士学位授权一级学科：化学、生物学、生物医学工程。19个硕士学位授权二级学科：无机化学、分析化学、有机化学、物理化学、高分子化学与物理、动物学、水生生物学、微生物学、遗传学、发育生物学、细胞生物学、生物化学与分子生物学、生态学、环境科学、生物医学工程、免疫学、材料学、应用化学、生物医学工程。2个工程硕士专业学位授权学科：生物工程、生物医学工程。1个国家重点学科：水生生物学。3个广东省重点学科：生物医学工程、水生生物学、生物化学与分子生物学。1个国务院侨办重点学科：免疫学。1个博士后科研流动站：生物学。有基因组药物教育部工程中心，广东省生物工程药物重点实验室，是基因组药物国家工程研究中心的参与单位。

2006年学院承担各类教学研究与教学改革项目8项，获省级奖项1项，校级奖项2项。获资助出版本科教材3项。

完成“211工程”“十五”二期建设子项目“生物科学技术与生物医学工程”的验收，经专家组验收评议获“优秀”成绩。

【科研工作】 学院获批国家重大、重点科研项目4项，国家自然科学基金委与广东省科委联合科研项目1项，国家自然科学基金面上项目12项，广东省科学基金项目（含团队项目）7项，广东省科技计划项目5项，广东省软科学项目1项，教育部高等学校博士学科点专项基金1项，教育部留学回国人员启动基金1项，广州市科技项目12项，共获经费755.5万元。与广州康采恩医药有限公司合作研发重组黄曲霉毒素解毒酶系列产品，该产品是学院生物工程系姚冬生副教授及其课题研究人员历经13年完成的国家“863计划”项目的重要成果，课题组研究人员在国际上首先发现并分离出黄曲霉毒素解毒酶，申请国际发明专利和国家发明专利6项，具有独立的自主知识产权，为我国源头自主创新性的研究成果。

2006年，学院申请发明专利24项，教师与科研人员发表三大索引收录论文共148篇，其中，SCI 107篇、EI 25篇、ISTP 16篇。在核心期刊与统计源期刊上发表论文406篇。

学院邀请了包括钱逸泰、曹义海、朱士正、胡长文、周百成、Chu Yuan Liu等30多位国内外知名教授、学者为学生开设学术讲座和学术交流33场，内容涉及生命科学和化学等学科的不同领域。

（生命科学技术学院供稿）

医 学 院

【发展概况】 医学院创办于1978年，现设有临床医学系、口腔医学系、护理学系、中医学系4个系级教学科研单位。

学院现有5个研究所（中心）、36个教研室、1个中心实验室、1个实验动物中心以及7个专业学会，有1个全国科技核心期刊——《中国病理生理杂志》，该杂志曾多次获中国科协优秀学术期刊奖。

医学院原有6所三级甲等附属医院：广州华侨医院、深圳人民医院、珠海市人民医院、广州市红十字会医院、清远市人民医院、江门市五邑中医院。后来广州华侨医院和深圳人民医院更名为暨南大学第一临床医学院和暨南大学第二临床医学院，直属学校管理。附属医院有教学床位4 000多张，全国综合性大学医学教育研究会挂靠在医学院。

医学院现有在校研究生398人，其中博士生23人、硕士生375人；本科学生1 109人。2006年招收硕士生155人、博士生11人、本科生209人（其中春季生16人）。

医学院在编教职工227人，专任教师131人，其中正高职称教师24人、副高职称教师57人；具有博士学位的教师58人、硕士学位63人。

医学院有国家级教学名师1人，教育部教学指导委员会成员2人，霍英东教育基金会高等学校青年教师奖获得者2人，“暨南大学百年校庆终身贡献奖”获得者5人，广东省“南粤优秀教师”、“南粤教坛新秀”称号获得者近20人。

医学院积极开展学术交流活动，与国内外多所医学院校建立了友好合作关系。

【学科建设】 医学院有临床医学、口腔医学、护理学、中医学和针灸推拿学5个本科专业，1个一级学科博士点；6个二级学科博士点；1个博士后流动站；18个硕士学位授权学科；2个专业学位培养点；1个国家中医药管理局病理生理学三A级重点实验室、2个国务院侨办重点学科；已形成学士—硕士—博士—博士后完整的高等医学人才培养体系和较完整的医学科学研究体系。目前，学院已形成以脑科学研究、血液病研究、肿瘤研究、伤害预防和控制研究、中西医结合基础与临床研究为主要方向并带动其他学科发展的格局。

2006年，医学院中医学专业经评估正式为香港中医药管理委员会认可，进入香港“中医执业资格考试举办认可课程的院校”名单。

【科研工作】 2006年医学院基础学科组织申报各类项目199项，其中国家“863”项目3项，国家自然科学基金项目31项，广东联合基金1项，国家基金快速反应项目1项，国家基金国际合作项目1项，教育部重点项目9项，教育部博士点基金3项，国家中医药管理局项目10项，广东省自然科学基金项目21项，广东省科技计划项目15项，广州市科技计划项目7项，广东省医学科研基金64项，广东省中医药管理局项目15项，学校引进人才基金5项，学校引导项目3项，广东省高等院校学科与专业建设专项资金1项。

获批各类科研项目42项，获批项目经费336万元。基础学科获4项国家基金面上项目，获批经费109万元。国家基金国际合作项目1项，获批经费5万元。“863”项目1项，获批经费为95万元。获授权专利2项。

百年校庆期间，学院组织了30场学术报告，其中国外专家讲座8次，香港知名学者讲座2次，国内知名专家讲座10次，校内教授系列讲座4次，医学院香港校友会系列讲座7人次。

完成第三批全国老中医药专家学术经验继承人结业考核工作。组织完成广州市科技计划项目验收会。

【珠海市人民医院】 医院创建于上世纪50年代，目前已建设成为集医疗、教学、科研、预防保健为一体的大型医院，是珠海市唯一一所经卫生部评审的三级甲等综合性医院，1995年被评为国家爱婴医院，1997年挂牌为暨南大学医学院第三附属医院，是广东省教育医院、百家文明医院、珠海市诚信医院，是珠海市医疗保险、工伤保险定点单位。

医院现有床位800张，有专业技术人员935人，其中正高职称者41人、副高职称者147人，具有博士学位者5人、具有硕士学位者70人，硕士研究生导师11名，获市政府津贴奖人员1名，拥有儿科、骨科、血液病、神经外科、神经内科、泌尿外科、危重病、麻醉、检验等市级学会主委、副主委10余名，担任省级学会常委以上职务者10余名。眼科为省级特色专科、心血管内科、骨科为市重点学科，有肝病中心、糖尿病防治中心2个市诊疗中心，临床性分子生物实验室为市重点实验室，急重症医学、肿瘤、心胸外科为重点发展学科，包括老年病科、呼吸内科、神经内外科、脊柱骨病科、创伤烧伤科、妇科、产科、儿科、ICU、麻醉科、内分泌代谢科、血液肿瘤科、肾内科、消化内科、中医科、五官科、皮肤科、口腔科、理疗康复科、急诊科等40个临床专科，建有检验科、影像科、功能科、核医学科、护理科、药剂科、高压氧等辅助诊疗科室，同时提供预防保健、健康体检、预防接种、特需服务、家庭病房等健康服务项目，拥有16层螺旋CT、ECT、DSA大型医用设备。医院已与省、区、镇各级医院签订了院际技术合作协议，初步建立起上有支持下有互动的医院网络。

建院以来，秉承“人民医院——人民自己的医院”的宗旨、遵循“团结、爱院、优质、奉献”的院训，实施质量立院、管理强院、科教兴院战略，每年就诊人数均有较大幅度的增长，年综合医疗服务量约占珠海市总服务量的25%，门、急诊量达80多万人次，住院量2万多人次。

教学科研方面，每年承担市及市以上科研项目近30项，获省、市科研成果20余项。设有内、外、儿、妇4个教研室，每年完成暨南大学医学院、广东省医学院等10余所大中专院校各专业实习教学任务250余人次，有10个硕士研究生培养点，年接收基层医院进修学习20多人次，是珠海市重要的医学人才培养基地。

【广东省清远市人民医院】 广东省清远市人民医院是暨南大学医学院第五附属医院，1988年由清远县人民医院升格组建而成，目前已成为集医疗、教学、科研为一体的国家三级甲等医院和全国百佳医院。担负着清远地区的医疗、预防、保健和康复任务。医院创立的“优质高效低耗”管理模式1997年获卫生部医药卫生科技进步二等奖，并在全国推广应用。清远市人民医院历年荣获全国卫生系统先进集体、全国先进基层党组织、全国文明单位等多项殊荣。

医院建筑面积9.5万平方米，开放床位1 000张，在职员工970人，其中卫生技术人员比例为87%，副高以上职称者100多名。有直线加速器、钴60治疗机、16排螺旋CT、磁共振成像系统（MRI）、大平板血管机、双板DR、数字化乳腺机、数字化胃肠机、ECT、全自动生化仪等贵重医疗设备503台（套），医疗设备总值1.32亿元。

医院开设一级专业科室21个，二级专业分科25个，住院病区30个，医技科室22个，职能科室9个。开设专科、专家门诊60多个。妇产科、呼吸内科是清远市人民医院的重点专科，其中妇产科是广东省“五个一科教兴医工程”重点学科。心内科、神经内科、心外科、泌尿外科、微创外科、骨外科、耳鼻喉科、急诊科等为重点建设学科。24小时开放急救中心并担负全市120急救的指挥工作。

医院树立技术兴院理念，先后开展三级医院要求的冠脉造影术、冠脉支架植入术、心脏直视手术、各种腔镜微创手术、肿瘤介入和放射治疗手术等500多项。科教方面，医院还承担着作为广东省高等医学院校校外A级临床教学医院、清远市专业技术人才继续教育培训基地的任务。

清远市人民医院目前正工积极建设一个占地面积240亩的新院区。

【广州市红十字会医院】 广州市红十字会医院作为综合性“三级甲等”医院，是暨南大学第四附属医院，也是中山大学、广东药学院和广州医学院的教学医院。

医院有在职员工1 250多名，专业技术人员860多名，高级职称医务人员160多名。开放病床720张，设有内科、外科、妇产科、儿科、骨科、烧伤整形科、中医科、五官科等38个临床专科，3个科研所（室）；除医院本部外，还设有昌岗分院，年门诊量约110万人次，年收治住院病人约12 000人次。

医院拥有总价值约1.2亿元的先进医疗设备，其中先进的“多功能数字减影心血管造影机（DSA）”、“骨关节成像仪”、可多维成像的G型臂X线机及大型X光机、彩色B超、螺旋CT、ECT、MRI、乳腺机、自动生化分析仪、流式细胞仪等10万元以上的设备200多台。

医院占地面积2.4万余平方米，业务用房面积5万余平方米。医院设有广州市创伤外科研究所、临床药学研究室、中心实验室等临床科研机构，是全国临床药学试点单位、药物不良反应监测点、国家药品临床研究基地。近5年来，共承担各级各类科研课题184项，取得省级以上科研成果4项，每年举办国家、省、市级继续教育项目10余项。作为暨南大学第四附属医院，中山大学医学院、广东药学院和广州医学院的教学医院，医院现有博士生导师1人，硕士生导师22人。

医院学科齐全，重点专科优势明显，综合诊疗水平高。烧伤整形科是广东省最大的烧伤整形治疗中心，1996年被评为广东省科教兴医“五个一工程”重点专科，2002年被评为广州市医疗机构重点建设专科，2006年被评为广州市卫生医疗机构重点专项。骨科1996年被评为广州市科技兴医“九五”规划重点专科，2002年被评为广州市医疗机构重点建设专科，2003年被评为广东省医学特色专科，2006年被评为广州市卫生医疗机构重点专科。心血管内科2002年被评为广州市医疗机构重点建设专项，是广东省卫生系统“青年文明号”病区。中医科是广州市综合性医院示范中医科。消化内科、肾内科、皮肤科、神经内科是医院的特色专科。

1985年，医院护理部原主任梁季华同志因其在护理工作上所作出的卓越贡献荣获第30届国际南丁格尔奖章，成为广东省获此荣誉的第一人。2001年，梁季华同志逝世后将毕生积蓄10万元捐献给医院作为医院护理事业发展基金。

多年来，医院秉承“服务民众，造福社会”的宗旨，弘扬“人道、博爱、奉献”的红十字精神，多次获“省百家文明医院”、“广州市先进集体”及“最佳服务单位”等称号。

【江门市五邑中医院】 江门市五邑中医院（前身为江门市中医院）成立于1958年，现已发展成为一所集医疗、科研、教学、预防保健、康复为一体的综合性三级甲等中医院、全国示范中医院、广东省中医名院，同时也是暨南大学医学院非直属附属医院，国家中医药管理局中国传统医药国际交流中心（江门）培训基地。

医院占地面积7.7万平方米，建筑面积7.3万平方米，开放病床500张。设有36个临床科室、55个中医特色专科专病门诊，以及放射科、检验科、功能科和病理科等医技科室。拥有1个国家级中医重点专科建设单位（中医脑病科），2个国家级中医重点学科建设协作单位（呼吸内科、眼科），3个省级中医重点专科（骨伤科、肛肠外科、眼科）和6个市中医重点专科（神经内科、针灸理疗科、中医妇科、肾内科、心血管病科、肿瘤科）。另设有恩平分院和2所外设门诊部。

医院有在职员工855人，其中副高以上职称者140人，占全院卫生技术人员总数的36%。

医院拥有肿瘤超声聚焦治疗系统“海扶刀”、核磁共振、六排螺旋CT、数字减影血管造影仪（DSA）、数字化X光机、血气分析仪、各种腔镜、窥镜、中央监护系统等一大批先进仪器设备以及层流手术室、层流式综合ICU等，设备总值1亿多元。

医院始终坚持中医特色的办院方向，走中西医结合的道路，目前能开展心血管介入、肿瘤微创介人、肾移植、复杂颈椎、断臂（指）再植再造、壶腹癌根治、胃及结肠癌根治术等高难度复杂手术。

医院十分重视教学与科研工作。目前拥有硕士生导师3人，兼职教授、副教授34人。1997年通过了“广东省高等医学院校教学基地”评审，每年接收暨南大学医学院、香港大学等10余所国内、港澳地区高等医学院校的医、护、药、技各专业实习生360多人，2006年接受暨南大学的实习学生44人。近年来有80多项科研课题立项，其中20多项科研成果分别获国家、省、市级科技进步奖。

医院近年来多次荣获广东省百佳文明医院、广东省文明窗口单位、江门市精神文明标兵单位等称号。

（医学院供稿）

第一临床医学院（附属第一医院）

【发展概况】 暨南大学附属第一医院又名广州华侨医院，于1981年正式建立，目前已发展成为集医疗、教学、科研、预防、保健、康复功能于一体的、面向海内外开放的综合性现代化医院。医院自1989年起连续被广东省卫生厅授予“广东省文明医院”称号；1994年被卫生部评为“三级甲等医院”；1995年被WHO（世界卫生组织）评为“爱婴医院”，同年被广东省委省政府表彰为“广东省文明单位”；1996年被广东省卫生厅评为“广东省纠正行业不正之风先进单位”；1998年被广东省卫生厅评为以病人为中心的“百家文明医院”。医院于2000年4月通过了台湾慈济骨髓中心的现场评估，成为该中心的定点移植单位；2001年4月，与李嘉诚基金会合作，成立关心晚期癌症病人的慈善机构——宁养院；同年收购了广州氮肥厂职工医院，成立暨南大学附属第一医院东圃分院。目前医院已成为广州、珠海、东莞、中山、佛山、南海、顺德、珠海等周边区市以及内地各省、地区的医疗保险指定就诊医院，自2002年起已经与东莞市医疗保险实施在线结算。

医院有专业技术人员1 104人，其中高级职称人员186人，获硕士、博士学位人员230人。医院科室设置齐全，开放床位850张，拥有专业学科43个。

医院与德国柏林菲得利女皇基金会有长期友好往来，与美国、澳大利亚、日本、英国、加拿大、香港、澳门等国家和地区有广泛的交流与合作。医院每年派遣至少10名医务人员赴国外一流医院进行参与临床工作及诊治项目的交流。2006年选派8名医护人员赴德国、美国及日本等地进修，接收中德医学会6名德国学生与美国SVS大学9名护士生来院学习。

医院是暨南大学最大的临床医学教学基地。2004年1月，医院挂牌成立暨南大学第一临床医学院。实行“一个班子，两块牌子”的管理形式，承担4个专业的临床教学，培养医学本科生、硕士研究生、博士研究生及博士后等多层次的高级临床医学人才。

【医疗服务与管理】 2006年医院各项医疗业务指标均有不同幅度的增长，其中健康体检人次和急诊人次增幅明显。全年诊疗人次突破60万，业务收入总计3.29亿元。

2006年门诊医疗指标

年份	诊疗人次	门诊人次	专家门诊	急诊人次	体检人次	门诊手术例数	日均门诊人次
2006	602 184	537 525	283 388	63 153	24 161	11 694	2 295

2006年住院医疗指标

年份	期内住院人次	期内出院人数	住院手术例数	平均开放床数	病床周转次数	病床使用率	患者平均住院日
2006	16 812	16 772	7 662	621	26.8	95%	13.0

继续深入开展医院管理年活动，采取一系列措施规范医疗管理。圆满完成2006年度医技人员“三基”考核工作，228名医技人员通过考核。

组织全院医务人员学习医疗法律法规和基本医疗制度，完善医疗基本环节、防范及处理医疗纠纷的基本程序；制定一系列防范医疗纠纷隐患的医疗规定，如《关于必须由本院住院医师书写住院志等重要记录的通知》、《关于规范医生签名行为的通知》等；成立医疗纠纷调查与处理委员会；加大查处力度，年内对违反医疗规定的7个科室的12名当事人进行了处理。

2006年8月，医院制定《运行住院病历质量控制方案（试行）》，并从9月份开始开展住院运行病历质量检查工作。

进一步加强门诊工作。加大医师的宣传介绍力度，开展名医推广工程。

为加强手术时效管理，提高医疗资源的利用效率，医院下发《关于加强手术时间管理的通知》。

严格审查新医疗技术的准入，保证质量与安全。2006年医院组织专家论证，严格审批了腹腔镜胰十二指肠切除术等84项新技术进入临床医用。

加强护理工作管理。制定《关于规范护理人员层级管理的规定》，下发《关于各护理单元设立护理组长的通知》，对护理队伍实行层级管理。

制定医保管理考核与奖罚办法，规范公医治疗及收费行为。积极拓展医疗市场，成功申请成为佛山、从化等地的社会基本医疗保险定点机构。

【学科建设】 医院设有4个本科专业：临床医学、口腔医学、中医学、护理学。有临床医学博士后科研流动站，临床医学一级学科硕士点及内科学、眼科学、妇产科学、医学影像与介入放射学4个二级学科博士授权专业。有华南地区首家“医学模拟教学中心”。自2001年6月起承担暨南大学国际学院临床医学专业教学任务，采用全英教学，实行标准学分制。近年来，举办继续医学教育项目学习班68期，其中国家级47项，省级21项，共培训5 880人次；作为全科医生和社区护士培训基地，医院已为天河区、黄埔区、花都区培训全科医师432人，培训社区护士382人。

2006年，医院进一步加强研究生培养质量管理，规范研究生培养流程，逐步建立研究生培养质量监控体系，强化“导师负责制”。首次组织“三下乡”活动，赴广东省梅州市大埔县开展了为期7天的“健康直通车医疗技术服务山区”社会实践活动。

课程教材建设方面，教师姜海平任主编的《外科学总论基本技能暨外科模拟人实习指导》、赵仓焕任副主编的“中医学专业汉英双语系列教材”获评为广东省“十一五”规划教材；肖小敏的“案例式教学在妇产科教学中的应用”获批为国务院侨办高等教学改革工程项目。

【科研工作】 2006年，医院发表科研论文360篇，其中SCI论文8篇、核心期刊论文256篇、统计源论文52篇，均比上年有所增加。2006年全年共获批70项科研基金课题，获得课题经费439.9万元。尹良红教授主持的“血液净化设备生物传感器及智能识别系统研究”获批为国家“863计划”子项目（总经费210万元）。获科技成果奖2项，其中广东省科技进步奖一等奖1项，三等奖1项。

现以百年校庆为契机，聘请国内外专家举办百年校庆系列学术讲座、沙龙17场。

【人事行政】 2006年，医院出台各类管理规定、办法及医疗制度33份。配合学校的人事改革工作，医院进一步完善定岗定编工作。

同年6月，完成东圃分院的人事制度和分配体系改革。分院职工人数由原来的105人精简到84人。调整完善绩效工资分配方案。启用新医疗服务收费系统。启动医院与民营济慈医院的合作。

【基建后勤】 2006年1月份完成新住院大楼地质勘探工作。放疗楼8月份正式施工。污水处理站改扩建7月份开始施工。完成手术室层流间和药品仓库板房建设工程，并于2月份全部竣工并交付使用。

通过办理直线加速器免税进口，为医院节省资金约200余万元。继续加强耗品使用管理，进一步规范流程，尽量减少库房盘盈盘亏数量。

7月，医院斥资20余万元对医院霓虹灯进行增亮和节能改造。

【信息网络建设】 门诊信息系统（HIS）一期工程于2006年1月投入使用，并逐步得到完善。经过半年多的建设，影像信息系统（PACS）二期工程于11月份投入使用，至此，影像中心、B超科、病理科实现了网络化管理，总计投入150余万元。继续完善门诊HIS，建设门诊排队叫号系统。启动ICD－10国际病例分类编码建设工作。

【治理商业贿赂】 召开治理商业贿赂专项工作动员大会。邀请《党风》杂志社总编辑李纯德和广州市黄埔区人民检察院领导向全院中层干部及副高以上职称人员做治理商业贿赂专题辅导。截至9月30日，医院职工上交商业贿赂款7 000元。

【行风建设】 6月，按照学校开展纪律教育学习月活动的工作部署，通过召开大会、谈话、观看警示片等形式，结合哈医大二院违法违纪案件的警示教育，增强全院职工的廉洁意识。2006 年，全院收到表扬信 120 封，锦旗 89 面，共有 247 人次上交或退还红包，金额 7.05 万元。

（第一临床医学院供稿）

第二临床医学院

【深圳市人民医院】 深圳市人民医院始建于 1946 年，前身是宝安县人民医院，1979 年更名为深圳市人民医院。1994 年被评为深圳市第一家“三级甲等”医院。1996 年，经国务院侨办批准，成为暨南大学医学院附属第二医院。2005 年，经暨南大学批准，医院与深圳眼科医院及华侨城医院联合升格成为暨南大学第二临床医学院。深圳市人民医院目前已发展成集医疗、教学、科研、保健为一体的深圳市最大的现代化综合性医院。

医院占地面积 10.82 万平方米，建筑面积 11 万平方米，开放病床 1 090 张。全院在职员工1 858人，其中，主任医（药、技）师 150 人，副主任医（药、技、护）师 372 人，主治（管）医（药、技、护）师 618 人，护理人员 676 人。医院具博士学位者 92 人，具硕士学位者267人，近年来，又先后从国内外引进博士后 7 人。设有 41 个临床科室、11 个医技科室。

医院目前有微创外科、骨科、呼吸内科、新生儿科、肿瘤科、放射科、口腔科、器官移植中心 8 个市级重点专科。微创外科的微创技术已渗入到临床各个外科专业科室，处于全国领先地位。2002 年医院骨科被评为“广东省特色专科”。医院骨关节外科的人工关节技术和手、周围血管外科在组织缺损修复及功能重建方面的技术处于省内领先水平；脊柱外科是全国最早开展脊柱内窥镜技术的单位；CT、MRI 影像诊断和介入治疗在某些领域已达到省内或国内先进水平。2003 年成功完成广东省首例婴幼儿活体肝移植手术。血液内科于 2002 年成功开展了异基因骨髓移植、亲缘性、非亲缘性以及脐血造血干细胞移植。2004 年医院微创外科成功完成国内首例机器人外科胆囊切除术。

教学工作方面，设立内科、外科、妇产科、儿科、影像医学、预防医学、口腔科和护理 8 个教研室，承担着硕士研究生、本科生、专科生、中专生的培养任务，几年来分别接受了暨大医学院、汕头大学医学院等医学院校学生的临床实习任务。

1997 年起开始招收硕士研究生，现有临床内科、外科、妇科、儿科、耳鼻咽喉科、眼科、影像医学、中西医结合等 17 个临床专业的导师可以面向全国招收硕士研究生。目前在读硕士研究生 147 名，博士生 16 名，临床专业学位研究生 78 名，已毕业 102 名硕士研究生。2002 年起，深圳市人民医院普外科（微创）、呼吸内科、骨科、影像医学、肝胆外科等开始面向全国招收博士研究生。

1997 年成为暨南大学硕士生研究生培养基地；2005 年 5 月升格为暨南大学第二临床医学院后，已拥有博士生导师 2 名，硕士生导师75名，招收硕士研究生 286 名，已毕业 143 名。

2001 年至今，承担国家级科研课题 4 项，2002 年首次获国家自然科学基金项目，2003 年首次获科技部“863 计划”项目，2004 年获科技部“973”前期引导项目，2004 年获国家自然科学基金项目；承担省级科研课题 80 项，2003 年首次获广东省自然科学基金重点项目，2004 年获广东省名医工程项目，省自然科学基金项目 18 项，省科技计划项目 23 项，省卫生厅医学科研基金项目 23 项，省中医药管理局立项科研项目 16 项。至 2005 年共获得市级以上科技成果奖 61 项，其中省部级以上奖励 21 项。目前共获得国家发明专利 3 项，国家实用新型专利 9 项。

近年来，医院先后购入磁共振、全身 CT、螺旋 CT、ECT、高压氧舱、大型 X 光机、大型全自动生化分析仪、大型全自动细菌分析仪、心、肺功能监护系统、直线加速器、数字减影机、流式细胞仪、1.5T 核磁共振（MR）、DR 等大批高新技术医疗设备，从而推动了医院诊疗水平的提高，使医院在肿瘤的综合治疗、介入诊断治疗学、微创外科、人类基因疾病的诊断治疗、细菌学和血液学的临床检验等技术领域跨入国内、省内的先进行列。

2006 年 12 月 18 日，由深圳市政府全额投资 6 亿余元人民币的新外科大楼工程破土动工。该项目占地面积28 711平方米，总建筑面积 103 594 平方米，其中，地下建筑面积为 21 720 平方米；地上建筑面积为 81 874 平方米，由外科大楼住院楼、外科大楼裙房和干部保健楼组成。

【深圳市眼科医院】 深圳市眼科医院始建于 1985 年，是深圳市卫生局直属的唯一一家眼科专科医院。医院以“医疗质量是医院的生命线，诚信经营是医院的经营之本”为理念，集医疗、教学、科研为一体，承担省市级以上科研项目50余项，是国内为数不多的现代化眼病防治专科医院之一。

2002年成为暨南大学附属医院，2005年与香港中文大学建立联合眼病研究中心，是深圳市眼病防治研究所所在地；是暨南大学、湖北中医学院等多家高校博士研究生、硕士研究生、本专科生培养和教学基地。

深圳市眼科医院汇集了一批享受国务院特殊津贴的专家、深圳市“十佳”医务工作者和“深圳名医”；技术骨干包括自美国、日本等国家学成归国的专家和国内著名医学高校的眼科学者；目前拥有眼科博士后2名，眼科博士15名，硕士22名，副主任职称以上医师35名，博士研究生导师1名，硕士研究生导师10余名。

医院目前拥有广东省特色专科——青光眼专科、深圳市重点学科——眼外伤专科，此外，还设有眼表疾病专科、白内障专科、眼底病专科、玻璃体视网膜专科、斜视及小儿眼科专科、视光学专科、眼整形眼肿瘤专科、中医眼科等专业。近年来，陆续开展了具有国际、国内先进水平的新技术、新项目，如：外伤性角膜白斑异体角膜移植术、外伤性黄斑裂孔玻璃体视网膜手术等。

近年来，医院陆续引进了各种具国际先进水平的眼科医疗设备，如分辨率达3～6μm以上的检查视网膜层间结构的光学相干断层扫描仪（OCT）、用于眼前段及房角结构检查的超声生物显微镜（UBM）等一批先进眼科医院设备。设备资产达8 000多万元人民币。这些先进仪器的引进大大提高了眼科疾病的诊疗水平。

【深圳华侨城医院】 深圳华侨城医院是华侨城集团投资兴建的一所非营利综合性医院，现有病床100张。

（第二临床医学院供稿）

药学院

【发展概况】 药学院成立于2001年4月，下设药学系、中药学系及药学实验中心。药学系下设药理学教研室、药物化学教研室、药剂学教研室、药物分析学教研室、药事管理学教研室、生物制药学教研室、药物毒理学教研室。中药学系下设中药药理学教研室、中药制剂学教研室、天然药物化学教研室、中药分析学教研室、中药学教研室和生药学教研室。学院还设中药及天然药物研究所、新药研究所、基因组药物研究所及神经药理研究室4个研究机构。

学院有中国工程院院士1人，长江学者特聘教授1人，高级职称教师31人。具有博士学位和硕士学位的教师达100%。有海外留学和海外学习或工作经历的专任教师占48%。

学院有在读本科生198人，其中境内生121人，境外生77人；在读硕士及博士研究生143人。学院学生先后参加两届“挑战杯”中国大学生创业计划竞赛和“挑战杯”中国大学生课外学术科技作品竞赛，并获全国银奖2项，广东省金奖2项，广东省银奖2项。

【学科建设】 学院设药学、中药学2个本科专业，有药理学、药物化学、微生物与生化药学、中药学（一级学科）4个硕士点，生物医药工程（二级学科）1个博士点。学院在国际学院设有药学专业本科全英教学班。

学院承担了国务院侨办的教改项目2项、省级教改项目1项、校级教改项目13项。药理学和天然药物化学课程为校级精品课程。发表教学改革等教学相关论文35篇。

学院已建成多个本科教学校外实习基地：广州市药品检验所、广东省药品检验所、中山国家健康科技产业基地、暨南大学第一附属医院、白云山化学药厂、白云山明兴制药有限公司、广州白云山和记黄埔中药有限公司、广东省药材公司中药饮片厂等。

【科研工作】 药学院承担着包括国家“973”和“863计划”、国家“十五”科技攻关项目、国家“十一五”科技支撑计划、国家杰出青年科学基金项目、国家自然科学基金重点项目及面上项目、广东省政府—国家自然科学基金委员会联合基金、教育部重点科技项目等多项研究课题，已研究和开发出国家级新药多项，其中Ⅰ类新药2项、Ⅱ类新药1项。申报国内外发明专利多项，其中已获授权20余项。2001年至2006年共获批各类经费2 500万元，出版学术专著50余部。学院在天然药物化学、中药活性成分化学结构修饰等领域特色鲜明。

2006年，学院组织申请获得国家自然科学基金、广东省关键领域重大突破项目、广州市重大科技攻关项目及企业横向课题等项目的资助，获科研经费743万元。组织申报各类课题70项，获批4项。申请国家发明专利8项，申报专利14项，成果（鉴定）登记4项目，申报成果奖6项次。与国内外多所知名院校，如澳大利亚墨尔本大学、西悉尼大学、日本东京大学、香港科技大学、香港中文大学、澳门大学、中国药科大学、沈阳药科大学等建立了密切的学术合作关系。

2006年组织学术活动12次。组织召开广东省药学会医药信息工作委员会成立大会暨药物化学专业委员会第二次会议，暨南大学第一届健康科学与保健食品研讨会，暨南大学白兰氏基金会健康科学研究中心签约仪式及成立揭牌仪式。

（药学院供稿）

华文学院

【发展概况】 华文学院成立于1993年，由暨南大学原对外汉语教学系、预科部及原广州华侨学生补习学校合并组建而成，是学校面向海外开展汉语、中华文化及预科教育的专门学院。秉承学校服务于海外华侨华人的历史传统，在全面发展对外汉语教学的基础上，突出华人华侨汉语教学特色、预科教育特色。

华文学院为国务院侨办“华文教育基地”、教育部“国家对外汉语教学基地”、“支持周边国家汉语教学重点院校”。学院与教育部语言文字信息管理司共建“海外华语研究中心”；学院为中国汉语水平考试（HSK）初、中、高级考点，国家汉办“汉语作为外语教学能力证书”考点，中国普通高校对外联合招生考试点和暨南大学、华侨大学两校联合对外招生（以下简称两校联招）主考点。

学院设有对外汉语系、应用语言学系、华文教育系、预科部、函授部、华文教育研究所、海外华语研究中心、网络与教育技术中心等教学和科研单位。现有教职工201人，其中教授9人、研究员1人，副教授18人、副研究员1人，博士25人。

2006年，学院招收汉语言专业本科和非学历留学生，以及华文教育本科专业留学生1 159人，其中汉语言长期生940人；华文教育本科专业招生56人，加上原在读的学生45人，共101人；寒暑假班78人；业余班40人。预科学生1 082人，其中预科初、中级班招生33人。各类培训班学员1 081人，本专科函授学员570人。研究生招生84人（境内招生59人，境外招生25人）。学院首批招收了17名汉语国际教育方向的研究生，是国内第一批试点招收该方向研究生的高等院校之一。2006年度有67位（含新加坡5位）研究生毕业并获硕士学位。

【预科教学】 预科教学方面，坚持以加强预科学科建设，全面提高预科教学质量为总目标，增设2个教研室：大学预科教育研究室和港澳台海外学生思想教育研究室，承担《大学预科教育学》一书的编撰工作；针对预科教育特点，开设“预科生心理特点及教育方式”及“教育的发展与预科教育的建构”2场专题讲座；坚持公开课听课制度。执行并完善学生信息员制度，及时、准确地了解“教”与“学”的情况，定期召开学生座谈会。进一步加强大学预科的学科建设，调整了一些新开课程；加强物理、化学、生物实验室建设。启动新考纲、新复习丛书编写工作。

【学科建设】 学历教育方面，语言学与应用语言学学位点面向海内外招收全日制、兼读制硕士研究生；对外汉语本科专业为广东省名牌专业；对外汉语本科专业和汉语言A专业主要招收国内学生，全国首创的华文教育专业和汉语言B专业主要招收留学生，目的是为海外培养华文教育师资、教学管理、商务汉语等方面的人才。非学历教育方面，开设汉语初级班、中级班、高级班、汉语速成班、商贸汉语班、粤语班、短期汉语班及各种类型的夏（冬）令营班，为海内外学子提供多层次、多形式的汉语言文化学习和教育的途径，并招收、培养语言学及应用语言学方向的硕士学位研究生。预科教育开设半年制A班，一年制B、C班，二年制D班，中级班和初级班。A、B班直升考试合格可直升本科，C班参加两校联招和全国联招考试可升读国内高校。

学院坚持从“内外兼治，点面结合”的思路出发，推行“本科生写作能力训练计划”，落实本科生导师工作，明确导师任务；实行立体式教学，以教研室为单位，坚持公开课观摩制度；举办本科生现场作文大赛、本科毕业论文写作指导讲座，改进本科毕业论文指导制度。

学院先后建设了英德、连南、阳江、德庆等学生社会实践基地。2006 年，学院又建设了广东省教育杂志社、东莞市东方明珠学校、广东省华侨中等专业学校 3 个本科教学实习基地。

留学生教学方面，留学生招生规模逐步扩大。全日制长期留学生招生人数突破 1 000 人，教学班级规模超过 30 个；举办多期各类性质的汉语培训班，包括晚上业余汉语班 4 个，周末业余汉语班 2 个，寒假全日制短期班 3 个，暑假全日制短期班 4 个，华裔青少年夏令营、冬令营 2 个，香港警察子弟汉语学习班 1 个，基本形成了成熟的短期班教学和管理经验。

各类汉语教学方面，针对海外华文教育的不同需求，学院举办了多期形式多样的汉语培训班：7 期香港警务人员普通话培训班，培训 182 名香港警察；与香港民政事务总署合作举办 2 期香港民政事务总署普通话研习班，培训香港民政公务员 19 名，受国务院侨办委托，先后承办泰国、缅甸华文教师培训班，日本兵库县立大学游学班，印度尼西亚国民教育部中学教学培训班，南太平洋及南美洲华文教师培训班等，培训学员 110 余名。

学院是学校实施海外华文师资学历函授教育的执行机构。2002 年，暨南大学与印度尼西亚万隆福清同乡基金会联合在印度尼西亚开办对外汉语专业（华文教育方向）专科函授班，主要招收从事华文教育工作的华文教师，首先开设了对外汉语专业（华文师资方向）的本专科学历函授教育。2004 年增设华文教育专业本专科学历教育，合格的毕业生可获得教育学学士学位。2006 年开放对外汉语、汉语言等专科专业升本科。2006 年在印度尼西亚函授点共招生 418 人，有函授站 4 个，面授点 9 个，学员遍布印度尼西亚万隆、泗水、巴厘岛、梭罗、三宝垄、雅加达、棉兰等 14 个城市。2002 年 5 月起，暨南大学与新加坡华夏人力资源培训中心合作培养“对外汉语教学与华文教育”方向硕士研究生，现已招收了 4 届 30 位兼读制硕士研究生，2006 年已有学生毕业并获硕士学位。

【汉语教师志愿者】 学院每年均外派汉语教师志愿者赴国外支教。建院以来，近 40 位教师约 100 人次分别受国家汉办、国务院侨办、广东省侨办、海外华教协会等机构选派赴美国、加拿大、法国、俄罗斯、波兰、英国、韩国、新加坡、泰国、印度尼西亚等国家从事长期或短期华文教育、对外汉语教学及师资培训工作。从 2004 年开始，学院积极响应并实施“国际汉语教师中国志愿者计划”，从学院研究生及本科生中挑选优秀学生赴泰国、印度尼西亚支教。截至 2006 年，学院共外派志愿者 4 批共计 31 人。

2006 年，学院派出第二批赴印度尼西亚担任汉语教师志愿者。另外，受国家汉办委托及泰国博他仑市政府的邀请，学院选派优秀本科生和研究生志愿者赴泰国博他仑市任教。

【海外华语研究中心】 2006 年，暨南大学与教育部语信司合作共建“海外华语研究中心”，中心办公室设在华文学院。在研项目包括：华文教学概论（商务印书馆项目）、中国语言生活状况报告（国家语委项目）、全球华语词典（国家语委项目）、海外华语研究文献索引、全球华语语料库等。2006 年，中心完成的工作有：“全球华语网”建成 12 万个文件约 1 亿字的语料库语料；完成全球华语词典词条审定及《华文教学概论》的编写工作；与商务印书馆正式签约发行《全球华语研究》杂志；参与主持中国语言生活绿皮书《中国语言生活状况报告》（2005）并正式出版；参与筹划中国语言问题蓝皮书《中国语言战略研究》。

【科研工作】 2006 年度，学院获省部级以上科研项目 4 项，厅局级项目 11 项；组织申报学校及广东省的教学改革项目 4 项；组织多媒体课件的立项工作，立项 34 项。教师发表论文 220 余篇，其中发表在核心期刊上 120 余篇。

【组织大型考试】 学院 2006 年组织 4 月、6 月、10 月、12 月的汉语水平考试（HSK）基础、初中等、高等考试，全学年 HSK 报名考试人数 2 188 人。组织 5 月、10 月 2 次 HSK 预测考试，共 427 人参加测试。2006 年 11 月组织第一次 CTEST 实用中国语考试。6 月，组织全国联招考试的报名及考试工作，接受邮寄及现场报名 1 600 余人，参加考试 642 人。协助学校招生办公室组织 2006 年度暨南大学、华侨大学招收港、澳、台、华侨、华人及其他外籍学生联合考试，共 885 人在华文学院考场参加考试。组织 2006 年汉语作为外语教学能力证书认定工作，接受 182 人的申请。

（方李瑾）

珠海学院

【发展概况】 1998年学校选址珠海市，创办珠海学院。1998年8月28日，学校与珠海市人民政府签订《共建暨南大学珠海学院协议》。2000年4月29日，暨南大学与珠海市人民政府再次签订《珠海市人民政府与暨南大学合作建设暨南大学珠海学院协议》。暨南大学成为珠海市引进的第一所大学，开创了珠海特区全日制普通高等教育史的先河。

珠海学院的前身为暨南大学珠海教学点，位于珠海市唐家湾。1998年开办了计算机应用科学与技术本科专业和旅游管理专科专业。2000年9月搬迁到前山地区，正式成立暨南大学珠海学院。

学院拥有本科、硕士、博士完整的培养教育体系。本科生由学校招生办公室面向海内外统一招收，国内生招生按第一批重点大学录取线录取。

学院图书馆总建筑面积1.3万平方米，拥有中外文图书35万册，期刊1 500种（含报纸）。馆内已实现与广州校本部图书馆联网，读者可通过网络共享本部图书馆馆藏和电子资源。

2006年，学院有教职员工181人，从事教学科研的专职人员124人，其中双聘院士1人，教授15人，副教授35人，博士生导师3人，硕士生导师14人。有全日制本科学生5 456人，研究生118人（其中硕士研究生61人、博士研究生57人）。

学院张耀辉教授被评为珠海市2006年度"十佳"教师，学院名誉院长钱清泉院士当选珠海市十大魅力人物，校长助理、珠海学院院长王志伟教授荣获2006珠海经济年度人物（科技创新）奖。

学生工作方面，有2支"挑战杯"竞赛队伍获广东省大学生创业计划竞赛金奖，其中"生命火"创业团队获第五届"挑战杯"飞利浦中国大学生创业计划竞赛金奖。在"高教杯"全国数学建模竞赛中，学院2支队伍获全国一等奖、广东省一等奖。在全球"金犊奖"广告创意大赛上，学院2003级广告专业学生的作品获"银犊奖"。2006年10月中旬至11月，学院在珠海首届大学生体育运动会中夺得62枚金牌中的36枚，团体总分名列第一，并获体育道德风尚奖和优秀组织奖。

是年，学院成立了香山文化研究所、华人留学文化研究所。

【学科建设】 学院有20个本科专业：国际经济与贸易、金融学、数学与数学应用（系统工程）、工商管理、信息管理与信息系统、市场营销、电子商务、会计学、财务管理、行政管理、法学、汉语言文学、英语、新闻学、广告学、计算机科学与技术、软件工程、电子信息工程、包装工程、电气工程及自动化；有管理科学与工程硕士学位培养点；11个硕士生招生专业：包装力学与工程、电气工程及自动化、宪法与刑法学、市场营销、统计学、企业管理、产业经济学、汉语言文学、文艺学、新闻学和英语语言文学；4个博士生招生专业：包装力学与工程、电气工程及自动化、管理科学与工程、产业经济学。

学院包装工程研究所为国际包装研究联合会（IAPRI）成员，中国包装教育委员会副主任单位。

2006年，学院启动珠海学院中心实验室建设，完成网络实验室、包装工程实验室、电气自动化实验室、物理实验室及英语实践中心的建设工作。至此，学院已设有包装工程实验室、电气自动化实验室、新闻实验室和计算机实验室等多个实验室，其中包装材料与技术实验室成为中国包装总公司的联合实验室、珠海市第一批科技创新公共实验室。拥有外语实践中心、创业实践基地、数学建模基地3大实践基地。

【科研工作】 2006年，学院获批国家、省、市级科研项目14项，总经费229.45万元。在珠海市科技计划项目审批中，学院获批项目6项，总经费138万元，其中工科科技计划项目5项，文科软科学项目1项。"珠海市产业集聚效应及其竞争优势研究"课题获得经费8万元，是2006年珠海市大学园区所有高校获批软科学项目中资助额度最高的项目。

举办全国"包装设计师标准和教程"编审会议。包装工程研究所成员应邀出席第十五届世界包装大会及《包装技术与科学》（PTS）一书编委会会议。

（珠海学院供稿）

深圳旅游学院

【发展概况】 深圳旅游学院原名暨南大学中旅学院，1993年经国家教委批准成立，由国务院侨办下属的中国中旅集团、香港中旅集团、华侨城集团、广东中旅集团、福建中旅集团出资与暨南大学联合兴建，1996年建成并正式开学。学院位于深圳华侨城，是内地首家通过世界旅游组织旅游教育质量认证的旅游学院，世界旅游组织旅游教育委员会成员单位。1998年，政企脱钩，中国中旅集团等五家出资建院企业不再归属国务院侨办管辖，学院资产归国务院侨办所有。2002年，国务院侨办、深圳市政府、暨南大学三方签订支持学院办学协议。2003年1月，暨南大学中旅学院更名为暨南大学深圳旅游学院。

学院实行院务委员会领导下的院长负责制，国务院侨办副主任刘泽彭任院务委员会主任，香港实业家霍英东任名誉院长。2006年3月16日，校长胡军教授、党委书记蒋述卓教授率领校领导班子成员贾益民、陆大祥、纪宗安、王华等到学院调研，确立了学院“办成国内一流、具有国际化特色的旅游学院”的办学目标。

2006年，学院招收本科生236名，在校本科生共943人。学院英语、旅游管理专业分别与校本部外国语学院和管理学院合作培养研究生。

学院与美国杨百翰大学夏威夷分校、英国爱姆伍德学院、香港理工大学酒店与旅游业管理学院及美国迪士尼公司等建立了合作关系。

【学科建设】 学院设有旅游管理系、英语系和计算机中心，开设旅游管理、英语（商务管理）、电子商务3个本科专业。2006年，旅游管理专业开设酒店与会展管理方向，与2003年开设的高尔夫与休闲管理方向、2004年开设的旅游规划与景观设计方向共同构成了专业方向较为齐全的旅游管理专业。同年，学院成立旅游规划与景观设计、酒店与会展管理两个专业指导委员会（之前已成立高尔夫与休闲管理、电子商务专业指导委员会），聘请企业管理精英、高校专家教授等为委员，指导学院专业课程设置及教学内容改革。

【科研工作】 2006年，学院申报国家自然科学基金项目1项、国家人文社会科学基金项目1项，普通高等教育“十一五”国家级规划教材4部，申报国务院侨办人文社会科学一般项目2项，协助办理结题1项，申报省级自然科学基金项目1项，省哲学社会科学“十五”规划2项，省普通高校学科与专业建设专项基金项目1项，省高等学校“十一五”规划教材4部，申报广州市哲学社会科学课题4项，申报第八批校级教改项目3项，协助办理学校人文社会科学项目结题2项，申报学校第二批本科生科技创新工程项目2项。编辑、印刷了学院的《教师论文集》。

11月15~16日，学院与苏格兰爱姆伍德学院联合主办中国首届“高尔夫职业经理人国际论坛”。来自英、美、澳以及全国各地知名高尔夫球场的总经理及高校的专家学者近60人参加了论坛。

（深圳旅游学院供稿）

社会科学部

【发展概况】 社会科学部的前身是暨南大学马列主义教研室，始建于1958年，1984年改为社会科学理论基础部，1993年与德育中心合并改称为社会科学部。

社会科学部（简称社科部）是直属于暨南大学党委领导的学校二级教学科研单位，负责全校本科生、硕士生、博士生的思想政治理论课教学和“通识教育”课程教学工作。下设马克思主义原理、中国政治、道德与法律、当代中国、中国传统文化、中国近现代史、国际政治与国际关系、研究生公共课、成人教育9个教研室。

【学科建设】 社科部有思想政治教育、马克思主义中国化、国际政治、国际关系4个硕士点。为国内本科生开设了5门公共必修课程：马克思主义基本原理概论，毛泽东思想、邓小平理论和“三个代表”重要思想概论、中国近现代史纲要，思想道德修养与法律基础，形势与政策，另开设“当代世界经济与政治”选修课。为国内硕士研究生开设3门课程：科学社会主义理论与实践、哲学、自然辩证法。还承担博士研究生“马克思主义与当代社会思潮”课程的教学工作。

社科部根据境外生的生源类别确定不同的培养目标，对港澳台、华侨华人本科生的培养目标是：培养具有健全人格理想，传承中华民族优秀文化传统，拥护祖国统一和富强，致力振兴中华，富有民族自信心与自豪感的爱国者和中国与其所居国（指华侨华人学生）之间的友好使者。对其他留学本科生的培养目标是：理解中华民族文化传统，熟悉中国近现代历史发展脉络，了解当代中国发展理念、发展概况、外交战略等，培养具有高尚人格素养、全面发展的合格人才，从而使其成为中华文化的传播者和中外文化交流与合作的友好使者。社科部专门为境外本科生开设4门不同于境内生思想政治理论课的“通识教育”课程：中国传统文化概论、近代中国、当代中国概论、人生修养与法律基础，这些属公共必修课。为境外硕士研究生开设2门“通识教育”课程：中国现代化进程、中西科技比较。

“中国传统文化概论”被评为国家级精品课程。“毛泽东思想、邓小平理论和‘三个代表’重要思想概论”被评为广东省思想政治理论课优质课程。“港澳基本法概论”曾被评为省级重点课程。

针对学校港澳台侨学生教育背景和文化差异，社科部出版9本具有侨校特色的教材：《当代大学生人生修养导论》、《简明中国近现代史读本》、《中国传统文化新论》、《当代中国概论》、《爱国主义概论》、《澳门基本法论略》、《香港基本法概论》、《香港法制教程》。获1个国务院侨办教育教学改革项目：中国传统文化概论课程的跨文化教学研究。

社科部与教育学院合作，在香港创办了社会学专业、在澳门创办社会学、心理学专业，社科部负责教学设计和管理，已平稳运作了3年。

【科研工作】 2004年至2006年社科部教师共发表教学研究论文25篇，科研论文21篇。获国家级课题1项，获得省部级课题2项，厅级课题3项。

（社会科学部供稿）

体育部

【发展概况】 暨南大学是传统体育强校。1907年学校开设体操课，并组建足球、篮球、田径、游泳、武术、网球、棒球等代表队。20世纪三四十年代，培养出一批杰出的体育人才。1936年学校有9名师生代表国家参加第十一届柏林奥运会，是我国最早派师生参加奥运会的大学。

改革开放后，学校成为全国最早试办高水平运动队的高校之一，并在田径、篮球、足球、羽毛球、网球、游泳、武术等项目上取得骄人成绩。近10年来，暨南大学运动员在各类国际比赛和国内省级以上比赛中获得奖牌近千枚，其中金牌400多枚。在全国大学生运动会上连续四次获得“校长杯”，特别是在2000年第六届全国大学生运动会上，学校以16金、12银、5铜，3人次破大运会纪录的优异成绩，获得“校长杯”第二名。2005年，学校成功承办国际性赛事——首届亚洲大学生田径锦标赛，有21个国家和地区的代表团参加，开创了我国高校承办国际性体育赛事的先河。

积极开展对外交流一直以来都是学校体育工作的特色。学校与新加坡、香港、澳门等国家和地区的高等院校经常互访，加强合作，进行教学、科研、管理等方面的交流和友谊比赛。2006年，学校体育代表团分别到新加坡南洋理工大学和香港中文大学进行访问，暨大篮球队、乒乓球队和网球队也与这2所大学举行了交流赛。

学校的体育工作受到国家、广东省、广州市等各级行政部门的表彰，1996年和2000年两次被国家教委授予“贯彻《学校体育工作条例》优秀高等学校”称号，1995年和1999年两次被广东省教育厅授予“体育工作先进单位”称号。

体育部是承担学校体育教学和体育工作的教育职能管理部门，成立于1988年9月，其前身是暨南大学体育教研室，于1958年在广州复校时成立。体育部现设行政办公室、男生教研室、女生教研室和运动训练竞赛教研室4个科室。

体育部有教职工51人。在44名专职教师中，具有高级职称的教师有22人，占专职教师的50%；有行政办公人员7人。

【学科建设】 暨南大学的体育课程是广东省教育厅认定的第一批体育类重点课程，也是当时唯一的体育类重点课程。学校于1982年开始试行体育选项课的课程模式，1990年正式推行，是广东省最早实行体育选项课的高校。学校在1992年被国家教委授予“全国普通高校体育课程评估优秀学校”称号。2006年，体育部获准开办“体育教育学”本科专业。

体育部承担全校本科一、二年级的体育类公共必修课和公共选修课任务，并担负群众体育组织、高水平运动队训练、体育场馆的管理和运营，各项目体育社团的辅导等工作。

（体育部供稿）

国际关系学系（东南亚研究所）

【发展概况】 东南亚研究所于1960年正式成立，其前身是创建于1958年的中国科学院广州哲学社会科学研究所港澳、华侨、东南亚经济研究组（后改为中国科学院中南分院东南亚研究所）。

暨大的东南亚研究可追溯至20世纪20年代。从1927年起，暨南大学就设立南洋文化教育事业部，聚集人才，系统地研究东南亚问题及华侨问题，曾出版《南洋研究》、《南洋情报》等刊物和多种相关专著，还培养了一批东南亚研究人才，开创了中国东南亚、华侨研究之先河。

1960年至1966年是东南亚研究所初创时期。到文化大革命前夕，东南亚研究所已拥有一支40多人的科研队伍和3万余册多语种的专业图书资料，并定期出版季刊《东南亚研究资料》。这一时期，研究所由著名印度尼西亚爱国侨领和华侨教育家司徒赞先生主持，当时的研究所已经显示出良好的发展潜力。文化大革命期间，东南亚研究所被迫撤销。1978年，暨南大学复办，东南亚研究所也随之恢复，并由当时的广东省副省长、暨南大学校长杨康华兼任所长。

2002年5月，东南亚研究所设立国际政治学本科专业，从2002年夏季开始招收本科学生。2002年7月，东南亚研究所成立国际关系学系，实行系所合一、科研教学两位一体的管理体制。

东南亚研究所是一个多学科的综合性学术研究机构，重点研究亚太地区（主要是东南亚地区）经济、政治与国际关系，以及华侨华人问题，设有亚太经济与政治研究室、国际关系研究室、文化研究室、外交与侨务研究室、情报资料室和东南亚研究杂志社。《东南亚研究》杂志为全国中文核心期刊。

全所（系）共有教职工29人，海内外兼职研究人员50多名，在职科研教学人员中一半具有高级职称，大多具有博士或硕士学位。其中博士生导师7人，硕士生导师17人。

全所有在读博士研究生122人，硕士研究生120人，高校教师班学生57人，研究生课程班学生20人，在读研究生共319人。

【学科建设】 东南亚研究所于1994年获得国际关系和国际政治硕士学位授予权，1999年获得国际关系博士学位授予权，是华南地区唯一的博士学位授权点单位，2006年获得中外政治制度比较硕士学位授予权。2004年，在教育部组织的国际政治一级学科评估中，东南亚研究所位居全国第14名。

目前，东南亚研究所的教学主体结构为本科、硕士研究生、博士研究生3个层次。本科专业为国际政治，有博士点1个：国际关系；硕士点3个：国际关系、国际政治、中外政治制度。国际关系博士点包含5个研究方向：国际关系理论与实践、亚太国际关系、国际经济关系与中外经济合作、华侨华人与国际关系、国际法与国际关系。国际政治硕士点包含2个研究方向：亚太经济与政治、国际移民与华侨华人。国际关系硕士点包含4个研究方向：国际关系理论与实践、亚太国际关系、国际经济关系与中外经济合作、当代中国外交与侨务。中外政治制度硕士点包含3个研究方向：比较政治制度、美国政府与政治、公共管理与公共政策。

2006年，在国家“211工程”建设项目的评审中，东南亚研究所参与的子项目取得优秀成绩。

【科研工作】 2006年以来，东南亚研究所教师发表论文100多篇，其中有50多篇发表在核心刊物上。庄礼伟教授成功申报了国家社科基金课题——“社会转型与族群冲突研究”，鞠海龙副教授成功申报了国家社科基金课题——“中国海上地缘安全战略研究”，使东南亚研究所国家社科基金课题项目增加到4项。

（林舜亮）

· 教育教学 ·

本科生教育

【概况】 1978年复办伊始，暨南大学设有教务长，由副校长兼任，全权负责全校的教学、科研管理工作。1985年，学校设立教学科研部，下设教务科、教学研究科、文科科研科、理科科研科、实验室管理科，此外还负责管理体育教研室、高等教育研究室、电教中心、测试中心和印刷厂。1986年初，教学科研部又分设为教务处和科研处，教务处下设教务科、教学研究科、教材出版科，学校日常的教学管理工作由教务处负责。1989年，根据暨南大学行政管理体制的变化和教学、教务管理工作的需要，教务处增设了考试科和学籍科，同时，教务处教务科更名为教学行政科。至此，教务处下设教学行政科、教学研究科、考试科、学籍科、教材出版科等5个科室，分别负责教学、学籍、课程、教学科研项目、教材等相关事项的管理。2002年9月，由于学校校园整体规划工作的需要，两栋旧教学楼被拆除，全校教学资源紧张，为保证正常的教学秩序能够顺利进行，学校决定在教务处增设教室管理科，对全校的课室资源实行统一调配使用。同年10月，又根据当时教学工作的实际需要，学校将教务处的教材出版科暂时并入暨南大学出版社，实行企业化管理。同年11月，学校将教务处设置调整为教室管理科、教学研究科、教学质量科、学籍科、实践教学科5个科级机构。

教务处主要负责学校本科教学的建设、本科教学的运行以及本科教学的质量监控等全日制本科教学管理方面的工作，同时也是暨南大学教学指导委员会的日常办公和办事机构。下设学籍科、教学研究科、教学质量科、实践教学科以及教室管理科等5个科室。有工作人员19人，其中具博士、硕士学位12人，在读硕士3人，占总人数的79%。

2006年，为迎接本科教学工作水平评估，教务处在“以评促建、以评促改、以评促管、评建结合、重在建设”的评建原则指导下，将日常工作与评建工作结合，全面提高本科教学质量和管理服务水平；进一步深化本科教学改革，逐步解决本科教育教学过程中存在的深层矛盾，提升学校品牌，提高学校本科教学质量、教学管理和服务水平；集中学习和深入分析教育部评估指标体系，结合学校本科教学实际情况，以保障和提高教学质量为重点，明确了教学质量全程监控体系，确立了“巩固基础、彰显特色、突出重点、优化体系”的评建思路，将评建工作融入日常工作中；制定了评建工作任务分解计划和进度表，多次到学院讲解评估工作的相关要点和注意事项，指导学院开展本科教学工作水平评估准备工作；教务处各科室整理、归档现有文件、资料，为进一步推进评估文档建设工作奠定了坚实的基础；向其他部处提供有关数据，向评估办提供有关量化统计的表格。

同年，教务处对文件进行了整理和归档，起草、修订了约20项管理制度文件，修订了2006级本科人才培养方案，检查2000年以来的新增专业，配合学校本科教学评建工作办公室对各学院的评建工作进展进行检查；组织省级、校级精品课程的申报工作，共评出24门校级精品课程，其中5门被评为2005年度省级精品课程，1门被评为2006年度国家级精品课程。

【招生工作】 招生办公室主要负责全校本科、

预科的招生工作，职责范围包括以广东省为主的内地招生宣传及港澳台地区和海外地区的招生宣传工作。接待内地、港澳台及海外各中学、教育团体的参观访问。制订招生计划、招生政策及有关规定。负责每年春秋两季的境外招生工作。组织内地保送生、港澳台保送生、香港面试生、马来西亚等海外各国免试生的录取工作。组织广东省内外的普通高考本科、预科、专科（含高等职业技术教育）的录取工作。配合教务处、学生处、保卫处等部门做好迎新工作、学籍管理、户籍管理及入学后追踪调查工作。充分利用信息化管理手段，运用计算机和网络实行招生工作的科学化管理。

内地招生方面，2006 年，学校在广东省录取了1 060人，广东省以外录取 850 人，合计 1 910 人。凡按规定出档的“三侨”子女、台湾籍生源必录。在广东省招收“3 + 1”体尖生 35 人，二级运动员 10人；在广东省以外招收体尖生 17 人，合计招收体尖生 62 人。2006 年内地招生的特点是：①达标生源充足。在广东省，第一志愿上重点线报考暨南大学的考生达2 381人，招生比例为 2.4∶1，在广东高校中排名第一。在全国其他省份，如安徽省有 2 022 名上重点线的考生第一志愿报考暨南大学，招生比例为20∶1。②生源质量高。在广东省，2006 年重点线为637 分，暨南大学在广东省最低出档线为 668 分，高出重点线 31 分，在广东省排名第三。考生平均分为694 分，高出重点线 57 分，还录取了一名政治科 900分的单科状元。在全国其他省份，暨南大学录取分数线均高于当地重点线 43 ~ 51 分不等，还录取了 5名数学单科状元。③报考专业较为集中。考生报考专业多集中在工商管理、国际经济与贸易、新闻与传播、会计、临床医学、法学、计算机科学与技术、统计等。

暨南大学对海外及港澳台地区实行春秋两季招生。2006 年暨大录取本科境外生 2 959 人，报到2 287人，报到率为 77%；预科生报到1 099人。境外生生源来自世界 51 个国家和港澳台地区，其中香港地区2 397 人报考，本科生报到 959 人；澳门地区2 125人报考，本科生报到 914 人，比 2005 年的 580人增加了 334 人，增幅为 57.6%；台湾地区本科生报到91 人，比2005 年增加68%；华侨华人外籍学生报到323 人，比2005 年增加 71.5%。2006 年境外生招收工作特点是：①生源质量有所提高，择优录取的空间较大。外招考试四科总分为 516 分（满分为570 分），其中 400 分以上的 555 人，380 分以上的767 人，合计约占考试录取数的 50%。②基本都按考生的第一志愿录取。③考生报读专业相对集中在工商管理类、经济学类、新闻与传播类、外国语言文学类、国际学院的国际经济与贸易、会计学 CGA、金融学、法学、行政管理、电子信息工程、临床医学、中医学、生物科学类等专业。④招收第二届印度班临床医学专业学生 26 人，其中 25 人报考成绩在 75分以上（印度国内 40 分可申请入读大学），有的高达 90 多分。

（招生办公室供稿）

【**制度建设**】 为推进教学管理制度建设，2006年，教务处起草、修订约 20 项制度文件以及各种经费管理规定。制定或修订的制度文件主要有：《暨南大学本科教学督导工作条例》、《暨南大学学生手册》、《暨南大学关于教授、副教授为本科生授课的规定》、《课程考试命题双向细目表》、《课程考试命题审批表》、《暨南大学全日制本科生考试管理办法》、《暨南大学教学事故认定办法》、《暨南大学本科教学奖励办法》、《暨南大学本科实验教学质量评价体系》、《暨南大学本科实习教学质量评估监控体系》、《暨南大学教材选用和管理规定》、《暨南大学专业设置规定》和《暨南大学人才培养方案管理规定》。

贯彻落实教授、副教授为本科生授课制度。教务处从 2006 年上学期开始，要求学院排课时必须优先安排教授、副教授上本科生课程；修订出台《暨南大学关于教授、副教授为本科生上课的规定》；在下学期专门组织教授、副教授开设了 23 门 1 学分的课程，在校本部、珠海学院、深圳旅游学院、华文学院开设教授主讲的系列“名师讲座”。

加强考试管理。①修订出版第二、三版《考务手册》。规范对考试各个环节的管理，出台《暨南大学全日制本科学生考试管理办法》，对考试各环节的要求作出具体、详细的规定并召开四次协调会议，保证制度的贯彻执行。②邀请广东省教育厅考试中心领导专家到校为广大教师作考试命题辅导报告，提高广大教师的命题水平。③在考试期间，6 位校领导带队，检查各学院贯彻落实《暨南大学全日制本科学生考试管理办法》的情况。④充分发挥本科教学督导委员会委员和其他退休教师、专家的作用，加强期末考试巡查工作，并取得明显效果。在学校指导下，教务处对“近现代史纲要”课程试题泄密事件进行了妥善处理。⑤按教育部等三部委文件精神，在全校暂行恢复补考制度，出台相关管理办法，并直接协调各学院的补考管理。⑥组织两次大学英语四、六级考试工作，以及本学期期末考试工作，确保了正常的考试秩序。

【教育教学改革研究项目】 2006年，学校首次设立“国务院侨务办公室华侨高等教育教学改革工程项目”，获批项目30项。是年，学校获批1项“新世纪高等教育教学改革工程”研究项目，1项广东省高等教育教学改革工程研究项目，3项广东省高等学校思想政治理论课教学研究课题。组织学校第八批教育教学改革研究项目的申报和评审工作，共评选出50项。

【课程建设】 2006年，学校有1门课程被评为国家级精品课程，5门被评为省级精品课程，13门被评为校级精品课程。教务处组织对省级、校级精品课程进行年度检查，进一步推进精品课程建设工作。组织召开精品课程建设工作会议，提升已有精品课程的建设质量，为2007年精品课程申报工作做准备，以精品课程建设带动我校课程建设整体质量的提高。

2005—2006学年第二学期，学校共开出课程1 031门，共计2 038门次。2006—2007学年第一学期，学校共开出课程1 261门，共计2 343门次。教务处组织2006年下学期新开公选课的申报、评审工作，加强对申报工作的分类指导。

2006年，针对国际学院各专业数学教学问题，教务处组织召集国际学院及相关学院、信息科学技术学院数学系领导和教研室负责人等专门研讨并解决了全英语教学数学课程建设和教学中存在的相关问题。

【教材建设】 推进教材管理和建设。2006年，学校有11种教材选题列入“十一五”国家级教材规划，6种教材获得省部级颁发的教材奖。教务处组织开展了第二批境外生资助教材的申报、评选和立项工作。

【专业建设】 2006年，学校有动画、电气工程及其自动化、建筑学、包装工程4个新专业获得教育部批准。至此，学校共有本科专业61个。

进一步加强专业建设。对新增专业进行了摸底检查；对省级名牌专业进行了中期检查；组织开展了2007年新增专业申报、评审工作；组织管理学院、经济学院等学院完成了2004级“大平台”学生大规模选专业工作。

【质量监督】 2006年，教务处组织开展近3年来各专业人才培养方案异动的清查工作，启动了理论课教学大纲、实验课教学大纲、实习教学大纲的全面修订工作。建立教学督导制度，将“课堂教学质量‘三重’评估”拓展至专业评估和学院教学工作评估，检查2000年以来的新增专业，配合学校本科教学评建工作办公室检查各学院评建工作进展。在第二学期第14周开展了“评估周模拟检查”活动，全面检查该周的授课情况。

组织开展第七届“十佳授课教师”申报和评选工作，评选出“十佳授课教师”。组织开展了第三届“优秀教学管理奖”（个人和集体）申报和评选工作，评选出“优秀教学管理奖”个人10名、集体5名。评选出学校第三届校长免费学分奖励金获奖学生1 853人。完成了2006年学校“推荐免试”攻读研究生及“优异生培养”组织申报和遴选工作。

本科教学督导委员会为了强化教学过程管理，建立健全本科教学质量监控体系，进一步提高本科教学质量，学校于2006年底成立了本科教学督导委员会，聘任首批委员，并组织部分委员参加广东省教育厅主办的教学督导工作会议。督导委员会检查了2006年下学期期末考试试卷，退回不符合要求的试卷，由命题教师和学院重新编制试卷。首批督导委员会主任委员为伍国基、副主任委员为林剑，委员包括：王子栋、王永山、任先达、李炎、罗龙昌、唐永煌、彭成奖及陈叔平。

开展“课堂纪律周”活动。“课堂纪律周”活动始于2004级，是暨南大学本科教学质量保障体系中“三段式”检查的组成部分之一。每学期开学的第一周（新生为开始上课第一周）为“课堂纪律周”时间，开展全校性的课堂纪律检查。2006年，教务处组织了“课堂纪律周”活动，期中、期末教学检查活动。2005—2006学年第二学期课堂纪律周获奖单位名单：信息科学技术学院、第一临床医学院、体育部、理工学院和华文学院；2006—2007学年第一学期课堂纪律周获奖单位名单：信息科学技术学院、药学院、第一临床医学院、华文学院、新闻与传播学院。

本科课程教学竞赛采取两年一届的运行机制。2006年，教务处举办了第二届本科课程教学竞赛，其中5月举办了中文授课教学竞赛，12月举办了全英文授课课程教学竞赛。全英文授课课程教学竞赛得到中央电视台新闻频道、广东电视台以及新快报等多家媒体的报道。

第二届本科课程教学竞赛评选出特等奖2名，一等奖4名，二等奖8名，优秀奖15名；本科课程全英语教学竞赛评选出一等奖4名，二等奖6名，优秀奖7名。两次竞赛活动分别评选出优秀组织奖7名和3名。

【制（修）订人才培养方案、理论课程教学大纲、课程】 2006年，教务处组织各教学单位对61个专业的人才培养方案进行了制（修）订，并对3 000余门次课程教学大纲、课程简介进行全校规模的制（修）订。

修订2006级本科人才培养方案，首次实行培养方案责任人制度。在保持人才培养方案相对稳定的基础上，统一不同校区相同专业人才培养方案的必修课程，进一步完善课程结构，规范各专业课程名称、学分、学时等。

完善了分流人才培养方案，制定分流教学大纲和课程简介，采用适合分流教学需要的教材。

【实践教学与创新】 陆续出台加强实践教学的管理文件：《暨南大学关于进一步规范本科实验报告的通知》、《暨南大学关于进一步规范本科实习报告的通知》；组织了2006届校级优秀本科毕业论文的评选、编印工作。2006年5月，组织了第二批本科生科技创新工程项目的申报工作，最终评出153个立项项目。

2006年，暨南大学学生在全国大学生数学建模竞赛中获一等奖4项，二等奖2项；在美国大学生数学建模竞赛中获一等奖2项，二等奖2项；在广东省大学生电子设计竞赛中获二等奖2项，三等奖1项。

为贯彻落实实践教学管理的相关制度，组织了对2005届本科生毕业设计（论文）检查工作；组织各学院对2006届本科生毕业设计（论文）进行自查自评，并组织暨南大学专家评审2006届本科生校级优秀毕业设计（论文），共评选出98篇优秀毕业论文；继续推进毕业论文管理的规范化，设计了暨南大学本科生毕业设计（论文）撰写模版；组织了首批本科生科技创新工程的结题验收工作，全校180个立项项目中有166个项目通过了验收，通过率达92.2%，评出校级优秀项目36项、优秀组织奖6项，院级优秀项目48项。组织第二批本科生科技创新工程项目的申报和评审工作，共确立153项第二批本科生科技创新工程，并对其进行了中期检查，下拨研究经费；颁发了《关于组织本科学生参加开放实验项目修习的通知》，要求各学院每学期组织一批实验项目作为本科学生开放实验项目，供本科学生修习。组织召开关于强化计算机基础、英语口语、实验技能等公共课基本技能的会议，切实推进学生基本技能训练工作。

【学籍管理】 完成学籍管理各项办事流程的英文翻译并印制“双语”办事指南。2006年，暨南大学春季全日制本科毕业学生共152人，夏季全日制本科毕业学生共3 249人。教务处分两批审查清退未注册、长期旷课、离校不归的学生共220余人。

【网上教务管理系统】 完善“标准学分制”教学管理运行机制，开发和拓展了网上教务管理系统。开通综合教务管理系统的英文选课界面，督促国际学院组织建立英文翻译委员会，着手翻译全英语教学专业人才培养方案、教学大纲等。完善网上学生成绩单打印预约系统、课程考试成绩登录系统、教师教学质量评估系统、期中和期末检查填报系统、本科学生导师制评估系统，以及公共选修课、教学改革项目申报系统等，实现了各校区教务信息的一体化管理。

（陈若华）

【本科教学评估工作】 暨南大学于2000年10月10日成立本科教学评估工作办公室（简称“评估办”）。因当时教育部组织对普通高校本科教学工作实施优秀、合格和随机三类评估，要求“211工程”学校参与优秀评估，故暨南大学成立了以校长为组长的本科教学工作优秀评价领导小组，领导小组下设本科教学工作优秀评价办公室（简称“评优办”），负责具体工作。2004年4月，根据教育部三类评估合一的文件精神，“评优办”改名为“评估办”。由于人事变动和迎评工作需要，评估领导小组和评估办成员名单分别于2005年5月、2006年9月进行了两次调整。

评估办的主要工作职责是贯彻落实本科教学工作水平评估领导小组的各项决议，总体规划全校评建工作，组织起草自评报告、特色报告、校长汇报、评建综述，收集、整理校级评估文档，领导和协调各评建工作组开展评建改工作，指导各学院、各部处开展评建改工作，起草相关文件、通知、会议报告，整理会议记录，以及处理与评估有关的日常事务等。

评估办下设10个工作组：报告起草组，文档资料组，教学建设组，师资建设组，学生工作组，宣传工作组，条件建设组，专家接待组，校内检查督办组和医药类工作组。

本科教学评估有关工作领导小组成员变动情况如下：2000年10月至2004年4月，刘人怀任领导小组组长，罗伟其任副组长；2004年4月至2005年5月，刘人怀任领导小组组长，蒋述卓、纪宗安任副组长；2005年5月至2006年9月，刘人怀任领导小组组长，蒋述卓、纪宗安任副组长；2006年9月至2006年年底，胡军任领导小组组长，蒋述卓、刘洁生任副组长。

2006年，暨南大学迎接教育部本科教学工作水平评估准备工作加紧推进。根据学校工作的总体安排，以教育部《普通高等学校本科教学工作水平评估方案（试行）》为指导，在学校评建领导小组的领导下，评估办采取全面动员与专项动员结合、全面建设与专项建设结合、全面检查与专项检查结合的“三全三合”措施，进一步落实“以评促建、以评促改、以评促管、评建结合、重在建设”的20字方针，进一步做好全校师生员工的发动工作，细化评估指标要求，具体策划和组织签订相关责任书，明确各单位和个人的评建工作责任。对学生毕业论文及试卷等相关文档进行了重点检查。组织和推动评估工作调研学习，研发和开通本科评估网站，邀请相关专家和领导开设评估专题讲座、介绍评建工作经验。年底百年校庆庆典结束后，及时促使全校迎评工作进入倒计时。

是年，评估办组织相关人员到华南师范大学、中南大学、吉林大学、武汉大学、重庆大学等十余所高校进行评建工作调研；同时请华南师范大学、华中师范大学等高校评估办公室的负责人及教育部高教司评估处的领导、评估中心的专家等来校开设评估专题讲座。

重要会议。2006年6月，学校在邵逸夫体育馆组织召开迎接本科教学工作水平评估第二次动员大会，学校党政一把手与副职校领导签订“暨南大学本科教学迎评工作任务责任书”，校领导与分管部、处及学院一把手签订“暨南大学本科教学迎评工作任务责任书”。通过签订责任书，进一步明确了各自在评建工作中的职责和任务。

2006年10月30日至11月10日，刘洁生副校长带队，组织20个检查组，对21个全日制本科教学单位（18个学院、2个直属教学部、1个直属教学系）的本科教学评建工作进行检查。12月上旬和中旬，刘洁生副校长再次带队对33个机关、直属单位的评建工作进行检查。通过检查找出各自工作的亮点和差距，提出下一步工作的改进措施和对策。

12月1日，学校组织召开评建工作会议，胡军校长和蒋述卓书记分别作了重要讲话，纪宗安副校长介绍了参加几所高校评估工作的经验和体会，刘洁生副校长作院级评建工作的检查总结报告。学校中层党政干部、教研室主任、教务管理人员及学生工作秘书参加会议。会后举行了暨南大学本科教学工作水平评估倒计时揭牌仪式。胡军校长致辞，要求学校工作重点从百年校庆工作转到本科评建工作，并和蒋述卓书记揭牌。数百名师生参加了揭牌仪式。

网站建设。2005年底至2006年初，完成了“暨南大学本科迎评网站及教学文档管理系统”第一期全部工作以及第二期的部分工作，开通了网站各个栏目，为评估宣传发动工作和教学文档电子化管理提供了新的技术支持。

文档建设。针对以往检查教学文档过程中发现的问题，2006年初，评估办组织15位专家进行了两次复查，检查了各学院和直属教学单位的287门课程的试卷及部分毕业论文。试卷根据出题、改卷、登分、装订、保存等几个指标由专家评定，结果良好。

评估办制定了教学文档“双档六建”目标（“双档”指纸质档、电子档；“六建”指建室、建柜、建盒、建岗、建网、建章）。到2006年年底，各学院和直属教学部、系均建立了规模不等的教学文档室（各个教学单位平均约30平方米）。学校拨出专款配备了文档柜、文档盒、专用电脑，各单位指定了兼职管理人员，修订和完善相关的制度规定，整理了前两学年的试卷38.7万份，毕业论文6 061篇。院级文档室的建成，为以后完整保存试卷、毕业论文、专业和课程建设等主要教学文档资料提供了条件。

（熊匡汉）

2006年暨南大学教改项目一览表

所在单位	项目名称	负责人	备注
理工学院	力学专业发展战略研究	刘人怀	第三届“新世纪高等教育教学改革工程”立项
暨南大学	国际化进程中华侨高等教育人才培养模式创新的理论与实践	刘洁生	国务院侨办华侨高等教育教学改革工程项目
医学院	面向港澳台侨学生的“流行病学”课程建设	王声湧	国务院侨办华侨高等教育教学改革工程项目
文学院	“外国文学史”课程建设创新研究	张世君	国务院侨办华侨高等教育教学改革工程项目

（续上表）

所在单位	项目名称	负责人	备注
社科部	“中国传统文化概论”课程的跨文化教学方法研究	龚红月	国务院侨办华侨高等教育教学改革工程项目
新闻与传播学院	港澳台传媒人才培养模式研究——以“新闻事业经营管理”课程教学为个案	谭天	国务院侨办华侨高等教育教学改革工程项目
文学院	“文学概论”课程教学体系改革	傅莹	国务院侨办华侨高等教育教学改革工程项目
医学院	基于港澳台侨学生特点的医学人才培养模式的探索与实践	王立伟	国务院侨办华侨高等教育教学改革工程项目
医学院	“人体解剖学”课程内容与现代教育技术整合研究	吕来清	国务院侨办华侨高等教育教学改革工程项目
信息科学技术学院	计算机专业港澳台侨学生教育模式改革的探索与实践	王晓明	国务院侨办华侨高等教育教学改革工程项目
经济学院	大陆、港澳台侨学生分流教学的理论与实践	吴江	国务院侨办华侨高等教育教学改革工程项目
经济学院	面向港澳台侨生的“国际金融”课程教学理论与实践	王聪	国务院侨办华侨高等教育教学改革工程项目
管理学院	国际视野下的“旅游管理专业”课程内容改革与教学模式创新	梁明珠	国务院侨办华侨高等教育教学改革工程项目
医学院	适应临床医学专业（MBSS方向）人才培养需要的全英语教学模式研究	敖杰男	国务院侨办华侨高等教育教学改革工程项目
信息科学技术学院	开展数学建模活动，提升定量分析能力	胡代强	国务院侨办华侨高等教育教学改革工程项目
文学院	中国古代文学媒体教学网络系统	赵维江	国务院侨办华侨高等教育教学改革工程项目
深圳旅游学院	校企合作应用型本科人才培养模式研究——以旅游管理专业发展为例	李舟	国务院侨办华侨高等教育教学改革工程项目
经济学院	高校学生自主创新性学习平台的建构与应用研究——基于广州大学城跨院校教学资源建设与共享的实证分析	张维佳	国务院侨办华侨高等教育教学改革工程项目
珠海学院	高等教育大众化背景下异地办学的和谐发展——基于珠海大学园区的调查研究	姜丽群	国务院侨办华侨高等教育教学改革工程项目
药学院	基于模糊熵理论的中药专业学生培养质量评价研究	蔡宇	国务院侨办华侨高等教育教学改革工程项目
管理学院	高校教学名师培训制度研究	袁祖望	国务院侨办华侨高等教育教学改革工程项目

（续上表）

所在单位	项目名称	负责人	备注
经济学院	教材建设的观念变革与多媒体教材开发	王斌会	国务院侨办华侨高等教育教学改革工程项目
校长办公室	高校教学与学术评价指标体系研究——以暨南大学为个案	孟宪军	国务院侨办华侨高等教育教学改革工程项目
法学院	知识产权法案例教学创新体系的建立和实践	高新会	国务院侨办华侨高等教育教学改革工程项目
理工学院	理工科学生课外科技创新活动的研究与实践	陈美銮	国务院侨办华侨高等教育教学改革工程项目
生命科学技术学院	利用创造性思维教学方式提高学生综合素质	王永飞	国务院侨办华侨高等教育教学改革工程项目
医学院	医学、生物、化学课程教学改革的理论与实践	蒋建伟	国务院侨办华侨高等教育教学改革工程项目
药学院	以问题为中心的自主学习模式在“药理学”课程教学中的运用	蔡绍晖	国务院侨办华侨高等教育教学改革工程项目
第一临床医学院	案例式教学在妇产科教学中的应用	肖小敏	国务院侨办华侨高等教育教学改革工程项目
华文学院	文科教学中多样化写作的自主学习策略研究	王晶	国务院侨办华侨高等教育教学改革工程项目
文学院	建国前暨南大学华侨教育经验的总结及其现实借鉴意义	张永春	国务院侨办华侨高等教育教学改革工程项目
教务处	以课程为中心，加强整合，实现共享：基于创新人才培养的临床医学学分制模块化课程体系的实践与研究	张宏	广东省高等教育教学改革工程项目2005年度高等院校学科建设专项资金项目
社科部	以中国传统文化为载体的思想政治理论教育可行性问题研究	程京武	广东省高等学校思想政治理论课教学研究课题
社科部	我国私人资本收入性质的研究	舒建玲	广东省高等学校思想政治理论课教学研究课题
社科部	面向海外侨生的“中国近现代史”政治理论课程的内容与教学方式研究	张永春	广东省高等学校思想政治理论课教学研究课题
文学院	“外国文学史”课程建设创新研究	王列耀	校级第八批
文学院	港澳台及海外学生语文水平调查与教学措施研究	盛永生	校级第八批
文学院	“戏剧影视文学专业编剧”课程实践教学研究	李学武	校级第八批

（续上表）

所在单位	项目名称	负责人	备注
文学院	自主性与现代性相结合的“古代文学史”教学模式探究	史小军	校级第八批
文学院	构建历史学专业多元质量体系研究	赵善德	校级第八批
文学院	内、外招学生的不同特点在同班教学中的问题及其对策——以世界古代史课程为例	李云飞	校级第八批
文学院	圣经文学网络教程（英汉双语）	黄汉平	校级第八批
经济学院	外招生与内招生职业取向差异及就业能力培养模式研究	徐林清	校级第八批
经济学院	“统计学原理”境外生课程内容改革研究	郭海华	校级第八批
经济学院	教师教学激励与教学绩效研究	刘金山	校级第八批
管理学院	“市场营销学”课程研究型教学体系	张传忠	校级第八批
管理学院	暨南大学青年教师教学激励机制研究	李招忠	校级第八批
新闻与传播学院	关于电视类课程教学模式的探讨	张印平	校级第八批
新闻与传播学院	海外和港澳台学生培养教学模式研究	王天权	校级第八批
新闻与传播学院	构建以“真实项目运作”为核心的实践教学模式——以广告策划课程教学改革为例	谷虹	校级第八批
新闻与传播学院	新闻与传播专业理论教学与实践应用相结合的教学研究	王玲	校级第八批
外国语学院	内外招生英语学习策略对比研究及对策	彭红兵	校级第八批
国际学院	全英经济学原理课案例教学改革	蒲华林	校级第八批
知识产权学院	法律专业港澳台学生与大陆学生学习风格与学习策略对比研究	王爱华	校级第八批
艺术学院	综合性大学艺术类专业办学特色、规范及公共艺术教育的发展定位	丁政	校级第八批
信息科学技术学院	面向境外学生的《高等数学》教材研究与建设	张传林	校级第八批
信息科学技术学院	外招生“微机原理与接口技术”精品课程教学改革与实践	谢军	校级第八批
信息科学技术学院	院级本科教学文档规范建设	马蓉蓉	校级第八批
生命科学技术学院	构建以自主学习为主的发育生物学教学新模式	梁旭方	校级第八批
生命科学技术学院	生态学专业实验教学的改革与创新研究	乔永民	校级第八批
医学院	“创新与素质教育”在生理学教学中的探索	柏志全	校级第八批

（续上表）

所在单位	项目名称	负责人	备注
医学院	“流行病学”精品课程的建设与创新	荆春霞	校级第八批
医学院	身心健康教育在教学改革中的实践与运用	马民	校级第八批
药学院	“现场急救学”课程建设模式的研究与实践	刘治民	校级第八批
药学院	药学专业实习模式改革初探	易晖	校级第八批
药学院	医、药学专业开设公选课的现状、问题及对策	吕艳青	校级第八批
第一临床医学院	全英语麻醉学 PBL 联合医学模拟教学的研究	王小平	校级第八批
第一临床医学院	诊断学教学资源库的建立及其应用	马洪明	校级第八批
华文学院	教学过程中教师与外招生的师生关系研究	李莹	校级第八批
华文学院	预科教育与本科教育的衔接性研究	姚蓓	校级第八批
华文学院	我校教学中心地位的保障体系研究	侯大铭	校级第八批
珠海学院	“法律基础”课程体系改革与实践——本科生法律素质培养模式的创新	陈晖	校级第八批
珠海学院	法学专业实践教学模式的构建	杨兢	校级第八批
珠海学院	新闻传播专业课外实践平台建设	杨雨丹	校级第八批
深圳旅游学院	网络教学中的师生互动和教师角色定位研究	朱明芳	校级第八批
深圳旅游学院	应用知识管理思想实现教学管理电子文档的在线处理和规范化管理	赖俊勇	校级第八批
社科部	侨校特色“思想道德修养与法律基础”课程体系的研究	金焱	校级第八批
高等教育研究中心	多向发展应对多重挑战——侨校本科外招生培养竞争力研究	熊匡汉	校级第八批
本科教学工作水平评估办公室	高校评估档案科学管理与开发利用研究	倪惠敏	校级第八批
教务处	暨南大学本科专业发展建设趋势实证研究	谷世乾	校级第八批
教务处	暨南大学公共选修课改革方案研究	张晓宁	校级第八批
教务处	网上协作办公系统	余祥正	校级第八批
网络与教育技术中心	教师课堂教学设计网站的建设与应用研究	赵海霞	校级第八批
网络与教育技术中心	多元化背景下信息技术与高校课程整合的应用研究	周红春	校级第八批
图书馆	信息素质教育网络课程体系	朱丽娜	校级第八批

2006 年暨南大学“十一五”国家级规划教材立项一览表

院系名称	教材名称	级别	立项年度	主编/副主编/参编	出版单位	出版时间	备注
药学院	中药药理学	“十一五”国家级	2006 年	聂红	上海科学技术出版社	2001 年	教高〔2006〕9 号
法学院	简明中国法（英文版）	“十一五”国家级	2006 年	朱义坤	法律出版社	2003 年	教高〔2006〕9 号
珠海学院	实验经济学教程	“十一五”国家级	2006 年	张耀辉	经济科学出版社	2006 年	教高〔2006〕9 号
文学院	新编中国通史	“十一五”国家级	2006 年	邱树森	福建人民出版社	2001 年	教高〔2006〕9 号
文学院	元朝简史	“十一五”国家级	2006 年	邱树森	福建人民出版社	1999 年	教高〔2006〕9 号
文学院	高等语文	“十一五”国家级	2006 年	朱寿桐	江苏教育出版社	2003 年	教高〔2006〕9 号
文学院	现代汉语通论	“十一五”国家级	2006 年	邵敬敏	上海教育出版社	2007 年	教高〔2006〕9 号
管理学院	市场营销学	“十一五”国家级	2006 年	何永祺	东北财经大学出版社	2004 年	教高〔2006〕9 号
管理学院	市场学原理（第 3 版）	“十一五”国家级	2006 年	何永祺	中山大学出版社	2006 年	教高〔2006〕9 号
理工学院	土力学与基础工程	“十一五”国家级	2006 年	陈晓平	中国水利水电出版社	2007 年	教高〔2006〕9 号
医学院	儿童口腔医学	“十一五”国家级	2006 年	赵月萍	科学出版社	2005 年	教高〔2006〕9 号
医学院	免疫学基础与病原生物学	“十一五”国家级	2006 年	张玲敏	中国中医药出版社	2003 年	教高〔2006〕9 号

暨南大学精品课程

精品课程类别	课程名称	课程负责人	所在学院
国家级	中国传统文化概论	蒋述卓	社会科学部
省级	中国传统文化概论	蒋述卓	社会科学部
省级	人体解剖学	吕来清	医学院
省级	数学结构	王晓明	信息科学技术学院

（续上表）

精品课程类别	课程名称	课程负责人	所在学院
省级	国际金融	王聪	经济学院
省级	文学概论	刘绍瑾	文学院
校级	中国古代文学史	邓乔彬	文学院
校级	文学概论	刘绍瑾	文学院
校级	国际金融	王聪	经济学院
校级	多元统计分析	王斌会	经济学院
校级	旅游资源开发与规划	梁明珠	管理学院
校级	基因工程原理	王莹	生命科学技术学院
校级	普通生态学	段舜山	生命科学技术学院
校级	中医内科学	沈英森	医学院
校级	医学影像学	刘斯润	第一临床医学院
校级	以留学生为主的多门类写作教学	宗世海	华文学院
校级	大学写作	王香平	珠海学院
校级	艺术概论	危磊	珠海学院、文学院
校级	宏观经济学	张耀辉	珠海学院

第二届本科课程教学竞赛获奖名单

一、教学竞赛个人奖

（一）特等奖2名

文科组：王　兵（经济学院）

理科组：肖小敏（第一临床医学院）

（二）一等奖4名

文科组：方赛迎（法学院）徐富平（国际学院）

理科组：胡　萍（医学院）张　震（信息科学技术学院）

（三）二等奖8名

文科组：白　华（管理学院）
邹红英（外国语学院）
刘学敏（外国语学院）
李　舟（深圳旅游学院）

理科组：姚志红（药学院）
王小良（信息科学技术学院）
曹丽伟（生命科学技术学院）
陈振强（理工学院）

（四）优秀奖15名

文科组：王茂林（华文学院）
胡　虹（珠海学院）
朱　锋（管理学院）

伍海军（经济学院）
谷　虹（新闻与传播学院）
刘　洋（国际学院）
郑利群（文学院）
徐义雄（管理学院）
袁一达（珠海学院）
理科组：邱　青（信息科学技术学院）
宁志华（理工学院）
洪　莉（珠海学院）
周永红（医学院）
金腊华（理工学院）
牟善松（生命科学技术学院）

二、优秀组织奖（排名不分先后）

经济学院、第一临床医学院、外国语学院、法学院、管理学院、新闻与传播学院、珠海学院

第二届本科课程全英文教学竞赛获奖名单

一、教学竞赛个人奖

（一）特等奖空缺

（二）一等奖4名

黄　郡（管理学院）
赵长鹰（第一临床医学院）
张晨光（医学院）
角建瓴（医学院）

（三）二等奖6名

杨　念（经济学院）
张　静（珠海学院）
邹　奕（生命科学技术学院）
黄　战（信息科学技术学院）
胡　韧（生命科学技术学院）
罗　磊（管理学院）

（四）优秀奖7名

肖小敏（第一临床医学院）
王茂林（华文学院）
李知宇（外国语学院）
赵静蓉（文学院）
王跃春（医学院）
任　浓（深圳旅游学院）
陈影波（第一临床医学院）

二、优秀组织奖3名（排名不分先后）

管理学院、医学院、珠海学院

研究生教育

【概况】 暨南大学是我国改革开放以来最早开展学位与研究生教育的高校之一。1978 年学校开始招收和培养研究生，是全国高校中第一批具有博士学位授予权的单位。学校贯彻“面向海外、面向港澳台”办学方针，在全国率先面向境外招收“兼读制”研究生，并率先在海外开设研究生培养面授点。经过十多年的建设与发展，目前6 个一级学科有博士学位授予权，学校可根据学科发展需要，自行决定招生、培养和授予学位。有 39 个二级学科博士学位授权点，18 个一级学科硕士学位授权点，127 个二级学科硕士学位授权点，以及 EMBA、MBA、MPA、MAPcc 等6 种硕士专业学位。学位授权点覆盖了哲学、经济学、法学、教育学、文学、历史学、理学、工学、医学和管理学 10 个学科门类。设有博士后科研流动站5 个，博士后工作站1 个。有博士生指导教师164 人，硕士生指导教师652 人。在校研究生5 300人，其中来自海外及港澳台地区研究生 990 人。暨南大学学位与研究生教育具有“外向型、多元化”特色，在实施“侨校 + 名校”发展战略、提升学校办学层次和办学重心方面发挥了重要作用。学校以其完整的人才培养体系和完善的质量保证体系，被教育部、国务院学位办授予“全国学位与研究生教育管理先进单位”称号。

【招生工作】 进一步加强招生宣传工作。学校以百年校庆为契机，在媒体、网络上作了广泛宣传，在《世界教育信息》杂志（2006 年第 1 期）刊登《享誉海内外的华侨高等学府——暨南大学》和《特色鲜明　优势突出　持续发展的暨南大学学位与研究生教育》，对学校进行宣传报道。发起和参展全国研究生招生咨询会，举办境外咨询会，组织外招生进行咨询、演讲与宣传。

2006 年招生总数为 2 288 人，其中内招研究生1 970人（博士生 187 人，硕士生 1 783 人），外招研究生 318 人（博士生 78 人，硕士生 234 人）。招收在职人员攻读硕士学位（包括高校教师）681 人，有30 个学科专业（32 个办学点）获准举办研究生课程进修班。完成 2007 年各类研究生报名和现场确认工作，受就业形势和招生计划增长幅度放缓因素的影响，报考人数出现小幅度下降，国内硕士报考人数8 535人。博士和境外研究生报名数保持稳定。

在扩大境外办班规模和效益方面，获教育部批准，在美国加州设立语言学及应用语言学专业（华文教育方向）硕士面授点，是目前我国在美国正式设立的唯一的中文教育硕士面授点；经国务院侨办批准，在香港增设 6 个专业面授点，即中国古代文学、汉语言文字学、区域经济学、企业管理（市场营销方向）、经济法学、国际法学（比较法研究方向），在澳门新增临床医学专业面授点。至此，学校在境外设立的面授专业达到 15 个。

【培养工作】 围绕“质量是生命，创新是灵魂”的办学理念，2006 年启用新的研究生管理系统，出台新的研究生培养方案，修订在职攻读硕士学位各专业培养方案。实施硕士研究生公共英语课教学改革，注重应用技能训练，分层次、分类型选课。在校生规模扩大，共计6 544 人（博士生 919 人，硕士生 4 415 人，在职人员攻读硕士学位研究生1 210人）。下拨博士论文创新基金 22.4 万元，依据基金资助条例，对往年获得基金的博士进行结题检查，激励博士生提高科研水平。加强研究生培养规范管理，对研究生学术道德失范行为给予处理，严明校纪校规，营造良好的校风学风。加强研究生课程与成绩网络管理，改革毕业成绩表打印模式，修改与调整各层次、各类型（含专业学位）研究生学籍表格，规范学历教育、专业学位、课程班等各层次研究生日常管理。

进一步规范博士后管理工作。成功承办 2006 年广东省博士后联谊会年会，与会代表 400 人。印刷博士后招收简章，扩大学校博士后工作影响力。组织在站博士后申请第 39、40 批中国博士后科研基金，获资助 8 名。截至 2006 年 12 月底，共招收 10 名博士后人员进站，有 11 名博士后顺利出站，在站博士后 39 人。

【学位工作】 第十次学位点申报中，我校新增一级学科博士学位授权点 3 个，二级学科博士学位授权点 4 个；新增一级学科硕士学位授权点 10 个，二级学科硕士学位授权点 14 个。新增哲学门类的马克思主义理论二级学科硕士学位授权点，使学校学科门类由 9 个增至 10 个。学校召开第十次学位授权学科表彰总结会议，总结申报工作，表彰先进单位与个人，对第十一次申报工作作了部署。获得国务院学位办批准，在生物医学工程一级学科博士学位授权点下自主设置“纳米化学与生物纳米材料”二级学科。严控学位论文质量，实施博、硕士学位论文匿名评审。2006 年共授予学位数 2 595 人（其中春季授予博士学位 31 人、硕士学位 237 人；夏季授予博士学位 88 人、硕士学位 2 239 人）。为配合研究生教育规模迅速扩大的趋势，调整学位授予审核程序，由各研究生培养单位（院、所和中心）和研究生部共同完成学位审核，保证学位审核程序规范化。组织开展法律硕士和临床医学博士专业学位培养单位申报工作。

加强研究生导师队伍建设。编辑出版《引路者论道——研究生指导教师学位与研究生教育研究论文选》、《暨南大学研究生导师风采》等书籍，介绍和宣传学校研究生导师师资队伍力量。开展导师遴选工作，经第八届学位评定委员会第四次全体委员会议审议，新增博士研究生指导教师 36 人，硕士研究生指导教师 208 人，5 位引进硕士生导师的指导资格得到确认。完成 2007 年研究生导师招生资格的审核工作。

（研究生部供稿）

2006 年广东省优秀博士学位论文

序号	作者姓名	授予学位日期	二级学科名称	论文题目	导师姓名
1	蒲若茜	2005.6	文艺学	族裔经验与文化想象：华裔美国小说典型母题研究	饶芃子
2	余榕捷	2006.6	生物医学工程	重组人垂体腺苷酸环化酶激活多肽及其衍生多肽的研制、生物功能筛选及鉴定	周天鸿
3	王霄	2006.6	工商管理	我国中小企业融资行为研究——一项社会资本视角的演化分析	胡军

暨南大学博士学位授权点目录

序号	专业代码	专业名称	一级学科	批次
1	060105	专门史	历史学◀◀	2
2	100212	眼科学	临床医学	2
3	020205	产业经济学	应用经济学◀◀	3
4	050103	汉语言文字学	中国语言文学	4
5	050101	文艺学	中国语言文学	5
6	100211	妇产科学	临床医学	5
7	020204	金融学（含保险学）	应用经济学◀◀	7
8	030207	国际关系	政治学	7
9	060106	中国古代史	历史学◀◀	7
10	071004	水生生物学	生物学	7
11	120202	企业管理（含财务管理、市场营销、人力资源管理）	工商管理◀◀	7
12	0831	生物医学工程	生物医学工程◀◀	8
13	120201	会计学	工商管理◀◀	8
14	020201	国民经济学	应用经济学◀◀	9

（续上表）

序号	专业代码	专业名称	一级学科	批次
15	020202	区域经济学	应用经济学◀◀	9
16	020203	财政学（含税收学）	应用经济学◀◀	9
17	020206	国际贸易学	应用经济学◀◀	9
18	020207	劳动经济学	应用经济学◀◀	9
19	020208	统计学	应用经济学◀◀	9
20	020209	数量经济学	应用经济学◀◀	9
21	020210	国防经济	应用经济学◀◀	9
22	050105	中国古代文学	中国语言文学	9
23	060107	中国近现代史	历史学◀◀	9
24	060108	世界史	历史学◀◀	9
25	080104	工程力学	力学	9
26	100104	病理学与病理生理学	基础医学	9
27	100602	中西医结合临床	中西医结合◀◀	9
28	120203	旅游管理	工商管理◀◀	9
29	120204	技术经济及管理	工商管理◀◀	9
30	020101	政治经济学	理论经济学	10
31	050301	新闻学	新闻传播学	10
32	060101	史学理论及史学史	历史学◀◀	10
33	060102	考古学及博物馆学	历史学◀◀	10
34	060103	历史地理学	历史学◀◀	10
35	060104	历史文献学	历史学◀◀	10
36	071010	生物化学与分子生物学	生物学	10
37	100201	内科学	临床医学	10
38	100601	中西医结合基础	中西医结合◀◀	10
39	1201	管理科学与工程	管理科学与工程◀◀	10

暨南大学硕士学位授权点目录

序号	代码	专业名称	批次	一级学科	备注
1	010106	美学	10	哲学	
2	020101	政治经济学■	1	理论经济学	◀
3	020102	经济思想史	10		
4	020103	经济史	10		
5	020104	西方经济学	9		
6	020105	世界经济	10		
7	020106	人口、资源与环境经济学	10		
8	020201	国民经济学	6	应用经济学	◀◀
9	020202	区域经济学	9		
10	020203	财政学（含税收学）	8		
11	020204	金融学（含保险学）	4		
12	020205	产业经济学	2		
13	020206	国际贸易学	7		
14	020207	劳动经济学	9		
15	020208	统计学	4		
16	020209	数量经济学	8		
17	020210	国防经济	9		
18	030103	宪法学与行政法学	10	法学	
19	030105	民商法学（含劳动法学、社会保障法学）	9		
20	030107	经济法学	8		
21	030109	国际法学（含国际公法、国际私法、国际经济法）	10		
22	030202	中外政治制度	10	政治学	
23	030206	国际政治	5		
24	030207	国际关系■	3		
25	030503	马克思主义中国化研究	10	马克思主义理论	
26	030505	思想政治教育	10		
27	040203	应用心理学	7	心理学	

（续上表）

序号	代码	专业名称	批次	一级学科	备注
28	050101	文艺学▞	1	中国语言文学	◀
29	050102	语言学及应用语言学	8		
30	050103	汉语言文字学▞	3		
31	050104	中国古典文献学	9		
32	050105	中国古代文学▞	3		
33	050106	中国现当代文学	3		
34	050107	中国少数民族语言文学	10		
35	050108	比较文学与世界文学	7		
36	050201	英语语言文学	1	外国语言文学	
37	050211	外国语言学及应用语言学	10		
38	050301	新闻学▞	3	新闻传播学	◀
39	050302	传播学	8		
40	060101	史学理论及史学史	10	历史学	◀◀
41	060102	考古学及博物馆学	10		
42	060103	历史地理学	9		
43	060104	历史文献学	9		
44	060105	专门史	2		
45	060106	中国古代史	2		
46	060107	中国近现代史	3		
47	060108	世界史	10		
48	070101	基础数学	1	数学	
49	070103	概率论与数理统计	9		
50	070104	应用数学	10		
51	070205	凝聚态物理	3	物理	
52	070207	光学	2		
53	070301	无机化学	4	化学	◀
54	070302	分析化学	1		
55	070303	有机化学	10		
56	070304	物理化学（含化学物理）	10		
57	070305	高分子化学与物理	10		

（续上表）

序号	代码	专业名称	批次	一级学科	备注
58	071001	植物学	10	生物学	◀
59	071002	动物学	2		
60	071003	生理学	2		
61	071004	水生生物学▞	3		
62	071005	微生物学	10		
63	071006	神经生物学	10		
64	071007	遗传学	4		
65	071008	发育生物学	3		
66	071009	细胞生物学	10		
67	071010	生物化学与分子生物学▞	1		
68	071011	生物物理学	10		
69	071012	生态学	10		
70	080101	一般力学与力学基础	10	力学	◀
71	080102	固体力学	10		
72	080103	流体力学	10		
73	080104	工程力学▞	8		
74	0803	光学工程	9	光学工程	◀
75	080502	材料学	9	材料科学与工程	
76	080901	物理电子学	10	电子科学与技术	
77	081001	通信与信息系统	4	信息与通信工程	◀
78	081002	信号与信息处理	9		
79	081201	计算机系统结构	10	计算机科学与技术	◀
80	081202	计算机软件与理论	4		
81	081203	计算机应用技术	8		
82	081402	结构工程	9	土木工程	
83	081704	应用化学	9	化学工程与技术	
84	083001	环境科学	3	环境科学与工程	◀
85	083002	环境工程	9		
86	0831	生物医学工程	3	生物医学工程	◀◀
87	083201	食品科学	7	食品科学与工程	
88	083202	粮食、油脂及植物蛋白工程	10		

（续上表）

序号	代码	专业名称	批次	一级学科	备注
89	100101	人体解剖与组织胚胎学	3	基础医学	
90	100102	免疫学	7		
91	100103	病原生物学	3		
92	100104	病理学与病理生理学▞	3		
93	10020	内科学（含心血管病、血液病、呼吸系统病、消化系统病、内分泌与代谢病、肾病、风湿病、传染病）▞	8	临床医学	◀
94	100202	儿科学	4		
95	100203	老年医学	10		
96	100204	神经病学	4		
97	100205	精神病与精神卫生学	10		
98	100206	皮肤病与性病学	3		
99	100207	影像医学与核医学	3		
100	100208	临床检验诊断学	10		
101	100209	护理学	10		
102	100210	外科学（含普外、骨外、泌尿外、胸心外、神经外、整形、烧伤、野战外）	8		
103	100211	妇产科学▞	3		
104	100212	眼科学▞	1		
105	100213	耳鼻咽喉科学	3		
106	100214	肿瘤学	10		
107	100215	康复医学与理疗学	10		
108	100216	运动医学	10		
109	100217	麻醉学	10		
110	100218	急诊医学	10		
111	100302	口腔临床医学	7	口腔医学	
112	100401	流行病与卫生统计学	7	公共卫生与预防医学	
113	100506	中医内科学	10	中医学	
114	100601	中西医结合基础	9	中西医结合	◀◀
115	100602	中西医结合临床	4		

（续上表）

序号	代码	专业名称	批次	一级学科	备注
116	100701	药物化学	9	药学	
117	100705	微生物与生化药学	9		
118	100706	药理学	1		
119	1008	中药学	10	中药学	◀
120	1201	管理科学与工程	7	管理科学与工程	◀◀
121	120201	会计学	3	工商管理	◀◀
122	120202	企业管理（含财务管理、市场营销、人力资源管理）	4		
123	120203	旅游管理	8		
124	120204	技术经济及管理	9		
125	120401	行政管理	9	公共管理	
126	120403	教育经济与管理	9		
127	120404	社会保障	10		
128		MBA（EMBA）			专业学位
129		MPA			专业学位
130		MPAcc			专业学位
131		工程硕士			专业学位
132		口腔临床医学			专业学位
133		临床医学			专业学位

注：◀代表一级学科硕士学位授权
◀◀代表一级学科博士学位授权
▞代表二级学科博士学位授权

2006年暨南大学在岗博士生指导教师名单（共164人）

经济学（32人）

政治经济学（1人）

龚唯平

国民经济学（7人）

陈雪梅　李郁芳　胡春力（兼）　姜长云（兼）
王岳平（兼）　吴　江　梅林海

区域经济学（2人）

冯邦彦　陈　恩

财政学（1人）

於鼎丞

金融学（8人）

刘少波　杜金岷　何问陶　王　聪　苏冬蔚
邱兆祥（兼）　宋　海（兼）　蒋　海

产业经济学（5人）

胡　军　隋广军（兼）　张耀辉　朱卫平
钟阳胜

国际贸易学（2人）

张　捷　刘德学

劳动经济学（2人）

张炳申（兼）　宋晓梧（兼）

统计学（4人）

韩兆洲　雷钦礼　王斌会　刘建平

法学（8人）
经济法（2人）
朱义坤　刘　颖
国际关系（6人）
陈乔之　周聿峨　曹云华　邱丹阳　符启林
庄礼伟

教育学（1人）
应用心理学（1人）
凌文辁

文学（20人）
文艺学（5人）
饶芃子　蒋述卓　费　勇（兼）　刘绍瑾
邓乔彬
语言学及应用语言学（2人）
彭小川　郭　熙
汉语言文字学（4人）
王彦坤　邵敬敏　伍　巍　班　弨
中国古代文学（3人）
魏中林（兼）　张玉春　程国赋
中国现当代文学（3人）
王列耀　宋剑华　朱寿桐
新闻学（3人）
蔡铭泽　曾建雄　林如鹏

历史学（12人）
专门史（6人）
纪宗安　高伟浓　陈伟明　郭声波　崔　丕
吴宏岐
中国古代史（6人）
汤开建　张其凡　马明达　刘正刚　勾利军
范立舟

理学（21人）
光学（2人）
陈星旦　张永林
无机化学（4人）
郑文杰　刘应亮　欧阳建明　周立新
分析化学（2人）
尹平河　徐石海
水生生物学（6人）
林小涛　韩博平　杨宇峰　段舜山　梁旭方
蔡道基
遗传学（2人）
洪　岸　王一飞
发育生物学（1人）
朱伟杰
生物化学与分子生物学（4人）
何庆瑜　岑颖洲　何贤辉　蔡冬青

工学（27人）
工程力学（8人）
刘人怀　张森文　陈晓平　孙博华　张　卫
马宏伟　王志伟　袁　鸿
计算机软件与理论（1人）
陈火炎
计算机系统结构（1人）
潘久辉
环境科学（4人）
刘正文　金腊华　莫测辉　李取生
生物医学工程（11人）
蔡继业　黄耀熊　周天鸿　曾耀英　周长忍
汤顺清　张子勇　高应俊　庞其昌　佘有龙
满石清
食品科学（1人）
唐书泽
电力系统及其自动化（1人）
钱清泉

医学（28人）
病理与病理生理学（5人）
钟雪云　陆大祥　孙晗笑　王华东　罗焕敏
内科学（5人）
张　洹　朱康儿　杨冬华　李扬秋　王立生
影像医学与核医学（2人）
罗良平　徐　浩
妇产科学（2人）
王自能　肖小敏
眼科学（4人）
李志杰　陈　剑　陈建苏　黄丽娜
耳鼻咽喉科学（1人）
王继群
中西医结合临床（5人）
陈利国　张荣华　赵国平　沈伟哉　周汉新
中西医结合基础（1人）
王玉强
药物化学（3人）
姚新生　叶文才　栗原博

管理学（15人）
会计学（6人）

王　华　宋献中　胡玉明　刘国常　石本仁
熊　剑

企业管理（5人）

夏洪胜　薛声家　王国庆　李从东　卫海英

技术经济及管理（1人）

孙东川

管理科学与工程（3人）

林毓铭　罗伟其　庞素琳

2006年暨南大学在校研究生统计

（截至2006年底）

单位：人

类别		合计	内地生					在校境外和港澳台学生					
			小计	非定向	定向	委培	自筹	小计	香港	澳门	台湾	华侨	华人及留学生
研究生		5 302	4 312	1 682	127	641	1 862	990	305	247	341	24	73
其中	博士	918	670	213	112	278	67	248	41	25	161	2	19
	硕士	4 384	3 642	1 469	15	363	1 795	742	264	222	180	22	54

成人教育

【概况】　暨南大学成人高等教育始办于20世纪80年代初，1981年开始举办业余教育，1982年受广东省委组织部委托举办干部专修科，1984年经国家教委批准举办夜大学专科教育，1985年成立函授部，经国务院侨务办公室批准首次招收夜大本科班，并首次招收香港学生就读暨南大学成人教育班。1986年招收成人教育脱产班。1988年开始，暨大海外成人教育快步发展，开始在香港、澳门开办业余本、专科学历教育班，派出教师到当地授课。2002年，在印度尼西亚开办业余专科教育。经过20多年的发展，暨南大学先后在国内外20多个地区设置教学点，开设文、理、经、医、工、管、法等学科专业90多个，形成了多专业、多层次、多形式的成人高等教育格局。2006年在校成人高等教育本专科专业学生6 000多人，其中华侨、港澳学生1 600多人。

20世纪80年代末，暨南大学开始举办专业证书及各种层次的非学历及继续教育培训，培训专业人才6万多人。1984年开始自学考试主考和助学辅导工作，至2006年，暨大主考专业自考本专科毕业生近3万人。成人教育毕业生普遍受到用人单位和社会的好评，赢得了较高的社会声誉。1997年被国家教委授予“全国成人高等教育评估优秀学校”称号，被广东省高教厅授予“广东省普通高校函授教育先进单位”、“广东省普通高校夜大学教育先进单位”称号。

暨南大学成人教育主要依靠各院系办学，教育学院负责成人教育教学管理并承担部分教学任务。1986年7月，学校成立成人教育学院，统一管理全校的成人教育工作，由一名副校长兼任学院院长。下设学院办公室、教务处、夜大部、函授部、干训部。1993年10月，为适应境外办学的需要，成人教育学院更名为教育学院，下设学院办公室、全日制教育部、业余教育部、海外教育部、专业培训部。2000年学院机构调整为：学院办公室、教务办公室、学历教育部、海外教育部、专业培训部。2005年撤销专业培训部，将机构调整为4个部室：学院办公室、教务办公室、学历教育部、海外教育部。暨南大学自学考试办公室于1997年1月成立，挂靠教育学院，管理全校自学考试工作。教育学院党组织建制为：1986年成立学院党总支，2003年成立学院党委，教育学院党委下辖教工党支部2个，学生临时党支部50个。

大力拓展港澳和海外成人教育。1985年开始招收港澳成人教育学生，1988年在港澳开办成人业余教育班，采用派出教师到港澳向学生面授和学生自学相结合的方式开展教学。多年来，为港澳地区培养了2 000多名经济建设和社会管理的专业人才。2002年在印度尼西亚万隆设立教学点，开办对外汉语大专班，2005年印度尼西亚已有第一届毕业生，共93名。

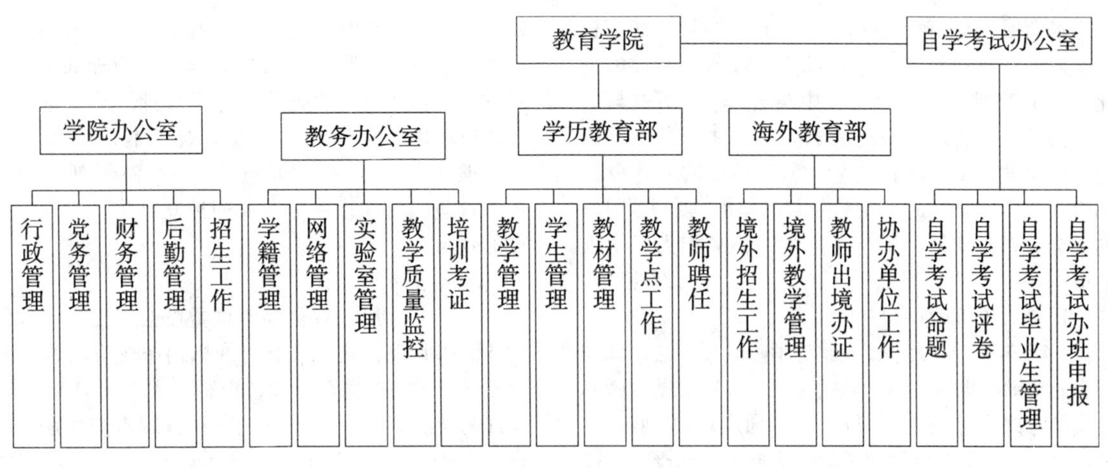

暨南大学成人高等教育管理机构职责图

【招生工作】 从1984年至1993年，经国家教育部门审定，暨南大学陆续具备成人教育函授专科、本科，夜大专科、本科，脱产专科办学资格，成人教育逐渐转到面向社会招生，招生入学考试纳入国家成人高考统考，录取工作由广东省招生办公室统一安排。

【学历教育】 暨南大学1981年开始举办成人高等学历教育。2006—2007学年，成人学历教育国内在校学生共5 261人，其中函授生3 258人，夜大学生2 003人；本科学生3 507人，专科学生1 754人。

20世纪80年代至90年代初，暨南大学成人学历教育本着“服务地方、服务本省”的宗旨，充分发挥学校专业设置齐全的优势，及时开设广东省所需要的经济管理和外向型经济类专业。积极在广东鹤山、江门、阳江、阳春、湛江、海康、韶关、乐昌、汕头、惠东、深圳、珠海、顺德、佛山、惠州等地开展成人学历教育。

近年来，暨南大学成人学历教育不断拓宽专业设置，增设经济类、信息类专业；改革教育内容，补充新知识，突出应用性；加强教学管理，实行弹性学习制度，允许有限延长学习时间，在本科学生中实行学分制，更好地适应成人在职、业余、分散的学习特点。

暨南大学成人学历教育教学点以校本部办学为主，2006年在深圳市沙井文化技术学校、佛山市乐从文化技术学校、佛山市汇丰学校、中山市中山学院设立函授教学点。教育学院与有关院系既分工明确，又密切配合，严格执行教学计划，实行全校统一排课，统一期末考试安排，统一进行教学检查，统一开展学生奖惩工作，保证教学、管理工作正常有序地进行。学生班级配备了兼职班主任、建立班委会，在本科班级中成立50个临时学生党支部。2006年教育学院评出函授、夜大优秀学生30名，优秀学生干部29名；对45名违反考场纪律、考试作弊的学生，按照学校规定分别给予校纪处分，其中给予严重警告处分43人，留校察看一年处分2人。

【海外教育】 暨南大学成人教育坚持“面向海外、面向港澳台”的办学宗旨，依托综合性大学雄厚的师资力量努力开拓海外办学。近年来陆续开办了社会学、英语、中医、计算机科学与技术、环境科学、会计、法学、知识产权、物流管理、应用心理学和会展管理等专业。协办单位有香港大学、香港中医骨伤学会、香港工会联合会、香港专业进修高等学院、澳门业余进修中心、澳门护士学会、澳门管理专业协会和澳门暨育服务中心等。2006年，在学学生1 661人，其中香港学生239人，澳门地区学生769人，印度尼西亚学生653人。

至2006年，暨南大学成人教育海外、港澳毕业生1 859人，其中香港毕业生575人，澳门毕业生1 161人，印度尼西亚123人，部分港澳毕业生已成为港澳社会的精英，为港澳的稳定繁荣作出了应有的贡献。如罗叔清、王国兴是香港立法会议员，郑耀棠是香港工会联合会主席，郑耀棠、罗叔清、王如登和李泽添是香港特区第十届全国人大代表；李沛霖是澳门中华教育会理事长、第十届全国政协委员，姚洪明是澳门街坊联合总会理事长、第十届全国政协委员，潘玉兰是澳门工会联合总会主席、第十届全国人大代表，刘焯华、梁庆庭、关翠杏、梁玉华、李沛霖是澳门第三届立法会议员。

【自学考试】 至2006年，暨南大学先后承担了市场营销（原商学）、统计、会计、会计与统计核算、新闻、物业管理、计算机信息管理、会计电算化、经济管理、商务管理（中英合作）、调查与分析、公共事业管理等专业的教育考试主考任务。同时，充分发挥主考学校优势，利用学校的人才资源和设备，开展以下3种形式的助学活动，收到了很好的社会效益，既帮助了自考生学习，又扩大了学校的影响。

1. 创办刊授中心

1984年，暨南大学设立经济学院刊授中心，该刊授中心为助学机构，办学形式灵活，每年根据省考办公布的考试计划，于5月和11月面向广东省招收自学考试学员，并采取单科刊授的灵活形式，刊授中心被授予“广东省自学考试先进助学单位”称号。

2. 以暨南大学各院系为主体举办自学考试独立办班

20世纪八九十年代，广东省自学考试办公室决定在各普通高校举办自学考试独立办班，专门招收高考落榜生，参照普通高校大学生的管理和学制全日制学习。暨南大学先后举办了会计（专、本科）、会计电算化（专）、管理信息系统（本）、计算机信息管理（本）、国际贸易（专）、经济管理（专）、商务管理、金融管理等专业的独立办班，收到了很好的效果。

3. 与企业联合办学

1997年，广东省自学考试委员会接受广州珠江物业酒店管理公司的委托，在国内率先开考高等教育自学考试物业管理专业，由暨南大学任主考学校，珠江物业酒店管理公司成立珠江管理专修学院，负责该专业的助学辅导。10年来，该专业已培养了5 935名毕业生。2006年该专业又开设了本科教育。这种企业参与自学考试的模式受到了社会各界的关注和好评。

（教育学院供稿）

成人教育历年招生计划一览表

单位：人

年份	计划招生总人数	招生层次		学习形式		
		本科	专科	夜大	函授	脱产
1988	1 315	100	1 215	465	650	200
1989	1 090	100	990	270	620	100
1990	640	—	640	240	320	80
1991	620	—	620	216	300	104
1992	620	—	620	210	310	100
1993	1 910	250	1 660	360	500	800
1994	1 540	180	1 360	260	380	720
1995	1 030	200	830	340	420	270
1996	1 200	400	800	200	600	400
1997	1 250	200	1 050	350	660	240
1998	1 250	200	1 050	430	570	250
1999	1 200	250	950	450	300	200
2000	1 700	700	1 000	600	1 100	—
2001	2 100	1 100	1 000	820	1 180	100
2002	2 100	1 300	800	950	1 150	—
2003	2 000	1 300	700	640	1 360	—
2004	2 000	1 300	700	630	1 370	—
2005	1 900	1 300	600	630	1 270	—
2006	2 200	1 500	700	710	1 490	—

成人学历教育专业设置一览表

单位：人

专业	层次	始办年份	专业	层次	始办年份
工业会计	专科	1981	政史	专科	1989
工业企业管理	专科	1981	外向型经济	专科	1989
商业经济	专科	1981	公共关系与企业秘书	专科	1989
金融学	专科、本科	1981	电脑与会计	专科	1989
汉语言文学	专科、本科	1981	质量管理	专科	1989
历史学	专科	1981	工业与民用建筑	专科	1989
财政金融	专科	1982	行政秘书	专科	1989
贸易经济	专科	1982	国际贸易	专科	1989
对外经济	专科	1982	劳动经济管理	专科	1989
财会	专科	1984	经贸企业管理	专科	1989
教学科学	专科	1984	中药学	专科	1989
电子技术	专科	1984	护理	专科	1989
行政管理	专科、本科	1985	工商会计学	专科	1990
分析化学	专科	1985	会计与审计	专科	1990
统战侨务	专科	1985	国际经济	专科	1990
特区经济	专科	1985	公关与外事秘书	专科	1990
国际金融	专科	1985	中国特区经济	专科	1990
计划经济	专科	1985	外贸英语	专科	1990
计划统计	专科	1985	口腔医学	专科	1990
应用数学	专科	1986	法律	专科	1990
无线电电子	专科	1986	外向型企业管理	专科	1990
计算机应用	专科	1986	电子技术与电脑应用	专科	1991
对外经济管理	专科	1986	经济管理	专科	1991
旅游经济	专科	1987	电脑应用与会计	专科	1992
中国经济管理	专科	1987	外向型经济与管理	专科	1992
中文秘书	专科	1987	计算机技术	专科	1992
工商企业管理	专科	1988	管理与秘书	专科	1993
商业会计	专科	1988	财务会计	专科	1993
企业管理	专科	1988	旅游	专科	1994
新闻学	专科、本科	1988	医学（输血）检验	专科	1994
特区、开放区经济	专科	1988	旅游管理	专科	1997
外贸企业秘书	专科	1988	工商管理	本科	1998
电工电器	专科	1988	国际经济与贸易	专科、本科	1998

（续上表）

专业	层次	始办年份	专业	层次	始办年份
国际经济	专科	1988	计算机科学与技术	本科	1999
会计学	专科、本科	1988	财政学	本科	1999
英语	专科	1988	物业管理	专科	2000
临床医学	专科	1988	法学	本科	2000
港澳台当代经济史	专科	1988	市场营销	专科、本科	2001
食品化学	专科	1988	环境科学	本科	2003
微机应用	专科	1988	应用心理学	专科、本科	2004
社会学	专科	1988	知识产权	专科、本科	2005
旅游经济管理	专科	1988	会展管理	专科、本科	2006
运筹与决策	专科	1988	经济学	本科	2006
电子	专科	1988	广告与公共关系	专科	1989
财务管理	专科	1989			

成人教育学生历年人数一览表

单位：人

年份	总人数	境内学生			境外学生		
		在学人数	新生人数	毕业人数	在学人数	新生人数	毕业人数
1995	3 500	3 257	1 081	1 581	243	85	49
1996	3 517	3 234	1 343	1 468	283	80	30
1997	3 798	3 322	1 386	923	476	311	101
1998	4 807	3 849	1 573	1 114	958	298	76
1999	5 036	4 077	1 735	1 089	959	429	80
2000	5 716	4 947	1 917	1 177	769	202	245
2001	6 632	5 899	2 415	1 216	733	263	207
2002	7 117	6 180	2 157	1 577	937	533	261
2003	5 272	4 329	—	1671	943	257	101
2004	7 190	6 028	1 895	2 025	1 162	404	90
2005	6 746	5 494	1 790	1 993	1 252	411	185
2006	6 720	5 129	1 718	186	1 528	693	282

成人教育各专业在校生人数统计表

单位：人

年份 专业	2004	2005	2006
财政学	75	73	117
对外汉语	276	245	438

（续上表）

专业 \ 年份	2004	2005	2006
法学	284	259	339
工商管理	465	417	604
工商企业管理	—	—	42
国际经济与贸易	626	618	912
汉语言文学	110	108	161
护理学	347	254	311
环境科学	11	27	25
会计学	1 198	1 214	1 828
会展管理	—	—	16
计算机科学与技术	155	73	104
金融学	36	70	115
临床医学	95	—	—
企业管理	324	162	161
社会学	163	233	289
市场营销	63	63	115
物流管理	107	152	141
新闻学	48	—	—
行政管理	119	111	168
应用心理学	79	127	151
英语	393	389	505
知识产权	—	43	66
中医学	178	132	112
总计	5 152	4 770	6 720

成人教育各专业毕业生人数统计表

单位：人

专业 \ 年份	2005	2006
财政学	30	—
对外汉语	93	29
法学	113	30
工商管理	207	4
国际经济与贸易	232	31
汉语言文学	46	3

（续上表）

专业 \ 年份	2005	2006
护理学	181	68
会计学	579	85
计算机科学与技术	102	5
金融	15	1
经济管理	21	3
临床医学	100	—
企业管理	154	26
社会学	--	45
市场营销	23	8
物流管理	1	64
新闻学	48	1
行政管理	57	3
英语	137	30
英语（商务管理）	—	8
中医学	39	24
总计	2 178	468

· 科学研究与产业开发 ·

理工医科科研

【概况】 科技处是学校负责科研管理的职能部门，主要职责是负责全校科研项目的立项、检查、验收、结题、知识产权保护、成果鉴定、报奖、专利申报和科研基地（机构、实验室）建设以及科技开发与成果转化等管理工作；负责学校学术委员会的日常工作以及学术交流活动等。

2006年，科技处加强对各类项目，尤其是重点重大项目的组织申报，各类科技项目和经费有了较快的增长，并实现国家杰出青年基金项目零的突破。科技处积极参与广东省基金的建设，11月，配合省科技厅完成首届NSFC—广东省联合基金项目评审会的会务接待和服务工作。

【项目申报】 2006年度，按照教育部统计口径，全校科研经费连续第五年突破亿元大关，当年共获批科技项目388项；申报发明专利80项，获授权发明专利20项。发表论文2 401篇，三大索引论文ISTP 59篇，SCI 179篇，EI 102篇，SSCI和AHCI论文各1篇。省部级科技成果6项。

基础研究方面，学校共申报国家自然科学基金项目267项，获批国家基金—广东联合基金项目4项，名列全省第二；国家自然科学基金项目获批38项，获资助经费1 416万元，是历年来最多的一年，名列全省第五；获批广东省中医药管理局项目10项，获资助金额81.5万元。2006年获批国家“863计划”项目和子项目共计8项，获批经费800多万元。

【学术交流】 2006年度，邀请诺贝尔奖获得者，中国科学院院士，中国工程院院士，国家“863”、“973”首席科学家，国家创新团队负责人，以及科技部、基金委、国务院侨办、省市厅局的领导和管理专家来学校作报告。协助学院邀请国内外管理专家和学者超过150人次，加深了高层次专家和各级领导对暨南大学学科发展的了解，同时提高了广大科研人员对外合作交流的意识和积极性。

5月13日，“工程结构故障诊断”广东省高校重点实验室学术委员会第一次会议在学校举行，中国工程院院士、北京航空航天大学钟群鹏教授任实验室学术委员会主任，中国工程院院士、暨南大学应用力学研究所所长刘人怀教授任实验室学术委员会副主任，北京大学王敏中教授、湖南大学傅依铭教授、华南理工大学黄小清教授、中山大学刘济科教授、暨南大学马宏伟教授等任委员。学术委员会主任、中国工程院院士钟群鹏在会上指出，暨南大学的工程结构故障诊断重点实验室在结构动态特性与振动控制方面开展的研究是有重要理论意义的应用基础性研究和有重大实用价值的应用型研究，为国内外工程界广泛关注的重要课题，研究方向有自己的独特性。

【科研成果】 2006年，学校获6项省部级科技成果奖励。第一临床医学院苏泽轩等撰写的《肾脏疾病现代外科治疗的系列研究》获广东省科技进步一等奖；理工学院周长忍等撰写的《生物降解交联剂的制备及其在骨组织修复材料中的应用》获广东省技术发明二等奖和教育部技术发明二等奖；药学院孙晗笑等撰写的《人趋化因子受体拮抗剂—病毒趋化因子vMIP和人趋化因子SDF－1α突变体的研究》获广东省自然科学二等奖和中华医学会科技三等奖；第一临床医学院柳国胜等撰写的《早产儿疾病临床与基础研究》获广东省科技进步三等奖。2006年，科技处先后有3人分别获得“广东省自然科学基金管理工作先进个人”称号，首届“广东省科学学与科技管理研究会科技管理奖”三等奖，教育部“全国高校科技管理先进个人”、全国“高等学校专利管理先进个人”称号。

【科技成果推介工作】 2006年，科技处继续积极、有重点地参加各类科技推介会，采取“走出去，请进来”等多种形式对校内科技成果进行推广和跟踪。先后参加了第八届中国国际高新技术成果交易会、第三届泛珠三角经贸洽谈会、2006东莞国际科技活动周等科技推介会。

（科技处供稿）

2006年理科科研项目简表

项目级别	项目来源	新立项数（项）	新立项获批经费（万元）	本年实到经费（万元）
国家级	国家自然科学基金	37	1 215	783.4
	863项目	5	450	298.8
	国家杰出青年基金	1	200	80
省部级	省自然科学基金	39	155	210
	省重点科技项目	56	473	252.7
	其他省部级项目	38	746	745.3
厅局级	省教育厅	0	0	0
	其他厅局级	27	285	285
横向项目		117	6 538.4	6 262.4
校级项目年度拨款		68	142	0
年度科研经费合计		388	10 204.4	8 917.6

说明：表中经费包含了信息技术研究所和暨南科技产业集团有限公司的科研经费。

2006年各单位科技合同数目统计表

单位：项

单位名称	技术开发	技术服务	总计
理工学院	9	9	18
生命科学技术学院	3	5	8
信息科学技术学院	5	0	5
医学院	1	2	3
药学院	8	1	9
总计	36	15	51

2006年各单位科技合同金额统计表

单位：万元

单位＼名目	技术开发		技术服务	
	合同金额	实到经费	合同金额	实到经费
理工学院	103.8	94.166	266.64	127.823
生命科学技术学院	50	70	15	20
信息科学技术学院	62.95	47.57	0	0
医学院	0	0.5	17.3	14.9
药学院	438.7	199.57	3	4.91
总计	655.45	411.805	286.94	167.633

说明：上述统计数字截至2006年12月20日。

2006年暨南大学国际论文在各院系的分布情况

单位：篇

学院	系、所、中心、实验室	SCIE	EI	ISSHP	ISTP	合计	重复数	绝对数
生命科学技术学院	化学系	68	31		2	101	7	94
	水生生物研究中心	3	1			4		4
	生物矿化与结石病研究所	11	10		3	24	4	20
	生物医学工程系（研究所）	3	1		2	6	2	4
	生殖免疫研究所	2			1	3		3
	组织移植与免疫实验中心	5				5	1	4
	生物工程学系	2				2		2
	生物工程研究所	1	5			6		6
	合计	95	48		8	151	14	137
理工学院	物理学系	10	16		2	28	2	26
	食品科学与工程系	2	1			3		3
	材料科学与工程系	3	5			8		8
	环境工程系	2	8			10		10
	力学与土木工程系	2	3			5		5
	应用力学研究所	1	5	1	2	9		9
	光电工程研究所		2		4	6	1	5
	合计	20	40	1	8	69	3	66
信息科学技术学院	数学系	5	13		5	23		23
	计算机科学系	4	15		10	29	4	25
	电子工程系	3	15		11	29	7	22
	计算中心					1		1
	合计	12	44		26	82	11	71

（续上表）

学院	系、所、中心、实验室	SCIE	EI	ISSHP	ISTP	合计	重复数	绝对数
医学院	院本部	17	2		9	28	10	18
	附属医院	11			8	19	6	13
	合计	28	2		17	47	16	31
药学院		15	2		1	18	5	13
经济学院		1		3	3	8	3	5
管理学院			1	4	3	8	2	6
国际学院			2			2		2
珠海学院			4			4		4
外国语学院						1		1

文科科研

【概况】 暨南大学人文社会科学历史悠久，有着深厚的人文传统和学术底蕴。在百年办学历史中，学校人文社会科学名师荟萃，钱钟书、郑振铎、梁实秋、沈从文、马寅初、王亚南、周谷城、潘天寿等一大批知名学者都曾于20世纪三四十年代汇聚暨南园。1996年，进入国家“211工程”重点建设大学后，学校文科科研水平和实力得到很大提高。

2006年，学校文科有13个学院，1个国家重点学科，4个博士学位授权一级学科，3个博士后科研流动站，1个教育部人文社会科学重点研究基地，2个广东省高校人文社科重点研究基地。学校是教育部中国语言文学人才培养和科学研究基地、国家大学生文化素质教育基地、国家对外汉语教学基地、国务院侨办华文教育基地。

【科研项目及经费】 2006年，学校新获批纵横向项目192项，到位经费955万元。

1. 国家社会科学基金项目

2006年，学校共有8项课题获准立项，其中一般项目7项，青年项目1项，获批经费61万元。

2006年国家社会科学基金项目一览表

姓名	单位	名称	批准号	项目类别	资助总额
卢植	外国语学院	基于语料库的汉语与英语的语义启动对比研究	06BYY002	一般项目	7万元
范俊军	学报编辑部	五岭汉语方言和瑶语生态评估及双语接触研究	06BYY056	一般项目	8万元
吴奕锜	学报编辑部	全球视野中的新移民文学研究	06BZW063	一般项目	8万元
谭跃	管理学院	国际金融市场外汇远期溢价异象的行为金融学模型研究	06BGJ014	一般项目	8万元
庄礼伟	东南亚研究所	社会转型与族群冲突研究	06BGJ013	一般项目	8万元
薛国林	新闻与传播学院	正面人物宣传报道的社会效果研究	06BXW007	一般项目	7万元

（续上表）

姓名	单位	名称	批准号	项目类别	资助总额
韩兆洲	经济学院	我国最低工资调查方法与统计测算模型研究	06BTJ017	一般项目	8万元
李凤亮	文学院	当代海外华人学者批评理论研究	06CZW003	青年项目	7万元

2. 教育部人文社会科学研究项目

2006年，学校共有8项课题获准立项，其中规划项目6项，青年项目2项，获批经费36万元。

2006年教育部人文社会科学研究项目一览表

姓名	单位	名称	批准号	项目类别	资助总额
李健男	法学院	中国资产证券化实践法律问题实证研究	06JA820049	规划项目	5万元
卫景宜	外国语学院	当代美国华裔文学中的文化意象差异性研究	06JA75047－99015	规划项目	5万元
刘耀中	管理学院	人员选拔中的内隐影响机制研究	06JAXLX013	规划项目	5万元
侯东阳	新闻与传播学院	舆情调控体系与和谐社会构建研究	06JA860014	规划项目	5万元
魏中林	文学院	中国古典诗学的学问化问题研究	06JA75011－44042	规划项目	5万元
张海沙	文学院	佛教十经与唐宋诗学	06JA75011－44043	规划项目	5万元
姚琼	管理学院	转基因食品的消费者行为研究	06JC790045	青年项目	3万元
李云飞	文学院	中世纪英格兰的王权与地方社会治理	06JC770010	青年项目	3万元

3. 广东省哲学社会科学规划项目

2006年，学校共有15项课题获准立项，其中一般项目12项，青年项目3项。

2006年广东省哲学社会科学“十一五”规划项目一览表

姓名	单位	名称	批准号	项目类别	资助总额
刘少波	经济学院	中国上市公司大股东侵害问题研究	06E09	一般项目	2万元
吴立广	经济学院	运用QDII制度投资境外资本市场的潜在收益与风险研究	06E15	一般项目	3万元
雷钦礼	经济学院	经济发展时间序列的非线性协和关系研究	06E22	一般项目	3万元
梁玉霞	法学院	诉讼主张及其证明理论研究	06G08	一般项目	3万元
张晓辉	文学院	民国时期广东的对外经济关系	06I02	一般项目	3万元
张海沙	文学院	佛教十经的美学涵蕴与诗学影响	06J04	一般项目	3万元
丁政	艺术学院	基于宋代碑帖书画之宋代诗歌研究	06J09	一般项目	2万元

（续上表）

姓名	单位	名称	批准号	项目类别	资助总额
官齐	外国语学院	粤语学生英语音节习得中迁移现象的优选论研究	06K07	一般项目	3万元
董天策	新闻与传播学院	从科学发展观审视传媒消费主义文化	06L02	一般项目	3万元
吴非	新闻与传播学院	媒体如何防堵颜色革命的入侵	06L03	一般项目	3万元
王廷惠	经济学院	市场过程理论视角下的政府微观角色：西方主流理论反思及对我国政府行为边界的应用分析	06O04	一般项目	3万元
刘权	华侨华人研究所	华侨华人对广东现代化的促进作用研究	06Q01	一般项目	3万元
廖焕国	法学院	注意义务的理论构建和司法适用	06YG02	青年项目	2万元
詹乔	外国语学院	美国华裔英语叙事文本中的中国的形象	06YK01	青年项目	2万元
陈志平	艺术学院	明清时期岭南书家群体研究	06YR01	青年项目	2万元

【获奖学术成果】 2006年学校文科有17项成果获得省部级奖励。其中，获第四届中国高校人文社会科学研究优秀成果奖9项，国务院侨办课题优秀成果奖2项，第八届全国统计科学研究优秀成果奖3项，国家民委社会科学研究成果奖1项，第二届全国法学教材与科研成果奖2项。

第四届中国高校人文社会科学研究优秀成果评选，学校共有9项成果获奖，其中二等奖4项，三等奖5项。获奖数在全国高校排名中位列第15位。

教育部第四届中国高校人文社会科学研究优秀成果奖一览表

成果名称	成果类型	学科门类	出版、发表或使用单位	主要作者	获奖等级
《中国职工组织承诺研究》	论文	管理学	中国社会科学	凌文辁	二等
《广东工业产业竞争力总报告》	研究报告	经济学	广东省人民政府	胡军、朱卫平	二等
《中国证券市场佣金制度研究——关于中国证券市场的SCP分析框架》	论文	经济学	经济研究	王聪	二等
《宗教文艺与审美创造》	专著	中国文学	辽宁人民出版社	蒋述卓	二等
Chinese Stock Markets: A Reaserch Handbook（《中国股票市场研究》）	专著	经济学	世界科学出版社（伦敦）	苏冬蔚	三等
《知识产权的正当性——论知识产权法中的对价与衡平》	论文	法学	中国社会科学	徐瑄	三等
《新闻传播学论稿》	专著	新闻学	福建人民出版社	董天策	三等
《实物期权与高科技战略投资》	论文	管理学	经济研究	谭跃	三等
《智力劳动的收入决定效应及模型》	论文	经济学	经济研究	张炳申	三等

【学术交流】 2006年，暨南大学人文社科共组织并支持举办重要系列讲座79场，邀请的海内外知名学者涉及文学、新闻学、管理学、经济学、教育学等多个领域。

【重点研究基地】 2006年，学校有在建教育部人文社科重点研究基地1个，广东省人文社科重点研究基地2个。具体情况如下表所示：

2006年暨南大学重点研究基地一览表

基地名称	基地类型	批准时间	基地负责人	备注
华侨华人研究院	教育部人文社科重点研究基地	2000年12月	刘泽彭 纪宗安	自2006年12月始，基地名称由华侨华人研究所更名为华侨华人研究院，负责人也随之更改
企业发展研究所	广东省人文社科重点研究基地	2003年7月	李从东	2006年初，因前任所长隋广军调任他校更换
金融研究所	广东省人文社科重点研究基地	2005年12月	刘少波	

（社科处供稿）

科技开发与产业管理

【概况】 广州暨南科技产业集团负责学校的科技开发与产业管理工作，前身是学校科技产业管理办公室。2004年5月，学校成立科技产业集团，同时撤销产业办，产业办人员并入科技产业集团。2005年3月18日，科技产业集团正式注册成立。

科技产业集团是学校投资的全资企业，主要致力于科技交流与合作、项目孵化和产业化及成果转让、技术咨询与服务等。目前下属全资，控、参股企业共12家。集团立足于“管理、服务、经营”三大职能开展工作。按照学校的工作要求，管理和经营学校的无形和有形资产，确保学校经营性资产的保值增值；做好技术服务工作，壮大学校科技产业事业，服务区域经济，促进生产力发展；通过有效地经营，建立“防火墙”，规避学校的经营风险和法律风险。

2006年，科技产业集团提出调整产业布局，突出主营业务的战略部署，坚持“有所为，有所不为”，集中有限资源，发展特色产业，以生物医药、电子信息、咨询服务、大学科技园建设为校办科技产业的主要发展方向。集团主要通过利用学校的专利技术成果评估作价出资，积极引入社会资金，增大科技产业资产存量，并减少学校投资风险；逐个对原有存量资产进行评估、盘活或退出；配合学校积极开展对校企的改制和规范经营行为，促使企业具备长足发展的内力和基础。2006年，科技产业集团及下属企业营业收入达1 800多万元，其中集团公司技术转让收入100万元，实现了零的突破。

【科技开发】 2006年，学校坚持走产、学、研的道路，以市场为导向、技术创新为重点、资本为纽带和以项目为载体，实现了学校与政府、大中型企业、金融机构共生互动的“官、产、学、研、金”的有效结合，提高了科技创新和成果转化能力。

1. 科技开发管理

科技产业集团承担学校科技成果转化工作，是学校科技成果转化的唯一出口。

2. 成果转让

技术转让方面，生命科学技术学院姚冬生副教授的产ADTZ菌株的工业发酵及其粗酶制剂的生产工艺，通过转让获得技术转让费100万元。

3. 科技产业化

2006年4月7日，科技产业集团代表学校与广州市康采恩医药有限公司及技术发明人姚冬生副教授举行重组黄曲霉毒素解毒酶工程菌的开发与应用项目合作签字仪式，投资2 500万元组建新公司——广州科仁生物工程有限公司，其中学校以专利技术作价750万元入股，开发重组黄曲霉毒素解毒酶系列产品。

8月，学校联合广州科技创业投资有限公司、广州中生生物技术有限公司，组成了具有独立法人地位、产权明晰、自主经营、自负盈亏的广东暨大基因药物工程研究中心有限公司（基因工程药物国家工程研究中心）。

11月13日，科技产业集团代表学校与投资人张方明先生及技术发明人洪涛教授，投资500万元组建佛山市顺德暨德科技有限公司，暨南大学技术作价200万元入股，开发ARM9指纹识别门禁系统技术。

12月，科技产业集团与基因工程药物国家工程研究中心联合社会资金共同成立广州暨大美塑生物科技有限公司，主要从事基因药物、基因美容、基因保健品的研究、开发与销售，使学校的生物美容产业在品牌建设和市场占有率方面实现了跨越式发展。

4. 技术合作

2006年10月17日，广东省四大中医药强省项目之一——广东罗浮药谷有限公司开业庆典暨项目签约仪式在惠州博罗县石湾镇举行，校长胡军与广东罗浮药谷有限公司签订可可茶产业化合作协议。该合作协议是由科技产业集团代表学校与广东罗浮药谷有限公司共同开展可可茶产业化工作，双方在暨南大学建立可可茶研究中心，开展可可茶的成分、药效及应用研究，在惠州市南昆山、罗浮山建立可可茶种植基地，开展种苗、种植研究。

5. 项目申报

2006年，科技产业集团积极促进产学研平台建设，支持和组织科技企业申报国家和省级地方科技项目并有多项获批。其中2项为广东高校产学研结合示范基地科技成果转化重大项目，分别由广州暨华医疗器械有限公司和广州科仁生物工程有限公司承担，支持经费190万元；暨南大学生物医药技术研究开发中心获批科研经费99万元；广州暨南生物医药研究开发基地有限公司获批科研经费121万元。

同年，教育部人工器官与材料工程研究中心获得教育部立项，该中心在国家“211工程”建设项目“人工器官与生物材料”和“眼科学”的基础上组建，是学校继教育部基因组药物工程研究中心之后成功申报的第二个教育部工程中心。

【校企改制】 科技产业集团成立后，积极推动解决原产业办下属企业以及学校科技企业的改制。第一，从人事上校企分开，明确了在企业工作的人员由企业负担工资，通过事业编制人员的双向选择，选择回学校或者留在企业。第二，成立时间长的校办产业普遍存在出资不到位、股东缺失等历史遗留问题，集团对于长期没有回报的企业采取评估、退出等措施，争取实现利益最大化。第三，科技产业集团与股东及投资方达成了以增资一倍的条件转让新微观公司股权的方案。集团代表暨南大学与青岛华仁公司股东谈判，达成了学校以零赔偿的条件退出公司股权的协议。第四，进一步规范科技产业大厦物业收入，对绿谷公司长期占用学校场地、欠交租金的行为进行了处理，与绿谷公司签订了以生产车间补偿部分租金的协议，达到了减少损失和盘活资源的目的。第五，深入学习教育部关于高校产业改制的文件，按照教育部的改制规划和要求，制订了《暨南大学校办企业管理体制改革改制方案（讨论稿）》，积极配合学校的产业改制。

（邢少璟、黎峥）

· 行政管理与后勤保障 ·

校长办公室工作

【概况】 校长办公室是学校行政综合办事机构，负责学校文秘、信息、督查、调研及重要活动组织、综合事务管理等工作，具有承上启下、协调左右、联系内外的作用，具备研究政策、传递信息、服务领导决策、服务大局和服务基层的职能。校长办公室下设秘书科、督办科、行政科，挂靠单位有信息管理办公室、信访办公室、董事会办公室、校友工作办公室、综合档案室、驻香港办事处、驻澳门联络处、驻北京办事处。

【文秘行政督办工作】 2006 年，校长办公室负责牵头策划、组织、实施百年校庆系列活动和校庆活动社会资金的募集工作，主要负责文秘、接待等工作。日常工作承担了学校年度计划、总结、大事记、重要公文和百年校庆活动期间上级领导、校领导重要讲话的撰写；全年共处理、批转上级和平行机关等各类来文、来函 1 000 余份；处理、批复校内请示 300 余份；起草、审核以学校名义向外报送的公文、信函 1 400 多份。负责校领导公务活动的协调安排，负责完成全年 32 次校长办公会议的召集、议题收集、记录整理，分发校长办公会议《决办通知》229 份，跟踪督办学校决定、批复和校领导指示的贯彻落实情况，编印《督办快报》5 期。负责校园网首页重要新闻的编辑发布，编辑出版 66 期《暨南大学简报》，打印公文和各类材料 2 000 多份，复印各类材料、文件 1 200 多份。负责曾宪梓科学馆国际会议厅、行政办公楼会议室等学校会议室的管理，负责学校重要会议和开学、毕业典礼等的召集和组织，具体承担的重要活动有百年校庆庆典大会、欢迎晚宴、捐赠仪式，以及李岚清同志“音乐·艺术·人生”讲座、海外华裔青少年中国民族舞蹈及中华武术冬令营开、闭幕式等。负责学校印章、校领导印章的管理和使用。负责机要文件的交换，全校报刊邮件的收寄分发和电话的安装维修等。

【校务公开工作】 校长办公室是学校校务公开领导小组办公室的挂靠单位，具体负责全校校务公开工作，按季度在校内校务公开专栏集中公开教学、科研、干部任免、基建项目和设备采购招投标等方面的材料。2006 年 6 月，调整校务公开领导小组和监督小组成员，转发《广东省教育厅高等学校校务公开暂行规定》。12 月，学校被评为“广东省厂务公开民主管理工作先进单位”，并在广东省教育系统校务公开工作经验交流会上发言。

【校园信息化建设】 信息管理办公室成立于 2004 年，是学校信息化校园建设委员会（即学校信息化领导小组）的办事机构，承担学校信息化校园建设的项目工程建设和行政管理工作，负责全校信息统计工作和“高等教育基层统计报表”的编制上报。2006 年 6 月 16 日，胡军校长主持召开信息化校园建设工作协调会，决定启动信息化校园建设项目第一期工程。10 月 18 日，学校与沈阳东软软件股份有限公司签订“暨南大学信息化校园一期工程”合同。

1. 校园一卡通工程

开发校园一卡通的宿舍管理信息系统，实现新生入学和零星办卡的现场办卡，完成数字化迎新系统并于9月投入使用。2006年，启用校园一卡通会议签到系统，对进入校本部各校门的机动车实行智能化管理，开通基于一卡通系统的认证服务，师生的校园卡可以在四个校区通用。

2. 网站与信息系统建设

建立百年校庆网站，五次进行改版，其中三次更新程序内核。建立开通2006年海外华裔青少年中国民族舞蹈及中华武术冬令营专题网站。为校内10余个单位开发网站和对已有网站进行改版。设计与开发教师队伍发布与查询系统、《暨南快讯》和《暨南大学简报》信息发布系统、英文网站新闻发布系统、百年校庆网站信息发布管理系统、百年校庆嘉宾接待系统、校友录系统等。

【信访工作】 根据国家新《信访条例》精神，信访办公室2000年制定的《暨南大学信访工作规定》进行修订并下发各级单位。2006年共受理信访事项246项，接待356人次，分别为日常来访受理76项，信件受理115项，校领导接待日受理23项，电话信访受理19项，电子邮件信访受理13项。向上级部门寄发61份书面回复，办结率为95%。向广东省教育厅、广东省信访局提交信访工作报告5份，及时反映暨南大学信访工作开展情况。

【董事会工作】 暨南大学是国内最早设立董事会的学校之一，董事会的前身可追溯到1922年3月成立的国立暨南学校校董会。1978年暨南大学在广州复办后召开第一届董事会第一次会议，廖承志、荣毅仁、钱伟长先后任董事会董事长。暨南大学第五届董事会由来自美国、加拿大、荷兰、日本、新加坡、马来西亚、泰国等国家以及中国内地、港澳的80多位董事组成。2006年逝世的校董有梁灵光、颜同珍、霍英东。

1. 董事会五届二次会议

2006年11月17日，暨南大学第五届董事会第二次会议在广州东方宾馆举行，国务院侨办主任陈玉杰、广东省省长黄华华出席会议并讲话，充分肯定了学校近年来的办学成就。胡军校长作学校工作报告，余国春副秘书长作董事会工作报告。会议讨论通过暨南大学董事会章程修改草案。暨南大学董事会董事长钱伟长和副董事长马万祺向会议发来贺信贺电，会上，陈玉杰主任和黄华华省长向新聘校董颁发了聘书。

2. 校董荣誉

2006年2月，方润华校董荣获俄罗斯科学院远东研究所“荣誉社会学博士”，纪宗安副校长赴港祝贺。3月，暨南大学第五届董事会香港董事座谈会和澳门董事座谈会分别在香港和澳门举行。会上，胡军校长汇报了学校工作，校董们对学校的建设和发展提出了许多建设性的意见和建议。7月，余国春校董、蒙民伟校董荣获香港特区政府的金紫荆星章，石汉基校董荣获铜紫荆星章，胡军校长分别致函祝贺。

3. 增聘校董

学校第五届董事会共聘请11位校董。外交部部长助理何亚非、孔泉，广州市委书记朱小丹被聘为副董事长、董事，外交部领事司司长魏苇，全国政协常委、亚洲电视有限公司行政总裁陈永棋，全国政协委员、香港四洲集团主席戴德丰，日本东京华侨总会会长符易亨，中央政府驻香港特别行政区联络办公室教育科技部部长潘永华，中央政府驻澳门特别行政区联络办公室宣传文化部部长刘晓航，卫生部科技教育司司长刘雁飞被聘为董事。

4. 校董捐赠

百年校庆期间，校董们共捐赠人民币1 108.58万元、港币289.47万元支持学校办学。学校专门举行捐赠冠名仪式，褒扬校董的善举，激发校董的捐赠热情。

2006年校董为百年校庆捐款情况一览表

姓名	捐款金额	用途/项目
杨钊	200.29万元	支持学校运动场建设
颜同珍	140万元	支持附属中学教学楼建设
蔡冠深	100万元	支持学校博物馆建设

（续上表）

姓名	捐款金额	用途/项目
杨孙西	100 万元	支持华文学院教工之家大楼建设
马有恒	102.31 万元	支持建阳苑学生公寓建设
柯为湘	100 万港元	支持建阳苑学生公寓建设
贺一诚	100 万元	支持建阳苑学生公寓建设
廖泽云	100 万元	支持建阳苑学生公寓建设
梁仲景	100 万元	捐造孔子塑像
查济民	100 万港元	向暨南大学教育基金会捐款
何世柱	64 万元	支持学校土木工程实验楼建设
李国华	30 万港元	支持行政办公楼十一楼会议厅建设
方润华	10 万元	支持行政办公楼十一楼会客室建设
颜开臣	20 万元	赞助校园地图和校庆指南的印刷
廖锡麟	10 万元	赞助《百年暨南史》一书出版
刘宇新	10 万港元	赞助《百年暨南史》一书出版
蒙民伟、蒙德扬	10 万元	赞助《百年暨南史》一书出版
钟立雄	15.41 万元和 9.47 万港元	资助优秀贫困大学生及支持百年校庆活动
赵广	10.92 万元	资助优秀贫困大学生及支持百年校庆活动
陈有汉	20 万港元	支持百年校庆活动
陈有庆	20 万港元	支持百年校庆活动
杨华根	10.65 万元	支持百年校庆活动
李秀恒	5 万元	支持百年校庆活动
唐志坚	5 万元	支持百年校庆活动
戴国坤	5 万元	支持百年校庆活动

暨南大学第五届董事会董事名单

董事长

钱伟长

副董事长（按姓氏笔画排序）

马万祺　王凤超　王今翔　孔　泉　卢钟鹤　朱小丹　刘人怀　刘泽彭　李鸿忠　何厚铧　何亚非
佀志广　沈国放　宋　海　胡　军　蒋作君　曾宪梓

董事（按姓氏笔画排序）

马有恒　王华生　王赓武　王敏刚　方润华　孔繁壮　石汉基　石景宜　毕传有　任克雷　刘皇发
刘　辉　刘家骧　刘晓航　刘雁飞　刘宇新　祁国明　许智明　孙城曾　李国华　李秀恒　李子诵
杨华根　杨孙西　杨　钊　吴炳昌　何世柱　余国春　余宏荣　初志农　陈焜旺　陈学忠　陈有汉
陈有庆　陈永棋　林光如　罗田广　郑河水　郑裕彤　赵　广　柯为湘　查济民　钟立雄　饶不辱

贺一诚　贾益民　徐展堂　翁锦通　郭全强　唐翔千　唐志坚　黄金培　黄智隐　符易亨　梁仲景
曾智明　蒙德扬　蒙民伟　蔡冠深　蔡演雄　廖锡麟　廖泽云　颜开臣　潘永华　薛君度　霍震寰
戴德丰　戴国坤　戴肖峰　魏　苇

秘书长

刘人怀（兼，2006.1—2006.4）

胡　军（兼）

副秘书长

马有恒（兼）

余国春（兼）

贾益民（兼）

注：

霍英东副董事长于2006年10月28日逝世

梁灵光校董于2006年2月25日逝世

颜同珍校董于2006年3月27日逝世

胡军先生自2006年4月17日起任副董事长兼秘书长

朱小丹先生自2006年9月28日起任副董事长

孔泉先生自2006年10月23日起任副董事长

符易亨先生自2006年10月19日起任董事

魏苇先生自2006年10月23日起任董事

陈永棋先生自2006年10月30日起任董事

戴德丰先生自2006年10月30日起任董事

潘永华先生自2006年11月1日起任董事

刘晓航先生自2006年11月1日起任董事

刘雁飞先生自2006年11月14日起任董事

刘人怀先生自2006年4月17日起不再兼任副董事长和秘书长

沈国放先生自2006年4月18日起不再任副董事长

何亚非先生自2006年10月23日起不再任副董事长

罗田广先生自2006年10月23日起不再任董事

初志农先生自2006年11月1日起不再任董事

孔繁壮先生自2006年11月1日起不再任董事

祁国明先生自2006年11月14日起不再任董事

【校友工作】　校友工作办公室是学校开展校友工作的办事机构，也是校友总会的工作机构。暨南大学校友总会成立于1992年12月25日，2006年共有70个校友会，分布于全球各地。2006年，校友工作办公室编印两期《暨南校友》。学校对设在校友楼的校史展览重新修改、编辑，接待各地参观展览的来宾共40批2 000余人。校庆期间，大量校友纷纷返校参加各种庆祝活动。

1. 校友总会理事会会议

2006年8月27日，暨南大学校友总会第二届理事会第三次常务理事会会议在广州举行，会议通报了11月16日百年校庆活动的筹备情况及校友总会第三届理事会的筹备工作，对召开第三届理事会和百年校庆问题进行了讨论，通过“暨南大学校友总会第三届理事会新领导机构人选”。11月17日，校友总会第三届理事会在曾宪梓科学馆召开，来自美国、澳大利亚、新加坡、泰国、马来西亚、法国等国家和港澳台地区及内地的校友会代表、总会理事和嘉宾近300人出席了会议。会议讨论通过了副校长、校友总会理事长贾益民所作的第二届理事会工作报告及校友总会第三届理事会成员名单。澳门校友马有恒再次当选为校友总会第三届理事会会长，副校长贾益民连任理事长。

2. 百年校庆活动

2006年8月13日至19日，校长胡军、校党委书记蒋述卓率领学校“百年校庆寻根团”一行前往南京、上海、福建建阳等地的暨南大学办学旧址，缅怀历史，拜访校友，为上海、福建建阳两地新建的三块办学旧址纪念碑揭幕。学校在图书馆铸建了暨南六先贤纪念铜像（端方、黄炎培、郑洪年、何炳松、陶铸、廖承志），作为百年校庆系列活动之一。20世纪40年代的暨南校友、国务院前副总理吴学谦为母校百年校庆题写“百年暨南”四字，学校在校本部南大门内树立纪念石，将吴学谦校友的“百年暨南”题词镌刻其上。

【驻香港办事处、驻澳门联络处工作】 暨南大学先后于1986年、1995年、2005年在香港、澳门和北京设立驻香港办事处、驻澳门联络处和驻北京办事处，作为学校贯彻落实“面向海外、面向港澳台”的办学方针，发挥窗口作用和联系、沟通功能的派出机构。

1. 招生工作

驻香港办事处（以下简称驻港办）、驻澳门联络处（以下简称驻澳办）的重要工作之一是协助学校招生部门做好在港澳的招生及拓展生源工作。2006年，两办到港澳的中学和教育机构举办“内地升学讲座”数十场，宣传暨南大学的办学成绩，联络并安排港澳的中学和机构参观暨南大学。驻港办和驻澳办还协助学校招生办举办对港澳招生工作座谈会，组织暨南大学、华侨大学两校联合招生考试香港、澳门考生的报名、考务工作。

2. 港澳校董及校友工作

2006年，驻港办、驻澳办协助董事会办公室做好在学校召开的港澳校董座谈会的准备、组织工作，陪同校领导在港澳拜访校董，参加校友活动及安排相关公务活动的行程。驻澳办汇编了关于澳门校董、校友情况的内部资料供校领导参考。驻港办、驻澳办陪同胡军校长、贾益民副校长、林如鹏校长助理等参加香港校友会成立20周年、澳门校友会成立20周年、暨南大学建校100周年大型庆祝晚会。4月，两办联同当地校友组织举办艺术学院张铁林院长“演艺人生”讲座。

3. 校庆工作

2006年，驻港办、驻澳办积极联络、争取到港澳政要、社会名流、校董、校友包括董建华、曾荫权、何厚铧为暨南大学百年校庆题词，莅校参加百年校庆活动、文艺演出，争取到港澳社会团体向学校捐款捐物。配合宣传部联系校董、校友接受广东珠江电视台和南方日报的采访，为百年校庆制作宣传片和纪念专版作准备。

4. 其他

驻港办还负责暨南大学教育基金会的日常管理，陪同纪宗安副校长拜访香港中文大学、香港理工大学、香港城市大学、香港专业进修学院，并商谈与香港高校的合作交流及副学士学位升学事宜。驻澳办联络争取到澳门科海研究及发展中心在学校设立“科海菁莪奖”奖学金。

【档案工作】 暨南大学1978年在广州复办时即设立文书档案室，隶属学校办公室秘书科，1986年4月成立暨南大学综合档案室。学校综合档案室现有专职档案工作人员8人，其中副高职称1人，中级职称5人。华文学院、珠海学院、深圳旅游学院、财务处、出版社设有档案分室，分别配备专职档案员，全校共有专、兼职档案员119人。综合档案室现有建筑面积402平方米，其中库房建筑面积287平方米。2006年11月，顺利通过了国家档案局组织的档案工作执法大检查。12月，学校档案工作以优秀成绩通过了广东省档案局组织的档案管理达标复查，获广东省档案学会高校系统委员会颁发的“广东省高校档案工作优秀集体”称号。

1. 档案收集和整理

2006年，学校综合档案室共收集各类档案2286卷，其中文书档案98卷，会计档案527卷，基建档案84卷，设备档案5卷，科研档案120卷，教学档案1 250卷，出版档案175卷，其他类档案27卷。截至2006年底，综合档案室馆藏档案34 710卷，排架长度709米，其中永久保存档案7 119卷，长期保存档案7 815卷；以件为保管单位档案408件，全部为永久保存；录音、录像档案126盘，照片档案3 556张，底图292张，磁盘2张，光盘7张；学校馆藏档案有民国时期档案134卷。2006年，综合档案室加强了档案信息化建设，至年底已录入案卷级目录25 000余条，录入文件级目录12万余条。此外，还收集各部门形成的各类电子文档2 864份，启动了馆藏照片的数字化项目，扫描照片档案610张。

2. 档案利用与服务

2006年，共提供利用档案1 104人次，查找利用档案3 239卷。在百年校庆活动期间，综合档案室承办了暨南大学百年校庆珍藏书画展，展出党和国家领导人江泽民、李鹏、乔石、李瑞环、叶剑英、陶铸等，暨南大学董事会历任董事长廖承志、荣毅仁、钱伟长，国内外知名校友吴学谦、许德珩、周谷城、许敦茂等以及港澳知名人士董建华、曾荫权、何厚铧、霍英东、曾宪梓、马万祺等给学校的题词以及暨南大学创办人端方、黄宾虹等的书画作品原件共70余件。

（校长办公室供稿）

发展规划工作

【概况】 2006年3月，暨南大学发展规划处成立，同时原“211工程”办公室并入发展规划处。发展规划处下设综合科、事业发展规划科、学科发展规划科3个科室。

发展规划处主要工作职能是：负责制订学校中长期发展规划与建设目标，为学校改革与发展提供战略性和前瞻性的研究报告、方案设计、政策建议和决策咨询；负责学校发展规模、办学层次、办学类型的整体设计；负责学科建设的规划论证以及“211工程”建设项目的论证申报、组织管理、验收评估等工作；协调相关部门对学校资源进行科学、合理配置。

【学科建设】

1. 广东省重点学科

2006年6月，组织学校有实力的18个学科参与第八轮广东省高等学校重点学科的申报工作（产业经济学、水生生物学2个国家重点学科只需申请认定）。

2. 国家重点学科

2006年12月25日，组织召开国家重点学科考核评估与增补工作动员会，随后又分别召开产业经济学、水生生物学2个国家重点学科的协调会，要求学科点和学院高度重视，认真总结建设成效，精心准备材料，确保顺利通过教育部组织的考核评估。

【“211工程”建设】 2006年1月，学校分别对“211工程”建设的2个公共服务体系建设项目和6个重点学科建设项目进行了验收。经过专家组的认真评议，暨南大学“十五”“211工程”8个建设子项目均以“优秀”的成绩通过验收。

5月29日至30日，以吉林大学原校长刘中树教授为组长的整体验收专家组对学校“十五”“211工程”建设情况作了全面的考察，充分肯定了学校在“十五”“211工程”建设期间所取得的成就。专家组一致认为，暨南大学全面实现了“十五”“211工程”建设的整体目标，高质量地完成了国家下达的“十五”“211工程”建设任务。

6月1日，完成《暨南大学“十一五”“211工程”建设方案建议》的编制和上报工作。

12月，完成“‘十五’期间‘211工程’建设项目专项资金评价数据表”的填报和专项资金绩效评价报告的编写工作，并配合省有关部门完成了绩效评估工作。

【事业规划】 2006年8月，组织召开了学校“十一五”发展规划研讨会，对学校的优势与劣势、面临的机遇与挑战、“十一五”学校的战略目标与战略定位、实现“十一五”战略目标的措施等问题进行了研讨。同月，完成《暨南大学发展中若干问题的调研报告》的编写、上报工作。

10月至12月，完成学校《“十一五”发展规划（征求意见稿）》的编写工作。

12月，完成学校2007年教育事业发展计划报表的报送工作。同月，初步制订了《暨南大学企业改制方案》。

（发展规划处供稿）

学生工作

【概况】　暨南大学学生处是负责全校学生思想教育与行政管理等事务的工作部门（不包括成人教育学生）。学生处下设学生教育管理科、港澳台侨学生管理办公室（含外国留学生管理办公室）、学生活动辅导科、学生就业指导中心、学生资助管理中心、学生心理健康教育中心、学生舍区教育管理中心。

学生处的主要职责有：学生思想教育及奖、惩、贷、助工作；外国留学生的管理、服务和出国留学生的选派工作；毕业生信息发布和就业指导工作，学生档案管理；学代会、研究生会、学生会、学生社团、学生艺术团的指导和管理工作，学生活动的协调及辅导；学生心理健康教育、心理咨询；家庭经济困难学生的资助管理、勤工助学安排和勤工助学基地建设等。

【思想政治教育】

1. 重视学生思想政治教育工作队伍建设

成立由蒋述卓书记、胡军校长任主任，贾益民副校长任副主任的学生思想政治工作委员会，主管校领导亲自抓专职学生思想政治工作人员的选拔和队伍建设。加大从2006届本科毕业生中选拔优秀学生从事学生工作并免试攻读硕士学位研究生的力度，选留8名优秀毕业生充实到学生工作队伍，做好学生工作队伍后续资源的储备。根据各院系的具体情况，实施兼职辅导员以及助理班主任制度，由高年级学生或研究生担任低年级学生的辅导员和班主任，并规定专任教师晋升高一级教师职务时，原则上要有担任班主任等学生思想政治工作的经历。

2. 深入调查研究，及时掌握学生的生活、学习情况和思想动态

密切关注国际、国内、学校发生的重大事件，通过深入基层调查，走访学生宿舍，组织学生座谈、访谈等各种方式，及时了解学生的各种想法。2006年新学期伊始，及时了解学生返校思想情况，进行了摸底调查；完成全国大学生思想滚动调查，撰写《暨南大学内招学生思想政治状况调查报告》，为中央和职能部门决策提供了数据支持；联系港澳台学生分部，了解港澳台学生情况。在学生舍区中开展树立社会主义荣辱观教育活动和“先锋工程”建设工作。

3. 开展党团组织进宿舍、进网络工作，发挥党员先进性作用

定期召开党员座谈会征求学生党员对舍区工作的意见和建议，并设法解决存在的问题。2006年，学生党员协调解决学生问题20件，调解学生纠纷数十起，干预学生舍区内突发事件3次。2006年，学生舍区工作组考察通过的入党积极分子人数达到586人。

舍区党工组组织学生党员在校园论坛上对不实言论的发布者进行教育和纠正，号召学生党员在学生舍区和网络上充分发挥党员先进性作用，维护学校学生舍区的稳定和论坛上的秩序。

4. 重视开展新生入学教育与毕业教育

2006年6月开始，在全体毕业生中开展“今日我以暨大为荣，明日暨大以我为荣”以及“文明离校”活动，同时加强毕业生的诚信教育，特别是针对贷款毕业生，要求其明确自身的责任和义务，积极回报社会。9月份新生入学教育主要以学校入学典礼、新生教育大会以及院系各项教育活动相结合的形式开展，内容涉及校史、校情、校规校纪教育、学分制讲解、入学心理适应教育等。

5. 发挥侨校学生特点，建立学生“自我教育、自我管理、自我服务”体系

从2006年暑假开始，舍区教育管理中心（以下简称舍区中心）举办学生假期生活之“摄影作品收集和展览”，共收集学生投稿500多件，照片作者来自30多个国家和地区。

鼓励学生参与舍区学生自主管理。以学生会楼栋联合会（以下简称栋联）工作为例，舍区中心注意发挥外招学生具备较高的维权意识和服务意识的共同特点，指导栋联在以“营造舒适的家，从宿舍管理开始”的宗旨下，为学生们做实事。4月份，通过调研等方式收集学生的意见，整理后提交给舍区中心，并把相关处理意见和结果反馈给学生们，顺利解决了学生从旧楼调整到新楼住宿这一敏感问题。2006年，栋联根据各楼栋不同情况，在每栋学生宿舍成立了住宿生委员会，具体承担本楼栋的工作，栋联还就舍区内问题成立仲裁小组，以协商、投票

等公平、公正、公开的创新方式排解学生之间纠纷、消化舍区内部矛盾，被学生公认为“阳光工程”。

【学生活动】

1. 紧扣学校中心工作，积极投入，热情参与，发挥最大能力，做出突出成绩

2006年上半年，积极投身百年校庆的各项筹备及活动当中，以丰富多彩的校园文化活动掀起校庆活动的序幕，如：以讨论“暨南精神”为主题的“暨南园”院际辩论赛、国际文化聚暨南活动、社团文化节活动等。

2006年下半年，投入百年校庆庆典晚会及其相关工作中，组织策划百年校庆庆典晚会方案，成功组织近3 800名师生、校友等参与校庆庆典晚会的演出，组织学生参与香港校友会和澳门校友会双庆活动演出，组织校庆欢迎宴会演出，在11月18日校庆晚会因雨停演的情况下，及时组织临时舞台，举办“民间晚会”。

校庆期间，继续组织丰富多彩的各项学生活动，活跃校园文化氛围，营造校庆的喜庆气氛，如：“校庆杯”新生拔河赛、“侨生杯”系列活动、“北极光”歌唱大赛等。

2. 寓教于乐，在各种活动中培养学生高尚的道德情操

组织学生参加以“南粤杯”人生志向导航为主题的大学生征文。

组织学生参加以“南粤杯——有理想、有志气、有作为”为主题的大学生演讲比赛，同时报送优秀作品参加同一主题的大学生摄影比赛。

组织学生会出版《第十四届暨南园院际辩论赛辩词实录》。

3. 加强学生组织的建设，鼓励学生自我教育、自我管理、自我服务

2006年召开第十三届学生代表大会第二次全体会议，选举出新一届学生代表大会（以下简称学代会）常务委员会委员，进行校学生会和社团联合会的换届改选工作。还组织了校长与学生代表座谈会。

指导学代会开展信访工作，使学校和学生之间的沟通更为顺畅。

指导学代会在珠海学院校区组织新生班长联席会活动，加强对新生班长的教育和培训，进一步完善了本部与珠海学院校区之间的联系。

加强学生会和社团的内部建设和管理，理顺了组织架构，进一步调动广大学生干部的积极性和主动性，通过校庆系列活动锻炼出一支可靠的学生干部队伍。

4. 配合学校工作方向，加强校园文化建设，开展积极向上的校园活动，丰富学生生活，增长他们的见识，提高了学生的综合素质

2006年开展的主要活动有：迎新暨迎百年校庆晚会、新生拔河赛、暨南园院际辩论赛、国际文化聚暨南、2006暨南大学英语演讲比赛、社团文化节、社团策划大赛、北极光歌唱大赛、新年音乐会、“夏之韵”音乐会、澳门文化节等。

【港澳台侨学生管理】

1. 港澳台侨学生专项活动

2006年，港澳台华侨华人学生专项活动按照计划主要举办了中国文化之旅、寻根之旅、海峡两岸研究生创意管理研习营等活动，这些活动的开展增进了港澳台侨学生对国情民情的了解，丰富了他们的学习生活，提高了学生的文化素养。

（1）中国文化之旅和中国寻根之旅。

2006年中国文化之旅活动，暨南大学组织7个冬令营、6个“五一”团、6个夏令营、4个“十一”团。共有644名港澳台华人华侨学生参加了此项活动，其中香港学生376人、澳门学生165人、台湾学生24人、华侨学生45人、华人学生34人。

2006年中国寻根之旅活动，暨南大学组织赴北京寻根之旅总团共325人，由贾益民副校长担任总领队。整个团队中包括华裔及港澳地区的273位学生，他们分别来自海外17个国家和港澳台地区，其中巴拿马4人、玻利维亚1人、菲律宾1人、柬埔寨5人、科特迪瓦1人、加拿大1人、老挝3人、马达加斯加2人、马来西亚24人、美国1人、秘鲁2人、缅甸54人、泰国15人、委内瑞拉1人、印度尼西亚63人、越南5人、华侨22人、中国香港54人、中国澳门10人、中国台湾4人。

（2）海峡两岸研究生创意管理研习营。

由暨南大学主办、暨大管理学院承办、管理学院研究生会协办的“海峡两岸研究生创意管理研习营”活动于2006年10月18日至25日在暨大举行。来自台湾暨南国际大学、中央大学、大叶大学、中正大学、吴凤技术学院、布罗丰登大学6所高校的100余名研究生参与了此次活动。以交流、探讨、共进为主题，在7天的交流活动中，海峡两岸的学子们在学术交流、创意管理竞赛、社会实践、校园体验等多种形式上展开互动。为期一周的管理研习营开展的主要活动有：“从珠三角看中国——对企业管理创新的挑战”和“价值创新”的教授专题讲座；以“企业外包”为主题开展的创意管理竞赛；世界顶级管理大师彼得·圣吉和国际著名儒学大师杜维明的高峰对话；参观孙中山故居、中山纪念堂、林则徐纪念馆、虎门炮台等爱国教育基地；在中山古镇灯

具国际博览会和旺旺食品公司的社会实践；两岸研究生同台演绎歌舞联谊晚会。

2. 港澳侨学生奖学金及台湾学生奖学金

2006 年共有 2 323 人获得“港澳侨学生奖学金”，其中硕士一等奖 9 人、硕士二等奖 38 人、硕士三等奖 62 人；本科一等奖 432 人、本科二等奖 647 人、本科三等奖 1 135 人。共有 133 人获得“台湾学生奖学金”，其中博士三等奖 1 人、硕士一等奖 1 人、硕士二等奖 3 人、硕士三等奖 6 人、本科一等奖 24 人、本科二等奖 37 人、本科三等奖 61 人。

【外国留学生管理】 2006 年，暨南大学的外国留学生达到 1 000 多人，分别来自 5 大洲 80 多个国家。留学生管理工作以整个学校的教育管理系统为基础，实施分层教育和趋同管理的措施。

1. 留学生新生入学工作

发放新生入学材料，介绍出入境注意事项以及出入境管理法相关规定；检查学生的护照及签证有效期，并指导填写“外国人证件申请表”、“留学生在学证明”以及“留学生登记表”。组织留学生新生参加检疫站体检，赴广州市公安局出入境管理处为学生办理签证、居留许可证等相关事务。解决未成年印度学生办理监护公证事宜。

2. 留学生数据统计工作

2006 年 3 月和 9 月，重新整理外国留学生数据库，包括新生资料的录入以及学生毕业、结业、肄业或退学后资料的更新；完成上级部门指定的各种外招学生数据统计工作；录入教育部“全国来华留学生信息管理系统”学生信息共 1 249 条。

3. 留学生奖助工作

继续实施“国家港澳台、华侨华人及其他外籍学生奖学金”、“国家华侨华人学生资助金”、“国家华侨华人学生奖学金——专项奖”等激励与奖励机制。2006 年下半年，学校共对潘特宾等 201 位学生进行奖励，发放奖励金额为 155.3 万元。根据申请人家庭经济困难情况、在校学习情况及其他方面的表现，学校向潘登桂等 79 位学生发放资助金，发放资助金金额为 78 万元。向林家宝珠等 4 位学生提供一年学费，共 4.96 万元。向华文学院 2005 级和 2006 级华文教育系学生发放“国家华侨华人学生奖学金——专项奖”，每人奖励 1 万元，奖励人数为 97 人，奖励总额为 97 万元。以上各款项合计为 335.26 万元。

4. 留学生活动

2006 年 10 月，组织日籍留学生参加由日本驻广州总领事馆举办的第五届广州地区日语专业新生欢迎会。百年校庆期间，组织外国留学生参与拍摄百年校庆宣传片并接受相关媒体的采访，组织来自海内外的学子与胡军校长一起切蛋糕迎接百年校庆的到来。

5. 选派留学生工作

2006 年 11 月至 12 月，由学校国际交流工作委员会选拔了 40 余名学生分赴美国、法国、日本等国家的 11 所高校学习。

【勤工助学】 2006 年 8 月，学生处设立了学生资助管理中心，下设学生资助管理和勤工助学管理 2 个办公室，全面统筹全校贫困生资助工作，改变了原来助困与勤工助学不同部门管理的模式。

1. 建立全方位的助困体系

逐步建立并形成以国家助学贷款为主渠道，以勤工助学为主要方式，以表彰奖励为激励手段，以减、免、补为辅助措施的“奖、贷、勤、助、补、减、免”七位一体的扶贫助困帮学的保障体系，确保并做到了不因经济困难而使任何一名学生失学。编印、发放《暨南大学奖学金、助学金申请和评定指南》5 000 册；新生报到期间，在迎新现场设置“绿色通道”，为贫困生办理缓交学费手续，并提供学校相关助困政策、勤工助学岗位申请等咨询。2006 年共有 142 名本科生及 176 名研究生通过“绿色通道”顺利办理入学手续。

2. 完善经济困难学生助学管理制度

对全校困难学生登记进行梳理，完善困难学生登记程序，及时为困难新生办理困难学生登记手续并发放困难学生“绿卡”。“绿卡”是申请助学贷款、发放助学金、安排勤工助学岗位的重要依据，方便学生申请资助和学院负责教师审核。2006 年共为 355 名学生申请了国家助学贷款，合同总金额 602.448 万元。加大助困力度，2006 年共计审查和发放广东省政府助学金 41.6 万元，受助学生 277 名；福彩助学金 15 万元，受助学生 30 名；体彩助学金 7.5 万元，受助学生 15 名；新长城助学金 12 万元，受助学生 60 名；钟立雄校董资助金 9.47 万元，受助学生 10 名；赵广校董资助金 6.192 万元，受助学生 3 名；羊城晚报仲明助学金 6 万元，受助学生 20 名；Acer Care 助学金 4.5 万元，受助学生 15 名；黄乾亨基金助学金 2 万元，受助学生 20 名；建行爱心基金助学金 1.4 万元，受助学生 7 名。学校常规性困难补助工作形成申报制，审核并发放困难补助 388 人次，补助金额 28.7 万元；审核和发放学校临时性困难补助，受助学生 10 人次，金额 4.55 万元。

3. 规范勤工助学岗位管理，拓展勤工助学基地

积极在暨大校内为学生提供更多的勤工助学岗位，使每一个贫困学生都有岗位。2006 年共设1 920

个岗位，其中本科生勤工助学岗位1 100个，研究生三助岗位820个，其中研究生助研岗位371个、研究生助教岗位274个、研究生助管岗位175个。上岗学生中约有80%为贫困生，2006年共发放学生勤工助学工资534万元。

4. 重视宣传教育，树立自强自立的信念

广泛宣传勤工助学工作，倡导通过诚实劳动获得报酬，解决贫困学生的实际困难。注重业务培训，培养其爱岗敬业的精神，提高贫困生适应社会的能力。在经济扶贫的同时，更注重贫困生的能力扶贫，将勤工助学与素质教育有机结合起来。

【心理健康教育】 对有心理问题学生及时干预与处理，防患于未然。

为暨大师生提供免费心理咨询。2006年度组织14名专兼职专家对全校师生提供每周38个时段的咨询时间。共咨询1 068人次（不包含珠海学院的咨询），其中男生497人次，女生571人次。

采用学生处心理健康教育中心自编心理量表对新生进行心理测量，建立心理档案。2006年有5 219名新生完成心理测量，完成率84%，并且抽取261名（约占总测量人数的5%）测量结果显示有不同程度心理问题的学生进行心理访谈，其中160名学生接受了访谈，访谈接受率61%。对在访谈中显示需关注的学生进行跟踪咨询。

积极拓展新途径，提高大学生心理健康教育的针对性和实效性，服务对象从障碍心理咨询扩充到发展性咨询。2006年度，心理中心邀请心理专家在暨大校园内开展团体心理辅导，开设提高领导能力、提高自信心、改善人际关系、克服焦虑4期专题心理辅导培训班。团体咨询内容有恋爱关系的处理、情绪调整、家庭关系、改善学习方法、协调宿舍关系、睡眠调节、就业心理调节、认识自我、人际交往、考试调节10种。暨大团体训练的主要特点反映了"侨校"校情，在团体训练中，境内生与境外生相互学习、相互影响，收到了多种文化交融，传统文化得到丰富和发展的良好成效。

【红十字会工作】 完善暨大红十字会机构设置。2006年，确定暨南大学各院系红十字会分会会长、副会长、工作人员。

发动学生参加澳门举办的"两岸四地红十字海报设计比赛"。暨大有22幅作品参赛，在广州赛区获得3个二等奖，1个三等奖。

发展红十字青少年。红十字青少年是红十字运动的一支重要力量，本年度暨大共有853名学生加入了红十字会。

暨大红十字学生会员和志愿者在学校、社会开展了大量人道主义活动。如2006年7月，暨大2名红十字学生会员参加中国红十字会总会举办的2006海峡两岸红十字少年会员夏令营活动，为增进两岸青少年的互信和友谊，为沟通和改善海峡两岸关系作出了积极的努力。

开展无偿献血活动。2006年度，暨大红十字会举办了1次大型无偿献血活动，763人次参与无偿献全血，2人次参与无偿献成分血，无偿献血共152 600毫升。

人道援助。①发动捐款捐物活动。2006年5月，响应广州市红十字会号召，在暨大校园内发起"为广州地区农村捐赠书刊"的倡议，暨大师生共捐赠书刊688册。②组织参加扶贫考察夏令营。2006年校红十字会推荐了积极分子参加河源扶贫夏令营活动，给当地贫困群众"送知识、送健康、送温暖"。

【毕业生就业指导】 2006年暨南大学各类毕业生6 738人，包括硕士毕业生2 857人，其中在职不参加就业派遣505人，已就业毕业生2 352人。已就业的毕业生中，到国家机关及事业单位就业的占48.8%、国有企业15.9%、三资企业8.3%、民营企业12.3%、私营企业7.4%、国内外深造7.3%。年底就业率为93.32%。本科毕业生3 881人，已就业毕业生2 595人。已就业毕业生中，到国家机关及事业单位就业的占10.4%、国有企业29%、三资企业14.6%、民营企业21.1%、私营企业9.7%、国内外深造15.2%。年底就业率为92.64%。

因暨南大学研究生学制改革，2006年共有两届研究生同时毕业，同一学科专业2年制与3年制毕业研究生就业竞争加剧。

就业期望值偏高。对于珠三角以外及经济相对不发达的地区、工作比较辛苦的企事业单位、一些发展中的中小企业以及一些工资待遇不是很理想的基层单位等，暨大毕业生不愿意去。虽然目前毕业生就业普遍比较困难，部分学生就业相当困难，但还是"高不成，低不就"。宁愿选择不就业，也不愿先就业、后择业。

1. 学校高度重视毕业生就业工作

学校高度重视毕业生就业工作，并将其列入各级部门的重要议事日程。落实"一把手"工程，成立由校长任主任、主管学生工作的副校长任副主任以及相关部处领导及各学院主管领导组成的"学生就业工作指导委员会"，从学校到学院乃至各系、所层层落实工作。出台《关于进一步加强和改进就业工作的意见》，对今后的就业工作提出更高的要求。

2. 加大就业宣传，扩大暨大毕业生的影响

通过网站，宣传栏及讲座等方式，宣传党和国

家的就业方针、政策、法规，引导学生全面了解、准确把握就业形势，树立正确的择业观念，营造有利于毕业生就业的良好氛围。

3. 与院系合作共同开展就业指导工作

学生处就业指导中心与部分院系合作开展就业指导讲座，利用院系人力资源优势，邀请部分校友、社会知名人士、企业名流等来校举办讲座。通过与院系的合作，充分利用社会力量，加强就业指导工作。

4. 承办2006年广东省行业系列专场招聘会

2006年11月至年底，举办2场广东省系列毕业生专场招聘会，参会用人单位300多家，提供职位3 500多个。

5. 加强信息化管理，建立毕业生就业信息网络管理模式

对网上就业指导中心进行改版，增强分类查询、院系教师查询、企业自主登陆等功能，增加职业测评、职前网络课堂等内容。

6. 加大就业市场建设，就业市场逐步完善

通过登门拜访、电话、邮寄、E-mail，参加校企交流活动等方式与各用人单位和各大知名人才门户网站保持良好的合作关系，收集招聘信息，定期举办各类招聘活动；成立就业信息收集小组，为毕业生提供更多的就业信息。学校已基本形成大型专场招聘会，小型校园招聘会和就业网站相结合的市场体系。

7. 加大对外招学生的推荐力度

通过香港校友会和澳门校友会，定期在校内开展当地就业形势和行业分析讲座，举办香港企业和澳门企业招聘会；加强与香港特别行政区政府驻广州办事处的联系，为港澳毕业生提供更多的招聘信息。

（学生处供稿）

人事管理

【概况】 人事处是统管全校人事工作的职能部门，主要负责全校编制计划、人员调配、机构设置、奖惩考核、工资福利、师资建设、职称职务、退休退职、外聘返聘、计划生育等工作。下设人事科、师资科、工资科、人口和计划生育委员会办公室4个科室，人才交流中心挂靠人事科。2006年教师节共评选出暨南大学终身贡献奖22名、优秀教师56名、科研先进工作者65名、先进医务工作者11名、管理育人先进工作者64名。

【教职工队伍情况】 截至2006年10月31日，全校教职工共有3 968人，其中专任教师1 576人，占39%；行政人员638人，占16.1%；教辅人员355人，占8.9%；工勤人员121人，占3%。在专任教师队伍中，正高级职称324人，副高级职称551人，中级职称504人。2006年全校离退休人员2 187人，2006年办理退休人员75人，在调离、辞职、自动离职的26人中，副高职称以上的人员8人。

【人才引进】 修订并发布《暨南大学引进人才暂行办法》，要求教学科研系列新进人员需拥有博士以上学历。2006年共引进各类人员140余人，其中博士80余人，硕士40余人，接收安置军转干部4人。

【师资管理与培训】 在深入各学院调研的基础上，人事处拟定了“十一五”师资队伍建设规划。2006年，学校高层次人才培养工作取得突破性成果：药学院叶文才教授入选教育部“长江学者”特聘教授，并成为“国家杰出青年基金项目”获得者，实现了暨南大学“长江学者”和“国家杰出青年基金项目”零的突破；金融系王聪教授受聘为广东省高校特聘教授；何庆瑜、苏冬蔚两位教授入选“百千万工程”国家级人选。此外，资本市场理论与实践研究组被评为广东省高等学校“千百十工程”第二批先进团队，刘应亮教授被评为广东省高等学校“千百十工程”第二批培养对象先进个人，李扬秋等42位老师被确定为广东省高等学校“千百十工程”第四批培养对象。欧阳东教授获批为政府特殊津贴专家。学校积极选派教师出国进修，向国家留学基金委申请到10个1∶1配套资助名额和30个国际旅费名额。2006年，组织第三批和第四批全英授课教师资格考试，102名教师参加面试，其中48人取得全英授课教师资格证。开展暨南大学教职工岗位技能竞赛和展演系列活动，制定《暨南大学工资支付办法》、《非在编人员办理社会保险业务须知》等规章制度。

【职称评审与聘任】 2006年职称评审工作于6月启动，12月结束，共计307人申报，208人通过（其中初级职称5人，中级职称68人，副高职称89人，正高职称46人）。根据学科建设的需要，遴选出学校一级岗特聘教授6人，二级岗特聘教授2人。

【人事档案管理】 人事档案室共接收人事档案227卷，转出455卷（其中移交人才市场A类档案426卷），办理退休档案36卷，办理去世档案25卷，办理停薪转A类档案15卷，借查阅档案1 380人次。

【人口与计划生育工作】 暨南大学计划生育委员会办公室成立于1980年，现挂靠人事处，有专职干部2人，负责全校教职工、流动人口和在校学生的婚育管理和服务工作。学校计划生育工作先后获得广州市“计划生育达标单位”，广州市天河区石牌街“计划生育工作先进单位”。2006年度，教工初婚61人，晚婚61人，生育71人，晚育率100%，计划生育率100%，节育率100%，一孩办证率100%。是年办理教职工退休手续75人，其中终身无子女者2人，一孩者48人，全部按政策享受一次性退休优待。2006年，学校计划生育委员会办公室开展办理独生子女综合保险502人次，办理理赔18人次。组织开展全校流动人口清查验证工作1次，清查流动人口800人次。组织开展在校大学生“青春教育同伴教育活动”8次，参加学生250人次。

（人事处供稿）

财务管理

【概况】 暨南大学实行统一领导、分级管理、集中核算的财务管理体制，财务处是学校一级财务机构，下设财务管理科、会计一科、会计二科、财务结算中心4个科室。对华文学院、珠海学院、教育学院、附属第一医院、总务处、工会6个二级经济独立核算单位实行会计委派。财务处根据国家、学校的财务政策和财务制度，开展和管理学校日常财经工作；建立与公共财政体制、学校内部管理体制相适应的财务管理体制和运行机制，充分发挥财务工作在学校教育资源配置中的基础性调节作用，确保学校教学科研事业的可持续健康发展。2006年，财务处在岗职工47人。1月1日开始，总务处计财科账务并入学校财务核算体系，并账后总体运转正常。

2006年，学校收入总额72 720万元（不含基建拨款）；基建拨款为27 667万元，比2005年增长92.4%。全校支出82 051万元（不含基建支出），比2005年增加8 545万元。基建支出28 137万元，比2005年增长452.2%。

【预算管理】 学校确定2006年预算编制的基本方针是：增加收入、控制支出、确保发展。同时调整开支渠道和审批程序，先后成立薪酬及福利预算审查工作组和重大投资项目预算审查小组，对人员经费和重大投资项目进行审查，初步形成一套行之有效的经费开支审批机制。

【资金管理】 2006年，学校新建和在建基建项目11项，概算总投资68 981万元，其中国家投资40 281万元，自筹投资28 700万元。经过努力，学校争取到中央国库归还学校曾宪梓科学馆等8个工程项目历年垫付的自有资金1.397亿元，缓解了自有资金紧张的状况。结算中心存款余额保持7 000万元左右，借出资金共4 600万元，用于学校资金周转。

【会计信息化建设】 成立财务处信息化工作小组，引进和改进多项财务系统。5月启用自动对账系统，实现银行对账单数据自动导入、自动对账；建立收入结算模型，增加收入结算自动计算并出单的功能，减少人工计算制表的工作量，进一步优化结算流程；引进票据管理系统，进一步规范校内票据的使用和核销，强化财务监督；完成工资系统的更新重置，基本完成工资系统的更新换代。搭建通用报表编制平台，变过去大量手工取数编制报表为自动生成报表，同时规范基础数据。

【百年校庆捐款管理】 出台《暨南大学百年校庆接受捐款资金管理办法》，通过多方努力，百年校庆期间学校筹集各类资金近5 500万元（其中校董捐款2 050万元），已到账资金4 100万元。校庆期间学校在校内设立专门的捐款点，接受广大校友的捐赠。

【校办企业监管】 财务处管理科设置了对下属独立核算企事业单位的管理岗，加强对校办企业的管理。11月制定下发《暨南大学下属企业类单位财务报表报送管理办法》，保证学校及时全面掌握校办企业的财务情况，为今后加强对校办企业财务管理奠定基础。

【其他】 组织策划“暨南大学首届会计知识大赛”，全校各单位积极参加，提高了全校财务人员的业务素质。积极开展高校财务学术活动，成功申报3项广东省教育厅高校财务科研课题。加强对缓交学费、欠费学生的跟踪管理，保证学校学费收入及时上缴。2006年5月以来，共追缴欠费学生492人次，追缴学费共计272.5万元。

提高财务管理的深度和精度，继续完善财务工作分口联系人制度，强化专业化分工，以工作项目为主线开展工作，保证学校的每一项财务事项都落实管理责任人。增设财务制度建设与稽核组和资金筹划岗，加强财务制度建设，执行稽查、资金筹划等工作。

（财务处供稿）

国际暨港澳台交流与合作

【概况】 暨南大学国际交流合作处/港澳台事务办公室是负责全校国际交流合作及港澳台事务的职能部门，其前身是暨南大学外事处，下设处长办公室、国际交流科、出访科和专家楼管理办公室。国际交流合作处的功能和职责是：为学校领导相关决策提供咨询；为学校的国际交流合作搭建平台；为各类交流合作项目的开展做好服务；对外成为宣传暨南大学，弘扬民族文化的窗口。

按照学校规划，2006年上半年主要实施了两项重大项目。首先，成立了国际交流合作工作委员会。其次，2006年4月27日至5月19日，国际交流合作处策划并组织了暨南大学学院书记团一行26人的澳大利亚培训项目。这是继2004年学校行政管理干部赴美国培训及2005年学院院长团赴澳大利亚培训之后，学校为提升管理水平采取的又一重要举措。访问团先后在暨南大学的姐妹学校——澳大利亚格里菲斯大学和科廷科技大学进行了系统培训。通过培训，暨南大学在学院管理层面上将借鉴澳大利亚各大学在办学理念、发展规划、教学管理、学术研究、学生培养、行政管理等多方面的先进经验和措施。

校庆期间，共邀请到来自13个国家和港澳地区的26个大学及研究机构的代表团共68名海外嘉宾参加校庆活动。同时向所有外国驻穗总领事馆发出邀请，其中新加坡、德国、印度尼西亚、韩国的总领事，泰国副总领事，以及越南、美国、马来西亚、英国的领事应邀出席了校庆活动。11月18日下午，校庆庆典结束后，举办了以“提升大学竞争力”为主题的中外大学校长论坛，吸引了海内外100名大学校长参加。此次论坛突出了“庆典为体，学术为魂”的宗旨，在会场布置和论坛议程设定方面营造学术氛围，在社会上收到了很好的反响。

【国际交流】 2006年，暨南大学继续拓展对外交流，先后与开罗大学、阿因·夏姆斯大学、米尼亚大学等四所埃及的高校签订校际交流协议，与泰国版颂德皇家大学签署合作开展汉语教学协议，与日本兵库县立大学续签合作协议，暨南大学华文学院与印度尼西亚311大学文学艺术学院合作开展汉语教学协议，与美国加州中国语言教学研究中心签署合作招收培养兼读制硕士研究生协议，深圳旅游学院与香港理工大学酒店与旅游业管理学院签署合作意向书。截至2006年底，学校已经先后与五大洲26个国家和地区的100多所学校或研究机构建立了友好合作关系。

暨南大学全年共接待短期来访外宾160批次，708人次。其中短期来访讲学人数继续走高，全学年短期讲学共计130人次。2006年7月，暨南大学正式宣布成立国际交流合作工作委员会，目的是通过理顺学校纵向及横向层次的关系，整合学校现有资源，挖掘学校对外交流与合作的潜力，并在此基础上制定学校国际交流与合作的整体战略目标，提升国际交流与合作的档次和水平，力争取得一些标志性的合作成果，以“国际化”推动学校“现代化、综合化”的发展，从而更好地为教学、科研服务。

暨南大学还开展多种形式的文体交流活动，以增进不同文化背景学生之间的了解。4月18日至27日，派遣学生艺术团一行42人对菲律宾圣路易斯大学进行了回访。

【外国专家工作】 2006年，暨南大学成功申请外国专家（以下简称外专）指标共计31人/年，经费拨款共计279万元，较去年有所增长。全年共聘请长期外专34人/次，邀请短期外专148人次。其中国际学院医学专业黄的明老师因工作表现出色，被广东省外国专家局授予“南粤友谊奖”称号，暨南大学也因此成为广东省六所获此殊荣的高校之一。

暨南大学国际交流合作处工作人员与外专保持密切的联系和沟通，及时了解他们的工作、生活情况，为他们创造良好的生活起居环境。2006年，学校组织多项文化交流活动，丰富了外专课余文化生活，加强了外专与学校之间的联系。由于国际交流合作处在“引智”工作中的突出表现，暨南大学被国家外国专家局授予“全国引智先进单位”荣誉称号，国际交流合作处李历家同志获得“先进个人”称号。

【学生交流】 暨南大学较早地实行了交换生制度。暨大在校学生只需交纳国内大学学费，便可到学校的国外姐妹大学接受一定年限的教育。随着学校对外交往的日益密切，派出的交换生人数也不断增加。2006年派出交换学生36人，分别前往美国纽约州立大学古西堡学院、美国圣道大学、美国威斯康星欧克莱尔大学、日本兵库县立大学、日本关西国际大学、法国里昂天主教大学、俄罗斯人民友谊大学、俄罗斯圣彼得堡大学、韩国汉阳大学、韩国汉城国立大学、菲律宾圣路易斯大学、文莱达鲁萨兰国大学以及澳大利亚格里菲斯大学等13所国外高校学习。与此同时，接收了23名交换生，分别来自美国、日本、法国、德国、俄罗斯以及澳大利亚的姐妹大学。2006年6月，派出5名研究生前往韩国淑明女子大学参加暑期课程班的学习，并选拔了3名学生参加香港美国中心青年才俊夏令营活动。在工作中，进一步完善工作管理中的规章建制，对《交换学生手册》进行了修订，并且为来校的海外交换学生制作了《国际学生手册》。

【因公派出】 2006年办理了914人次的因公出国和赴港澳台手续。其中进行短期讲学、参加国际会议和从事合作研究的人次分别是396、127和30，占因公出访人数的比例高达60.5%。同时，有10批次校长出访团出访，其中包括胡军校长出访印度尼西亚；蒋述卓书记出访泰国；贾益民副校长出访新加坡、加拿大、美国；陆大祥副校长出访新加坡、印度、越南；王华副校长出访土耳其；叶勤副书记率学院书记团赴澳大利亚培训。

在办理出访手续的过程中，国际交流合作处急人之所急，为有出访任务的教职员工排忧解难。在出访过程中，能够高效高质地完成出访的各项工作。这种全心全意为学校教职员工服务的精神赢得了相关院系和上级审批机关的多次表扬和好评，并被广东省外事办公室评为“绿色通道服务单位”。

【国际会议】 2006年，暨南大学迎来了百年华诞，学校各类学术活动非常活跃。国际交流合作处为学校向相关上级主管单位申报的国际会议有3个，海峡两岸学术会议2个。其中具有影响的大型国际会议有：2006年金融工程国际学术研讨会、南方开发与中外交通——2006年中国历史地理国际学术研讨会、“东亚合作：进展与反思”国际学术会议等。

（国际交流合作处供稿）

2006年因公出访人员统计表

	国际会议	合作研究	访问考察	短期讲学	培训学习	其他	合计
出国	49	5	31	35	32	21	173
香港	39	16	28	127	1	106	317
澳门	17	7	68	234	0	58	384
台湾	22	2	11	0	0	5	40
合计	127	30	138	396	33	190	914

2006 年暨南大学聘请长期外国专家名单

聘请院系	国别	专家姓名	学位	课程
外国语学院	美国	Charles Fang	博士	研究生英语
	加拿大	Stephen Watson	硕士	研究生英语、英语
	加拿大	James Bannister	学士	研究生英语
	澳大利亚	Darryl Clark	硕士	英语专业英语
	日本	末延岑生	博士	日语
	英国	Derek Jackson	学士	英语
	美国	Tim Ming Wong	硕士	英语
	日本	本多雄治	暨大在读博士生	日语
	日本	钱坪玲子	博士结业	英语
	美国	Gary Walker	硕士	英语
国际学院	爱尔兰	Maureen Grant	硕士	英语
	美国	Susan Parrish	双学士	英语
	澳大利亚	Troy Appleton	硕士	中国近现代纲要、中国近现代史
	印度	N. Kannan	硕士	生理学
	澳大利亚	Mushtaq Loan	博士	数学、统计学
	美国	William Riely	博士	食品饲料添加剂、食品安全学、人体生理学
	美国	Gin Gee	博士	环境科学概论、医学英语
	印度	K. Subbiah	硕士	解剖学
	印度	B. N. Selvakumar	博士	生理学
	印度	G. Javalagi	博士	解剖学
	美国	Glenn Michael Jackson	博士	食品科学专业课程
水生态科学研究所	澳大利亚	Ken Chan	博士	生物
华文学院	美国	Rodney Main	学士	英语
珠海学院	澳大利亚	Darryl MaHardie	学士	英语
	乌兹别克斯坦	Sadikov Khoorshid	学士	英语
	英国	Constanza Hudson	学士	英语
	美国	Morries Sokoloff	硕士	英语
	澳大利亚	Margaret Gibb	硕士	英语
	韩国	林炯美	学士	韩语

（续上表）

聘请院系	国别	专家姓名	学位	课程
珠海学院	乌克兰	Tatianna Sova	硕士	英语
	美国	Valerie Gibbs	学士	英语
	美国	Marya Makowsky	硕士	英语
第一临床医学院	德国	Beate Hübner	学士	医学德语

2006 年暨南大学国际交流合作科研项目统计表

时间	邀请单位	项目名称	邀请专家	项目负责人
2006 年 1 月	水生态科学研究所	水生高等植物分类、生态学与实验指导	Janauer	韩博平
2006 年 1 月	组织移植与免疫实验中心	HCG 衍生肽的生育调控机理研究	Nisar Khan	林弈
2006 年 1 月	生物医药研究开发基地	小分子多肽在糖尿病治疗中的应用研究	刘炳荣	王一飞
2006 年 1～3 月	生命科学技术学院	T 细胞特异性识别和活化信息数量化和可视研究	罗松柏	何贤辉 蔡继业 郑启伦
2006 年 2 月	药学院	新型的抗老年性痴呆药 Aβ 生成抑制剂的研究，粤海风藤五味子乙素抗老年痴呆 Aβ 过度表达的分子机制	饶毅	罗焕敏
2006 年 3 月	外国语学院	族裔经验与文化想象——当代华裔美国小说母题研究	黄秀玲	蒲若茜
2006 年 4 月	知识产权学院	共享创意与知识产权——中美 Internet 的法律分析比较	Lawrence Lessig	徐瑄
2006 年 4 月	华文学院	海外华语使用状况调查设计	Van Den Berg	郭熙
2006 年 4 月	组织移植与免疫研究中心	妊娠调节和免疫耐受机理研究	Shigeru Saito	林弈
2006 年 4 月	东南亚研究所	中东问题系列研讨	Ivan Ivekovic	吴金平
2006 年 4～7 月	水生态科学研究所	湖沼学、形态学研究	Sergey V. Ryanzhin	杨宇峰
2006 年 4 月	东南亚研究所	美国—东亚（东南亚）关系研究	Renato De Castro	吴金平
2006 年 4～5 月	信息科学技术学院	图的对称性的理论及其应用	Lai Hongjian	樊锁海
2006 年 5 月	东南亚研究所	印度尼西亚研究	阿敏·赖斯	曹云华

（续上表）

时间	邀请单位	项目名称	邀请专家	项目负责人
2006年5月	生命科学技术学院	RNase P核酶衍生物特异性抑制人类CMV生长的研究	Liu Fenyong	周天鸿
2006年5月	生物医药研究开发基地	昆布海藻抗病毒作用研究及其功能食品的开发	李兴从	王一飞
2006年5月	水生态科学研究所	浮游生物和水环境管理（珠海供水水库富营养化治理技术重大项目）	Dumont	韩博平
2006年6月	药学院	市售有效中药制剂的二次研究开发（广州市重大专项）	大村智 高桥洋子	姚新生
2006年6月	信息科学技术学院	计算机软件与安全	朱海滨	陈火炎
2006年6月	经济学院	东西方经济制度比较与经济制度转型研究	Chavance	朱乃肖
2006年6月、11月	信息科学技术学院	具有边界的非线性双曲型守恒律的整体解研究	Z-P. Xin Gerald Warnecke	潘涛
2006年6月	信息科学技术学院	离散系统的优化控制	EDOUARD WAGNEUR	樊锁海
2006年6月	生物医药研究开发基地	利用基因突变小鼠模型研究NM23/NDPK-A及其异构体的功能	刘澎涛	王一飞
2006年6月	信息科学技术学院	木卫互掩中的图形学研究	Benoit Noyelles	彭青玉
2006年7月	管理学院	信用评价模型及其随机逼近优化算法研究	毛学荣	庞素琳
2006年7~8月	药学院	中药对酒精引起的急慢性脑神经损伤治疗作用机理研究	Liang Jing	王玉强
2006年8月	理工学院	应用纤维复合材料抵抗剥落的研究	滕锦光	袁鸿
2006年	理工学院	粤北地区退化恢复途中的山坡草地资源可持续利用和生态系统服务功能的研究	盐见正卫	亦如瀚
2006年11月	药学院	可可茶产业化及国际化市场开拓	深见治一	栗原博
2006年11月	外国语学院	美国华裔文学研究	Maxine Hong Kingston	卫景宜
2006年11月	第一临床医学院	护理人才培养	Marica Shannon	陈伟菊
2006年12月	生命科学技术学院	人噬菌体抗体库的构建及人源性抗体的筛选	孙雷	邓宁

资产与实验室管理

【概况】 暨南大学资产和实验室管理工作由资产与实验室管理处负责。资产与实验室管理处下设4个科室：实验室管理科、设备维修科、暨南大学采购中心（挂靠）、国有资产管理办公室（挂靠）。主要职责包括全校实验室的规划、建制、建设，实验室相关管理制度的建立与完善，协助人事部门做好实验技术队伍的建设；教学科研仪器设备——特别是大型贵重仪器设备——的管理；教学科研仪器设备的维修、维护；仪器设备与相关物资的采购与供应；全校国有资产的宏观监督管理和国有资产管理制度的建立与完善。

【实验室建设与管理】 2006年，暨南大学共有各类实验室74个，覆盖理、工、医、药、文、经、管、法、新闻、艺术等各学科。按管理级别分，有国家级工程研究中心1个，部级工程研究中心2个，部级重点实验室1个，省级重点实验室4个，校中心级实验室3个。按实验室性质分，有基础实验室10个，专业实验室15个，综合实验室27个，科研实验室21个，专业基础实验室1个。全校有6个省级实验教学示范中心，8个校级实验教学中心。

2006年，暨南大学共有教学、科研仪器设备约3.08万台（套），总价值约3.16亿元。其中10万元以上的设备有380台（套），价值约1.15亿元。2006年，全校新增教学、科研仪器设备4 829台（套），价值6 179.02万元。

1. 全面开展全校实验室的整合和建设

实验室建设以平台式、功能化的模式建设，构建三类实验平台：一是教学实验平台，二是专业实验平台，三是科研实验平台。2006年初，胡军校长先后主持召开了8场次实验平台建设的研讨会，对用于教学、科研的实验室进行了全面整合。

2006年6月29日至30日，由资产与实验室管理处和教务处联合主办的"暨南大学第一届实验系列岗位知识与实验技能竞赛"隆重举行。这次实验系列知识技能竞赛充分展现了暨南大学实验队伍建设成绩和实验技术人员的风采，提高了实验系列人员投入工作的自觉性。

2. 实验教学示范中心建设

暨南大学高度重视实验教学示范中心的建设。学校积极选拔校级实验教学中心参加省级实验教学示范中心的申报。以资产与实验室管理处为牵头单位，在教务处的配合下，进行相关的组织申报和迎接省专家考察的工作。2006年，通过校内自查、省专家网上评审和现场考察，化学实验教学示范中心、生物实验教学示范中心和媒体实验教学示范中心被评为省级实验教学示范中心。

3. 贵重仪器的管理与购置论证

①完成2005—2006学年度贵重仪器使用情况调查。接受调查的大型仪器共269台，使用率超过90%的占了调查总量的63%以上。②2006年，学校共对15台大型仪器组织购置前论证，通过15台。③组织参加广州地区科学仪器协作共用网。为了充分发挥广州地区强大的科学仪器装备资源的优势，促进资源共享，协作共用，提高科学仪器设备的服务水平，科技部、广东省科技厅、广东省教育厅、中科院广州分院、广州市科技局等单位成立广州地区科学仪器协作共用网。2006年，资产与实验室管理处选出160台大型仪器参加该协作网并上报相关的调查分析报告。

【物资采购】 2006年暨南大学采购中心共完成物资采购额8 336万元。共签订合同697份，组织招标活动157次，采购金额6 425.50万元。网上竞价及其他方式采购约1 910.50万元。其中，采购"211工程"项目设备共计1 177.88万元。

1. 贵重仪器设备采购

2006年购置单价10万元以上贵重仪器设备64台（套），合计人民币约3 353.17万元。其中，人民币100万元以上的设备6台（套），分别是土木工程系的电动振动台1台，网络与教育技术中心的视频会议系统1套，实验技术中心的激光共聚焦显微镜1台，学校信息管理办公室的信息化校园软件1套，网络与教育技术中心的UNIX服务器2台，共计人民币1 450多万元。

2. 家具采购

2006年共完成实验室家具、办公家具、学生家具和图书馆书架等13项家具采购任务，共计人民币787万多元。

3. 采购管理

为完善采购管理，资产与实验室管理处制定了《暨南大学物资采购管理办法》和一系列相应的操作程序。采购中心在采购运作中，采用采购约束机制；在业务分工上，采取交叉分配原则，做到采购数据内部公开，人人监督。坚持招标文件经用户单位签字确认后才挂网公告和发售制度；坚持采购活动必须有用户参与、合同必须经用户签署后才生效的制度；坚持投标保证金、标书工本费由财务处直接收取的制度；坚持政务公开，接受全校师生监督。确保采购工作自始至终公平、公开、公正地进行，有效地防止物资采购中可能存在的漏洞。凡预算达5万元及5万元以上的设备，都必须进行招标采购。预算达50万元及50万元以上的设备，委托省招标机构招标采购。招标采购公告按省政府采购招标信息发布管理条例执行，采购公告除注明采购货物名称、数量、货物技术需求、评标办法、投标人资质要求外，还增加了预算公布，增加了采购透明度。5万元以下的设备采用网上竞价方式采购。

4. 业务学习

组织采购人员参加2006年“全省教育部门政府采购培训班”、“中央国家机关政府集中采购业务培训班”，广东省财政厅举办的“开展政府采购领域治理商业贿赂活动”的工作会议，使所有采购人员了解和掌握政府协议供货采购的流程和要求，及时了解和掌握中央国家机关对政府采购的要求和今后的发展趋势。

【设备维修】 2006年设备维修科改革维修机制，实行内、外修相结合，通过积极联系校外维修公司参与合作，克服了人手少、工作量大的困难，提高了仪器维修率，全年共维修仪器设备597台，原价值271.4万元。

【资产管理】 2006年4月，根据国务院侨办《关于开展中央行政事业单位2004、2005年度国有资产统计工作的通知》精神，国有资产管理办公室按时完成了2004、2005年度国有资产统计报表的上报。全年共完成了4 728台（金额6 286万元）教学科研仪器设备的建账立卡工作。

为完善暨南大学对校办产业国有资产的监管，制定了《暨南大学非经营性资产转经营性资产管理办法》，明确了非经营性资产转经营性资产的相关申报审批程序。

（资产与实验室管理处供稿）

暨南大学历年教学科研仪器设备增长情况表

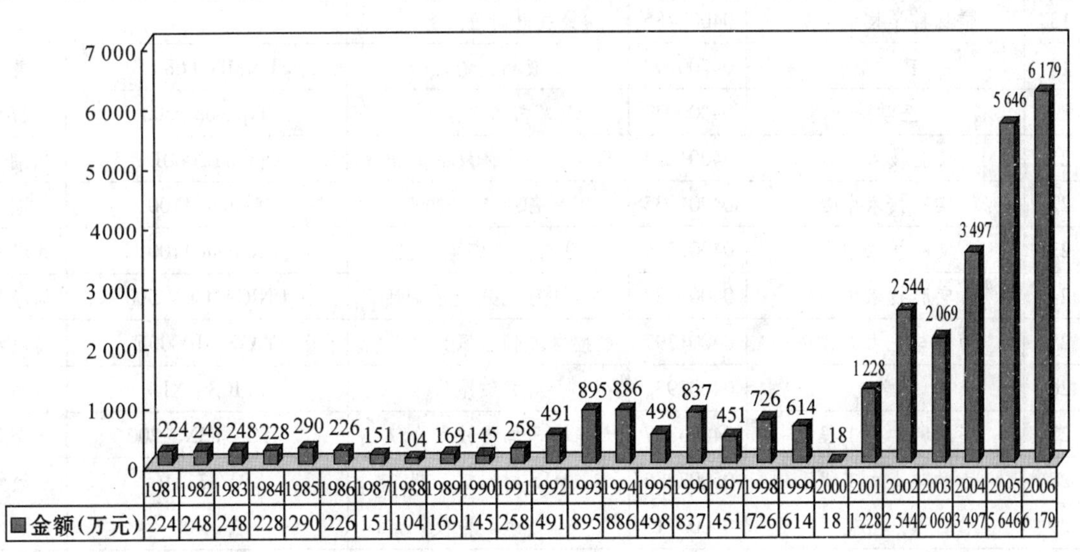

	1981	1982	1983	1984	1985	1986	1987	1988	1989	1990	1991	1992	1993
金额(万元)	224	248	248	228	290	226	151	104	169	145	258	491	895

	1994	1995	1996	1997	1998	1999	2000	2001	2002	2003	2004	2005	2006
金额(万元)	886	498	837	451	726	614	18	1 228	2 544	2 069	3 497	5 646	6 179

2006 年暨南大学部分校内开放分析测试贵重仪器设备情况

序号	领用单位号	仪器编号	仪器名称	型号	领用人
1	实验技术中心	00012291	电子显微镜	JEM－100CX Ⅱ/T	郭祖文
2	实验技术中心	00012298	扫描电子显微镜	JSEM－T300	郭祖文
3	生殖免疫研究所	00013410	流式细胞仪	FACSCAN/ST	陈海泉
4	生物医学工程系	00018426	激光散射仪	BI－200SM	陈光炜
5	生物工程研究所	00020250	层析系统	AKTA	戴云
6	生命与健康工程研究院	00020256	高效液相色谱仪	HP1000	张美英
7	生物医学工程系	00022527	动态机械分析仪	DMA 242C/1/F	黄海
8	实验技术中心	00023351	透射电子显微镜	TECNAI－10	郭祖文
9	实验技术中心	00023352	扫描电子显微镜	XL－30ESEM	郭祖文
10	生殖免疫研究所	00023484	激光共聚焦系统	Ultro View	曾山
11	生殖免疫研究所	00023792	流式细胞仪	FACSC libur－sort4	曾山
12	实验技术中心	00024074	傅立叶红外光谱仪	EQUINOX	林潮平
13	实验技术中心	00024075	原子力显微镜	Auto probe CP Resear	林潮平
14	实验技术中心	00024076	近场光学显微镜	Aurora－Ⅱ	林潮平
15	实验技术中心	00024244	气相色谱—质谱联用仪	TRACEGC－MS	林潮平
16	生物工程研究所	03001411	发酵罐	BIOSTAT－C	戴云
17	生命与健康工程研究院	03002082	发酵罐	BIOFLO 4500	罗勇
18	信息科学技术学院	04000485	集成电路设计系统	*	马晓玉
19	药学院	04000698	液相色谱仪	SUMMIT P680 型	赵慧男
20	医学院	04000977	激光扫描成像系统	Typhoon 9200	张欣
21	实验技术中心	04001234	耦合等离子体发射光谱仪	Optima 2000DV	林潮平
22	实验技术中心	04001235	制备液相色谱仪	Agilent 1100	林潮平
23	实验技术中心	04001236	分析型液相色谱仪	Agilent 1100	林潮平
24	实验技术中心	04001237	紫外可见分光光度计	UNICAM UV 500	林潮平
25	力学与土木工程系	04001397	微控电液伺服压力试验机	YAW－10000F	高敬红
26	药学院	04002938	流式细胞仪	EPICS－XL4	李满妹
27	材料科学与工程系	04003397	等离子体接枝聚合仪	VTC－FSN－200	田金环
28	力学与土木工程系	05002285	MTS 材料试验机	810/831. 10	高敬红
29	药学院	05003715	核磁共振仪	AV 400	姚志红
30	医学院	05003990	超薄冷冻切片机	MTX. CRT	朱颖娠
31	医学院	05004093	气相色谱—质谱联用仪	TRACE DSR	宋元宗
32	生殖免疫研究所	05004175	液相色谱—质谱联用仪	QSTARXL	曾山
33	药学院	05004193	库仑阵列高效液相系统	Model 5600A	李满妹

（续上表）

序号	领用单位号	仪器编号	仪器名称	型号	领用人
34	实验技术中心	05004731	元素分析仪	EA 2400	欧云付
35	实验技术中心	05004733	离子色谱仪	ICS－2500	欧云付
36	实验技术中心	05004734	毛细管电泳仪	BECKMAN COUITER	欧云付
37	药学院	06000687	液相质谱仪	LCQAD－40000	姚志红
38	生物工程研究所	06002225	生物发光多功能检测仪	V1420	戴云
39	实验技术中心	06002476	离子溅射仪	BAl SCD005	郭祖文
40	实验技术中心	06002483	二氧化碳临界干燥器	BAL－TEC	郭祖文
41	实验技术中心	06002484	流式细胞仪	FACS Aria	郭祖文
42	实验技术中心	06002486	液相色谱—质谱联用仪	液相 Agilent 1100	欧云付
43	力学与土木工程系	06003419	电液伺服加载系统	订制	李港
44	医学院	06004802	高端综合模型人	ECS－100	许英茵
45	医学院	06004803	高端综合模型人	ECS－100	许英茵
46	水生态科学研究所	06005297	全自动流动化学分析仪	AA3	赵建刚
47	生物医学工程系	06005321	准分子激光器	EX100H/125	黄海
48	生物医学工程系	06005322	激光显微超级工作站	PALM COMBISYS	黄海
49	生物医学工程系	06005324	拉曼光谱系统	LabRAM INV 型	黄海
50	水生态科学研究所	06005475	脉冲调制叶绿素荧光仪	XE－PAM	赵建刚

2006 年暨南大学进口设备仪器一览表

序号	合同编号	物质名称	数量	使用单位
1	JNU2005A100	生物显微镜 ECLIPSE 80i	1	医学院中医学系实验室
2	ZXI05141JF	小型离心机	2	医学院血液研究实验室
3	ZXI05141JF	台式离心机	2	医学院血液研究实验室
4	ZXI05141JF	冷冻离心机	2	医学院血液研究实验室
5	ZXI05159JF	小型高速冷冻离心机	1	医学院病理解剖实验室
6	ZXI05159JF	生物分光光度计	1	医学院病理解剖实验室
7	ZXI05152JF	个人高速离心机	3	生物工程研究所实验室
8	ZXI05152JF	恒温混匀器	1	生物工程研究所实验室
9	ZXI05152JF	生物分光光度计	1	生物工程研究所实验室
10	ZXI05150JF	台式冷冻温控离心机	1	医学院血液研究实验室
11	2005GZ09－033YX	光纤光功率计 ILX Lightware 牌 FPM－8210H	1	理工大楼光电信息技术教研室
12	2005GZ09－045YX	薄膜监测仪 INFICON 牌 XTM/2	1	物理学系功能材料实验室

（续上表）

序号	合同编号	物质名称	数量	使用单位
13	JNU2005A104	射频数字锁相放大器 SR844	1	理工学院光电工程研究所
14	JNU2005A101	总有机碳分析仪 TOC－VCSH 岛津	1	环境工程系实验室
15	JNU20051500690	二氧化碳培养箱 RSBio Tech	1	医学院血液研究实验室
16	JNU20051500739	超低温冰箱	1	医学院中医学系实验室
17	JNU2005A111（2）	台式冷冻离心机	2	生命科学技术学院组织移植与免疫实验中心实验室
18	2005GZ09－048YX	移液器	32	医学院流行病学实验室、医学院预防医学实验中心
19	JNU－R0200598－170	数字源表 2400	1	理工学院物理学系千级洁净室
20	05HK44IMY3206	台式高速冷冻离心机 5804R	1	化学系化学实验中心
21	05HK44IMY3205	台式冷冻温控离心机/5702RH	1	医学院血液研究实验室
22	05JP44IMY3011	体视显微镜	1	医学院解剖教研室
23	05JP44IMY3011	生物显微镜	1	第一临床医学院实验室
24	05JP44IMY3011	体视显微镜	1	医学院形态中心实验室
25	2006GZ09－005YX	紫外可见分光光度计 2120UV	1	生物工程学系实验教学中心
26	2006GZ09－003YX	超低温冰箱 NBS U410	1	医学院血液研究实验室
27	05HK44IMY3218	生产全程宫颈及阴道变化模型	1	医学院护理学系实验室
28	05HK44IMY3218	交互式急救模拟系统	1	医学院护理学系实验室
29	05HK44IMY3202	凝胶成像系统	1	医学院病理解剖实验室
30	2005GZ09－049YX	超薄切片机	1	实验技术中心实验室
31	JNU20051500447	杂交箱	1	医学院中医学系实验室
32	JNU20051500817	日立示波器	8	物理学系传感技术实验室、电工技术实验室、电磁学实验室和物理中心综合实验室
33	05HK44IMY3221	成人插管训练模型	1	医学院护理学系实验室
34	2006GZ09－004YX	二氧化碳培养箱	1	医学院血液研究实验室
35	2006GZ09－006YX	高速冷冻离心机 BR41	1	生物工程学系实验教学中心
36	2006GZ09－009YX	数据处理软件	1	物理学系功能材料实验室
37	2006GZ09－009YX	亮度色度计 BM－7	1	物理学系功能材料实验室
38	ZXI05178JF	气相色谱仪	1	化学系实验中心
39	2005GZ09－046YX	纯水系统	1	生物医学工程研究所实验室
40	ZXI05166JF	生物安全柜	1	生物医学工程研究所实验室
41	06HK44IMY3025	材料模拟软件	1	化学系生物无机实验室
42	06HK44IMY3020	综合热分析仪 Q600SD	1	化学系化学实验中心

（续上表）

序号	合同编号	物质名称	数量	使用单位
43	2006GZ09－007YX	光学平台	1	理工学院光电工程系实验室
44	2006GZ09－010YX	集成电路设计软件	1	电子工程系微电子与固体电子技术研究室
45	JNU2005A128－1	比表面及孔径分布测定仪	1	化学系化学实验中心
46	ZXI06006JF	组织匀质机	1	医学院病理生理学实验室
47	06HK44IMY3028	女性盆骨模型	1	第一临床医学院临床医学模拟教学实验中心
48	2006GZ09－012YZ	建模工具软件	2	管理学院 ERP 实验室
49	06HK44IMY3051	连续波长扫描微孔板分析检测系统	1	医学院医学实验研究中心实验室
50	05HK44IMY3216	男婴模型	1	医学院护理学系实验室
51	05HK44IMY3216	女婴模型	1	医学院护理学系实验室
52	05HK44IMY3216	动脉穿刺手臂	1	医学院护理学系实验室
53	05HK44IMY3216	褥疮护理模型	1	医学院护理学系实验室
54	05HK44IMY3216	灌肠模型	1	医学院护理学系实验室
55	05HK44IMY3216	气管切开模型	1	医学院护理学系实验室
56	05HK44IMY3216	精装手臂模型	1	医学院护理学系实验室
57	05HK44IMY3216	外科缝合包扎模型	1	医学院护理学系实验室
58	05HK44IMY3216	青年形象模型	1	医学院护理学系实验室
59	2006GZ09－008YX	高温熔化炉	1	物理学系功能材料实验室
60	ZXI06036JF	超低温冰箱 HETO 3410	1	医学院生物化学与分子生物学实验室
61	ZXI06020JF	倒置显微镜	1	生物医学工程研究所实验室
62	05UK44IMY3004	全自动空隙度分析仪	1	材料科学与工程系功能材料实验室
63	ZXI06037JF	研究级正立显微镜	1	水生生物研究中心实验室
64	ZXI06037JF	生物显微镜	10	水生生物研究中心实验室
65	JNU2006A001（B）	凝胶成像系统	1	药学院医药生物技术研发中心实验室
66	05HK44IMY3203	PCR 仪/PTC－200	1	医学院中医学系实验室
67	ZXI06040JF	研究级生物显微镜	1	生物工程学系细胞生物学实验室
68	ZXI06031JF	二氧化碳培养箱	1	生物工程学系实验教学中心
69	ZXI06052JF	二氧化碳培养箱	1	医学院血液研究实验室
70	ZXI06029JF	全自动电子灭菌器	1	药学院医药生物技术研发中心实验室
71	06HK44IMY3022	紫外可见光近红外分光光度计	1	化学系化学实验中心

（续上表）

序号	合同编号	物质名称	数量	使用单位
72	06HK44IMY3053	眼视网膜病变检查模型	1	第一临床医学院临床医学模拟教学实验中心
73	ZXI06039JF	磁力搅拌器	10	药学院中心实验室
74	06HK44IMY3054	高效液相色谱仪	1	理工学院环境工程系实验室
75	ZXI06035JF	基础电源仪电源	2	生物工程学系基因工程学实验室
76	ZXI06035JF	通用电泳仪电源	1	生物工程学系基因工程学实验室
77	ZXI06035JF	半干转印模块	1	生物工程学系基因工程学实验室
78	2006GZ09－018YX	数据处理系统软件	1	力学与土木工程系粘弹性实验室
79	06HK44IMY3033	视功能测试仪	1	医学院眼科学研究室实验室
80	06JP44IMY3002	倒置研究级显微镜	1	生物工程学系免疫学实验室
81	JNU2006A001（A）	凝胶成像分析软件	1	医学院中医学系实验室
82	JNU2006A001（A）	凝胶成像装置	1	医学院中医学系实验室
83	06SG44IMY3004	手持验光仪	1	医学院眼科学研究室实验室
84	JNU2006H0419	双向电泳系统	1	生物工程学系生化与分子生物学实验室
85	2006GZ09－014YX	液氮罐	5	医学院医学实验研究中心实验室
86	JNU20061500184	倒置相差显微镜	2	药学院实验技术中心
87	JNU2005A036	电子滤波器	1	理工学院光电工程研究所
88	JNU2005A036	锁相放大器	1	理工学院光电工程研究所
89	JNU2005A036	延时函数信号发生器	1	理工学院光电工程研究所
90	06HK44IMY3027	分娩机转示教模型	1	第一临床医学院临床医学模拟教学实验中心
91	06HK44IMY3027	计算机交互式分娩用于急救演示系统	1	第一临床医学院临床医学模拟教学实验中心
92	06HK44IMY3008	医学模型	1	第一临床医学院临床医学模拟教学实验中心
93	06HK44IMY3057	医学模型	1	第一临床医学院临床医学模拟教学实验中心
94	ZXI06053JF	二氧化碳培养箱	1	医学院血液研究实验室
95	ZXI06055JF	电刺激隔离器	1	药学院中心实验室
96	GZR060420－2	台式高速冷冻离心机	1	医学院中医学系实验室
97	ZXI06033JF	单道可调移液器	3	生物工程学系实验教学中心，药学院实验中心
98	ZXI06033JF	单道可调移液器	6	生物工程学系实验教学中心，药学院实验中心
99	ZXI06033JF	分光光度计	1	生物工程学系实验教学中心
100	ZXI06033JF	移液管套装	39	生物工程学系实验教学中心

（续上表）

序号	合同编号	物质名称	数量	使用单位
101	ZXI06033JF	个人离心机	6	生物工程学系实验教学中心
102	06HK44IMY3066	蒸发光散射检测器	1	药学院中心实验室
103	ZXI06030JF	回旋式震荡恒温培养箱 703R	1	生物工程学系实验教学中心
104	ZXI06017JF	测氡仪	1	生物医学工程研究所实验室
105	2006GZ09－016YX	研究级倒置荧光显微镜	1	医学院医学实验研究中心实验室
106	ZXI06038JF	凝胶成像分析软件	1	医学院生物化学与分子生物学实验室
107	ZXI06038JF	凝胶成像系统	1	医学院生物化学与分子生物学实验室
108	ZXI06054JF	移液器	42	生物工程学系基因工程实验室与细胞生物学实验室
109	ZXI06066JF	研发超滤器	1	食品科学与工程系实验室
110	06SG44IMY3007	高效液相色谱仪	1	药学院中心实验室
111	2006GZ09－017YX	二氧化碳培养箱	1	药学院神经药理研究室
112	2005GZ09－040YX	图书馆软件	1	图书馆
113	ZXI06087JF	自动电位滴定仪	1	化学系实验中心
114	ZXI06068JF	紫外可见分光光度计	1	水生生物国家重点学科实验室
115	ZXI06085JF	超低温冰箱	1	药学院中心实验室
116	ZXI06090JF	二氧化碳培养箱	1	医学院形态中心实验室
117	06HK44IMY3063	紫外可见分光光度计	1	物理学系分析测试室
118	ZXI06048JF	数字荧光示波器	1	理工学院力学与土木工程系实验室
119	ZXI06086JF	二氧化碳培养箱	1	生物工程学系实验教学中心生化与分子生物学实验室
120	ZXI06096JF	倒置显微镜	1	医学院形态中心实验室
121	05H（H27）073	虚拟仪器	1	电子工程系实验室
122	05H（H27）073	虚拟仪器	1	电子工程系实验室
123	05H（H27）073	虚拟仪器	10	电子工程系实验室
124	2006GZ09－015YX	二氧化碳培养箱	5	医学院医学实验研究中心实验室
125	06HK44IMY3052	小儿头部注射模型	1	第一临床医学院临床医学模拟教学实验中心
126	06HK44IMY3052	男性导尿模型	1	第一临床医学院临床医学模拟教学实验中心
127	06HK44IMY3052	精装静脉注射及穿刺	1	第一临床医学院临床医学模拟教学实验中心
128	06HK44IMY3052	外围穿刺中心静脉插管	1	第一临床医学院临床医学模拟教学实验中心

（续上表）

序号	合同编号	物质名称	数量	使用单位
129	06HK44IMY3058	二氧化碳培养箱	3	药学院中心实验室
130	ZXI06105JF	倒置显微镜	1	药学院新药研究所细胞室
131	ZXI06099JF	旋转蒸发仪	1	药学院中心实验室
132	ZXI06099JF	旋转蒸发仪	1	药学院中心实验室
133	ZXI06099JF	旋转蒸发仪 LABOROTA 4000/H	1	药学院中心实验室
134	ZXI06104JF	二氧化碳培养箱	1	药学院新药研究所细胞室
135	2006GZ09－020YX	函数型号发生器	5	光电工程系实验室
136	ZXU06103JF	酶标仪	1	医学院眼科学研究室实验室
137	ZXI06106JF	真空泵	2	药学院中心实验室
138	ZXI06100JF	自动电位滴定仪	1	化学系实验中心
139	2006GZ09－025YX	设计软件 ANSYS	1	力学与土木工程系粘弹性实验室
140	捐赠货物	防腐真空泵 GCD－136XNF	1	药学院中药及天然药物研究所
141	捐赠货物	预冻结槽	1	药学院中药及天然药物研究所
142	捐赠货物	防腐真空泵 GCD－051X	1	药学院中药及天然药物研究所
143	捐赠货物	低温恒温培养箱	1	药学院中药及天然药物研究所
144	捐赠货物	送风定温干燥箱	1	药学院中药及天然药物研究所
145	捐赠货物	恒温振荡水槽	1	药学院中药及天然药物研究所
146	捐赠货物	分子杂交箱	1	药学院中药及天然药物研究所
147	捐赠货物	振荡器	1	药学院中药及天然药物研究所
148	RY06－025	梯度 PCR 仪	1	第一临床医学院
149	RY06－022	生物风光光度计	1	第一临床医学院
150	JD－WAT 060905	高效液相色谱仪	1	珠海学院包装工程研究所
151	ZXI06122JF	小型高速冷冻离心机	1	生命与健康工程研究院实验室
152	ZXI06130JF	旋转蒸发仪 R－210	1	化学系有机化学实验室
153	ZXI06120JF	舒适型恒温混匀器	1	生命与健康工程研究院实验室
154	06HK44IMY3087	台式冷冻离心机 4K15	1	医学院血液研究所
155	06HK44IMY3113	微波炉测试系统	1	珠海学院包装工程研究所
156	ZXI06118JF	舒适型恒温混匀器	1	医学院眼科学研究室实验室
157	ZXI06118JF	连续分液器	1	医学院眼科学研究室实验室
158	ZXI06118JF	电动移液辅助器	1	医学院眼科学研究室实验室
159	ZXI06121JF	核酶干燥仪	1	生命与健康工程研究院实验室
160	2006GZ09－022YX	电穿孔电融合仪	1	医学院生物化学与分子生物学实验室

（续上表）

序号	合同编号	物质名称	数量	使用单位
161	06HK44IMY3086	台式高速冷冻离心机	1	材料科学与工程实验室
162	JNU20061500350－5	双向电泳系统	1	生命与健康工程研究院实验室
163	JNU20061500350－5	2D 成像系统	1	生命与健康工程研究院实验室
164	JNU20061500350－5	核酸蛋白测定仪	1	生命与健康工程研究院实验室
165	2006GZ09－032YX	二氧化碳培养箱	1	生物工程学系微生物实验室
166	2006GZ09－033YX	激光器	1	生物医学工程系实验室
167	JNU2006A086	油脂氧化稳定性测定仪	1	食品科学与工程系食品安全实验室
168	06JP44IMY3010	倒置显微镜	1	生物工程学系遗传学实验室
169	06JP44IMY3010	生物显微镜	1	医学院人体解剖实验室
170	ZXI06119JF	空气恒温摇床	1	医学院眼科学研究室实验室
171	ZXI06136JF	梯度 PCR 仪	1	医学院眼科学研究室实验室
172	2006GZ09－029YX	倒置显微镜	1	医学院病理生理学实验室
173	2006GZ09－029YX	图像处理软件	2	医学院病理生理学实验室
174	ZXI06161JF	倒置显微镜	2	生物工程学系植物学实验室
175	ZXI06161JF	体视显微镜	3	医学院组织胚胎实验室
176	2006GZ09－026YX	台阶仪	1	物理学系薄膜技术与薄膜器件实验室
177	2006GZ09－028YX	石英天平分析仪	1	材料科学与工程功能材料实验室
178	2006GZ09－034YX	粉碎机	1	医学院中医学系实验室

2006 年暨南大学“211 工程”进口设备一览表

序号	合同编号	物质名称	数量	使用单位
1	2005GZ09－039YX	数据采集器 LI－CORH 牌 LI－1400	1	水生生物研究中心实验室
2	2005GZ09－047YX	纳米操纵软件 VEECO 牌 APML－0017	1	实验技术中心原子力显微镜室
3	05US44IMY3015	酶联斑点图像分析系统 IMMUNOSPOT ANALYZER	1	生命科学技术学院组织移植与免疫实验中心实验室
4	05HK44IMY3226	水下紫外可见光光量计	1	水生生物研究中心实验室
5	05HK44IMY3158	恒温摇床 44R	1	水生生物研究中心实验室
6	05CA44IMY3001	新世纪图书馆集成管理系统（软件）	1	图书馆
7	06HK44IMY3010	血气分析仪	1	第一临床医学院围产医学中心
8	ZXI05122JF	高效液相色谱仪	1	水生生物国家重点学科分子生物实验室

（续上表）

序号	合同编号	物质名称	数量	使用单位
9	2005GZ09－043YX	低压层析系统	1	水生生物国家重点学科分子生物实验室
10	2005GZ09－044YX	分析工作站	1	生命科学技术学院组织移植与免疫实验中心实验室
11	2005GZ09－044YX	显微图像分析系统	1	生命科学技术学院组织移植与免疫实验中心实验室
12	2005GZ09－044YX	图像分析软件	1	生命科学技术学院组织移植与免疫实验中心实验室
13	ZXI05157JF	酶标仪 680	1	药学院中心实验室
14	ZXI05167JF	气相色谱仪	1	实验技术中心实验室
15	05HK44IMY3208	二氧化碳培养箱	1	药学院中心实验室
16	2006GZ09－012YZ	优化引擎软件	2	管理学院 ERP 实验室
17	05HK44IMY3136	声学多普勒测速仪	1	水生生物研究中心国家重点学科实验室
18	ZXI05133JF	水平电泳槽	1	生物工程学系生化与分子生物学实验室
19	ZXI05133JF	高压电源	1	生物工程学系生化与分子生物学实验室
20	ZXI06059JF	体视显微镜	1	水生生物国家重点学科实验室
21	JNU20061500184	生物显微镜	2	药学院实验技术中心
22	ZXI06064JF	单道移液器	1	医学院人体解剖实验室
23	ZXI06064JF	移液器套装	1	医学院人体解剖实验室
24	ZXI06064JF	台式离心浓缩机	1	医学院人体解剖实验室
25	2006GZ09－023YX	小型机服务器	1	校本部图书馆中心机房
26	2006GZ09－021YX	台式超速离心机	1	生物工程学系生殖免疫与医学遗传学实验室
27	ZXI06060JF	便携式小型自动气象站	1	水生生物国家重点学科实验室
28	2006GZ09－019YX	倒置荧光显微镜	1	实验技术中心原子力显微镜室

2006 年暨南大学接受捐赠科教用品一览表

序号	设备名称	数量	单位	金额	赠送单位	受赠单位
1	防腐真空泵 GCD－136XNF	1	台	JP￥360 000	日本东京理化器械株式会社	药学院
2	预冻结槽	1	套	JP￥503 000	日本东京理化器械株式会社	药学院
3	防腐真空泵等 GCD－051X	1	台	JP￥180 000	日本东京理化器械株式会社	药学院

（续上表）

序号	设备名称	数量	单位	金额	赠送单位	受赠单位
4	低温恒温培养箱	1	台	JP￥340 000	日本东京理化器械株式会社	药学院
5	送风定温干燥箱	1	台	JP￥220 000	日本东京理化器械株式会社	药学院
6	恒温振荡水槽	1	台	JP￥395 000	日本东京理化器械株式会社	药学院
7	分子杂交箱	1	台	JP￥310 000	日本东京理化器械株式会社	药学院
8	振荡器	1	台	JP￥210 000	日本东京理化器械株式会社	药学院
9	皮肤病光子治疗仪	1	台	￥685 000	客座教授叶承耀	第一临床医学院
10	皮肤病理图文报告及教学系统	1	套	￥198 000	客座教授叶承耀	第一临床医学院
11	数码相机	1	台	￥34 206	客座教授叶承耀	第一临床医学院
12	数码相机	2	台	￥6 380	客座教授叶承耀	第一临床医学院
13	DVD 数码摄像机	1	台	￥8 790	客座教授叶承耀	第一临床医学院
14	数码相机镜头等配件	1	批	￥36 250	客座教授叶承耀	第一临床医学院
15	笔记本电脑	1	台	￥12 300	客座教授叶承耀	第一临床医学院
16	多功能一体机	1	台	￥2 495	客座教授叶承耀	第一临床医学院
17	扫描仪	1	台	￥4 895	客座教授叶承耀	第一临床医学院
18	教学软件	1	套	￥2 000	客座教授叶承耀	第一临床医学院
19	翻页激光笔	1	支	￥290	客座教授叶承耀	第一临床医学院
20	随身抄	1	部	￥2 420	客座教授叶承耀	第一临床医学院

总务工作

【概况】 总务处是学校的行政职能部门，代表学校履行总务后勤的管理和服务职能。其工作职能主要为制定校园总体规划，对房地产、水电、道路、行政设备等公共基础设施设备和修缮工程、校园环境卫生、园林绿化、膳食、住宅区进行管理，监管（后勤集团所运作的）学校国有资产，负责管理学校拨入的相关后勤经费、公费医疗、住房公积金、房屋租金等。此外，还负责学校爱国卫生运动委员会日常工作和校园综合管理工作。

2006 年，总务处设公费医疗管理办公室、总务科、房地产管理科、计划财务科 4 个科室。全年完成维修、改造工程项目共 188 项，其中教学楼宇维修、装修类工程 26 项，绿化类工程 33 项，道路拓宽、重铺、维修、排水类工程 27 项，体育场馆、科学馆、图书馆、大礼堂、中小学、接待用房类工程 16 项，学生宿舍维修、装修、改造类工程 10 项，校门维修、装修类工程 6 项，食堂维修、改造类工程 5 项，灯光、电缆类工程 4 项，其他类工程 61 项。

【校园综合管理】 2006 年 9 月，学校成立了校园综合管理办公室，负责规划整治校园。校园综合管理办公室根据学校实际情况先后制定出暨南大学校本部系列综合管理方案，包括《暨南大学交通管理方案》、《暨南大学道路房屋交通标志方案》、《暨南大学环境管理方案》、《暨南大学物业管理方案》。

【房地产管理】　房地产管理科主要负责全校公有房地产和教工周转公寓的管理。2006 年，为第五批共 157 人办理住房货币补贴，并按规定对晋升职称（务）的 217 人住房货币补贴作了调整，为 70 多位引进人才办理外购房一次性补贴领取手续。同年，根据学校安排为已购买存量公房的 237 户办理了房产证；完成了礼堂、理工学院、信息科学技术学院、第二文科楼、艺术学院的相关设施的配置工作。

【修缮工程管理】　2006 年学校维修、改造工程共 188 项，进行招标的修缮工程项目见下表：

2006 年暨南大学进行招标的修缮工程

序号	工程名称	招标形式	中标单位	开工时间	竣工时间
1	邵逸夫体育馆门前宣传栏工程	公开	白云区云开建筑工程有限公司	2006.06.30	2006.07.30
2	校园沙盘制作	公开	广州集艺工艺美术品有限公司	2006.06.30	2006.07.30
3	邵逸夫体育馆内部装修改造	公开	广州轻工建筑安装工程公司	2006.07.23	2006.08.26
4	小区闭路电视监控系统	公开	广州市安信杰科技公司	2006.04.23	2006.07.20
5	南海楼外墙改造工程	公开	化州建总	2006.04.15	2006.06.30
6	艺术学院改造及装修工程	公开	省四建	2006.06.01	2006.07.30
7	学生饭堂纱窗工程及附属工程	公开	顺丰厨具五金厂	2006.06.30	2006.07.20
8	专家楼外墙装修改造工程	公开	江西省第一建筑有限责任公司	2006.07.08	2006.08.31
9	生物工程系实验室改造装修工程	公开	吴川市第四建筑工程公司	2006.07.09	2006.08.20
10	校园模型制作工程	公开	广州集艺工艺美术品有限公司	2006.07.10	2006.11.15
11	专家楼装修工程	公开	江西省第一建筑有限责任公司	2006.07.18	2006.09.17
12	体育馆门前宣传栏工程	公开	白云区云开建筑工程有限公司	2006.07.19	2006.08.25
13	食堂二楼装修工程	公开	湖南建设集团有限公司	2006.07.20	2006.08.25
14	购低压电缆	公开	深圳奔达康实业有限公司	2006.07.21	2006.07.28
15	羊城路道路工程	公开	江西省第一建筑有限责任公司	2006.07.21	2006.08.31
16	附属小学装修工程	公开	长春建工集团有限公司	2006.07.22	2006.10.08
17	体育馆内部装修工程	公开	广州轻工建筑安装工程公司	2006.07.24	2006.08.25
18	购低压电缆	公开	深圳奔达康实业有限公司	2006.09.19	2006.09.24
19	篮球场建塑胶场地、灯光工程	公开	广州实力体育设备有限公司	2006.07.28	2006.10.28
20	招待所外墙装修工程	公开	后勤集团维修与水电服务中心	2006.08.01	2006.09.05
21	图书馆广场工程	公开	广东佳洁建安有限公司	2006.08.11	2006.10.28
22	医学院多功能会议室工程	公开	茂名市电白建筑工程公司	2006.08.15	2006.09.15
23	南湖路面加宽工程	公开	广州市白云市政公司	2006.08.16	2006.11.08

（续上表）

序号	工程名称	招标形式	中标单位	开工时间	竣工时间
24	南门沥青道路工程	议标	广州市黄埔市政公司	2006. 09. 04	2006. 09. 07
25	图书馆升旗台工程	议标	广州雨林绿化公司	2006. 09. 26	2006. 10. 26
26	清洗外墙工程	公开	广东粤华十佳服务工程有限公司	2006. 10. 01	2006. 10. 07
27	交通标识制作、安装工程	公开	深圳阿里标识设计有限公司	2006. 10. 05	2006. 11. 15
28	教学大楼广场工程	公开	长春建设股份有限公司	2006. 10. 06	2006. 11. 08
29	活动板房	公开	南海长立新型钢材厂	2006. 10. 09	2006. 10. 14
30	购低压电缆	公开	广州市珠江电线厂	2006. 10. 23	2006. 10. 28
31	礼堂椅	委托	广州百匠座椅有限公司	2006. 10. 25	2006. 11. 15
32	购低压电缆	公开	广州市珠江电线厂	2006. 10. 26	2006. 11. 06
33	食堂电梯工程	公开	广州日立电梯有限公司	2006. 10. 30	2006. 12
34	医学院实验室净化改造工程	公开	广东佳浩建安工程有限公司	2006. 11. 29	2007. 01. 30

【公费医疗管理】 2003年11月，公费医疗管理办公室正式成立，负责学校公费医疗管理，包括师生门诊、住院医疗的费用审批和学生医疗保险等。2005年6月起，公费医疗管理办公室开始办理全校学生医疗保险，通过公开招标的方法选定学生人身意外及住院医疗保险的承保公司，并设立了学生医疗理赔勤工助学岗位，在校内招收6名学生，经保险知识培训后上岗，为全校学生提供及时的保险理赔服务。到2006年底，已有282位学生获得保险理赔，理赔款44.3万元。学生参加医疗保险对于保障学生健康、减少学校公费医疗费支出起到重要的作用。

2006年学校公费医疗支出统计表

单位：万元

项目	2006年1月至12月医疗费用开支金额
	门诊和住院费用
在职人员	311. 86
退休人员	791. 07
离休人员	226. 94
在校大学生	57. 59
其他医疗费	17. 38
合计	1 404. 84

（总务处供稿）

基建工作

【概况】 2005年3月28日，基建工作从总务处分离出来，成立暨南大学基建处，负责学校的基本建设工作。基建处下设综合科、规划计划科、工程管理科、办公室4个科室。基建处的主要职能是按照学校总体发展规划和不同时期教学科研发展的需要，制定学校的基本建设规划，按照建设规划按期保质保量地建设好学校所需的教学科研及其他各类教学用房。

2006年，根据学校教学科研发展的需要，校本部陆续开工建设的工程为10个，总建筑面积达21万平方米，是学校历年来基建任务最繁重的一年。同年，蔡冠深博物馆和出版社印刷厂竣工交付使用，惠全楼、图书馆楼、礼堂、第二文科楼、第二理工楼5个项目完成了主体和室外工程。

基建处在2006年重点抓了以下几项工作：

1. 充实和完善工程项目招、投标管理办法

根据工作需要调整设立了挂靠在基建处的基建招投标工作办公室，成立了招投标工作小组，工作由纪监审办公室全过程监督指导。确定招标文件、合同必须经纪监审办公室审核，开标、评标必须由纪监审办公室派员现场监督的制度。2006年完成招标项目18宗，包括蔡冠深博物馆、医学院SPF动物实验室施工以及在建的各大楼电梯、弱电、电力工程等。

2. 实行工程项目负责人制

根据分工全程跟进项目建设的进度，贯彻项目负责人提前介入的原则，统筹安排各项工作。实施平行工作法，要求各项目负责人主动配合，为后续人员的工作创造条件。通过项目负责人制，有效地调动了管理人员的积极性和工作责任心，促进了工作的规范化、制度化，以保证工程项目的质量、进度和造价三大控制目标的实现。

3. 完善了工程项目验收制度

每个工程项目完工后，基建处统一安排，组织各个科室协调开展工作，共同推动工程各项验收的顺利进行。在项目组验收合格的基础上，严格按照政府各专业主管部门的要求进行规划、消防、环保、人防、水电煤气等专项验收，使竣工工程符合国家规范要求。

4. 坚持工程项目竣工结算审计制度

按照学校规定，造价5万元以上工程结算必须送纪监审办公室审核。为严格掌控工程造价，实行了处内初步审查制度，即处内首先对送审的施工结算资料进行认真细致的初步审查，然后再将审查的意见汇同结算资料一并送纪监审办公室审核，确保项目结算审计工作得以准确、顺利地完成。

5. 强化处内党风廉政建设，实行党内廉政建设负责制

坚持执行民主集中制，严格执行重大工作事项集体讨论决定制度，按照工作程序决策，统一领导，分工负责，增强工作透明度，自觉接受群众和组织的监督。

【竣工工程】

1. 出版社印刷厂

2005年11月开工建设，2006年7月竣工投入使用。规划验收建筑面积1 199平方米，其中地下94平方米。地上2层，地下1层，框架结构。总投资316万元，由学校自筹经费建设。楼内设印刷车间和办公室等功能用房。主要建筑设备有电梯、自动消防系统、综合布线系统。2006年12月通过规划验收。

2. 蔡冠深博物馆

2006年3月开工建设，2006年11月竣工投入使用。规划许可建筑面积2 546平方米，地上4层（部分3层），框架结构。总投资550万元，其中国家财政投资300万元，学校自筹资金250万元。楼内设有展览厅、办公室、会议室等功能用房。主要建筑设备有电梯、自动消防系统、综合布线系统。

【在建工程】

1. 惠全楼

2005年5月开工建设，计划2007年5月投入使用。规划许可建筑面积约2.51万平方米，其中地下3 935平方米。地上7层（部分5层），地下1层，框架结构。计划投资7 056万元，由国家财政投资建设。

2. 图书馆楼

2005年7月开工建设，计划2007年7月投入使用。规划许可建筑面积约3.82万平方米，其中地下

1 360平方米。地上7层，局部地下1层，框架结构。计划投资约1.19亿元，由国家财政投资建设。

3. 外聘教师周转公寓楼

2005年10月开工建设，计划2007年9月竣工。规划许可建筑面积约5.25万平方米，其中地下6 045平方米。地上20层（部分8、12、16层），地下2层，框架剪力墙结构。计划投资约1.15亿元，由学校自筹经费建设。

4. 第二文科楼

2005年11月开工建设，计划2007年1月竣工。规划许可建筑面积约1.44万平方米。地上8层（部分9、10层），框架结构。计划投资2 687万元，由学校自筹经费建设。

5. 第二理工楼

2005年11月开工建设，计划2007年5月竣工。规划许可建筑面积约3.01万平方米，地上9层（部分1层），框架结构。计划投资5 206万元，由学校自筹经费建设。

6. 礼堂

2005年12月开工建设，计划2007年6月投入使用。规划许可建筑面积约1.17万平方米，其中地下3 322平方米。地上4层（部分3、2、1层），地下1层，框架结构。计划投资4 631万元，由学校自筹经费建设。

7. 教学大楼

2005年12月开工建设，计划2007年10月竣工。规划许可建筑面积约31.97万平方米，其中地下2 526平方米，地上15层（部分1、2、3、6、7、14层），地下2层，框架剪力墙结构。计划总投资约1.07亿元，其中国家财政投资6 647万元，学校自筹资金4 009万元，

8. 医学院楼SPF动物实验室

2006年6月开工建设，计划2007年12月竣工。对已建医学院大楼的11、12层进行改造，建筑面积2 158平方米。计划投资886万元，由国家财政投资建设。

【新校区建设】 2006年3月，学校发文至广州市土地开发中心和广州市城市规划局，提出进入大学城二期进行新校区选址建设。函中建议以学校磨碟沙351亩土地置换大学城二期2 000亩土地。

2006年4月，广州市城市规划局函复同意学校选址大学城二期并基本明确预选址用地范围，预选址用地面积约为180.45万平方米，其中代征城市绿地约14.76万平方米，代征道路用地约23.41万平方米。

2006年5月，学校向国务院侨务办公室申请新校区建设规划立项，立项申请用地面积约2 700亩，新建总建筑面积约110.6万平方米，建设投资约25亿元，分近、中、远三期进行建设。

2006年11月，国务院侨务办公室批复同意学校新校区总体规划初步方案，批复学校新校区的办学规模为23 000名全日制学生。规划用地面积为2 700亩，新建总建筑面积为100.6万平方米。基本建设总投资按25亿元控制，投资由申请中央投资和学校自筹的方式解决。建设期限为三个五年计划。

（邹晓瑜）

安全保卫工作

【概况】 暨南大学政治保卫部、保卫处、校园治安综合治理办公室、610办公室是学校党委和校行政直属职能部门，下设办公室、户籍证件科、消防科、调查研究科、治安科、网络信息安全科、校警队（下设校卫队）7个科室。主要负责维护学校稳定、校园交通管理、安全保卫、校园治安综合治理、平安校园创建、教职工和学生户籍管理等工作。一部一处两办合署办公，有教职工32人，校卫队合同工128人，其中党员30人。

【校园稳定工作】 2006年，针对政治敏感时期，保卫部密切注意社情动态，严防不法分子进行煽动破坏活动。加强值班管理，增强对学校公共场所、重点部位的巡逻、检查，防止大小字报的出现，以及对重点人员进行监控，及时掌握动态，及时做好思想疏导工作，同时加强对各种信息、校园网络的管理，及时收集信息并向学校领导和上级部门提出建议，防止因小事而可能引发的群体性事件。

【活动安全保卫工作】 2006年，保卫处认真做好学校重要重大活动的安全保卫工作，保证重要重大活动期间的安全和稳定。一年来，完成学校保卫任务39次，其中大型保卫任务4次。

2006年学校隆重举行建校百年庆典活动，为了

做好各项安全保卫工作，保卫处坚持做到早着手、早准备、早动员，多次召开会议研究布置工作，先后制作了交通示意图、安全保卫方案及各分案等。从9月初至11月中，保卫处联合校园综合管理办公室共同精心策划了六项行动：①联合公安部门收缴无牌无证摩托车，消除了校园交通一大安全隐患，净化了校园环境；②对校道进行重新划分，清理了羊城路、网球场北侧道路乱停乱放的汽车；③清理各类乱摆乱贴的宣传品，重新划分了各类宣传品的悬挂、张贴、摆放区域，建立规范学校宣传品的悬挂、张贴、摆放和宣传单派发长效机制；④迁移公共汽车站，解决西门出口交通堵塞老大难问题，还广大师生员工一个安全、畅通、开阔的西门出口；⑤全面启动车辆进出门禁系统，开始对进入学校外来车辆实行严格管理，大大减少了校园车流量，教学区的安静环境得到基本保障，无牌无证机动车被阻挡在外，借道穿行及无正当理由进入校园的机动车得到遏制；⑥完善规章制度，进一步规范校园宣传活动，清理乱摆放乱张贴的宣传品，校园环境得到进一步改善。

【校园治安工作】 2006年，完善校园安全保卫工作的各项规章制度。加强和物业管理公司的沟通，督促丹田公司做好安全防范工作。

组织干部学习新的与犯罪分子作斗争的经验和技巧，时常了解校外的治安动态，适时组织干部队员到公共场所、教学区等重点区域巡逻、伏击，重点区域保证24小时有队员不间断巡逻，逐步加强技术防范力度，在校内安装监控设备和报警器，加大安全防范的力度。

【法制安全教育工作】 坚持把学生的安全教育和法制教育作为一项长期工作来抓，坚持预防为主的工作方针，针对新生特点，在新生入学时，对每生都发一本《大学新生安全教程》，进行安全知识教育，进一步增强学生的安全意识和自我防范能力，确保其身心健康成长。

【消防安全工作】 根据广东省教育厅、广东公安消防总队《关于进一步加强学校消防安全教育的通知》，保卫处认真组织开展消防安全知识进校园的宣传活动，在学生宿舍、学生食堂、图书馆、教学楼等人员密集场所设置、安装安全警示、防火公约、防火知识宣传挂图100张，广泛开展宣传活动。

积极组织相关单位负责同志参加广州市公安消防局举办的机关、团体、企业、事业单位的消防责任人、消防安全管理人培训班学习。

根据广州市公安消防局的通知精神，举办消防安全知识培训班，并聘请消防局的教员到学校授课，全校各单位消防安全责任人、消防安全管理人中共有131人参加培训，为学校消防安全打下良好基础。组织一次消防知识和灭火技能实操竞赛。

【校园交通整治】 执行教代会通过的《校园交通管理方案》，整理校园道路交通标线、设置交通标志。在校园交通整治工作期间，对违章车辆发出了警示通知1 300多份，劝说车主配合学校工作，力求校园交通安全顺畅，保证了校庆期间校园主干道、备用道无车辆乱停乱放现象。

针对经常有无牌无证摩托车在校园内行驶，对师生员工人身安全构成威胁，影响学校教学科研秩序的情况，保卫处积极主动与石牌派出所取得联系，商请前来学校协助收缴无牌无证摩托车的行动3次，收缴无牌无证摩托车36辆，为创造安全、有序、优美的校园环境打下基础。

【证件管理工作】 全年报批因私出国（境）材料160人次；报备省公安厅有关人员资料共12批66人次；为台湾地区学生办理签注158人次；开具无刑事犯罪证明64份；为158名教职员工办理户口迁移；为学生申领二代身份证2 759张；为2006级境外生办理临时住宿登记共2 314人次；为3 125名毕业生办理户口迁移；为2 716名新生办理入户手续。

（保卫处供稿）

后勤工作

【概况】 根据国务院办公厅转发的教育部等6部委《关于进一步加快高等学校后勤社会化改革意见的通知》和省教育厅《广东省高等学校后勤社会化改革实施方案》文件精神，学校将后勤社会化改革工作列入整体改革规划，加强对后勤改革工作的领导，于2000年3月14日成立了以校长刘人怀任组长，党委书记蒋述卓、副校长贾益民任副组长的学校后勤改革领导小组，主持开展一系列工作，清查了后勤现有资产状况、制定了后勤集团主要的规章制度、确定了后勤机构设置。

后勤集团于2000年12月23日正式成立，后勤集团临时党委于2003年7月8日成立。后勤集团是学校设立的为教学、科研、师生服务，实行企业化管理的服务经营单位，其全部资产（即学校界定资产）归学校所有，集团对学校负责，由主管校长直接领导。集团经学校授权委托对所属资产行使经营权、管理权、处分权，承担对国有资产保值和增值的责任；实行“统一管理、集中核算”的财务管理体制，执行行业企业制度；实行“独立核算、自主经营、自负盈亏、自我发展”的企业运行机制，接受学校总务处、财务处的指导和监督，遵守学校的各项规章制度和产业发展的政策，并根据国家、学校有关政策及集团的实际情况，制定企业管理制度；根据“后勤产业归口管理，统一经营”的原则，全面负责学校教工住宅的环境卫生，教学大楼、行政办公楼的卫生，校区的环境卫生和绿化，水电的运行、维护和维修，房屋、道路和设施的修缮，教工和学生的餐饮服务，教学、科研和行政用车的使用和管理，以及生活服务中心、招待所的经营服务管理，承担并完成学校交办的其他后勤服务工作。

后勤集团以“三服务、两育人”（为教学服务、科研服务、师生服务，管理育人、服务育人）为工作宗旨。设置“一办、二部、八中心”：办公室，人力资源部、财务部，招待所、饮食服务中心、生活服务中心、维修与水电服务中心、物业管理中心、交通服务中心、商业服务中心、北京服务中心。

后勤集团成立以来，员工们积极解放思想，为学校提供饮食、保洁、绿化、课室管理、交通、住宿、商业、供水、供电以及土建与水电维修等服务，最大限度地满足教学、科研、师生员工的生活需要。

2006年，后勤集团围绕百年校庆做好各项筹备工作，为校庆期间各项典礼活动的顺利开展做好后勤服务保障，并为学校提供饮食、保洁、绿化、课室管理、交通、住宿、商业、供水、供电与水电维修等服务。

【人力资源部】 2006年，按照后勤社会化改革的总体思路和要求，人力资源部通过理顺管理体制和转换运行机制，做好临时工人的招聘、保险、辞退等工作，加强了对后勤集团人力资源的管理。后勤集团有职工560人（在编人员110人，临时工人450人）。

11月份，为了加强学校的食品卫生管理工作，确保参加百年校庆来宾与工作人员的饮食卫生安全，人力资源部举办了后勤集团食品卫生知识培训活动。

2006年，后勤集团被评为学校先进集体，获得百年校庆先进集体一等奖；6月，暨南大学被广东省高教学会后勤管理分会评为广东省高校后勤工作先进集体，马从清、廖剑辉、胡志凌、梁佩芬被评为广东省高校后勤工作先进个人；廖剑辉被广东省委教育工委评为广东省高校先进党支部书记。

【财务部】 2006年，后勤集团各中心累计收入4 799.5万元，营业净利润20.5万元，收到各中心上缴任务收入251.6万元，支出332.2万元（其中经营成本115.2万元，管理费用等217.0万元），利润亏损80.5万元。

财务部员工认真完成本职工作，处理后勤集团各中心上报的财务数据，提供各中心所需要的财务账表，为各中心的财务预算、决算工作提供依据，及时发放工资及奖、酬金；集中管理和使用资金，掌握各中心的资金使用情况，为各中心提供较优的资金使用方案，提供成本分析方案及各种财务会计报表，控制不必要的资金使用，为后勤集团领导决策提供财务信息。

财务部2006年开展的具体工作有：①组织本部门人员对集团各中心库存物资进行定期及不定期的盘点，加强对各中心的库存物资管理。②协助广州市大公会计师事务所有限公司对生活服务中心及招待所的财务情况进行审核，并得出审计报告。③进一步完善了饮食服务中心物资采购的电算化管理，使物资采购工作通过商品物流管理来实现。④进一步完善财务部各工作岗位的规章制度。⑤组织本部门人员参加学校财务处组织的“会计知识大奖赛”。⑥在后勤集团临时党委的领导下，做好员工的思想教育工作，提高员工的政治觉悟。

【招待所】 招待所下设餐厅部、客房部、票务组。2006年，因招待所和专家楼7、8月份停业装修，招待所总营业收入只有757万元，比2005年减少42万元，减幅5.3%。其中，客房部营业收入196万元，占总营业收入的25.9%；餐厅部营业收入561万元，占总营业收入的74.1%。2006年，招待所完成上交任务102万元，与去年同期持平。

招待所2006年主要工作：

1. 加强人员管理，注重人才引进

招待所现有职工80人，其中正式工人10人，占招待所人数的12.5%；临时工人70人，占招待所人数的87.5%。在用工方面，招待所注意运用有关的劳动法规来规范管理，为每一位职工都办理了社保，2006年投保费用为19.9万元，比2005年增加0.3万元，增长率为1.5%。还对餐厅部的一些主要技术骨干进行了调整。

2. 接待工作

招待所客房部、餐厅部完成了学校重要会议的接待工作和其他临时接待工作：春节留校学生团年饭、学校“十五”“211工程”建设项目整体验收、第五届“挑战杯”大学生创业计划大赛活动、省委组织部的地市级干部培训班、省高校统战部门迎中秋庆国庆宴会、国务院侨办几次办班的接待工作，以及百年校庆期间有关重大接待等。客房部为学校的有关重要活动提供住宿接待。票务组除了完成平时学校有关单位和领导及住客订票以外，还完成寒、暑假学生火车票约6 000张的订票任务。

3. 安全生产

2006年，招待所未发生任何安全事故，确保了全所工作的正常开展。餐厅部和客房部完善了有关规章制度，将岗位责任落实到人。组织员工学习有关卫生、安全、防火等文件。

餐厅部和客房部坚持喷药杀虫，确保周边和室内环境的卫生。为做好餐厅原材料的保鲜工作，5月份通过招、投标，投资9万元对原旧冰库进行了改造，新建了一座风冷式冰库。6月份，招待所派6名骨干员工分两批参加了消防培训班，重新添置了一批灭火器材。9月份，投资3万元新建海鲜池1座，确保餐厅的海鲜食品卫生、新鲜。12月份，餐厅在采购方面加大了卫生管理力度，招待所与所有供应商重新签订卫生安全协议书和供货合同，并收取保证金。为餐厅部和客房部投保了公众场所责任险、食品卫生险和财产损失险。

2006年，招待所装修了客房部和餐厅部，更新了客房部的电子监控设备、家具和室内装饰，翻新了餐厅部所有厅房的天花板和墙壁。

4. 进货管理

加强对原材料、卫生用品、消耗性用品进货价格和质量的把关。2006年，餐厅月平均毛利率保持在正常水平，年平均毛利率为46.9%，比去年同期上升4%。客房部年平均住宿率为64.1%，比去年同期上升3%。

【饮食服务中心】 饮食服务中心下设第一食堂、第三食堂、第五食堂、清真餐厅。2006年，饮食服务全年营业额224.58万元，比上年增长13.42%；回收折旧费54.7万元；计提电费28.5万元。饮食服务中心被评为中国高校伙食工作先进集体、广东省伙食工作先进单位；第一食堂、第五食堂被省伙食管理委员会评为先进集体；第一食堂、第三食堂、第五食堂三个食堂全部被评为优秀食堂。

1. 思想教育工作

饮食服务中心要求炊事管理人员要有服务第一的思想，师生至上的理念，自觉接受师生的监督。

2. 食品卫生安全

饮食服务中心要求各食堂保证伙食质量，做好采购、验收、加工、烹调、出售、保存各卫生环节的卫生检查，强调各食堂须严格执行各项食品卫生操作规范，确保伙食质量和卫生安全。

3. 食堂建设

2006年7月份，饮食服务中心投入120万余元，改造、装修第五食堂，更新第五食堂北面客货电梯2部，购入洗菜机3台，并购置西德进口的“蒸烤炉”1台，增开套餐服务。

4. 校庆工作

百年校庆期间，饮食服务中心共提供校友餐26 898人次，学生及工作餐22 670人次，合计49 568人次。

【生活服务中心】 生活服务中心下设明湖楼餐厅、明湖商场。2006年，生活服务中心总营业额为1 001万元，比上年同期下降1.1%。其中明湖餐厅总营业额772万元，比上年下降10%；明湖商场总营业额217万元，比上年增长43.7%；其他收入12万元，与上年持平。2006年，明湖餐厅装修二楼包间，更新地毯和餐具；完成了学校各类型的接待任务，特别是百年校庆和中外校长论坛的接待。明湖商场为校内各单位提供送货上门业务，营业额有所提高。

2006年，生活服务中心主要通过以下措施增加利润、提高服务质量。

1. 物资采购

3月份，生活服务中心正式成立物价监督小组，定期派人到市场进行物价调查，监控原材料价格和质量，使中心的物资采购工作走上规范化。物价监督小组成立后比成立前月均毛利率提高了3.4个百分点。

2. 卫生监督

3月份，生活服务中心重新成立卫生监督小组，修订卫生检查制度。卫生监督小组成立后立即开展工作，认真履行职责，按照规定对餐厅的卫生工作进行督查，跟踪检查整改效果。

【交通服务中心】 2006年，交通服务中心共出车5 988台次，行驶里程约50.9万千米，创造产值1 891 001万元。其中小车行程约33万千米，出车台次4 080次，产值约93.6万元；大车行程17.8万千米，出车台次1 908次，产值95.4万元。

为配合学校各项工作，确保学校办公用车，交通服务中心将提升服务质量、提高服务水平作为工作重点，保持车貌整洁、车况良好，并做到“接车准时、待客友善、服务细心、候客耐心”。

日常管理方面，交通服务中心管理层坚持按规章制度办事，在工作实施过程中邀请中心职工代表共同参与管理，充分发扬和体现了单位职工的主人翁精神。在油价屡创新高、车辆保险费上涨、车辆机件老化导致维修和保养成本提高的情况下，中心要求各位司机尽可能通过合理操作减少车辆耗油，积极配合调度员工作；努力拓展业务，在满足学校内部单位用车需求的前提下，与校外兄弟单位密切联系，互帮互助解决用车困难，多接工作任务，争取提高中心产值和利润。

【商业服务中心】 2006年，商业服务中心营业收入176万元，比上年增长10%，2006年收缴租金等收入共176.2万元。

2006年，商业服务中心的主要工作有：

1. 加强对商铺的监管和物价调查、控制工作

要求饮食类店铺必须落实各项防控措施，杜绝采购、经营私宰肉以及无检疫证明的冷冻肉制品。为平衡兴安超市物价、保证学校师生员工的利益不受损害，并督促兴安超市调整零售价。百年校庆期间，商业服务中心特别要求各商铺做好环境卫生工作、食品安全工作，消除食品安全隐患；安排餐厅员工参加食品卫生法规的培训，进一步明确食品卫生的重要性。

2. 切实做好计划生育、安全保卫及消防安全工作

商业服务中心在学校人口和计划生育委员会办公室的指导下，全力配合学校做好临时工的查证验证工作。定期检查各商铺是否配备灭火器材、消防功能是否完好有效，对查出的各种隐患进行跟踪、督办、落实，并及时整改。

3. 做好环境卫生、绿化和宣传广告工作

为给广大师生员工提供良好的购物环境，在商业服务中心二、三楼摆放盆栽树木美化环境，免费为各商铺书写宣传广告。

【维修与水电服务中心】 维修与水电服务中心负责全校日常水电供应，公共房舍、道路、花基和供水、供电、排水等管网设施的维修和养护，以及办公室、教室、实验室、教职工住宅的装修和装饰工程。做好水电供应，对水电的故障报修做到24小时内随报随修，对基建工作中容易出现问题的环节实行现场监督，减少了因基建工作的不慎而损坏水管及电缆的现象。

2006年4月，维修与水电服务中心在曾宪梓科学馆开展电工与木工岗位技能竞赛活动。校庆期间，维修与水电服务中心完成了大量的基建配套工程、电力增容工程等。

【物业管理中心】 物业管理中心主要负责校园清洁卫生、绿化、公共服务，以及成人教育大楼、附属中学大楼、经济学院大楼、曾宪梓科学馆公共多媒体课室及普通课室的管理等。2006年，物业管理中心自筹资金购置了道路清扫车1台，完成了校园的环境清洁卫生与管理、行政办公大楼的清洁卫生、校园园林的绿化养护、教学大楼的综合管理与服务等各项日常服务管理工作，并完成了百年校庆中所承担的各项工作任务。物业管理中心为学校及各单位的53场次的各类会议、活动挂拆横幅295幅、彩旗1 195余面、台布154幅，提供时花11 495盆，共派工2 066人次。为学校完成临时清洁、搬运等突击任务共派出用工7 580工时。

2006年，物业管理中心主要做了以下几方面的工作：

1. 员工培训和管理

物业管理中心围绕提供优质服务的主题，举办了物业管理知识培训班，委托广州市东华物业管理有限公司就提升物业管理服务能力事宜对各级员工进行培训，使中心员工首次接触了正规的物业管理知识培训，了解了服务意识提升的要求，以及规范管理、标准化服务的必要性。努力按照企业化及物业管理行业标准，重新进行岗位设置和岗位责任制管理的探讨，规范中心的服务管理工作，使中心的运作逐步适应企业化的要求。物业管理中心加强对非在编员工队伍的基础性管理工作，建立了员工个人档案。

2. 安全生产

物业管理中心经常检查员工宿舍、公共伙房的用电用气的安全情况，实现全年无事故。

3. 反腐倡廉教育

物业管理中心坚持反腐倡廉，所有物资都采取批量采购，并遵循两人以上、货比三家的原则，做好质价比记录，严格按要求执行采购规程。员工招聘坚持实行登记试用制度，以班组考察为主，并作为是否录用的考量。

4. 校庆工作

物业管理中心完成了百年校庆中所承担的各项工作任务，在11月底的冲刺阶段，7天时间内共清理建筑垃圾74车（507立方米），回填种植土0.4万立方米，抢种绿化1.5万平方米。

5. 教学楼管理

物业管理中心配合教务处完成14.5万学时的公共教学服务工作；在教师上课过程中为教师提供紧急技术支持1.2万人次；协助学校相关部门布置和维护大型考场共6次。加强教学楼设备维护管理，严格

按照保养计划对多媒体设备进行日常保养。坚持每天巡查课室公共设施，共计维修门锁、灯管、窗户拉环、漏电保护开关、桌椅等248次，其中维修门82次、窗52次、灯管62次；对课室内的遗漏物品进行登记并通知失主，2006年共计认领移动存储设备、手机、钱包等贵重物品82件次。坚持每天检查空调的运转情况，对厂家的维修服务进行跟踪监督，已维修空调9台。

6. 校园环境卫生

2006年，物业管理中心根据基建工地多的状况，实行定时清扫和动态保洁相结合，使校园基本保持干净整洁，无乱涂乱画乱张贴现象。生活垃圾日产日清，收集、清运生活垃圾372车（2 976吨）；收集、清运非生活垃圾（余泥杂物）1 001车（约4 503立方米）；对公共课室进行定期消毒，每周用消毒水对桌面、地面进行拖抹2次；定期进行除“四害”工作，每两周对校园沟渠、沙井消杀1次；对校园化粪池、沙井灭蚊灭蟑4次。

7. 园林绿化

2006年，物业管理中心加强绿化养护工作，基本清除管辖范围内的绿化死角等，校园绿化情况得到明显改观；施放近15吨的黄卵石、黑卵石，完成对建阳路、真如路北段、金陵路南段等主要人行道树头的美饰工作；完成校庆绿化改造工程43项，绿化面积5.4万平方米；零星补种修复绿化地约2 942平方米；配合基建工程的施工需要，迁移树木40余棵；为校园各景点提供时花2 874盆。

【北京饮食服务中心】 北京饮食服务中心认真遵照上级部门的指示和要求，克服了异地办公的各种困难，积极完成国务院侨办对外的接待就餐任务和其他接待任务。北京饮食服务中心正确处理两个效益的关系，把社会效益放在首位，在搞好服务的基础上争取条件做好核算工作，降低成本；修订了各项管理规章制度，并积极参加学校组织的纪律教育学习月活动。

【后勤临时党委】 后勤临时党委共有7个党支部，党员47人，申请入党积极分子2人。

2006年，后勤党委加强党支部建设和对党员的教育管理，积极开展党支部民主生活会，充分发挥党员的先锋模范作用，努力开展思想政治工作，密切联系群众，增强党支部的战斗力和凝聚力。后勤临时党委不断加强宣传工作，抓好宣传橱窗、集团网站、党委网站的宣传工作，积极向广大师生员工传递后勤的信息，不断协助后勤工会组织丰富的文体活动，增进了员工的凝聚力。2006年，临时党委宣传网站被评为学校十佳党建网站。

（周丽贞）

离退休工作

【概况】 离退休工作处是学校行政与校党委双重领导的机构。处设党委，有党政办公室、离休科、退休科三个科级单位，主要负责离退休人员的服务管理工作，包括足额发放离退休金，落实基本医疗费。处党委负责离退休工作处的思想政治工作等党务工作。离退休工作处设老教授协会、离退休协会、文体协会等群众团体，并设老人进修学院。离退休工作处是学校关心下一代工作委员会秘书长单位，在册离退休教职工2 252人，其中离休干部171人。

2006年，王越、云冠平、王声湧、伍国基、刘人怀、刘学高、齐雨藻、何军、李辰、李楚杰、周耀明、张德昌、赵元浩、饶芃子、林剑、邹翰、柯木火、徐锦堂、黄德鸿、黄爱廉、曾昭科、詹伯慧22人获暨南大学终身贡献奖，并且在教师节接受表彰。

【文化体育工作】 7月1日，离退休工作处“暨之光合唱团”参加省委老干部局组织的纪念长征胜利70周年大合唱演出，获得优秀组织奖。

10月，成功承办“校庆杯”广东省高校第五届校长杯暨第二十届老年教工单项乒乓球赛，367人参赛，其中校级领导30人，规模是高校历届同类竞赛之冠。我校获团体第二名，女子单打、双打、混合双打获冠军，男子单打、双打获亚军，另获第三名3项，这是我校历年来的最好成绩。

是年，老人进修学院开设36个课程班，在学学员1 018人次，组织离退休教职工外出参观、学习、旅游、文体竞赛19次，达4 323人次。

【党委工作】 处党委所属18个党支部完成换届改选工作。积极参加校党委开展的“保持共产党员先进性教育”活动和“先锋工程”建设活动，处党委举行庆祝中国共产党诞生85周年活动，回忆党的奋斗历程，倡导党员保持“本色不变，信念永存”的党性观念。

离退休教工党员捐助3.28万元，用来购买教学用具、书籍，送到扶贫点韶关乳源城镇中心小学。

（离退休工作处供稿）

图书馆

【概况】 1927年，国立暨南大学迁至上海，始建暨南大学图书馆，时称“洪年图书馆”，由郑洪年校长捐资兴建，留法学者张天方博士任第一任馆长。此后，图书馆随着暨南大学几经波折多次停办，直至1978年国务院决定复办暨南大学才得以重建，并逐步发展成为具有华侨特色的综合性大学图书馆。

图书馆始终坚持“读者至上，服务第一”的服务宗旨，践行“以人为本”的管理理念，致力于为学校教学、科研提供完备的文献资源保障和文献信息服务，成为全校师生获取学术信息资源的前沿阵地。

2006年，围绕“为读者服务”这个中心，把握资源建设、业务开展、科学管理三条主线，“十五”“211工程”建设数字化图书馆子项目通过专家组验收，新集成管理系统（Millennium系统）进入实施阶段。完成弱电及土建调整规划、家具采购、一卡通系统及通道机招标等新馆建设工作。配合新馆藏、借、阅一体化大流通管理模式，调整原有部门。举行百年校庆暨南大学图书系列岗位技能竞赛活动。

【读者服务】 图书馆保持每周88小时服务，2006年共接待读者39.2万人次，外借图书49.2万册，比上年同期增长13.6%。复印文献1.18万篇，印刷型文献的利用呈现良好的增长态势。解答读者口头、电话、网上咨询8 000人次，通过图书馆网站反馈读者信息总量2万条，查收查引与检索课题487个，编发资源使用指南、服务介绍、“专题推荐书目”等宣传教育资料约1万份，为450名师生开通VPN校园网外用户利用电子资源服务（截至年底，VPN用户已达1 393人）。各项服务指标在上年基础上稳步增长。

加大馆际互借与文献传递服务力度。年内与厦门大学图书馆、国家科技图书文献中心（NSTL）签订文献传递协议。截至年底，已经与清华大学、北京大学、厦门大学、中山大学、香港城市大学等高校图书馆，以及国家图书馆、CALIS、国家科技图书文献中心、上海图书馆、亚信公司共10家国内外信息机构签订文献传递协议。教师节、百年校庆期间推出文献传递优惠月活动，编写《怎样善用图书馆资源搜索文献原文》辅导资料，通过短信、电子邮件分发给读者。全年共为读者传递文献1 505册（篇），比上年同期增长50.2%。

通过自主举办、与学院联合举办等方式，面对不同层次读者开设不同内容的读者培训讲座。全年共举办各类型讲座53场次，参加者达4 375人次，接受培训读者人数为上年的2.63倍，创历年新高。通过读者培训调查表、专题讲座调查问卷方式收集读者反馈意见，对培训内容和方式进行相应的调整和改进。

搜集整理SCI、SSCI中影响因子排名前10～100位的31个学科相关资料，编制《2005年暨南大学SCIE收录论文影响因子分析报告》、《2005年暨南大学国际论文统计与分析年报》，分发给学校领导、各部处、各院系以及相关教师等单位或个人，并把其电子版发布在主页供广大师生浏览。分析年报揭示国际论文在各学院分布情况、作者分布情况、被引用情况，给出发表国际论文绝对数较多的系、所、中心排名情况，供师生从发表科研论文角度了解学校科学研究现状和水平，并为相关管理部门在学科建设上提供参考。

开发西文全文电子期刊检索系统，为读者查找西文全文电子期刊提供统一入口。该系统收录图书馆西文全文电子期刊，读者可通过刊名首字母浏览、学科分类浏览、刊名、ISSN号等方式检索到所需期刊。开通数据库RSS（聚合内容）订阅服务，方便读者及时跟踪最新专题信息与学科前沿信息。

【文献资源建设】 文献资源购置保持稳定，实际支出文献购置费1 662万元，比上年同期减少4%。其中，订购中文图书4.65万种11.85万册，外文图书2 025种2 033册，港台图书2 289种2 369册，共支出金额542.25万元，占总支出32.6%；订购中文期刊2 609种，中文报纸149种，共支出金额38.38万元，占总支出2.3%；订购外文期刊668种，港台期刊41种，境外报纸32种，共支出金额501.74万元，占总支出30.2%；新订外文数据库10种、中文数据库4种，续订中外文数据库50种，共支出金额578.14万元（其中外文数据库319万元），占总支出34.8%。厉行节约，以最优惠价格采购文献，全年共节省170.16万元。

加大数字化资源开发力度，建立大规模数字化文献信息资源存储中心与服务保障系统。完成外文电子期刊导航建设，共添加1.35万条数据。完成论文回溯建库，审核2006年毕业生论文2 200篇，向CADAL项目中心提交3 500本印刷本，将2 800本CADAL论文全文追加到博、硕士论文数据库。完成随书光盘系统数据转换及新数据上传，共迁移数据1 600条，上传光盘586张，转录磁带98盒。完善视频点播系统，新增视频资源186部，开通以来总访问量已达到301.22万人次，视频点播系统成为辅助师生学习、娱乐不可或缺的工具。

完成CNKI－中国期刊全文数据库、万方—中国学位论文全文数据库、维普中文科技期刊数据库（全文版）本地镜像安装、调试，数据定期更新。更新人大复印报刊资料全文数据库、人民日报图文数据库、全国报刊索引数据库、中宏数据库、CBMdisc－中国生物医学文献数据库（网络版）、中国强制性国家标准全文检索总库本地镜像数据。

【业务建设】 完善文献资源荐购体系，提供多种途径供全校师生直接参与文献资源建设。完善专家圈选书刊制度，做到所有图书都在专家圈选基础上，经采访人员查重、挑选后方予订购。组织教师到广州购书中心、学而优书店、外文书展现场选书，选购中外文图书8 277种2.21万册。提供图书荐购单，采用“海外图书采选系统”、“好书荐购系统”或者在网上留言等多种途径荐购。数据库订购除参考院系专家意见外，还通过网络调查等方式收集全校师生意见和建议。开展中外文书验收、编目、加工全程绿色通道服务，以最快速度获取师生教学科研急需用书，全年提供绿色通道服务47人次。

做好新书、新刊验收、编目、入藏及馆藏书目数据回溯工作。全年共回溯外文图书9 180种，中外文报刊4.43万册，博、硕士学位论文7 439篇，古籍2 437册。对旧书刊进行装订，对错误书目数据进行修改。全年共装订图书2 154册，报刊3.31万册，修改外文图书数据2.11万条，古籍数据1 346条。

完成Millennium系统、Oracle数据库系统引进、安装与调试，对ILAS系统、一卡通系统、TRS系统、VPN系统、勤工助学系统、TPI学位论文库系统、视频点播系统、RTX系统、随书光盘系统、门禁系统进行维护、升级，确保其正常运行。开发西文电子期刊导航系统、石牌六校通用借还系统、书刊推荐采购系统、Infotree系统，完善网站中侨情简报、决策支持信息、IP段管理等子系统，拓展网站功能，包括网站投票系统、新馆专题网、本科教学评估网、RSS新闻订阅功能。

鼓励职工进行学术研究，全年共发表各类型论文22篇，其中核心期刊论文11篇。承建“高等学校中英文图书数字化国际合作计划”项目（CADAL）“数字资源制作”子项目、“中国高等教育文献保障系统‘十五’建设”项目“华侨华人文献信息专题数据库”子项目两个部级子项目。校级项目“医学文献检索与利用网络课程建设”顺利结题。

【华侨华人文献信息工作】 加强华侨华人研究文献完备级文献收集，新增华侨华人研究类图书179种。对侨刊乡讯查漏补缺，新收集侨刊乡讯6种。截至年底，侨刊乡讯增至124种，其中广东省侨刊乡讯113种，约占广东全省侨刊乡讯种数91%。加强与境内外华侨华人研究机构与学者的沟通与联系，通过机构或个人赠书形式收集学术著作13种。

严格按CALIS特色数据库建设要求，完善华侨华人专题数据库建设规范，新增数据1.87万条。完善“华侨华人”主页，扩充栏目内容400项。

编辑出版《侨情简报》，增加印刷份数，扩大发行面。全年出版简报10期，共25万字，其中包括两期配合时政宣传和侨务工作专刊“2005年海外华人新社团”和“所罗门撤侨事件始末”。

【交流合作】 鼓励业务骨干到国内外先进图书馆学习和考察，全年有37人次被派往各地参加业务培训、考察调研、学术交流。

加强对外交流。3月，郑力人博士代表美国俄亥俄大学图书馆来访，双方达成续签合作协议意向。5月，与香港大学图书馆续签华侨华人研究书目库合作协定，并于6月底完成数据交换工作。与厦门大学图书馆、国家科技图书文献中心（NSTL）签订文献传递协议，提高文献资源保障能力。向海外8个国家和地区27个图书馆寄发学校出版的4种刊物共计510册，接受国内外赠送及交换刊物130种。

【科学管理】 健全行政管理、人事管理、业务管理等管理规章制度，制订《图书馆临时工管理暂行办法》，成立新馆建设工作小组，负责新馆建设相关工作。配合新馆实行藏、借、阅一体化大流通管理模式，对原有部门进行调整，撤销原流通部、阅览部、期刊部，合并设立文献服务部；合并原期刊采访、图书采访与电子资源采访部，设立文献采访部；撤销原采编部，设立文献编目部；原咨询部、技术部分别更名为信息咨询部、信息技术部；办公室以及华人华侨文献信息中心保持不变。

召开2005年暨南大学图书情报工作委员会，会议审议通过《2005年图书馆工作报告》，审议“十五”“211工程”数字化图书馆建设项目成果汇报。

举办文献采访专题研讨会，邀请生科院、水生所、药学院、国际学院、经济学院、土木系、数学系、历史系、古籍所专家和学生代表参加，对文献采访面临的问题与对策进行讨论，为文献采访工作提供决策参考。

加强对勤工助学学生的管理，制定《图书馆勤工助学学生工作制度》和《图书馆勤工助学学生考核制度》。对新到馆学生工进行岗前培训，介绍工作制度与内容，训练其基本技能。

（图书馆供稿）

华侨华人研究所

【概况】 暨南大学华侨华人研究所成立于1981年，原名华侨研究所，1991年更名为华侨华人研究所，是国内第一家研究华侨华人问题的专业学术机构。它的前身可追溯到1927年成立的暨南大学南洋文化教育事业部。华侨华人研究所的首任所长为著名华侨史与中外关系史专家朱杰勤教授。该所自1996年被列入暨南大学“211工程”重点建设单位以来，研究实力得到加强。2000年12月，华侨华人研究所被批准为教育部百所人文社会科学重点研究基地之一，设基地主任1名，下设4个研究室：华侨华人社会经济研究室、华侨华人文化教育研究室、华侨华人政策法规研究室和中国侨乡研究室，以及图书资料室、行政办公室和学术委员会等机构。

研究所有专职研究人员13人，其中教授3人（博导2人），副教授5人（硕导3人），中级职称5人。研究所现有图书资料1.5万册。

【科研情况】 2006年，全所人员共参加国际和国内学术会议29人次，提交论文23篇。撰写各层次学术论文53篇，其中，被CSSCI收录27篇。出版学术专著1部，合著及参著2部。获批广东省哲学社会科学“十一五”规划项目1项。邀请外国学者讲学4次，分别为美国俄亥俄图书馆邵友保博士、海外华人文献研究中心主任郑力人博士、美国加州大学社会学和亚裔研究学周敏教授、澳大利亚墨尔本大学Mc. Millen教授、新加坡国立大学兼职教授陈剑博士。张应龙副教授撰稿的电视纪录片《和谐的家园》获广东省侨办三等奖，高伟浓教授荣获国务院侨办课题优秀成果奖三等奖，周聿峨教授和张应龙副教授荣获国务院侨办课题优秀成果奖优秀奖，刘权副教授获国务院侨务办公室政研司侨务资讯奖。研究所有11名硕士生、7名博士生，均顺利通过论文答辩并按期毕业。

（张坤）

网络与教育技术中心

【概况】 暨南大学网络与教育技术中心成立于2003年5月，由原信息网络工程研究中心和电化教育中心合并组建而成，中心下设办公室、网络工程部、教育技术部、视频制作部、综合服务部一室四部。中心有工作人员28人，其中高级职称6人，中级职称12人，具有硕士学位以上者11人。

网络与教育技术中心是学校公共服务体系的重要组成部分，集教学、科研和服务于一体。负责校园网的规划、建设、运行与管理，负责全校的教育技术工作；面向校内外师生开展信息技术与现代教育技术的教学与培训；承担国家与省市有关计算机网络与现代教育技术方面科研项目的研究与开发，开展横向合作及与学科教师的合作；面向全校师生开展网络及现代教育技术服务。

网络与教育技术中心在致力于建设网络基础环境的同时，遵循“资源建设为核心，培训教师为先导，开展应用试验为手段”的宗旨进行网络教学资源建设。

【校园网建设与维护】

1. 网络建设与管理维护

做好教工宿舍、学生宿舍网络和办公网络管理和故障维护，保证校园网畅通稳定。为全校师生提供咨询与技术支持。为校园卡和百年校庆活动提供网络建设及技术支持。

在南海楼、蒙民伟理工楼与生命科学技术学院楼以及学生宿舍1～13栋采用SAM2.0身份认证系统。开通外网访问校内的VPN服务。构建了IPV6实验网，开通暨南大学的IPV6网站和服务。2006年，学校参与的“下一代互联网中日IPV6合作项目”通过验收。学校校园网络出口流量和带宽在全国教科网排在20名左右；校园网的运行状况良好稳定；在教育部本科教学工作水平评估自评中获得的等级为A。

2. 服务器升级与管理维护

做好网络与教育技术中心各服务器的升级、维护、日常管理和安全防护工作，确保服务器群的安全稳定。配合学校信息管理办公室和其他部门做好服务器管理和主机托管工作。做好精品课程网站和实验教学示范中心评审网站服务器的运行和维护。新引进16台IBM X346机架式服务器，进行服务器升级，以满足应用需求。做好电子邮件系统的维护和运行，建立电子邮件双机备份系统，并进行电子邮件系统扩容，同时为向全校教职员工提供免费邮箱账号做好准备。

3. 网络应用升级与完善

中心自主开发了网络用户管理和维护系统升级，并已通过申请获得国家认可的软件著作权。同时，优化包月国际代理服务器，启用日志记录及统计功能。建设了网络流量监控和统计的相关程序，为相关部门提供所需的用户日志。推出校内资源共享FTP服务器，进行了网管系统测试。

4. 网络安全体系建立与完善

对中心防火墙设备进行安装调试及配置，确保中心服务器群的安全。做好防病毒系统、反垃圾邮件系统、自动更新服务器的升级，维护和运行。做好网络安全紧急响应网站的维护和管理，发布最新网络安全信息和提供相应安全解决方案，并进行多个厂家的IDS/IPS系统测试工作。

5. 无线网络建立与应用

做好全校无线网络日常管理维护工作。进行无线网二期工程安装调试工作。为学校的大型活动提供高质量的无线网络，如广东省第五届“挑战杯”大学生创业计划竞赛和百年校庆活动等。

6. 视、音频相关服务

完成暨南大学视频会议系统的招标采购及安装调试工作，组织各校区技术负责人进行技术应用培训。该系统可使暨大各校区之间开启视频会议，并在百年校庆期间成功应用。为学校大型会议和活动提供现场网络直播，包括百年暨南讲坛、广东省第五届“挑战杯”大学生创业计划竞赛、杨锦麟时事评论会、百年校庆庆典活动等。此外还分别进行了思科语音电话系统和华为3COM语音电话系统的测试。

7. 其他

2006年12月29日，中心自主开发的“校园网用户安全认证计费系统”和“校园网网络故障维护系统”通过国家版权局审核并获得国家计算机软件著作权。

【教育技术】

1. 做好各级各类网络教学资源建设项目的管理工作

组织暨南大学教育技术“创新工程”项目的立项、审查、答辩、评比等工作。完成第三批“创新工程”教学资源建设项目的立项、培训，包括第一次项目结题和第二批项目的中期检查等工作，及完成“创新工程”网站的建设。协助学科教师做好广东省高校教育技术“151工程”项目的中期检查、结题准备工作，通过结题11项。

认真组织学科教师参与各级各类多媒体软件大奖赛，并做好技术支持工作。2006年11月，在教育部中央电化教育馆主办的第十届全国多媒体教育软件大奖赛上，学校获一等奖1项，二等奖1项，优秀奖1项，并获优秀组织奖。在教育部教育管理信息中心举办的“第六届全国多媒体课件大赛”评审中，学校获一等奖1项，优秀奖2项。在广东省多媒体教育软件大奖赛上，学校共获7项奖励和最佳组织奖，其中一等奖1项，二等奖5项，三等奖1项。在首届广东省医药类教学媒体教材评比中，学校有8个项目获奖，其中二等奖5项，三等奖3项。与教务处联合组织并圆满完成了2006年暨南大学优秀多媒体教学软件评审工作。

2. 网络教学资源库建设、网络教学应用平台建设

完成网络教学资源库管理系统的建设与二次开

发、网络教学应用平台的招标及安装、卓越智能录播系统的设计与招标工作。组织教学资源的上传入库，网上教学资源总量达到1T。

3. 本科评建、精品课程、教师培训工作

组织相关人员到华南师范大学、中山大学、华南农业大学等院校进行本科迎评考察，围绕本科迎评，起草了学校多媒体教学本科迎评的实施方案与建议并组织实施。下发《关于加快推进我校本科教学信息化建设的通知》。收集必修课程多媒体 PPT 230 门。完成 2006 年省级和国家级精品课程申报网站与网络教学资源的建设工作。

举办2期教师教育技术等级培训班、全校精品课程制作培训班，专门为珠海学院教师举办2期网络课程制作培训班，举办多期“天空教室”和网页制作培训班，共培训教师960 人次。

【视频制作】 完成 2006 年招生录像宣传片、百年校庆活动系列光盘制作及各类校庆活动摄制工作。网络视频直播 18 场次，配合宣传部制作纪录片《百年暨南》并提供录像资料 80 多盒，为《暨大与港澳》提供录像资料，编辑、复制 13 套录像资料提供给有关电视台。全程拍摄 2006 年海外华裔青少年中国民族舞蹈及中华武术冬令营活动，并制作“放飞中华”光盘500 套。

为学校的重要会议活动提供视频网络直播35 场、拍摄各级精品课程申报课堂实录 60 多场次、拍摄学校校内重大活动 85 次。

【有线电视及综合服务】 完成学校有线电视网的日常维护和管理工作。完成苏州苑、羊城苑、南湖苑 3 个教工住宅小区 1 895 户网络改造及工程结尾工作。在学校百年校庆活动中，完成校庆庆典大会现场电视直播，首次实现在学校有线电视网上直播校内大型活动。完成暨南大学英语四、六级统考听力试题的播放任务。

做好各类教学资料收集、分类、压缩、转换工作，制作黑白投影胶片 1 062 张。

【学术交流】 邀请专家与技术工程师到暨南大学作报告或交流，多次接待各级领导和兄弟院校的参观与交流，参加多个学术会议和研讨，与全国著名高校的专家和同行进行技术交流。

（网络与教育技术中心供稿）

实验技术中心

【概况】 实验技术中心是直属于暨南大学的公共服务技术平台。1999 年 5 月以原分析测试中心为主，在整合各院系语音实验室的基础上建成。实验技术中心的建设目标是成为全校教学科研的公共测试技术平台。学校将实验技术中心纳入到“211 工程”的公共服务体系项目中进行建设，共投入资金 2 200万元，有标准实验室2 000 平方米，已有近场光学显微镜、原子力显微镜、透射电子显微镜、扫描电子显微镜、激光共聚焦显微镜、流式细胞仪、毛细管电泳仪、元素分析仪、气相色谱仪、离子色谱仪、高效液相色谱仪、傅立叶变换吸收光谱仪、电感耦合等离子体发射光谱仪、气相色谱—质谱联用仪、液相色谱—质谱联用仪等 18 台/套大型精密仪器。实验技术中心重点满足生物医学工程、医学、药学、生物科学与技术、化学、环境科学等领域的科学研究，并努力构造成学科相互渗透、综合性强的学科群实验环境。在语音教学实验技术方面，整合了全校的语音实验室和实验技术人员，并投入1 000多万元人民币，建设成为基本可以满足全校语音教学实验的 16 台/套机器、900 多个语音实验位的实验平台。有工作人员 21 人，其中教授 1 人，副高职称 7 人，中级职称 5 人，具有硕士学位者 9 人。另外，还聘请了一批技术顾问和兼职教授。实验技术中心为全校科研单位开展学术研究提供分析测试服务，与学校相关院系的教师合作指导本科生和硕士生。

【教学与科研工作】 实验技术中心教师充分发挥自身的专长和各种现代分析测试仪器的优势，积极与相关院系的教师合作指导本科生和硕士生。中心自成立以来，与暨大有关院系、研究所合作，为社会输送了一批专业技术人才。

实验技术中心一直坚持为学校的本科生、研究生培养服务，为学校各相关学院的部分专业开设硕士研究生课程；2006 年举办了 10 次现代分析测试仪器及其应用讲座；部分仪器室还通过实验教学，对博士生和硕士生进行仪器操作培训，并为相关学科的研究生完成学位论文提供良好的实验条件。

【测试服务工作】 实验技术中心的测试任务年

增长率约为30%，全校各院系和校直属科研单位中，共有100多个科研项目在利用实验技术中心的测试分析仪器开展科学研究工作。

【学术交流】 实验技术中心自成立以来，积极参加国内外学术交流和分析测试技术交流。中心领导坚持参加中国分析测试协会和教育部直属高校测试中心主任年会的活动，交流分析测试新技术和实验室管理经验。

（实验技术中心供稿）

学报编辑部

【概况】 暨南大学学报编辑部为暨南大学直属单位。负责编辑出版暨南大学主办的《暨南学报》（哲学社会科学版）和《暨南大学学报》（自然科学与医学版），两刊均为双月刊，《暨南学报》单月月底出刊，《暨南大学学报》双月月底出刊，均为邮局统一发行。编辑部设文科编辑室、理科编辑室、办公室。2006年编辑部在编人员11人，其中《暨南学报》编辑5人，《暨南大学学报》编辑4人，编务、出版、发行1人，办公室事务1人。编辑人员中，正高职称2人，副高职称6人，中级职称1人；有博士2人，硕士5人，博士生导师1人，硕士生导师3人。

【编辑工作】

1.《暨南学报》

《暨南学报》2006年受理投稿论文850篇，出版6期，发表文章168篇。内容涉及政治学、社会学、法学、经济学、管理学、文学、语言学、历史学、新闻传播学、教育学等学科。设立的栏目有：(1) 学科栏目：经济·管理研究、法学研究、文学研究、历史研究、语言学研究、新闻与传播学研究、哲学研究、社会学研究、国际关系研究。(2) 专题栏目：台港澳及海外华人文学研究、辽金元文学研究、文学与传播、《新青年》与中国新文学、粤语研究、濒危语言问题笔谈、中外关系史研究、CEPA研究、旅游经济研究、诉讼法研究、民商法研究、财政法研究、百年校庆、博士论文摘要、暨南新书架。

2006年《暨南学报》专设了《百年校庆》栏目，并在全年封二、封三开设《百年暨南人物志》，介绍暨南大学人文社会科学历史和名师、学长。

2.《暨南大学学报》

《暨南大学学报》2006年受理投稿论文174篇，出版6期（小16开本），发表文章186篇，共874页。自然科学版内容涉及数学、物理学、生物学、计算机科学、电子工程学、应用力学、环境工程学、食品科学等；医学版主要刊登基础医学研究和临床医学研究论文及病例报告。

2006年《暨南大学学报》在封二、封三开设《百年暨南人物志》，介绍暨南大学自然科学历史和名师、学长。

【社会影响】 《暨南学报》为全国百强文科学报、中国社会科学引文索引期刊（CSSCI）、中文核心期刊、广东省优秀学术期刊。根据中国学术期刊网公布的数据，《暨南学报》总引频次为236，影响因子在高校学报中处于第25位。2006年被《新华文摘》、《中国社会科学文摘》、《高等学校文科学术文摘》、《人大复印资料》等主要文摘刊物转摘、转载文章32篇。“台港澳及海外华人文学研究”为全国社科学报优秀栏目，“《新青年》与中国新文学”、“濒危语言问题笔谈”、“中外关系史”紧跟学术前沿，在相关学科领域产生了良好影响。

《暨南大学学报》是科技部“中国科技论文统计源期刊”（中国科技核心期刊）、2004年版《中文核心期刊要目总览》确定并收录的综合性科学技术类核心期刊、国家期刊方阵期刊（双效期刊）、广东省优秀科技期刊。2006年，在首届中国高校精品优秀特色科技期刊评比中获特色期刊奖。《暨南大学学报》被《美国化学文摘》、《英国动物学杂志》、《中国医学文摘》（包括放射诊断学、内科学、儿科学）、《中国生物学文摘》、《中国化学化工文摘》、《中国无机分析化学文摘》、《数学文摘》、中国生物医学文献数据库、中国科学技术文献摘要、中国科学引文数据库、中国学术期刊光盘版、中国期刊网等10多种国内外检索刊物和重要数据库收录。

（学报编辑部供稿）

信息技术研究所

【概况】 暨南大学信息技术研究所前身为交通部广州信息技术研究所，始创于1976年，是中华人民共和国交通部的直属科研院所，属信息技术及其产业的应用研究开发机构。2000年10月1日起，原交通部广州信息技术研究所整建制并入暨南大学，更名为“暨南大学信息技术研究所”（对外为广州信息技术研究所）。

信息技术研究所（以下简称信息所）的机构设置有：管理工作部、软件研究开发中心、工程研究设计中心、新技术与产品开发中心、工程质量检测中心和重大工程灾害与控制重点实验室——智能检测分室。主要从事计算机软件技术、计算机系统集成、计算机网络工程、自动控制、楼宇智能系统集成、机电一体化及微电子高新技术产品的研究与开发和建设工程质量检测等，并承担暨南大学的教学和科研任务，是暨南大学信息科学技术学院的学生实习基地。

为了适应市场需要，充分发挥信息所的综合优势，信息所先后成立了广东暨通信息发展有限公司（简称暨通公司）和广州市盛通建设工程质量检测有限公司（简称盛通公司）。截至2006年12月，信息所和下属公司已获得建设部颁发的建筑智能化系统集成专项工程设计（甲级）资质、广东省建设厅颁发的建筑智能化工程专业承包（二级）资质、广东省安全技术防范系统（设计、施工、维护）一级资格、信息产业部颁发的计算机系统集成（三级）资质等7项资质证书和广东省建设厅颁发的安全生产许可证，信息所和暨通公司已通过ISO 9001：2000质量体系认证。

【业务开展】 2006年，信息所积极参与学校信息化建设，完成学校教务系统开发，承担研究生部和人事管理系统等项目的开发，并承担了信息科学技术学院数学系本科生的实习课任务。

2006年，新签科研、工程合同79项，合同额共4 571万元，全年完成科研、工程任务5 008万元。

【部门建设】 2006年度信息所获得国家保密局颁发的涉及国家秘密的计算机信息系统集成（软件开发）单项资质证书，暨通公司获得国家保密局颁发的涉及国家秘密的计算机信息系统集成乙级资质证书，并获得广东省“守合同重信用企业”称号，盛通公司获得广东省质量技术监督局颁发的计量认证证书（CMA），并在广州市建委备案。经考试和申报，获得一级建造师资格5人，信息系统集成高级项目经理3人，项目经理8人。

（信息技术研究所供稿）

高等教育研究中心

【概况】 暨南大学高等教育研究中心始建于1983年，当时称为高等教育研究室，1995年成立高等教育研究中心。自创建之初，中心即立足于学校的性质与特点，依据学校“面向海外、面向港澳台”的办学方针，拓展高教研究的领域，在深入研究本校的改革发展问题的基础上，探讨华侨高等教育与港澳台高等教育的问题与规律，为学校发展提供可资借鉴的先进的办学经验。

20多年来，高等教育研究中心各方面的工作都已经取得了一定的成绩。在高等教育的理论与现实问题研究方面，中心曾承担并完成了国家教委政策研究所委托的台湾留学教育相关政策研究课题，为当时全国留学生工作会议提供了重要参考，并出版了中国大陆第一部全面介绍台湾各级各类教育的专著《台湾教育概观》。此外，中心还陆续完成了广东省高教局关于港台高等教育的系列课题研究，并成功举办了4次全国性学术研讨会（班），其中“亚洲‘四小龙’高等教育研讨会”和“亚洲新兴工业化国家（地区）教育与经济发展研讨会”受到高等教育学界的好评。近10年来，中心已陆续完成教育部、国务院侨务办公室、广东省哲学社会科学、广东省教育厅等10余项课题。

中心现有在编人员6名，其中研究人员5人（教授1人，研究员1人，副研究员2人，助理研究员1人）。

【科研工作与学术交流】 高等教育研究中心从事高等教育领域的基础和应用性研究，侧重于高等教育的跨学科研究，研究领域涉及高等教育学、比较高等教育、教育经济学、教育管理、教育社会学和教育史等。

自成立至今，高等教育研究中心的主要工作始终围绕着三个基本方向：

（1）深入学习与研究教育的基本理论，研究我国高等教育在改革发展中的理论与现实问题，对国内外高等教育的相关问题作比较研究，探索我国高等教育发展的自身规律。

（2）服务于学校发展，探讨和研究学校改革与发展中的各种问题，为学校决策提供依据及智力支持，为校院领导提供高等教育咨询和国内外高校信息。

（3）编辑出版《暨南高教研究》、《暨南高教参考》等学术期刊，发布理论动态信息，宣传本校的教学、科研、管理方面改革发展的成就、经验和办学特色，扩大本校在高等教育学界的影响。

2006年，高等教育研究中心参与了教育部大学文化研究与发展中心主持的中国大学文化百年研究课题组，承担了百年暨南文化专题研究的任务。4月，参加了课题组举办的“中国大学文化百年研究课题组开题会暨第一次学术会议”，提交会议论文《先进文化与大学文化创新》及《暨南百年文化漫谈》。中心先后派员参加全国高等教育国际论坛，提交会议论文《创新型国家与高等学校教育教学改革》；参加中国高等教育学会管理分会第六次年会，提交会议论文《我国高等教育管理社会化探讨》；参加海峡两岸高等教育研讨会，提交会议论文《现代大学制度与高校教学质量保障体系的构建》。

2006年，中心编辑出版了《暨南高教研究》3期（其中百年校庆专刊1期），《暨南高教参考》8期。《暨南高教研究》目前已与全国400多所高校及相关研究机构进行交流，刊物已逐步树立起自己的风格。《暨南高教参考》在力求反映我国高等教育的发展动态及理论研究成果的同时，配合学校本科教学水平评估工作的准备，每期都开设专栏刊登有关本科教学改革与实践、教学评估、教学质量保障等方面的文章及信息。

【其他】 2006年，协助学校评估办编撰出版《迎评简报》5期。

百年校庆期间，参与《暨南文丛》和《百年暨南丛书》的编撰出版工作，重新收集并整理了暨南校史中许多颇为珍贵的资料。

设计修改暨南大学高等教育研究中心主页，增设《高教信息》和《在线阅读》等栏目，以评介先进的教育理念，宣传国内外高等教育改革及发展的先进经验。

（马秋枫）

出版社

【概况】 暨南大学出版社创建于1989年，是由国务院侨务办公室主管、暨南大学主办的中国唯一一家华侨大学出版社。建社以来，一直坚持“为教学科研服务，为侨务工作服务”的办社宗旨，以出版优质图书、传播中华优秀文化、扩大国际文化交流为己任。

通过十余年的发展，暨南大学出版社形成了以教材为主、突出“侨”字特色的出版格局。作为综合性大学出版社，依托暨南大学及广东省高校的学科优势，陆续出版了一大批优秀教材和学术著作，涵盖了新闻传播学、经济学、管理学、心理学、语言文学、法学、历史学、医学等领域；教材涉及的层次有研究生、本科生、高职高专及中职生等。为与暨南大学“面向海外、面向港澳台”的办学方针相适应，暨南大学出版社确立了“服务于侨界侨务、致力于文化交流”的办社方针，出版了一系列海外华文教育图书。出版的海外华文教育教材影响广泛，《中文》、《汉语》等系列教材已成为海外华文教育普遍采用的教材。

【图书出版】 2006年，出版社共申报选题310

种，其中年度选题228种，第二季度33种，第三季度30种，第四季度19种；共出版图书335种，其中新书158种，重印书177种，印数达141.695万册，出版码洋达4 040.04万元。9月，《班主任工作案例教程》荣获第七届全国高校出版社优秀畅销书一等奖；《心理学与人生》、《媒介经济学——经济学在新媒介与传统媒介中的应用》、《大学生就业心理辅导》荣获第七届全国高校出版社优秀畅销书二等奖；11月，《媒介经济学——经济学在新媒介与传统媒介中的应用》、《牛津感语》、《中国文化心理学》荣获第一届广东省优秀出版物奖（图书奖）。由暨南大学出版社策划，由中国科学院、中国工程院107位院士参与撰写，并与清华大学出版社联合出版的《院士科普书系》，出书100种，针对当前中国经济建设和社会发展中的重点课题和热点、难点问题进行科普性和实用性的解答，内容涵盖了当代自然科学和工程技术发展等主要领域，荣获国家科技进步二等奖，打破了科普著作无缘国家科技奖的纪录。

【反商业贿赂工作】 2006年9月，在广东省新闻出版局以及学校统一部署下，出版社在全社范围内深入开展治理商业贿赂专项工作。先后邀请王华副校长等作专题报告，认真学习关于开展治理商业贿赂专项工作的有关指示和文件。

【百年校庆工作】 2006年，出版社组织专家编辑出版暨南大学百年校庆丛书，包括《百年暨南史》、《暨南文丛》、《百年暨南人物志》等7种图书。出版社在校庆期间向学校贫困本科生赠送教材，以减轻他们的经济负担。共计1 000余人获得出版社教材中心教材征订的全额退款，退款额约10万元。

【捐赠书籍】 2006年10月，出版社积极响应学校党委的扶贫工作，向广东省佛冈县迳头镇大村村捐赠《院士科普书系》及《中国国粹精华系列》等图书155种586册，共计码洋1 1162.5元。12月，向嘉应学院捐赠经济类等图书402种3 457册，共计码洋7 7861元。

（出版社供稿）

暨南大学出版社2006年新书目录

1.《成本会计》
2.《幼儿心理健康教育》
3.《小留学生生存备忘录》
4.《职业能力测试范本》
5.《基础会计学（第三版）》
6.《初级财务会计学习指导与习题解答（第二版）》
7.《现代物流配送中心运营与管理》
8.《文章是怎样写成的》
9.《点击创业》
10.《点击涉世》
11.《点击就业》
12.《中考满分作文备考金点智囊》
13.《中考满分作文满分制胜揭秘》
14.《中考满分作文名师技法点拨》
15.《中考满分作文升格应试绝招》
16.《高考满分作文备考金点智囊》
17.《高考满分作文满分制胜揭秘》
18.《高考满分作文名师技法点拨》
19.《高考满分作文升格应试绝招》
20.《西方经济学》
21.《现代企业管理学教程》
22.《财务报告与评价》
23.《台海大交流》
24.《法律治理的前提》
25.《生活中的测谎术》
26.《责任　荣誉　国家——西点军校史》
27.《管理会计》
28.《幼儿科学创造力的微观发生法培养》
29.《公务员结构化面试》
30.《艺术美育》
31.《大自然是一间疗养院》
32.《人生是一首未完成的诗》
33.《习惯铸造人格》
34.《挖掘你的快乐之泉》
35.《音乐的精神分析》
36.《叶天士临证指南医案发挥》
37.《历史时期岭南交通地理的演变发展》
38.《学洋相，不出洋相》
39.《新好好女生》
40.《教育心理学新编》
41.《精密仪器仪表弹性元件的设计原理》
42.《复合材料层合板壳理论探索》
43.《国际商务理论基础》
44.《家居装饰材料终端营销管理体系》
45.《机考题库分析与抽样练习》

46.《国际商务理论基础练习题与分析解答》
47.《国际商务英语函电》
48.《世界最优美民间故事》
49.《现代催眠术原理与应用》
50.《唐宋散文选读一看通》
51.《实用小提琴教程（第二版）》
52.《语文同步节节练》
53.《数学同步节节练》
54.《管理、管理会计理论与实践的新发展》
55.《广东互联网发展报告》
56.《行政法与行政诉讼法教程》
57.《航天英雄杨利伟的童年》
58.《国际电子商务》
59.《国际商法》
60.《国际商法练习题及分析解答》
61.《报关实务练习题及分析解答》
62.《报关实务》
63.《企业会计基础与实务实训教程》
64.《中职生心理健康教育》
65.《高效能学习技术》
66.《当代法律文书写作》
67.《纯正美语十二月》
68.《记者的视觉》
69.《管理学实训教程》
70.《家具制造业设备、工具、刀具采购》
71.《国际市场营销》
72.《2007 年高考语文金钥匙》
73.《2007 年高考数学金钥匙（文科）》
74.《2007 年高考数学金钥匙（理科）》
75.《2007 年高考英语金钥匙》
76.《2007 年高考英语语法金钥匙》
77.《2007 年高考政治金钥匙》
78.《2007 年高考历史金钥匙》
79.《2007 年高考物理金钥匙》
80.《2007 年高考生物金钥匙》
81.《2007 年高考地理金钥匙》
82.《2007 年高考化学金钥匙》
83.《2007 年高考文科基础金钥匙》
84.《2007 年高考理科基础金钥匙》
85.《明清皇宫黄埔秘档图鉴》
86.《报刊电子编辑教程》
87.《大学应用写作》
88.《质量管理学（第三版）》
89.《大学生心理健康教程》
90.《经济应用文书写作》
91.《图书馆利用技能与实务》
92.《广告文案写作原理与技巧（第二版）》
93.《市场营销理论与实务》
94.《市场营销经典案例与解读》
95.《国际商务理论基础知识与实务》
96.《外贸跟单理论与实务》
97.《国际货运代理理论与实务》
98.《国际金融》
99.《经济法实训教程》
100.《西方经济学实训教程》
101.《小学生心理健康教育》
102.《现代市场营销实训教程》
103.《情感视觉》
104.《新时空粤语（上册）》
105.《现代心理学》
106.《现代企业会计信息原理》
107.《应用写作》
108.《高校英语应用能力考试模拟试题集（A级）》
109.《高校英语应用能力考试模拟试题集（B级）》
110.《民事审判工作法律政策文件选编(2006)》
111.《秘书应用文书写作》
112.《现代汉语常用词语规范手册》
113.《秘书学概论》
114.《法律文书》
115.《法理学》
116.《宪法学》
117.《市场调查基本方法与应用》
118.《广告学原理》
119.《超越中间层》
120.《大学生职业生涯规划理论与实务》
121.《毛泽东思想、邓小平理论和“三个代表”重要思想概论》
122.《暨南史学（第四辑）》
123.《大学生军事教程》
124.《秘书文档管理》
125.《简明中国近现代史读本》
126.《漫步语坛的第三个脚印（增订本）》
127.《陶冷月画集》
128.《百年暨大情》
129.《计算智能工业应用论文集（英文版）》
130.《甲子情怀》
131.《中国诗歌与诗学比较研究》
132.《百岁王越诗文选》
133.《暨南往事》

134.《图说暨南》
135.《百年暨南人物志》
136.《暨南文丛（卷一）》
137.《暨南文丛（卷二）》
138.《暨南文丛（卷三）》
139.《百年暨南史》
140.《暨南逸史（修订版）》
141.《现代跆拳道教程》
142.《深圳市重点物流企业创新服务案例》
143.《全国商务人员职业资格考试大纲》
144.《高血压与糖尿病》
145.《基本建设工程建设单位会计核算实务》
146.《暨南大学大学生课外学术科技优秀作品集》
147.《大学文化情感札记》
148.《古巴华侨家书故事》
149.《走进铁一 感悟文化——广铁一中校园文化建设校本》
150.《树立科学人才观 办好中等职业教育》
151.《执业报关实务（第二版）》
152.《汉语成语学习词典》
153.《区域金融发展探索》
154.《新编中外广告通史（第二版）》
155.《茂名文明建设成果调研集》
156.《广州大学办学理念文集》
157.《系统工程方法与应用（增订本）》
158.《审计学教程（第二版）》

生命与健康工程研究院

【概况】 生命与健康工程研究院成立于2006年10月，是学校直属的研究机构，研究院研究用房建筑面积2 600平方米，下设“一基地三中心”：生物医药研究开发基地、功能蛋白质研究中心、医药生物技术研发中心和分子生物研究中心。研究院承担着基因工程药物国家工程研究中心、教育部基因组药物工程研究中心、人事部企业博士后科研工作站、广东省生物工程药物重点实验室的建设。其职能包括：基于功能蛋白组学的高通量药物靶点发现与功能蛋白研究；生物药物关键性工程技术研究及药物开发；生物医药重点学科的建设任务和研究生、博士后培养任务；为其他基础研究部门提供中试及工程研究平台服务。

（吕洁）

产业经济研究院

【概况】 产业经济研究院成立于2006年5月，下设产业发展与规划研究所、产业组织与创新研究所、华人企业研究所。产业经济研究院拥有华南地区最早和广东地区唯一的产业经济学博士点，同时也是产业经济国家级重点学科的所在单位，并获准建有华南地区第一个应用经济学博士后流动站。

产业经济研究院是一个全新的运行体制，以实体研究所和虚拟研究所双重体制开展工作，它可以成为一个多学科组合的平台，特别是采取虚拟的方式将学校与产业经济有关问题进行组合研究，形成多学科交叉、推进产业经济理论和应用研究、与社会资源充分整合的机制。

研究院与管理学院有着部分管理工作的委托关系，与经济学院有着学科交叉关系，与其他学院有着多重合作关系，与省、市领导机关以及企业有着工作结合、资源与机会共享的关系。

截至2006年12月底，研究院有正式研究人员7人，其中硕士1人，博士6人；中级职称4人，副高职称1人，正高职称2人；学缘结构方面，本校2人，国内其他单位5人。

研究院2006年在校学生98人，其中硕士50人，博士48人，其中境外及港澳台生8人。毕业学生45

人，其中硕士36人，博士9人。

【学科建设】

1. 重点学科建设

产业经济学研究产业竞争力、产业创新、产业演化、产业聚集、产业关联、产业转移、产业标准、产业化等问题，以预期、信息、文化、制度、知识等为主要变量，以实验方法、计量方法和演化方法为主体，研究与行业密切结合的产业规律与公共政策。突出行为对产业的影响研究，在企业家行为研究和实验经济学领域保持领先地位。

2. 学术团队建设

研究院基本确立的学术团队包括产业发展研究团队和产业组织与创新研究团队。已经在上述两个方向确定了带头人，形成梯队雏形。

3. 实验平台建设

2006年，产业经济研究院与珠海学院共同完成经济学实验室硬件与软件环境建设，初步建立面向本科生的经济学实验教育体系，进一步向硕士和博士延伸，使之成为产业经济学基础理论研究的重要工具。此外，研究院正在利用课题经费建设产业与企业家行为数据挖掘系统和产业分析软件系统，将用于广东产业分析，特别是标准战略方面。

4. 制度建设

研究院有意识地引入鼓励机制，鼓励积极参与科学研究的人员，对在校学生在核心期刊上发表论文的给予奖励，如黄德鸿奖励基金。同时制定了关于加强产业经济学博士、硕士研究生专业课程教学管理的规定，大力提升教学质量。

【科研活动】 2006年发表论文8篇，其中A类刊物5篇，B类刊物3篇；出版专著2部；朱卫平获国家自然基金项目“基于企业家创新的产业演化理论与实证研究”；胡军、朱卫平获2006年教育部第四届中国高校人文社会科学研究优秀成果二等奖；张耀辉等获2006年珠海人文社会科学优秀成果二等奖；6名在校学生获黄德鸿基金奖励。

【学术交流】 2006年研究院主办了两次学术会议。4月，在校本部主办“自主创新与产业竞争力”研讨会；7月，在珠海主办“经济管理类实验室建设及创业教育理论与实践”研讨会。

（产业经济研究院供稿）

· 党建和思想政治工作 ·

党建和干部工作

【概况】 党委办公室·组织部的主要工作职责有：负责学校党务工作重要信息的收集、处理、上报和调研；对学校党委重要工作部署落实情况的督促检查；负责学校党委日常文书工作，组织安排党委各种会议或学校党委负责同志主持召开的全校性会议；对全校保密工作的业务指导、督促检查和学校保密工作领导小组日常事务工作；抓好党的建设、干部培养选拔工作、建国前参加工作干部的离休审查报批工作。

2006年组织工作的基本方针是紧紧围绕暨南大学“百年校庆”、“迎接本科教学工作水平评估”和“211工程”二期检查验收等学校重点工作与中心任务，全面推进党的基层组织建设和作风建设，深入推进各级领导班子和党员干部队伍建设，进一步加快干部人事制度改革步伐。

校党委下设20个基层党委、46个党总支、307个党支部。截至2006年12月30日，学校共有党员5 855人。其中，在职教工党员1 927人，占全校在职教工的49%；学生党员2 767人，占国内生的21.36%；本科生党员1 187人，占国内本科生的13.75%；研究生党员1 580人，占国内研究生的36.52%；35岁以下青年教工党员717人，同比为65.78%；副高以上职称教师党员568人，同比为45.99%。发展党员工作方面，全年共发展党员1 139名，其中本科生665名，研究生430名，35岁以下教工17名，副高以上职称7名。

【党建工作】 加强理论学习，提高理论素养。组织全校党员干部认真学习了党的十六届五中全会精神、《江泽民文选》、关于科学发展观的有关论述。

加强领导班子学习和调研制度。2006年学校领导班子召开班子民主生活会，认真开展了谈心、批评与自我批评，查摆、组织整改存在问题27项。新班子很好地坚持了学校党委理论中心组学习制度，重点学习了党的十六届五中全会精神、《江泽民文选》、关于科学发展观的有关论述、胡锦涛同志在全国科学技术大会上的讲话等，并将理论学习与学校实际结合起来，就如何加快学校发展进行了全面而深入的研讨。学校党委还进一步规范了校级领导班子联系基层的调查研究制度，制定了联系民主党派、侨联负责人的实施细则。根据保持共产党党员先进性长效机制的要求，为规范基层党委的学习制度，学校党委制定下发《暨南大学基层党委理论学习中心组制度》的各项要求，进一步规范了基层党委的运作机制。

巩固先进性教育成果，布置实施“先锋工程”。学校党委顺利完成保持共产党员先进性教育活动“回头看”阶段的工作，下发《建立健全保持共产党员先进性长效机制的实施意见》。

结合学校中心工作制定《关于在全校党组织中开展“先锋工程”建设的实施意见》，在全校各基层党组织中开展以“一个党员就是一个先锋榜样，一个支部就是一个先锋堡垒，一个基层党委就是一个先锋团队”为目标的“先锋工程”建设活动。

完成了对全校35个“固本强基”示范点的检查验收工作，并进行了工作总结、经验推广和表彰先进工作。学校的固本强基工程工作取得阶段性的成果。文学院中文系党总支、物理系张春粦教授、后勤集团廖剑辉同志受到省委教育工委表彰，经济学院经济学系学生党支部书记张维佳同志被评为广东省优秀党支部书记。党建理论研究工作方面，有2篇论文分别获得全省高校党建研讨会论文一、二等奖，2篇获优秀论文奖。申请到教育部哲学社科课题项目和省高校党建重点研究课题各1项。

网络党建工作取得新成绩。全校18个基层党委，2个直属总支，8个党委工作部门建立了各自的党建网站。学校党委通过党建网站实现了网上学习资料共享、信息及时互通、网络视频会议转播等功能；基层党委积极主动加强党建网站的实用性建设，通过党建网站建立学习平台、交流平台，开展网上组织生活，联系在外实习、进修的党员；宣传部开通了宣传品网络审批系统；校团委利用网上“共青团团务系统”进行组织管理；学校网上党校的网上报名、网络测试等功能，提高了工作效率。2006年5月，网上党校参加由教育部思政司指导、教育部中国大学生在线理事会主办的全国高校“百佳网站”评选活动，获得“十佳思政类网站”称号。

【干部工作】 完成了中层领导班子的调整和换届工作。此次干部换届根据不同岗位的特点，采取考察上岗、公开推荐和公开选拔三种方式进行。33个学院院级行政领导岗位和部分教学科研性质的直属单位领导岗位以及94个系（所、中心）领导岗位采取本单位全体教工公开推荐的方式；学校机关部处、直属单位正副职和学院院级机关正职约93个岗位采取公开选拔的方式，共召开竞聘会81场，报名总人数近190人次。

在建章立制方面，制定了《暨南大学党政管理干部选拔任用工作推荐、考察责任制暂行办法》、《暨南大学兼职（双肩挑）干部学术假实施细则》，进一步完善干部考核评价体系。2006年度干部考核按照指标采集科学合理、考核办法简便易行的要求，制定了学院党政负责人管理工作实绩考核指标体系，重点加强对学院党政一把手工作进展情况、完成情况的考核，制定了学校党政机关部处、直属单位负责人服务管理实绩考核指标体系，对党政机关部处、直属单位负责人重点考核其服务教学科研中心的绩效。

继续做好干部培训工作。以党校培训、“暨南学习论坛”及《领导内参》学习辅导刊物为平台，做好日常的学习培训；举办了第二期党政管理干部行政管理研究生课程班，并组织了学院党委书记出国进行管理专题培训，收到良好的效果。

（党委办公室·组织部供稿）

宣传工作

【概况】 暨南大学党委宣传部伴随着学校在广州重建成立，是负责学校意识形态工作和对内对外宣传的职能部门；新闻中心成立于2004年，侧重于对外宣传、与校外媒体联系。宣传部与新闻中心合署办公，是一套人马、两块牌子，下设理论教育科、宣传科、校刊编辑室。主要工作职能是：负责全校的意识形态工作，服务并服从于学校的党政中心工作，为学校的改革和发展提供强有力的思想保证，营造良好的舆论氛围。自2006年始，学校文化素质教育办公室挂靠宣传部，负责学校文化素质教育基地的日常事务。

【百年校庆宣传工作】 为全面报道暨南大学校庆各项活动，党委宣传部、新闻中心发动和组织了境内外60多家媒体、300多名记者参加了新闻采访报道，共播发校庆新闻681篇，校庆网页39 300篇，其中中央电视台6次、香港凤凰卫视3次报道，新华社授权播发校庆新闻通稿，《人民日报》、《光明日报》、《经济日报》、《中国青年报》等重点报道，中新社、省市与港澳、海外华文媒体系列报道，掀起校庆新闻宣传热潮。

据不完全统计，中央、省市、港澳与海外华文媒体对学校百年校庆活动的新闻报道超过1 500多篇（条），图片500多幅；其中境外媒体报道近100篇，中央电视台综合频道、国际频道6次报道；新华社向全国媒体发出通稿并被广泛刊播；《南方周末》推出两版报道。中国侨网报道：“漫步在广州街头，在各个书报亭及报摊上都可以看到各家报刊关于暨南大学百年校庆活动的报道。”

百年校庆电视专题片《百年暨南》，由学校与广东电视台联合拍摄。该片片名由学校杰出校友、国务院原副总理吴学谦同志题写，片长60分钟。《百年暨南》共分四篇：一路风雨，百年传奇；名师荟萃，弦歌飞扬；华侨学府，声教四海；团结奋进，共绘明天。该片于6月开始拍摄，并分别于11月12

日晚在广东电视台珠江频道，11 月 16、17 日晚在广东卫视播出。9 月中旬至 10 月底，完成电视专题片《暨南大学与港澳》的拍摄，该片于 11 月 19 日晚在香港本港台播出，选取学校有代表性、有故事性的香港和澳门校友多人，讲述他们的奋斗历程和人生故事。

11 月 16 日，由学校与《南方日报》合作出版的南方日报《暨南大学建校 100 周年 100 版纪念特刊》暨珍藏缩印本正式发行。9 月 6 日至 11 月中下旬，《光明日报》开设专栏，刊登“百年暨南”连载，共刊登 20 期，每周刊出 2 篇。该专栏内容涉及暨南大学的办学历程、著名校长、知名学人、校园风景、爱国传统、体坛风云等多个方面。11 月校庆前夕，《百年暨南》画册新鲜出炉，共印刷 1 万册。画册共 118 页，分“今日暨南篇”、“历史传承篇”、“跨越发展篇”3 大部分，由学校校友、著名诗人汪国真撰写诗稿贯穿全书。

11 月 9 日，由党委宣传部策划编辑的《凝聚暨南精神》一书由广东人民出版社正式出版。该书共分为“暨南人谈暨南精神”、“暨南百年与暨南精神”、“暨南名人与暨南精神”和“大学使命与大学精神”等部分，较全面地对大学精神，尤其是暨南精神进行了阐释。11 月 9 日，《见证暨南——媒体暨南精选》一书由广东人民出版社出版。该书记录了 1996—2006 年间海内外媒体对暨南大学的宣传报道。《百岁王越诗文选》也在校庆前夕由暨南大学出版社出版，精选了学校百岁老校长的主要诗歌作品。

【思想理论工作】 组织师生深入学习“三个代表”重要思想、党的十六大和十六届三、四、五、六中全会精神，深刻学习和全面领会了保持党员先进性理论、科学发展观、党的执政能力建设、和谐社会理论、求真务实精神、《关于进一步加强和改进大学生思想政治教育的意见》（中央 16 号文）精神等。在总结“十五”期间本部门的落实情况的基础上，制定了“十一五”宣传思想建设规划。

协助校党委抓好理论中心组学习，建立健全基层党委理论学习制度，认真组织基层党员领导干部理论学习。制定印发《暨南大学基层党委理论学习中心组制度》，进一步建立健全了基层党委中心组学习制度。2 月 20～23 日，8 月 26～28 日校党委理论学习中心组分两期深入学习了党的十六届五中全会精神，《江泽民文选》，胡锦涛总书记在庆祝中国共产党成立 85 周年暨总结保持共产党员先进性教育活动大会上的重要讲话，胡锦涛同志、温家宝同志关于科学发展观的有关论述，胡锦涛同志在全国科学技术大会上的讲话，国务委员陈至立、教育部部长周济的有关讲话。与会领导将理论学习与学校实际结合起来，就如何加快学校发展进行了全面而深入的研讨。

举行多场专题报告会，加强干部师生的理论学习。3 月 9 日，邀请著名的高等教育专家王冀生教授作“大学文化与办学特色”专题报告会。3 月 23 日，邀请广东省外办副主任傅朗作国际形势报告会。11 月 9 日，宣传部承办第六期暨南学习论坛，邀请全国政协委员、华侨大学校长兼党委书记吴承业教授作题为“大学精神与宽容”的学术报告。

进一步加强德育工作，积极推进“三大工程”（“师德建设工程”、“文明大学生培养工程”、“文明校园建设工程”）建设，努力创建具有侨校特色的校园先进文化。继续办好学校思想政治教育的特色刊物《领导内参》，2006 年共编印 7 期。《领导内参》自 2004 年 9 月创刊以来受到校内外的好评，宣传部坚持每期发放至校内中层以上干部和正高级教师，还交换至国务院文宣司和广东省委宣传部、省教育厅领导以及中山大学等高校的宣传部门。

【文化素质教育工作】 2006 年，根据学校的安排，学校文化素质教育办公室挂靠校党委宣传部。

下半年，起草了暨南大学大学生文化素质教育实施方案（征求意见稿），并着手策划编印学校文化素质教育丛书，建设网站。下半年创办百年暨南文化素质教育讲堂，11 月 27 日第一讲邀请世界著名科学家潘毓刚教授畅谈“中美大学生之异同”；12 月 21 日第二讲邀请中国社会科学院学部委员、文学研究所所长杨义教授作题为“重绘中国文学地图的方法论问题”的演讲。百年暨南文化素质教育讲堂是学校文化素质教育基地办公室为师生提供的一个与大师近距离交流的场所。

【对外宣传工作】 坚持实施“一点两翼”（2001 年学校党委宣传部提出的外宣策略，即外宣工作以广东、广州本地媒体为“一点”，分别以中央媒体、港澳与海外华文媒体为“两翼”）外宣策略，突出学校在中央和海外媒体的宣传，加强与媒体的联系，在有关刊物上重点宣传学校，创新宣传方式方法，加强对外宣传载体的设计、更新、改进，培育学校品牌，加强对网络宣传的拓展和管理，为学校改革发展营造良好的舆论氛围。

2006 年，在做好地方新闻媒体宣传工作的基础上，进一步加强了与中央媒体、港澳与海外华文媒体的联系，对学校重要新闻开展了宣传报道，如百年校庆新闻发布会、“十五”“211 工程”验收、春季开学典礼、百年暨南讲堂、第五届省“挑战杯”、百年校庆倒计时牌揭牌等。有针对性地报道学校教改、名师、科研等方面的信息，突出侨校特色，如在《光明日报》发表学校欧阳东等教授的获奖成果等。此外，新闻中心还配合校内学院做好相关活动的对外宣传报道，如首届广东企业论坛、第三届全国MBA联合会主席峰会、数字化时代传媒产业发展战略高峰会等。

【校刊工作】 2006年共出版校刊28期（其中两期为对开版，共20版），全方位报道学校各类活动，并配合学校重大活动出版专刊、专版。除出版校庆特刊、开设迎校庆专栏外，还配合“暨南精神大讨论”活动开设暨南精神大讨论专栏；出版“‘十五’‘211工程’验收专刊”，全面介绍了学校6个立项项目的建设成果；配合学校迎评工作，出版“教学评估专刊”等。增设“一句话新闻”，在有限的版面上扩大信息量和报道面。在2005年度广东省高校校报研究会“好新闻”评选中（2006年公布），校报选送的作品有多篇榜上有名。做好校刊电子版工作，并对校内学生报刊进行审核整顿，加强舆论的正面引导。

（宣传部供稿）

统一战线工作

【概况】 暨南大学党委统战部是校党委直接领导下开展统一战线工作的职能部门，主要任务是“了解情况、掌握政策、调整关系、安排人事”。其主要职责是全面贯彻执行党的统一战线方针政策，负责提出并组织实施学校党委各时期统战工作计划；联系学校统一战线各界人士，及时反映他们的意见和建议；支持和协助各民主党派基层组织独立自主地开展工作；做好党外知识分子和归国留学人员工作；加强对党外干部的培养和选拔；加强对统一战线方针政策的宣传教育；开展海外统战、对港澳台的统战工作；执行党的民族与宗教政策等。2006年5月，统战部成功承办2006年广州地区高校统战工作研讨会。9月，统战部成功承办广州地区部分高校民主党派及党外代表人士“迎中秋、庆国庆”茶话会。

【基层统战工作】 2006年4月7日召开基层党组织统战工作座谈会，邀请省委统战部副巡视员袁伟英同志为基层党组织统战委员作题为“党的统战工作概述”的主题报告，统战委员相互交流了开展统战工作的体会。

各基层党组织积极参与统战工作创意比赛，开展了一系列富有创意的统战工作及活动。6月22日，学校党委举行了基层党组织统战工作创意比赛汇报演讲，有13个基层党委的14个党组织参加了比赛。

【统战工作制度】 2006年，学校党委下发《暨南大学统一战线成员献计献策工作条例（试行）》、《关于建立学校党委常委联系民主党派、侨联负责人及无党派代表人士机制的意见》、《暨南大学党委常委联系民主党派、侨联负责人实施细则（试行）》三份文件，使学校统一战线成员在为学校的发展建设发挥作用时有章可循。

【党派侨联工作】 配合百年校庆，召开了党外人士论“暨南精神”座谈会。党外人士就如何更好地表述与弘扬“暨南精神”积极建言献策。

在民主党派的组织建设方面，民建暨大支部于4月14日升格为民建暨大总支，总支下设3个支部；民进暨大总支9月2日顺利换届；民革暨大总支增补1名副主委。

民主党派、侨联组织配合学校党委完成省委交付的对大村村进行帮扶的任务，捐资为大村村两所小学的师生设立“暨南大学统一战线助新苗奖教奖学金”。民主党派、侨联成员积极捐出善款，由民主党派和侨联会负责人分别于“六一”儿童节和2007年元旦前夕亲临大村村为获奖的师生颁发证书及奖金，受到师生们的热烈欢迎和好评。侨联会还组织医疗专家队伍赴大村村开展“义诊献爱心”活动。

【参政议政工作】 农工党暨大总支今年向农工党广东省委会提交18项建议或提案。致公党暨大总支由于参政议政工作显著，荣获中央统战部和民主党派、工商联联合授予的“各民主党派、工商联、无党派人士为全面建设小康社会作贡献先进集体”称号；九三学社暨大基层委员会荣获九三学社广东省委授予的“先进基层组织”称号；九三学社成员梁仲莲、孙晗笑、张涛和陈静被评为优秀社员。

【党外干部培养】 法学院副院长朱义坤教授（无党派）、法学院梁玉霞教授（民盟）分赴东莞市和江门市检察院挂职任副检察长，这是学校继推荐陶凯元教授（无党派）出任广东省高级人民法院副院长之后培养党外干部的又一重要举措。

生命科学技术学院院长、民革广东省委主委、广东省政协副主席周天鸿同志于2006年5月经国务院侨办和广东省委组织部研究决定，被任命为暨南大学副校长（兼任）。学校校级领导班子中已有2名党外人士。

【统战理论研究及统战宣传】 在统战理论研究方面，组织相关专家积极申报“中国统一战线研究会港澳和海外统战工作理论广东研究基地”研究课题，申报9个项目，8项获批立项（其中1项为重点课题）。同时组织相关人员撰写统战工作研究论文，共向第六届广东高校统战理论研讨会提交12篇论文，2篇论文获优秀论文奖。在第六届广东省高校统战理论研讨会上，学校被评为“信息工作优秀奖”单位。

做好统战工作宣传。省委统战部出版的《统战简报》和《广东统战信息》第105、132、204、207期均专刊报道学校统战工作信息。有5条信息经省委统战部上报中央统战部，并被中央统战部信息刊物刊出，这改变了近几年内中央统战部有关内刊无广东高校统战信息的状况。

编辑出版《暨南统战》百年校庆特刊和一期统战宣传专栏，总结了暨南大学自1978年复办以来各民主党派和侨联组织的发展历程，宣传了党外代表人士的业绩。

（统战部供稿）

暨南大学民主党派、侨联会负责人名单

民革暨大总支

主任委员：杜韵璜

副主任委员：柏志全　朱丽娜　屈　洋　张　建

民盟暨大总支

主任委员：梁栋华

副主任委员：林锡星　刘应亮　张爱民

民建暨大总支

主任委员：赵维江

副主任委员：杨森平　翟云玉

民进暨大总支

主任委员：伍超标

副主任委员：洪　岸　王彤歌

农工党暨大总支

主任委员：陈永良

副主任委员：欧仕益　赵仓焕

致公党暨大总支

主任委员：杨　英

副主任委员：徐建平　唐学慧　岑　文

九三学社暨大委员会

主任委员：马凯梅

副主任委员：梁仲莲　陈　静　孙晗笑

台盟暨大小组

主任委员：李　辰

副主任委员：王自能

暨大侨联会

主任委员：薛声荣

副主任委员：曾玉华　张国林　陈俊麟　陈汉芳

纪检监察审计工作

【概况】 纪监审办公室是学校党风党纪、政风政纪监督检查的机构，是协助学校党、政领导加强党风廉政建设的职能部门。

纪监审办公室实行统一领导、分级负责的管理模式，下分纪律检查部门（对外可称中共暨南大学纪律检查委员会办公室）、监察部门（对外可称暨南大学监察处）、审计部门（对外可称暨南大学审计处）。纪监审办公室的主要工作包括党风廉政建设工作、纪检监察信访举报工作、案件检查工作、案件审理工作、审计工作、执行党纪政纪工作、法律法规宣传教育工作等。

【党风廉政建设】

1. 传达上级会议精神，认真做好党风廉政建设工作

2006年初，学校中心组认真学习了国务院侨办、广东省教育纪检监察工作有关会议文件和陈玉杰主任、赵阳副主任、林文肯组长、王丽华局长的报告、讲话，学校在干部中分层次传达了2006年的工作任务。学校成立了由党委书记蒋述卓任组长，校长胡军，党委副书记、纪委书记王华等为成员的学校反腐败协调小组，研究全校的党风廉政建设和反腐败斗争的重大问题和重要案件。

2. 积极开展反腐倡廉宣传教育

组织开展了以“加强作风建设，勤政廉政为民”为主题的全校性纪律教育学习月活动。动员会采用视频转播形式，除体育馆的主会场外，还在珠海学院、深圳旅游学院和华文学院设立3个分会场远程直播，参加人员扩大到全校师生员工，拓展了教育面。

继续开展廉政文化进校园活动，校领导、纪委领导、各单位党政一把手始终坚持带头作纪律教育辅导报告，收到了良好的效果。

在共产党员先进性教育活动中，纪监审办公室创新形式，举办了图文并茂的警示教育展览，并组织领导干部参观。

3. 继续做好与省检察院开展同步预防职务犯罪工作

2006年度，纪监审办公室与省检察院职务犯罪预防处召开了两次座谈会，共同研究学校党风廉政建设和反腐败工作的新形势，调整工作思路，加大监督力度，加强宣传教育工作，初步形成了反腐倡廉大宣教的格局。

利用学校近期典型案例开展预防职务犯罪警示教育，纪监审办公室会同天河区人民检察院职务犯罪预防部门深入发案单位开展专题调研，查找原因，堵塞漏洞。

【治理商业贿赂和政务公开工作】

1. 做好治理商业贿赂工作

学校成立了治理商业贿赂专项工作领导小组，学校党委书记蒋述卓任组长，胡军校长和王华副校长任副组长，领导小组下设工作办公室（以下简称治贿办），学校各级党委也成立了本单位治理商业贿赂工作领导小组。召开了治理商业贿赂专项工作动员大会。会上，广东省人民检察院职务犯罪预防处张熙同志应邀作了“用规则看守人生”的专题辅导报告。贯彻实施《暨南大学开展治理商业贿赂专项工作实施方案》，进一步健全和完善了各项管理规章制度，把治理商业贿赂工作和落实惩防体系工作有机地结合起来，进一步完善了学校的惩防体系建设。

2. 继续推行政务公开工作

坚持把涉及学校改革发展的重大决策和关系到师生员工切身利益的事项作为重点内容进行公开，同时加强了对各项重要工作的监督。2006年，纪监审办公室派员参与各类招生考试和基建工程、物资采购招投标监督300余次。

【信访与案件查处】 2006年度，学校纪委、纪监审办公室共收到各类信访举报49件，其中检举控告的28件，涉及处级以上干部的26件，涉及科级干部的1件，涉及一般干部的1件。纪监审办公室直接初查核实的13件，立案2件，处分2人，组织处理6人；协助检察机关查处职务犯罪2人。凡查无实据，属误告、错告的，均采用适当方式消除影响，保护干部。

【审计工作】 2006年，认真开展财务审计和基建审计业务，与纪检监察工作紧密配合，形成合力。

对学校二级核算单位开展常规财务收支审计；对专项课题经费结题进行审核，对在纪监审工作过程中发现的问题根据需要进行专项审计；根据干部工作调整，对相关单位的主要行政负责人开展任期

经济责任审计。

对学校工程造价在5万元以上的基建、修缮、装修、安装工程等开展3个部分的审计工作：事前审核招标文件、预算、合同；事中抽审工程材料品牌、单价的确定过程以及增加、变更、减少工程的工程量；事后审核工程结算造价。

2006年全年，纪监审办公室共组织各类审计319项，其中常规审计20项，离任审计1项，专项审计2项，科研结题审计46项，工程招投标审计207项，工程结算审计43项。全年基建审计额达到13 035.66万元，核减金额1 923.80万元。

【纪检监察队伍建设】 2006年，学校增设了科技产业集团、珠海学院、深圳旅游学院3个基层纪委，任命了基层纪委书记。学校纪监审办公室交流了一名副处级干部到科技产业集团任党委副书记兼纪委书记。

（纪监审办公室供稿）

机关党委工作

【概况】 机关党委在学校党委的直接领导下，负责加强机关党的基层组织建设，围绕学校的中心工作，保证、监督、协调机关各部门及直属单位完成各项工作任务。其属下支部有：党办·组织部、统战部支部，宣传部、机关党委办支部，纪监审办支部，校长办公室支部，人事处支部，财务处支部，教务处支部，保卫处支部，总务处、基建处支部，招生办支部，国际交流合作处支部，学生处第一支部，学生处第二支部，资产与实验室管理处支部，研究生部支部，科技处支部，社科处支部，体育部支部，学报编辑部支部，图书馆支部，网络与教育技术中心支部，实验技术中心支部，华侨华人研究所支部，附属中学支部，附属小学支部，校工会支部，校团委支部，幼儿园支部。

2006年，在学校党委的正确部署和领导下，机关党委不断加强各支部和党员干部队伍建设，巩固固本强基工程和保持共产党员先进性教育成果，建立健全保持共产党员先进性长效机制，加强党风廉政建设，配合学校完成了百年校庆、迎接本科教学评估和“211工程”二期检查验收等学校主要工作，较好地完成了自身的工作计划。

【党建工作】 布置和组织了一系列政治理论学习。在“迎百年校庆，扬暨南精神”征文比赛活动中，机关党委获优秀组织奖。

做好先进性教育“回头看”工作。制定、完善、修改并下发有关文件，主要有《机关党委整改方案》、《机关党委保持共产党员长效机制》、《机关党委工作职责》、《机关党委关于加强党委委员履行职责的意见》等。

发动各支部结合学校的中心工作开展内容丰富多彩的组织生活活动。上半年，机关党委发动各支部结合理论学习工作开展了一系列丰富多彩的支部组织生活活动；下半年，围绕百年校庆布置和进行了一系列活动。

继续抓好转变机关工作作风，提高管理水平、服务质量，增进办事效率的工作。5月23日，举办机关部处第一次“开放日”活动，共有10个部处参加，接待来访师生133人次，咨询、解决问题170个左右，实际解决问题47个，受到师生好评。

组织开好机关部处、直属单位领导班子党员领导干部民主生活会。10～11月，按照学校的要求，机关党委制订具体实施方案，组织各单位党政一把手及全体副处级以上党员领导干部开展批评与自我批评。

【组织建设】 2006年度共发展党员15人，转正17人，有16位发展对象在学校党校参加第44期、第46期培训班学习，全部取得毕业证书。

5个支部补选了支委；按照单位建制，重新划分学生处支部，招生办、国际交流合作处支部。年末补选教务处支书、支委。在联系指导团组织方面，12月，成立了出版社团支部。12月底，机关团总支升格为机关团委。

（机关党委供稿）

工会工作

【概况】 暨南大学教育工会是全校教职工的群众性组织，受学校党委领导，履行“维护、建设、参与、教育”四项职能，在联系群众、关注热点、化解矛盾、协调关系、凝聚人心、维护稳定中发挥桥梁与纽带作用。2006年，暨大工会积极开展文艺、体育活动，关心教职工身体健康，积极为教职工办实事，做好事，解难事，在促进学校社会主义民主政治建设和民主监督、校务公开，维护广大教职工合法权益，促进校园文化建设，为学校中心工作服务中取得显著成绩。暨大工会拥有工会会员3 839人。下设办公室、附属学校管理办公室、女教职工委员会、经费审查委员会等工作机构。校工会下设20多个二级工会组织。

【召开教代会】 2006年1月13～14日，召开第六届教职工代表大会暨第十届工会会员代表大会第二次会议。会上，全体代表听取和讨论校长刘人怀所作的《学校工作报告》，听取和讨论党委书记蒋述卓所作的《构建和谐校园与节约型校园的设想》辅导报告，听取和审议校工会主席叶勤所作的《学校工会工作报告》，听取和审议校工会提案委员会主任谭其学所作的《提案工作报告》和校工会经费审查委员会副主任林明亮所作的《学校工会财务工作报告》，并表决通过了学校工会关于《共同构建和谐与节约型校园倡议书》，完成大会的各项议程。

2006年9月1～3日，学校召开教代会校园综合管理专题会议。全体代表听取校长胡军、党委书记蒋述卓关于校园综合管理重要性、必要性和紧迫性的讲话，听取学校党委副书记、校园综合管理委员会主任叶勤关于《统一思想、提高认识、狠抓校园管理建设、构建和谐平安校园》的讲话；听取、审议和表决通过了校园综合管理办公室主任张安国提交大会的《暨南大学校本部交通管理方案》、《暨南大学校本部道路房屋交通标识方案》、《暨南大学校本部校园环境管理方案》和《暨南大学校本部物业管理方案》4个方案。

【二级工会组织建设】 建立健全各二级工会组织。召开工会全委扩大会议，组织评选先进表彰工作，共有7个二级工会被评为“先进职工之家”，23人被评为“先进工会工作者”，50人被评为“优秀工会积极分子”。组织换发新版工会会员证工作。

【文艺体育活动】 组织开展“校庆杯”乒乓球团体赛、扑克牌拖拉机竞赛、羽毛球比赛等。组织近3 000名教职工参加暨南大学教职工迎接百年校庆环校跑活动。举办两场电影招待会。组织教工合唱团参加由省政协和中央电视台主办的“永恒的旋律——2006年名家名曲广东演唱会”以及由省教育工委举办的廉政歌曲传唱比赛。举办各类知识讲座和培训班。

【女教职工活动】 举办“形体、民族舞培训班”和“健身操培训班”。组织女教职工参观广州艺术博物院。举办女教职工健康咨询活动（包括女性健康保健、妇女权益法律咨询、女性形象设计、妇女安康保险、美食与烹饪等）。

【师德和职业道德建设】 5月底，与教务处等部门联合举办第二届本科课程教学竞赛。6月，会同人事处、教务处认真做好评选推荐2006年全国师德标兵和全国师德建设先进集体候选人（单位）工作。

【开展送温暖活动】 组织新年文艺晚会，向全体教职工发放慰问品。组织广大教职工向广东省慈善总会捐款12万元、向广州市红十字会捐款1万元、向广州市慈善会石牌分会捐款5 000元、向我校受灾地区新入校学生捐救助金4万元。

【附属学校工作】 做好中小幼安全消防检查及疾病预防工作。推进中小幼校内工资改革。做好教师听、备课及公开课、优质课的检查工作。根据附属中学实际情况，2006年扩招一个初一班，解决教职工子弟对优质初中学位的需求。

（朱丽君）

共青团工作

【概况】 2006年，校团委遵循“时代特征、青年特点、暨大特色”的指导思想，全面贯彻落实党的十六大、十六届五中六中全会、团十五届四中五中全会精神和学校第十一次团代会精神，立足侨校，服务青年，大力开展团员意识教育，围绕团建创新、推优入党、学术科技创新和创业、社会实践、校园文化建设、青年志愿者等工作主题，积极为百年校庆作贡献，各方面工作都取得了优异的成绩。2006年5月，校团委被共青团广东省委员会授予“广东省五四红旗团委”。

【基层组织建设】 2006年3月，校团委向各基层团组织发出深入开展学习胡锦涛总书记关于“八荣八耻”践行社会主义荣辱观讲话的通知和开展“树立正确荣辱观、我与祖国共奋进”主题教育实践活动的通知，在校内形成良好的行为准则，以良好的精神面貌和优秀工作成果迎接百年校庆。同时开展了“迎百年校庆，学习《江泽民文选》”主题团日活动。3月底，校团委号召全校开展“迎百年校庆、扬暨南精神”主题团日活动，广大学生参与校庆热情大大提高。

9月，校团委打造信息化平台，建立“共青团务管理系统”，系统包括组织管理、团务动态、团员管理等内容。在院（系）团委的配合下，已完成本科生团员材料的登记工作，在团员管理方面发挥了积极作用。

【科技创新创业】 校团委一直以“挑战杯”为龙头，秉承“崇尚科学、追求真知、勤奋学习、锐意创新、迎接挑战”的宗旨，将学生课外学术科技活动作为重要工作。

由团省委、省科协、省教育厅、省学联主办，暨南大学承办的第五届“挑战杯”中国移动广东大学生创业计划竞赛，于2006年4~6月举行，并于6月8~11日在暨大举办决赛。6月9日上午，雷于蓝副省长出席了开幕式并讲话。暨大的参赛成绩名列全省第一，并获得“特别贡献奖”和“优秀组织奖”；学校选送的8件创业计划作品共获得6项金奖、2项银奖，其中天唯创业团队获“最佳创意团队奖”。在2006年的第五届“挑战杯”中国大学生创业计划竞赛中成绩优异，共获得1项金奖、2项银奖和高校优秀组织奖。

2006年9~12月，校团委组织举办了暨南大学第二届“挑战杯”大学生课外学术科技作品竞赛。

另外，在第四届广东省大学生程序设计竞赛中，学校获得1项二等奖、1项三等奖，这是学校自参加该项赛事以来取得的历史最好成绩。在上海大学举行的第31届ACM国际大学生程序设计竞赛亚洲区决赛中，暨南大学参赛队伍获得铜奖，在参赛高校中排名第28位，这是学校自2004年参加该项竞赛以来获得的历史最好成绩。在2006年广州青年科技创新奖评选活动中，理工学院李洪伟等学生的作品“魔屏——基于无线数据传输的视觉暂留显示屏”获最具推广价值奖，生命科学技术学院李世川等学生的作品“生物活性剂对血铅的清除及其对铅中毒拮抗作用的研究”获创造社会效应奖。

2006年12月29日，“中国大学生创业园（海珠园区）”和“广东大学生创业孵化（海珠）基地”开园和揭牌仪式在中山大学科技楼隆重举行。开园仪式上，学校团委与广州市海珠区科技产业基地签订了共建大学生创业园区合作协议，标志着暨大首个大学生创业园区共建基地成立。首批共有10个大学生创业项目入驻创业园，其中暨南大学有两个创业项目入驻，分别是管理学院在读MBA学生陈旭全的“合众商务咨询公司”和管理学院2006届硕士毕业生邓莹的“起点科技公司”。

【社会实践】 2006年寒假“三下乡”活动以“实践炼青春，服务新农村”为主题，学校团委共组织12支社会实践服务团队，分赴广东、吉林、安徽、江西、浙江、辽宁等省市，从农村经济社会发展和群众生产生活的实际需要出发，结合学生专业优势、技能特长和成长成才需要，开展了形势政策宣讲、送温暖献爱心、科技支农、医疗服务、普法宣传、环境保护、社会调查等形式多样而富有实效的社会实践服务活动。

2006年暑期“三下乡”活动以“践行荣辱观，服务新农村”为主题，共组织65支社会实践服务团队共800余名大学生，分赴新疆、青海、甘肃、浙江、江苏、湖南、北京、广西、广东等省（市、自治区）开展形式多样的“三下乡”社会实践活动。

同时，按照广东省“三下乡”活动的统一部署，重点开展了广东“百校千村服务计划”、“信息直通车”结对帮扶、国土资源专题调研和食品药品安全宣传等活动。在百年校庆来临之际，开展重走建校之路、走访各地校友会、探访校友等一系列活动。2006年是中国共产党建党85周年，同时也是红军长征胜利70周年，校团委还组织开展了“红色之旅”、爱国主义教育、志愿服务革命纪念地等多种形式的纪念活动。

【理论研究与宣传引导】 校团委根据侨校团工作实际，坚持以“前瞻、服务、规范、整合、创新、活跃”的工作理念，探寻工作思路，凝练工作模式，创新理论、拓宽渠道，打造理论指导下的团工作平台。

2006年以来，校团委以各种有形活动为载体，在广大团员青年中开展爱国主义教育，党的路线、方针、政策和国际形势教育。团委成立的“三个代表”读书会通过邀请专家学者讲学、学习文件精神、知识竞赛、征文比赛、社会实践等系列活动，深入探讨科学发展观，不断提高暨大学生的理论修养。

从2005年9月开始，学校每天举行升降旗仪式，加强爱国主义教育，增强团员意识教育。2006年暑假，校团委组织国旗护卫队赴北京与天安门国旗护卫队进行学习交流，共建爱国主义教育基地。

2006年，校团委网络、《暨南青年》等宣传舆论阵地建设继续完善。团委通过“暨南红网”、“暨南学生网”和暨南青年论坛努力推进思想政治教育工作，引导广大学生健康成长。《暨南青年》完成百年校庆专版，记录校友返校活动和校庆志愿者活动。红网改版顺利完成，点击率总量已达到1 500万次，当日最高点击率达到8.5万次，青年论坛最高日发帖量已突破1万条，另外，与新浪网校园通讯站建立长期培训和建设机制，促进学校与外界企事业单位的广泛交流。

【学生骨干培养】 组织专场主题报告促进各级团干部的理论水平和工作能力的提高。新学期伊始，邀请社科部高雄飞主任为青年团干部作题为“社会主义和谐社会”的专题报告；举办主题为“文学、生活、爱情”的专题讲座，主讲人为大连市作家协会主席邓刚；举办主题为“台海与东海：中美战略利益板块的碰撞”的讲座，主讲人为空军少将兼著名作家乔良。同时，加强团委各部门内部建设，加强专项培训，使团干部的业务能力、理论水平得到了很大提高。通过竞聘建立一批高素质的学生干部队伍，树立学生干部在广大学生中的威信。

【青年志愿者行动】 校团委青年志愿者协会旗下的Warm Touch、绿色、法律、医疗、纳税、为民家电维修、岭南助学、历史文化讲解、扶助东北孤儿、旭日研究生和博雅等11支青年志愿者服务队，继续开展丰富多彩的志愿者活动。

2006年寒假，继2005年寒假的“为东北孤儿送温暖”活动之后，校团委、校青年志愿者协会、扶助东北孤儿青年志愿者服务队继续推广“一对一”助孤小组计划，再一次在全校范围内发起为东北孤儿募捐学费的活动，共筹集到5万元捐款。

第五届“挑战杯”中国移动广东大学生创业计划竞赛于2006年5～6月在暨南大学举行，校团委、校青年志愿者协会招募青年志愿者410人，积极配合筹委会各工作组，出色地完成了“挑战杯”竞赛的各项志愿服务工作。

百年校庆期间，学校团委及校青年志愿者协会招募1 000余名在校学生组成志愿者队伍，参与校庆接待、保卫、新闻宣传等工作，在联系、接待嘉宾、设点迎宾、分发礼品、住宿安排、后勤保障、交通指引、秩序维持等方面协助各有关部处开展工作，全程为百年校庆服务，赢得广泛好评。

校团委认真组织实施志愿服务西部、服务山区计划，暨南学子热烈响应。校团委副书记带队到广西田阳县探访暨大6位志愿者，并邀请全国学联原副主席黄乾宇及潘妮娜两位校友返校作报告，向广东大学生介绍志愿服务西部的工作、生活情况及心得体会。黄乾宇还被评为“中国百名优秀青年志愿者”。

2006年，暨南大学又涌现出6名服务西部计划志愿者，其中一名为缅甸籍华人高天龙。在毕业典礼上，胡军校长亲自为志愿者们颁发暨南大学支援西部建设优秀志愿者荣誉证书和奖金。

【校园文化建设】 2006年，校团委坚持以学生活动为载体，努力营造具有侨校特色的学术科技文化氛围，承办了“第四届广州市大学生电影节”影评征文比赛。

由校团委主办，各院系（研究生）团组织承办的暨南大学第十届学术科技节于2006年4月开幕，一直持续到12月。本次活动的主题是“传承科学精神，弘扬暨南传统，喜迎百年校庆”。活动内容包括竞赛天地、百年暨南讲堂、七彩学苑和知识长廊，共举办竞赛类活动61项、讲座51场、科技活动50余项。

为迎接百年校庆，活跃学术氛围，校团委精心策划了“百年暨南讲堂”品牌活动，赢得了师生的一致好评。2006年4月20日，邀请学校党委书记蒋述卓教授作题为“自觉、自主、自择——谈大学生的自我意识与成才之关系”的讲座。5 月 11 日，邀请我国著名作家、文化部原部长、全国政协常委王蒙为暨大师生作题为“语言的功能与陷阱”的讲座。这次讲学为暨大百年校庆的到来送上一份丰富的文化精神大餐。

学校在文学院、医学院、管理学院、理工学院和药学院内地本科生中实施“大学生素质拓展”认证试点工作，三年来，素质拓展认证中心不断加强宣传，改进网站建设，多次外出交流学习，坚持以服务学生为宗旨，全面推进暨南大学素质拓展计划的实施工作。2006 年 3 月、11 月分别为学校 5 个学院的 2002 级、2003 级本科内招生发放“大学生素质拓展证书”，暨南大学也成为华南地区第一所发放该证书的高校。

（校团委供稿）

·人　　物·

暨南大学建校以来历任校长名单

暨南学堂堂长　国立暨南大学校长　　郑洪年（1907—1909.1，1927.6—1934.1）
暨南大学学堂堂长　　杨熙昌（1909.1—1911.10）
国立暨南学校校长　　赵正平（1918—1920夏，1921秋—1925夏）
国立暨南学校校长　　柯成懋（1920夏—1921秋）
国立暨南学校校长　　姜　琦（1925秋—1927夏）
国立暨南大学代校长　　沈鹏飞（1934.1—1935.7）
国立暨南大学校长　　何炳松（1935.7—1946.5）
国立暨南大学校长　　李寿雍（1946.6—1949.5）
暨南大学校长　　陶　铸（1958.6—1963.1）
暨南大学校长　　陈序经（1963.1—1964夏）
暨南大学校长　　杨康华（1964.3—1970.3，1979.8—1983.10）
暨南大学校长　　梁灵光（1983.10—1991.6）
暨南大学名誉校长　　钱伟长（1991.6至今）
暨南大学校长　　周耀明（1991.6—1995.12）
暨南大学校长　　刘人怀（1995.12—2005.12）
暨南大学校长　　胡　军（2005.12至今）

暨南大学历届人大代表名单

一、全国人大

杨康华　　第三届全国人大代表
李　辰　　第四、五、六、七、八届全国人大代表
黄友谋　　第五、六届全国人大代表
梁灵光　　第六、七届全国人大代表
詹伯慧　　第七届全国人大代表
曾昭科　　第七、八、九届全国人大代表
孔令人　　第十届全国人大代表

二、广东省人大

黄友谋　　第五、六届广东省人大副主任
曾昭科　　第八、九届广东省人大副主任（2001年辞去职务）
李　辰　　第五届广东省人大常委

饶芃子　　第八届广东省人大常委
孔令人　　第九届广东省人大常委（2001 年增补）
陈芦荻　　第一届广东省人大代表
黄友谋　　第一、二、七届广东省人大代表
罗　潜　　第二、三届广东省人大代表
王　越　　第二、五届广东省人大代表
李加惠　　第五届广东省人大代表
罗伯诚　　第五、六届广东省人大代表
梁奇达　　第四、五届广东省人大代表
李炳熙　　第六届广东省人大代表
张金美　　第八届广东省人大代表
杨启光　　第十届广东省人大代表

三、广州市天河区人大

黄君凯　　第六、七届广州市天河区人大常委
彭道生　　第四届广州市天河区人大代表
陈玉琼　　第四届广州市天河区人大代表
黄　石　　第四届广州市天河区人大代表
刘人怀　　第五届广州市天河区人大代表
王声湧　　第五届广州市天河区人大代表
岑　文　　第五届广州市天河区人大代表
贾益民　　第六届广州市天河区人大代表
刘应亮　　第六届广州市天河区人大代表
彭小川　　第六届广州市天河区人大代表
纪宗安　　第七届广州市天河区人大代表

四、珠海市香洲区人大

诸风鸣　　第六届珠海市香洲区人大代表

暨南大学历届政协委员名单

一、全国政协

陶　铸　　第二、三届全国政协委员
胡一声　　第二、五、六届全国政协委员
陈序经　　第三、四届全国政协委员
黄友谋　　第三、四届全国政协委员
王　越　　第三、四、五届全国政协委员
郁知非　　第五、六、七届全国政协委员
曾昭科　　第六届全国政协委员
邝公道　　第六、七届全国政协委员
詹伯慧　　第八、九届全国政协委员
周天鸿　　第九、十届全国政协委员
马凯梅　　第九、十届全国政协委员
陈伟明　　第十届全国政协委员

二、广东省政协

陶　铸　　第一、二届广东省政协主席（第二届任期 1959—1960 年 12 月）
杨康华　　第一届（1956 年增补）广东省政协委员，第二届（1960 年 12 月增补）广东省政协副主席

黄友谋	第二（1960 年 12 月增补）、三、四届广东省政协副主席
王　越	第二（1961 年 11 月增补）、三、四、五届广东省政协副主席
李　辰	第四届广东省政协常委，第五（1985 年 9 月增补）、六、七届广东省政协副主席
周天鸿	第九届广东省政协副主席
罗　潜	第四、五届广东省政协常委
李云扬	第五届广东省政协常委
詹伯慧	第五届广东省政协常委，第六届广东省政协委员
陈芦荻	第四届广东省政协委员，第五、六届广东省政协常委
汤增新	第五、六届广东省政协常委
杨振鄰	第六、七届广东省政协常委
张德昌	第七届广东省政协常委
陈式樛	第五、六届广东省政协委员，第七届广东省政协常委
卢菁光	第六届广东省政协委员，第七、八届广东省政协常委
卢　苇	第七届广东省政协常委
张元元	第七届广东省政协常委
黄振邦	第七届广东省政协常委
周耀明	第七（1996 年增补）、八届（1998—2001 年 1 月）广东省政协常委
刘人怀	第八、九届广东省政协常委
马凯梅	第八届广东省政协常委
梁栋华	第八、九届广东省政协常委
胡庆铁	第八届（2001 年 2 月增补）广东省政协常委
何问陶	第七届广东省政协委员，第八、九届广东省政协常委
王继群	第八届广东省政协委员，第九届广东省政协常委
孔令人	第九届广东省政协常委
陆大祥	第九届广东省政协常委
罗戈东	第一届广东省政协委员
梁奇达	第一届（1956 年增补）广东省政协委员
黄爱廉	第一（1956 年增补）、二、三、四、五届广东省政协委员
黄轶球	第一、二、三、四、五届广东省政协委员
朱师晦	第一、二、三、四、五届广东省政协委员
杨　嘉	第四、五届广东省政协委员
任邦哲	第四、五届广东省政协委员
丘陶常	第四届广东省政协委员
黄振鹏	第四、五届广东省政协委员
韩托夫	第五届广东省政协委员
赵元浩	第五届广东省政协委员
张爱诚	第五届广东省政协委员
颜坚莹	第五届广东省政协委员
刘新彝	第五、六、七届广东省政协委员
王自能	第五、六届广东省政协委员
何镇陆	第六届广东省政协委员
张益华	第六届广东省政协委员
古建乃	第六届广东省政协委员
谭时霖	第六届广东省政协委员
罗伯诚	第六届广东省政协委员
张大钊	第六届广东省政协委员

翁锡辉　　第六届广东省政协委员
刘学高　　第六、七届广东省政协委员
刘　涛　　第六、七届广东省政协委员
吴恭顺　　第七届广东省政协委员
廖德尚　　第七届广东省政协委员
何振翔　　第七届广东省政协委员
柳文鉴　　第七届广东省政协委员
张有卓　　第七届广东省政协委员
崔常安　　第七届广东省政协委员
谭　玲　　第七届广东省政协委员
林敦祥　　第七、八届广东省政协委员
周天鸿　　第八届广东省政协委员
纪宗安　　第八届广东省政协委员
张丙申　　第八、九届广东省政协委员
薛声荣　　第八、九届广东省政协委员
伍超标　　第八、九届广东省政协委员
樊锁海　　第八、九届广东省政协委员
赖炳辉　　第八、九届广东省政协委员
徐建平　　第八、九届广东省政协委员
杨　英　　第九届广东省政协委员
卢　馨　　第九届（2006 年增补）广东省政协委员
冯邦彦　　第九届广东省政协委员
孙晗笑　　第九届（2005 年增补）广东省政协委员
杨　松　　第九届广东省政协委员

三、广州市政协

陈芦荻　　第一、二届广州市政协委员
陈　朗　　第五、六、七届广州市政协委员
曹宝麟　　第九、十届广州市政协委员

四、广州市天河区政协

何问陶　　第三、四、五届广州市天河区政协副主席
邹小欧　　第二届广州市天河区政协常委，第三届广州市天河区政协委员
王爱华　　第五、六届广州市天河区政协常委
赖介园　　第三届广州市天河区政协委员
周　健　　第四、五届广州市天河区政协委员
欧仕益　　第六届广州市天河区政协委员

五、珠海市香洲区政协

诸凤鸣　　第五届（2002 年增补）珠海市香洲区政协副主席
林福永　　第六届珠海市香洲区政协委员

（统战部供稿）

暨南大学历届民主党派中央委员及省、市负责人名单

中国国民党革命委员会

周天鸿　　第十届中央常委，第九届广东省委员会副主委，第十届广东省委员会主委
陈式樛　　第六、七、八届中央委员

王继群　第九、十届广东省委员会副主委

中国民主同盟

王　越　第三、四、五届中央委员，第三、四、五、六、七届广东省委员会副主委

罗　潜　第五届中央委员

胡一声　第五届中央委员，第三、七届广东省委员会副主委

詹伯慧　第六、七届中央委员，第九、十届广东省委员会副主委

卢菁光　第十、十一届广东省委员会副主委

中国民主建国会

杨振鄴　第三、四届广东省委员会副主委

何镇陆　第四、五届中央委员

中国民主促进会

陈芦荻　第六、七、八届中央委员，第一、二届广东省委员会副主委

卢　苇　第三届广东省委员会副主委

中国致公党

李魁岸　第八届中央委员

潘亚暾　第八（1986年增补）、九、十届中央委员

黄锦旋　第九届中央委员

徐建平　第十一、十二届中央委员

陈伟明　第十二届（2004年增补）中央委员，第九届广东省委员会副主委

汤增新　第五届广东省委员会副主委

九三学社

黄友谋　第一、二、三、四届广州分社（广东省委会前身）主委，第一届广东省委员会主委

台湾民主自治同盟

孔令人　第七、八届中央委员，第五、六届广东省委员会副主委

李　辰　第四届广州支部（广东省委会前身）主委，第一、二届广东省委员会主委

（统战部供稿）

院士简介

刘人怀　1940年7月出生，四川省成都市人。1963年7月自兰州大学数学力学系数学和力学专业毕业。1991年11月任暨南大学副校长，1995年12月至2006年1月任校长，1996年12月至2000年2月兼任党委书记，并兼任应用力学研究所所长。1996年2月至2006年4月任暨南大学董事会副董事长兼秘书长。1999年11月当选为中国工程院机械与运载工程学部院士，2000年9月再当选为中国工程院工程管理学部首批院士。其是我国板壳结构理论与应用研究开拓者之一。与他人共同创立求解非线性微分方程的修正迭代法，研究了6类板壳的非线性弯曲、稳定和振动问题，在国际上第一次提出了精密仪器仪表心脏——弹性元件设计公式。系统地提出了夹层和复合材料飞行器结构元件设计公式。在厚板壳弯曲领域进行了创造性研究，提出了弯曲理论及相应的设计公式。上述成果在工程中得到重要应用。此外，其还在管理科学理论与应用方面开展了卓有成效的研究。

姚新生　1934年出生，上海市人，我国著名的中药及天然药物化学专家。1955年7月从东北药学院毕业，留校任教。1981年6月至1983年6月在日本东京大学留学，获药学博士学位。1996年当选为中国工程院院士。长期致力于中药与天然药物活性成分及其应用开发研究。主持研制的“中药线麻叶注射液”获全国科学大会奖。20余年来，从中药薤白、人参、革解、银杏叶等中先后分离、鉴定了500余种化合物，其中100余种为活性成分，约200余种为新化合物。其几十年如一日辛勤耕耘，为国家培养出大批科研骨干人才。曾两次出任沈阳药科大学校长、党委书记，国务院学位委员会药学学科评议组召集人，国家自然科学基金委中医中药学科评审组组长，国家自然科学基金委杰出青年基金评审委

员，全国博士后管委会医学专家组成员等职。现受聘于暨南大学药学院，并担任暨南大学药学院名誉院长兼中药天然药物研究所所长等职。

陈星旦 1927 年 5 月出生，湖南湘乡人。我国著名的应用光学专家。1950 年毕业于湖南大学物理系。20 世纪五六十年代，在物理测量方面做过多项国内急需的开创性工作。在我国第一次核爆光辐射威力测试中，创造性地提出测量方案及辐射传感、模拟、标定系统。研制的几种光冲量计，在第一次及以后历次大气层核试验中得到成功应用。八九十年代，研究真空紫外椤軿射线光学技术。主持研制了光谱光源、标准探测器、光谱仪器、正入射软 X 射线成像元件和系统。建立了短波光学研究的技术基础。其在光学应用技术的许多领域，有高深的造诣，曾组织领导了多项重大的科研项目，是我国光学界有影响、有威望的著名科学家之一。1999 年当选为中国科学院院士。2004 年 3 月受聘于暨南大学理工学院，现任暨南大学理工学院名誉院长、暨南大学大光电子研究所名誉所长。

钱逸泰 1941 年 1 月出生，江苏省无锡市人，1962 年毕业于山东大学化学系，1997 年当选为中国科学院院士。在纳米材料化学制备和超导新材料探索方面有重大贡献，在国际杂志上共发表论文 200 余篇。目前从事的研究集中在纳米材料化学制备领域。在纳米材料研究方面，将溶剂热合成技术发展成一种重要的固体合成方法，创造性地发展了有机相中的无机合成化学，实现了一系列新的有机相无机反应，大大降低了非氧化物纳米结晶材料的合成温度；另外还在相对较低温度和条件下通过催化还原热解过程成功地合成出金刚石粉末；用镁还原乙醇制得碳纳米管；发展纳米材料制备的其他新技术、新方法。2005 年 4 月受聘于暨南大学，任水生态科学研究所名誉所长。

陈火旺 （1936—2008）我国著名的计算机软件专家，福建省安溪县人。1956 年毕业于复旦大学。在国内率先实现计算机符号宏汇编器。20 世纪 70 年代初主持全国 Fortran 编译程序会战，设计成功我国第一个 Fortran 编译系统。1979—1983 年任“银河－I”巨型计算机软件总负责人，负责软件系统的总体设计，直接主持向量语言的设计、编译方案的制订和向量识别算法的研究与审定。1987 年起主持面向对象集成化开发环境研制，建造了国内首例面向对象环境；1989 年起领导并主持非单调推理系统研究，把 PROLOG 从单调发展到非单调。其领导完成的英汉机器翻译系统，达到国际先进水平。1997 年当选为中国工程院院士。2004 年 9 月受聘于暨南大学信息科学技术学院。

钱清泉 1936 年 5 月出生，江苏省丹阳市人。我国著名铁道电气化与自动化专家。在国家重点学科和国家重点实验室中长期从事铁道牵引电气化与自动化领域的理论研究、科技开发和教学工作，取得了重大成就；在牵引供电远动技术方面的研究硕果累累。其在铁道电气化与自动化领域的理论研究与技术开发成果，填补了我国电气化铁路牵引供电远动技术领域的空白，使我国拥有了具有自主知识产权的国际先进水平的远动技术，为铁道电气化与自动化学科的发展作出了杰出贡献。他还参与组织和筹建牵引动力国家重点实验室和积极倡导、支持磁悬浮列车技术的研究。1997 年当选中国工程院院士。2005 年 3 月受聘于暨南大学并任暨南大学电气自动化研究所所长、珠海学院名誉院长。受聘暨南大学以来，亲手组建了电气自动化研究所，并创建了国内高校首个牵引供电创新平台。

蔡道基 1935 年出生，浙江温岭人，我国著名的环境毒理学（农药环境毒理学）专家。1957 年毕业于南京农学院。从 20 世纪 70 年代起系统研究持久性污染物 DDT、BHC 在环境中迁移转化及其在食物链中的传递规律，揭示了有机氯农药对生态环境的严重危害影响，在我国率先提出禁用 DDT、BHC 建议，为我国于 1983 年禁用该农药、减轻其污染作出杰出贡献。之后又率先从农药污染末端治理，转向新农药创制时的环境安全性预评价研究，从生产源头控制农药污染；制定了我国第一部《农药环境安全评价试验准则》；并对各类农药的环境行为特征、生态效应、安全性评价与污染控制进行了系统研究，在国内开创了农药环境毒理学学科领域。创建的实验室已成为国家环境保护农药环境安全评价与污染控制重点实验室和全国农药生态环境管理中心。2001 年当选中国工程院院士。现受聘于暨南大学生命科学与技术学院。

2005—2006 学年正高职称人员名单

文学院

蒋述卓　纪宗安　王列耀　陈伟明　朱承平
杨启光　王彦坤　陈晓锦　刘绍瑾　张世君
伍　巍　张海沙　姚新勇　徐国荣　赵维江
邵敬敏　邓乔彬　王进驹　朱寿桐　宋剑华
马明达　张晓辉　刘正刚　勾利军　冀满红
崔　丕　吴宏岐　范立舟　郭声波　张其凡
汤开建　程国赋　张玉春　王　颋

新闻与传播学院

马秋枫　林如鹏　谭　天　刘家林　蔡铭泽
董天策　薛国林　曾建雄

法学院

徐　瑄　刘　颖　朱义坤　周显志　符启林
李伯侨　梁玉霞　庄礼伟　陈乔之　曹云华

外国语学院

王　琢　卢　植　戴伟华　梁栋华　卫景宜
包家仁　章恒珍　宫　琪

经济学院

马　超　封小云　杜金岷　林丽琼　刘少波
杨　英　陈雪梅　李郁芳　吴　江　牛德生
梅林海　张　捷　吴立广　陈红蕾　刘德学
赵家敏　何问陶　杨　星　王　聪　蒋　海
苏冬蔚　谭　跃　古国耀　伍超标　王斌会
刘建平　雷钦礼　陈永良　於鼎丞　高艳荣
冯邦彦　陈　恩　龚唯平

管理学院

胡　军　王　华　孔小文　熊　剑　李从东
王国庆　朱卫平　薛声家　夏洪胜　左小德
李相银　郝英奇　刘汉民　宋献中　黄正瑞
刘国常　罗绍德　石本仁　胡玉明　张传忠
梁明珠　张永安　董建新　林毓铭　胡　刚
卫海英　沈远平　凌文辁　刘耀中　袁祖望
薛声荣　何振翔

艺术学院

陈初生　相西源　马　超　曹宝麟

理工学院

刘人怀　王　播　周长忍　欧仕益　马宏伟
张永林　尹　华　金腊华　李明玉　莫测辉
唐书泽　黄雪松　刘彭义　陈向军　孙汪典
陈芝得　钟金钢　陈　哲　余有龙　陈长缨
张森文　袁　鸿　陈晓平　欧阳东　汪晨熙
李取生　李　华　陈振强　高应俊　张工力
庞其昌　张　卫

信息科学技术学院

柏元淮　黄君凯　陈火炎　樊锁海　庞素琳
刘红霞　张传林　赵逸才　潘　涛　龚建民
王思明　王思华　刘伟平　刘光昌　许龙飞
蔡利栋　方思行　彭青玉　周继鹏　潘久辉
王晓明　姚国祥

生命科学技术学院

刘洁生　向军俭　徐石海　张子勇　尹平河
周天鸿　郑文杰　张渊明　段舜山　李弘剑
梁旭方　李贵生　刘大岭　王　莹　李　卫
刘应亮　蒋笃孝　郭书好　岑颖洲　李毅群
孟建新　周立新　黄耀熊　蔡冬青　罗　曼
林小涛　韩博平　李爱芬　张其中　汤顺清
蔡继业　敖宁建　潘善培　朱伟杰　杨宇峰
王朝晖　刘正文　洪　岸　曾耀英　李志杰
何贤辉　邢飞跃　欧阳健明

医学院

陆大祥　沈伟哉　刘　誉　陈　静　叶嗣颖
宿宝贵　陈利国　李君武　吕来清　黄中新
夏潮涌　钟雪云　胡巢凤　颜　亮　王华东
王自能　沈英森　黄世光　唐　亮　刘　静
张　红　陈建苏　李扬秋　赵国平

第一临床医学院

杨冬华　黄　力　陈　剑　查振刚　朱　宁
杨见权　尹良红　陈湛华　汤　彦　冯　烈
朱康儿　徐安定　付耀高　王彤歌　林宏生
王存川　席亚鸣　潘运龙　姜海平　曹明溶
梁蔚波　苏泽轩　陈善成　刘灵慧　罗　新
徐建平　肖小敏　李小玲　孟宪璋　孙　婵
柳国胜　赵仓焕　何扬子　钟敬祥　蒋立新
王丽华　刘斯润　李恒国　王晓白　曹　燕
徐　浩　李　虹　毛晓玲　李康英　邓列华
吴晓松

药学院

任先达　张荣华　叶春玲　罗焕敏　孙晗笑
吕俊华　叶文才　蔡绍晖　于荣敏　陈卫民
王玉强　李校堃

国际学院

孙博华

教育学院

韩兆洲

珠海学院

林福永　王志伟　苏保河　王香平　马至融

张耀辉　危　磊　杨少华　张江河　孙东川
深圳旅游学院
董观志　章　牧
华文学院
贾益民　曾昭聪　赖章荣　郭　熙　曾毅平
班　弨　彭小川　李　军　陈延河　周　健
宗世海
图书馆
朱丽娜
社会科学部
杨　松　邱丹阳　刘　华　陶季邑　蒙雅森
华侨华人研究所
高伟浓　廖小健　周聿峨
学报编辑部
吴奕锜
信息技术研究所
刘　明
生命与健康工程研究院
王一飞　何庆瑜
研究生部
何万宁

2006 年逝世人员名单（教授、处级以上干部）

姓　名	单　位	职称/职务	生卒年	在校工作时间
黄振邦	物理系	教授	1916. 10. 15—2006. 2. 24	1979. 4—1989. 10
韩　科	设备科	处长	1925. 1. 5—2006. 9. 3	1964. 4—1986. 3
肖　彦	医学院	副厅级	1928. 7. 27—2006. 11. 24	1982. 4—1985. 8

· 统计资料 ·

2006 年在校本科生人数

单位：人

学院	内招生	外招生（含港澳台侨外国留学生）	总人数
国际学院	215	724	939
文学院	214	153	367
外国语学院	167	586	753
新闻与传播学院	250	853	1 103
艺术学院	35	16	51
经济学院	567	937	1 504
管理学院	583	2 167	2 750
法学院	120	281	401
知识产权学院	20	21	41
理工学院	782	233	1 015
信息科学技术学院	588	239	827
生命科学技术学院	341	202	543
医学院	507	641	1 148
药学院	121	77	198
华文学院	142	189	331
深圳旅游学院	856	103	959
珠海学院	3 072	590	3 662
国际关系学系	50	36	86
合计	8 630	8 048	16 678

注：统计数据截至 2006 年 9 月 30 日。

（信息管理办公室供稿）

2006 年在校研究生人数

单位：人

学院	博士	硕士	合计
经济学院	144	546	690
管理学院	299	1 074	1 373
法学院	124	278	402
文学院	158	391	549
外国语学院		42	42
新闻与传播学院		156	156
华文学院		156	156
华侨华人研究所	2		2
理工学院	28	244	272
信息科学技术学院		244	244
生命科学技术学院	90	380	470
医学院	28	277	305
第一临床医学院	34	339	373
第二临床医学院		142	142
药学院	12	120	132
珠海学院		26	26
合计	919	4 415	5 334

（信息管理办公室供稿）

暨南大学 1978 年复办以来本、专科学生人数统计

单位：人

学年度	毕业生人数				招生人数			在校生人数		
	本科	授予学位数	专科	合计	本科	专科	合计	本科	专科	合计
1978/1979					698		698	698		698
1979/1980					308		308	980		980
1980/1981					645	63	708	1 594	63	1 657
1981/1982					545		545	2 115	59	2 174
1982/1983	464	456	59	523	597	105	702	2 391	166	2 557
1983/1984	245	237		245	753	126	879	2 692	230	2 922
1984/1985	756	724	104	860	937	176	1 113	2 992	302	3 294
1985/1986	534	510	123	657	1 019	540	1 559	3 474	718	4 192
1986/1987	647	623	165	812	1 136	465	1 601	3 915	1 006	4 921
1987/1988	640	634	438	1 078	1 066	538	1 604	4 240	1 091	5 331
1988/1989	788	783	541	1 329	1 149	779	1 928	4 411	1 225	5 636

（续上表）

学年度	毕业生人数				招生人数			在校生人数		
	本科	授予学位数	专科	合计	本科	专科	合计	本科	专科	合计
1989/1990	926	914	521	1 447	899	623	1 522	4 092	1 985	6 077
1990/1991	983	981	952	1 935	837	531	1 368	3 875	1 197	5 072
1991/1992	879	872	522	1 401	1 064	426	1 490	3 919	888	4 807
1992/1993	938	913	426	1 364	1 204	602	1 806	4 199	1 052	5 251
1993/1994	842	779	407	1 249	1 271	1 072	2 343	4 567	1 707	6 274
1994/1995	811	773	250	1 061	1 259	789	2 048	4 989	2 241	7 230
1995/1996	1 055	1 025	526	1 581	1 346	775	2 121	5 377	2 472	7 849
1996/1997	1 167	1 003	1 038	2 205	1 755	331	2 086	5 972	1 685	7 657
1997/1998	1 226	1 197	669	1 895	1 864	228	2 092	6 509	1 338	7 847
1998/1999	1 311	1 291	719	2 030	2 065	172	2 237	7 218	623	7 841
1999/2000	1 277	1 206	319	1 596	2 766	362	3 128	8 664	693	9 357
2000/2001	1 610	1 368	165	1 775	2 448	119	2 567	9 542	575	10 117
2001/2002	1 726	1 555	151	1 877	2 803		2 803	10 537	471	11 008
2002/2003	1 887	1 722	356	2 243	3 611		3 711	12 263	109	12 372
2003/2004	2 507	2 345	104	2 611	4 021		4 021	14 025		14 025
2004/2005	2 155	1 984		2 155	3 954		3 954	15 335		15 335
2005/2006	2 583	2 533		2 583	3 900		3 900	16 336		16 336
2006/2007	3 401	3 393		3 401	4 145		4 145	16 678		16 678

（信息管理办公室供稿）

暨南大学1978年复办以来研究生招生人数统计

单位：人

学年度	博士	硕士	研究生班	合计
1978/1979	0	0	0	0
1979/1980		14		14
1980/1981		8		8
1981/1982		10		10
1982/1983		23		23
1983/1984		45		45
1984/1985		84		84
1985/1986	5	111		116
1986/1987		131	40	171
1987/1988	4	139	39	182

（续上表）

学年度	博士	硕士	研究生班	合计
1988/1989	2	102		104
1989/1990	3	96		99
1990/1991	3	134		137
1991/1992	11	114		125
1992/1993	7	128		135
1993/1994	11	146		157
1994/1995	22	203		225
1995/1996	18	202		220
1996/1997	20	299		319
1997/1998	24	400		424
1998/1999	30	436		466
1999/2000	63	463		526
2000/2001	78	597		675
2001/2002	122	775		897
2002/2003	146	1 005		1 151
2003/2004	193	1 289		1 482
2004/2005	202	1 481		1 683
2005/2006	222	1 682		1 904
2006/2007	276	2 027		2 303
合计	1 462	12 144	79	13 685

（信息管理办公室供稿）

2000—2006年研究生毕业人数统计

单位：人

毕业年份	博士	硕士	毕业总人数
2000	16	302	318
2001	24	392	416
2002	38	420	458
2003	52	513	565
2004	65	797	862
2005	89	885	974
2006	123	2 121	2 244
合计	407	5 430	5 837

（研究生部供稿）

1982—2006 年各学科授予硕士（博士）学位人数一览表

单位：人

学科门类 年份	经济学			法学			教育学			文学			历史学			理学			工学			医学				管理学				总计
	学历	同等学力	合计	学历	同等学力	合计	学历	同等学力	合计	学历	同等学力	合计	学历	同等学力	合计	学历	同等学力	合计	学历	同等学力	合计	学历	同等学力	专业学位	合计	学历	同等学力	专业学位	合计	
																														25
1982	10		10							3		3																		13
1983																3		3												3
1984	3		3							14		14				7		7				2			2					26
1985	9		9							10		10	2		2	4		4				5			5					30
1986	9		9							12		12	3		3	9		9				6			6					39
1987	13		13	1		1				12		12	5 (2)		5 (2)	24		24				24			24					79 (2)
1988	25	2	27	3		3				21		21	1 (5)		1 (5)	29		29				27			27					108 (5)
1989	36	2	38							14		14	3		3	32		32				31			31					118
1990	23	2	25	5		5				11		11	7		7	32		32				28			28					108
1991	14		14	3		3				8		8	1		1	25		25				20			20					71
1992	31 (3)	5	36 (3)	4		4				15		15	1		1	30		30				20			20					106 (3)
1993	43 (1)	4	47 (1)	14	6	20				13		13	4		4	27		27	1		1	18 (2)			18 (2)					130 (3)
1994	35 (1)	1	36 (1)	3		3				7 (7)		7 (7)	4 (1)		4 (1)	21		21	2		2	19 (3)			19 (3)					92 (12)
1995	42 (2)	4	46 (2)							11 (1)		11 (1)	4		4	26		26	9		9	12 (2)			12 (2)					108 (5)
1996	43 (5)	7	50 (5)	12	1	13				16 (2)	0	16 (2)	2		2	23		23	12		12	25 (3)			25 (3)					141 (10)
1997	58 (1)	4	62 (1)	13		13				17 (7)		17 (7)	7 (4)		7 (4)	24	1	25	1		1	25 (5)			25 (5)			19S	19	169 (17)
1998	66 (8)		66 (8)	25		25				14 (7)		14 (7)	6		6	29		29	5		5	22 (7)	1		23 (7)			23S	23	191 (22)
1999	45 (3)	17	62 (3)	18	1	19				15 (9)	1	16 (9)	13		13	17		17	14		14	29	0		29	38	3	73S	114	284 (12)
2000	35 (3)	49	84 (3)	19	5	24				43 (9)	18	61 (9)	16 (1)		16 (1)	17		17	12	8	20	39 (3)			39 (3)	31	37	86S + 1S	155	416 (16)

（续上表）

学科门类 / 年份	经济学			法学			教育学			文学			历史学			理学			工学			医学				管理学				总计
	学历	同等学力	合计	学历	同等学力	合计	学历	同等学力	合计	学历	同等学力	合计	学历	同等学力	合计	学历	同等学力	合计	学历	同等学力	合计	学历	同等学力	专业学位	合计	学历	同等学力	专业学位	合计	
2001	58（6）	35	93（6）	10	5	15				57（12）	5	62（12）	11（2）		11（2）	34		34	23		23	53（4）			53（4）	43	19	89S＋47S	198	489（24）
2002	48（7）	62	110（7）	9（3）	7	16（3）		1	1	57（15）	15	72（15）	16（2）		16（2）	45（2）	3	48（2）	23	7	30	55（7）	7	11L	73（7）	46	44	118S＋63S	271	637（36）
2003	54（6）	54	108（6）	11（6）		11（6）	11	5	16	63（14）	16	79（14）	19（9）		19（9）	55（2）	3	58（2）	47	4	51	80（5）	8	33L	121（5）	69（8）	30	73S＋52S	224（8）	687（50）
2004	76（20）	34	110（20）	37	8	45	10	9	19	107（12）	20	127（12）	27（16）		27（16）	95（3）	4	99（3）	39		39	92（12）	8	45L＋3D	148（12）	72（5）	42	170S＋58S	342（5）	956（68）
2005	116（15）	57	173（15）	49（9）	30	79（9）	9	21	30	134（9）	16	150（9）	24（19）		24（19）	118（3）	7	125（3）	82	4	86	109（13）	15＋11L	6D＋56L	197（13）	115（17）	75	83S＋54S＋28I	355（17）	1 219（85）
2006	359（25）	78	437（25）	168（13）	47	215（13）	28	20	48	362（12）	19	381（12）	81（18）		81（18）	279（8）	2	281（8）	265（4）	1＋4C	266＋4C（4）	144（11）	21＋4L	79L＋5D	253（11）	230（28）	70	95S＋108S＋30I	533（28）	2 499（119）

注：①括号中数字为授予博士学位人数；②管理学“专业学位”一栏中“＋”号后面的数字为MBA学位班人数；③S表示MBA，I表示EMBA，L表示临床医学专业学位，D表示口腔医学专业学位，C表示工程硕士。

（研究生部供稿）

1981--2006 年成人高等教育招生人数统计

单位：人

年份	函授			夜校			脱产班			总计
	本科	专科	合计	本科	专科	合计	干部专修班	专科	合计	
1981					1 009	1 009				1 009
1982										
1983										
1984					477	477				477
1985		278	278	67	663	730				1 008
1986		465	465		563	563				1 028
1987		630	630		441	441				1 071
1988		626	626		332	332				958
1989	34	522	556		277	277				833
1990		373	373		208	208				581
1991		319	319		226	226	56		56	601
1992		543	543		382	382	132		132	1 057
1993	152	438	590		1 319	1 319	200		200	2 109
1994	193	288	481		1 007	1 007				1 488
1995	194	328	522		388	388		365	365	1 275
1996	238	383	621		474	474		486	486	1 581
1997	204	640	844		545	545		257	257	1 646
1998	210	394	604	40	623	663		306	306	1 573
1999	613	353	966	96	561	657		294	294	1 917
2000	809	457	1 266	180	646	826				2 092
2001	1 112	529	1 641	280	497	777		95	95	2 513
2002	912	411	1 323	816	443	1 259				2 582
2003	980	193	1 173	352	576	928				2 101
2004	984	194	1 178	457	542	999				2 177
2005	962	122	1 084	416	578	994				2 078
2006	1 240	120	1 360	390	479	869				2 229
总计	8 837	8 606	17 443	3 094	13 256	16 350	388	1 803	2 191	35 984

（信息管理办公室供稿）

1982—2006 年成人高等教育毕业生人数统计

单位：人

年份	函授			夜校			脱产班			总计
	本科	专科	合计	本科	专科	合计	干部专修班	专科	合计	
1982					79	79				79
1983					23	23				23
1984					834	834				834
1985										
1986										
1987					70	70			456	526
1988		237	237						740	977
1989		357	357						516	873
1990		603	603						439	1 042
1991	47	513	560	8	214	222	125		125	907
1992		526	526	1	222	223	71		71	820
1993		450	450		161	161	51		51	662
1994		323	323		318	318				641
1995		441	441		293	293		1 334	1 334	2 068
1996	199	538	737		244	244		450	450	1 431
1997	177	728	905		202	202		268	268	1 375
1998	146	210	356		340	340		418	418	1 114
1999	208	292	500		378	378		233	233	1 111
2000	191	594	785		343	343		200	200	1 328
2001	231	354	585	31	350	381		307	307	1 273
2002	476	170	646	123	674	797		99	99	1 542
2003	624	317	941	198	527	725		5	5	1 671
2004	830	412	1242	273	486	759		69	69	2 070
2005	815	361	1176	442	423	865		10	10	2 051
2006	47	85	132	105	222	327				459
总计	3 991	7 511	11 502	1 181	6 245	7 426	247	3 393	3 640	22 568

（信息管理办公室供稿）

·表彰与奖励·

2005—2006 学年暨南大学受各级政府部门表彰的先进集体、先进个人及获教学科研成果奖情况

先进集体

（一）暨南大学被中共中央组织部授予“全国干部档案工作先进集体”荣誉称号。

（二）暨南大学被广东省人民政府残疾人工作协调委员会授予“2005 年驻穗中央、省属单位按比例安排残疾人就业先进单位”荣誉称号。

（三）暨南大学被评为广东省“四五”普法工作先进集体。

（四）暨南大学获广东省教育厅颁发“2005 年广东省计算机教育软件评审活动”组织奖。

（五）暨南大学获第七届中国国际高新技术成果交易会优秀组织奖。

（六）暨南大学获 2005 年广东省高校发明专利申请量第三名。

（七）暨南大学国家安全小组被广东省国家安全基金会评为先进单位。

（八）科学技术研究处被教育部科技司评为“十五”高校科技管理先进团队。

（九）管理学院工会获广东省总工会“模范职工小家”称号。

（十）附属中学被天河区教育局授予 2004 学年度广州市天河区初中毕业班工作一等奖。

（十一）附属中学在参加“天河区首届中小学美术课堂作业展”活动中获得集体一等奖。

（十二）附属第一医院校门诊部承办的暨大社区卫生服务中心被天河区人民政府评为“创建全国社区卫生服务示范区工作先进集体”。

（十三）校计生办在这个学年的工作获得以下优秀成绩和荣誉称号：

（1）2005 年 3 月，学校获国家计生协“青春健康同伴教育组织奖”。

（2）2005 年，学校被广州市人口和计划生育局评为“广州地区机团单位计划生育达标单位”，被天河区石牌街评为“计划生育先进单位”。

（3）2005 年 6 月，学校被广州市计生协评为“计划生育系列保险先进单位”。

（十四）学生处在这个学年的工作先后获得以下优秀成绩和荣誉称号：

（1）2005 年 9 月，学校选送的节目《渔歌》参加教育部举办的全国第一届大学生艺术展演获得一等奖。

（2）2005 年 9 月，学校获教育部颁发的全国第一届大学生艺术展演优秀组织奖。

（3）2005 年 11 月，学校在中央电视台、台湾中天电视台举办的第四届海峡两岸知识大赛中荣获优秀组织奖。

（4）2005 年 12 月，在广东省委宣传部、共青团广东省委员会、广东省学生联合会联合主办的广东省大学生纪念“一二·九”运动 70 周年文艺会演中，学校选送的节目《年轻的太阳》荣获二等奖；同时，学校还荣获“优秀组织奖”。

（十五）校团委在这个学年的工作先后获得以下优秀成绩和荣誉称号：

（1）2005 年 10 月，在中国宁波 2005 科技创业计划大赛中，学校分别以总分第一名获得最佳创业计划奖，总分第九名获得新秀创业计划奖。

（2）2005 年 11 月，在第九届“挑战杯”全国大学生课外学术科技作品竞赛中，学校总分并列全国第十二名、广东省第一名，共获得 1 项一等奖、3 项

二等奖、1项三等奖和高校优秀组织奖。

(3) 2005年12月，学校受到中宣部、中央文明办、教育部、团中央、全国学联等单位的联合表彰，被评为2005年全国大中专学生志愿者暑期“三下乡”社会实践活动先进单位。

(4) 2006年5月，学校团委被共青团广东省委员会授予“广东省五四红旗团委”荣誉称号。

(5) 2006年5月，在第四届广东省大学生ACM程序设计竞赛中，学校获得1项二等奖、1项三等奖。

(6) 2006年6月，在第五届“挑战杯”中国移动广东大学生创业计划竞赛中，学校名列全省第一名，并获得“特别贡献奖”和“优秀组织奖”；学校选送的8件创业计划作品共获得6项金奖、2项银奖，其中天唯创业团队获“最佳创意团队奖”。

(7) 2006年7月，在广州市青年科技创新奖评选活动中，学校的两个学生科技创新项目分别获得最具推广价值奖和创造社会效应奖。

先进个人

（一）理工学院欧阳东荣获第八届广东省丁颖科技奖。

（二）人事处陈年珊被评为广东省“四五”普法工作先进工作者。

（三）科学技术研究处李霆被教育部科技司评为“十五”高校科技管理先进个人。

（四）科学技术研究处林满被教育部科技发展中心评为高等学校科技奖励及专利管理工作先进个人。

（五）科学技术研究处刘琦辉被广东省自然科学基金管理委员会评为“广东省自然科学基金管理先进工作者”。

（六）社会科学研究处仇光永被广东省哲学社会科学规划领导小组授予“2003—2005年度社科规划科研管理先进工作者”称号。

（七）保卫处陈平被广东省国家安全基金会评为先进个人。

（八）学生处王红主、黎丹，管理学院罗立新获教育部颁发全国第一届大学生艺术展演指导教师奖。

（九）校团委区向丽、张高祥被广东省委宣传部、团省委、省教育厅、省学联联合授予“2005年广东省大中专学生‘三下乡’社会实践活动先进个人”荣誉称号。

（十）工会肖永杰被全国教科文卫体工会全国委员会授予“优秀工会工作者”称号。

（十一）叶勤同志获广东省总工会“优秀职工之友”称号。

（十二）工会匡迎辉获2005年广东高校主题系列教育活动群众性歌咏合唱大赛优秀指挥奖，参加“中山杯”首届全国合唱指挥大赛荣获B级组三等奖。

（十三）体育部彭国雄在“天龙体育杯”2006年第十一届中国大学生网球锦标赛，“体彩杯”2006年全国高校校长、教授网球比赛中，获“最佳教练员”光荣称号。

（十四）附属中学黄玉兰、李雄云、石少兰、张代琴、黄荣华被广州市天河区教育局评为天河区初中毕业班工作先进个人。武瑞恒被广州市教育局教研室评为2006年广州市初中数学优秀青年教师。罗燕萍被广州市教育局教研室评为广州市初三英语竞赛优秀辅导老师。

（十五）附属第一医院卢婉娴被广东省卫生厅、广东省中医药局授予“2006年度广东省优秀护士”荣誉称号。

（十六）附属第一医院李虹、周小兵、桂凤美被天河区人民政府评为“创建全国社区卫生服务示范区工作先进工作者”。

教学科研成果奖

（一）教育部提名国家科学技术奖科技进步奖二等奖一项（第一完成单位）：

尹良红、云大信、刘韶林、杨建龙、郑宜绮、蔡启德、陈湛华、朱宁、马志健、江九林、李珊、王文江等共同完成的项目“血液透析/滤过装置”。

（二）广东省科学技术奖一等奖一项（第一完成单位）：

刘人怀、何陵辉、成振强、王璠、王志伟、袁鸿、徐加初等共同完成项目“复合材料基本力学问题的理论研究”。

（三）广东省科学技术奖三等奖三项（第一完成单位）：

(1) 尹良红、云大信、刘韶林、杨建龙、郑宜绮、蔡启德、陈湛华等共同完成的项目“血液透析/滤过装置”。

(2) 王新民、李路、游苏、王玉磷、周仁、谭坤能、刘泽林等共同完成的项目“经皮电脉冲刺激治疗糖尿病神经原膀胱的研究”。

(3) 第二临床医学院王沙燕、戴勇、高国凤、张阮章、张旭、李芳芳、石之驎共同完成的项目

“地中海贫血检测芯片的开发与应用”。

（四）广东省科学技术奖三等奖一项（第四完成单位）：

李中铎、吴蕃蕤、胡军、黄炳贺、刘庆茂、王跃君、曾令卓等共同完成的项目“企业诊断师培训与资格认证工作办法研究”。

（五）第十五届全国发明博览会金奖一项：

尹良红、云大信、刘韶林、杨建龙、郑宜绮、蔡启德、陈湛华、朱宁、马志健等共同完成的项目“JH2000 血液透析机”。

（六）第十五届全国发明博览会银奖一项：

欧阳东的项目“一种稻壳焚烧装置及其产出的纳米结构 SiO_2”。

（七）巴黎博览会列宾国际发明博览会发明竞赛金奖一项：

欧阳东的项目“一种稻壳焚烧装置及其产出的纳米结构 SiO_2”。

（八）谢启南编写的教材《统计学原理》，卫海英编写的教材《应用统计学》获第八届全国统计科研优秀成果奖统计教材类三等奖。

（九）雷钦礼的论文《中国粮食生产的价格作用机制分析》、韩兆州的论文《广东省最低工资研究》、卫海英的论文《均差—方差风险计量模型及其优化研究》均获第八届全国统计科研优秀成果奖课题论文类三等奖。

（十）李淑芬、陈章喜、傅京燕三人的论文均获广东省体育局“亚运会与广东体育产业发展研讨会”征文评选活动三等奖。

（十一）在广东省教育厅组织的 2005 年广东省计算机教育软件评审活动中，学校获以下奖项：

（1）黄柏炎制作的课件“中国生物多样性保护”获高等教育组多媒体课件一等奖。

（2）陈奕平、温秋华、周红春制作的课件“郑和下西洋与欧洲地理大发现”获高等教育组多媒体课件二等奖。

（3）周红春、姚国祥、余祥正制作的课件“中国历史常识”获高等教育组多媒体课件三等奖。

（4）林秀曼、姚国祥制作的课件“中国文化常识”获高等教育组多媒体课件三等奖。

（5）黄小黎、熊玉珍、樊庆谊，苏宝华制作的“大学预科地理网络课程”获高等教育组网络课程优秀奖。

2006 年度先进集体和先进个人

暨南大学终身贡献奖（22 名）

王　越　云冠平　王声湧　伍国基　刘人怀
刘学高　齐雨藻　何　军　李　辰　李楚杰
周耀明　张德昌　赵元浩　饶芃子　林　剑
邹　翰　柯木火　徐锦堂　黄德鸿　黄爱廉
曾昭科　詹伯慧

先进集体（21 个）

管理学院会计学系　药学院中药及天然药物研究所　经济学院　新闻与传播学院　深圳旅游学院　生命科学技术学院生物医学工程系　信息科学技术学院电工电子基础实验室　珠海学院　国际学院　华文学院　附属第一医院神经内科　理工学院　医学院人体解剖学教研室　艺术学院　第二临床医学院儿科教研室　文学院中国文化史籍研究所　教务处　图书馆　党委宣传部　离退休工作处　后勤集团

特别奖励单位（5 个）

“211 工程”办公室　基建处　体育部　学生处　校团委

优秀教师（56 名）

文学院
王元林　陈奕平　杨启光　刘绍瑾　邵　宜
外国语学院
邹红英　章恒珍　刘学敏
新闻与传播学院
董天策　杨先顺　张晋升
理工学院
欧阳东　金腊华　杨　燕
生命科学技术学院
李毅群
信息科学技术学院
樊锁海　胡代强　郑力明　叶世绮
经济学院
张维佳　刘建平　何问陶　郑少智　陈红蕾

吴　江
管理学院
宋献中　梁明珠　熊　剑　姜　虹　何宇青
卢文刚
医学院
吕来清　沈丽佳　曹　勇
药学院
张荣华　郑　青　吕俊华
国际学院
余惠芬
教育学院
韩兆洲
华文学院
李　军　熊玉珍　周　健　宗世海
附属第一医院
罗良平　姜海平
珠海学院
危　磊　张习群　牛永斌
深圳旅游学院
李　舟
机关党委
姚国祥
社会科学部
龚红月
第二临床医学院
邱　晨　刘嘉林
医学院第五附属医院
林冬云
外籍教师
Maureen Grant　Michael Jackson

科研先进工作者（65 名）

文学院
程国赋　张玉春　范立舟　汤开建　李凤亮
姚新勇　刘增合　邓乔彬　邵敬敏
外国语学院
蒲若茜　卢　植
新闻与传播学院
林如鹏　曾建雄
理工学院
欧仕益　尹　华　袁　鸿　钟金钢
生命科学技术学院
姚冬生　洪　岸　潘善培　杨宇峰
信息科学技术学院
彭青玉　周继鹏　庞素琳
经济学院
刘少波　王　聪　冯邦彦　李郁芳　刘金山
管理学院
朱卫平　凌文辁　卫海英　王国庆　谭　跃
王　霄　胡玉明　石本仁
法学院
曹云华
知识产权学院
徐　瑄
医学院
李扬秋
药学院
姚新生　罗焕敏　叶文才　孙晗笑　蔡绍晖
栗原博
华文学院
郭　熙　班　弨　曾昭聪
附属第一医院
尹良红　杨冬华　陈　剑
信息技术研究所
曾祥林　雷建华
珠海学院
张耀辉　孙东川
深圳旅游学院
董观志
机关党委
刘　颖
科技产业集团
黄亚东
第二临床医学院
黄丽娜　李富荣
医学院第三附属医院
龚五星
医学院第四附属医院
陈鸿辉　李其林
医学院第六附属医院
李宇明

先进医务工作者（11 名）

附属第一医院
李恒国　孙升云　刘育勇　刘升明　郭良君
曹明溶　李自成　张翼飞　曹　燕　李　虹
徐建平

管理育人先进工作者（64 名）

文学院
郑少青　邱向欢　宋　华
外国语学院
罗晓红
新闻与传播学院
林少娴　朱子木
理工学院
周长忍　程炎明　陈文新　陈美銮
信息科学技术学院
何丽娜
经济学院
肖永新　杜金岷　张　志　刘新荣
管理学院
罗立新　庞丽莎　曾　伟　陈　穗
法学院
徐建华
知识产权学院
周玉宇
医学院
陈金纯
药学院
钟卫宏　易　晖
艺术学院
吴文霞　谢光辉
国际学院
邓永忠　刘　芬
教育学院
廖仕湖
华文学院
莫海斌　唐燕儿　杨广生
附属第一医院
杨　晶
珠海学院
陈鹏勇　张少英　钟常凌
深圳旅游学院
段开成
机关党委
陈　莹　张安国　陈年珊　张桂国　熊匡汉
熊卫华　曹海霞　朱丽娜　黄少云　刘红云
张小康　陈　石　杨耀钦　陈晓明　李轴宇
社会科学部
傅兆佳
后勤集团
蔡广南　陈庆杞　许允中　罗志满
科技产业集团
黎　峥　索　茜　翁红宇
第二临床医学院
骆新娥　罗　良
医学院第三附属医院
解立桦
医学院第五附属医院
潘桂常

暨南大学固本强基工程先进基层党组织、“三有一好”优秀共产党员、优秀党支部书记和优秀党务工作者

固本强基工程先进基层党组织（9 个）

文学院党委
文学院机关党支部
新闻与传播学院党委
本科生第一党支部
理工学院党委
环境工程系研究生党支部
经济学院党委
经济学院党委
管理学院党委
会计学系本科生党支部
生命科学技术学院党委
生物工程系本科生党支部
华文学院党委
预科部党总支
机关党委
党办·组织部、统战部党支部
离退休工作处党委
医学院退休教工党支部

“三有一好”优秀共产党员（51 名）

文学院党委
李凤亮　冀满红　郑可敏　欧瑞镇
新闻与传播学院党委
刘家林　王　玲
外国语学院党委
谭　维　罗晓红
理工学院党委
叶锦韶　曾庆慧
信息科学技术学院党委
庞素琳　黄达安
经济学院党委
谭尔历　刘景章　沈肇章　张　珺　郭　楠
法学院党委
符启林　张从容　杨春熙
管理学院党委
杨远香　庞丽莎　苏晓华　李晓静　余丽琳
生命科学技术学院党委
邓穗平　卢　远　徐肇芬
医学院党委
蔡国藩　陈卓松　郭宏伟
附属第一医院党委
张宏鹏　罗　洪　何金爱
华文学院党委
黄志科　刘瑞英
教育学院党委
龚　影
机关党委
叶　虹　潘启亮　刘红阳　何清文　李淑芬
梁　斌
离退休工作处党委
黄伯俊　杨锦标　揭德炳
珠海学院党委
郑文芳
药学院党委
陈卫民
国际学院党总支
陈寂霞
信息技术研究所党委
林南特
科技产业集团临时党委
古碧卡

优秀党支部书记（10 名）

文学院党委
蓝媛慧
理工学院党委
黄晓霞
信息科学技术学院党委
洪　莹
管理学院党委
李孟怡
生命科学技术学院党委
张宇晓
医学院党委
赵　忻
附属第一医院党委
曹　燕
机关党委
谭其学
社科部党总支
李付安
离退休工作处党委
关汉夫

优秀党务工作者（8 名）

文学院党委
李瑞金
新闻与传播学院党委
张晋升
理工学院党委
程炎明
经济学院党委
武莲梅
法学院党委
侯松岭
医学院党委
朱佩娴
机关党委
廖　勇
珠海学院党委
林晓灵

2006 年获第二届广东省高等学校教学名师奖人员

张耀辉（珠海学院）

暨南大学第七届“十佳授课教师”

刘　沛（经济学院）
冯　艳（珠海学院）
张世君（文学院）
沈洪涛（管理学院）
马　民（医学院）
张渊明（生命科学技术学院）
王　播（理工学院）
黄宝琴（深圳旅游学院）
方赛迎（法学院）
肖小敏（第一临床医学院）

暨南大学第三届“优秀教学管理奖”获奖名单

集体奖

管理学院教学科研办公室
医学院教学科研办公室
理工学院教学科研办公室
深圳旅游学院教学科研办公室
国际学院

个人奖

张　宏（教务处）
余丽琳（管理学院）
李　丹（新闻与传播学院）
钱　锋（深圳旅游学院）
柏志全（医学院）
赵庆英（经济学院）
邵桂珍（华文学院）
李华玉（国际学院）
姚伟湛（理工学院）
马蓉蓉（信息科学技术学院）

第二届本科课程教学竞赛获奖名单

教学竞赛个人奖

（一）特等奖 2 名

文科组
王　兵（经济学院）
理科组
肖小敏（第一临床医学院）

（二）一等奖 4 名

文科组
方赛迎（法学院）
徐富平（国际学院）
理科组
胡　萍（医学院）
张　震（信息科学技术学院）

（三）二等奖 8 名

文科组
白　华（管理学院）
邹红英（外国语学院）
刘学敏（外国语学院）
李　舟（深圳旅游学院）
理科组
姚志红（药学院）
王小良（信息科学技术学院）
曹丽伟（生命科学技术学院）
陈振强（理工学院）

（四）优秀奖 15 名

文科组

王茂林（华文学院）
胡　虹（珠海学院）
朱　锋（管理学院）
伍海军（经济学院）
谷　虹（新闻与传播学院）
刘　洋（国际学院）
郑利群（文学院）
徐义雄（管理学院）
袁一达（珠海学院）

理科组

邱　青（信息科学技术学院）
宁志华（理工学院）
洪　莉（珠海学院）
周永红（医学院）
金腊华（理工学院）
牟善松（生命科学技术学院）

优秀组织奖（排名不分先后）

经济学院　第一临床医学院　外国语学院　法学院　管理学院　新闻与传播学院　珠海学院

暨南大学百年校庆先进集体和先进个人

暨南大学百年校庆先进集体名单

特别奖

百年校庆筹备办公室

一等奖（13 个）

校长办公室
学生处
人事处
财务处
国际交流合作处
基建处
总务处
保卫处
党办・组织部
宣传部・新闻中心
校团委
后勤集团
珠海学院

二等奖（26 个）

研究生部
招生办公室
科学技术研究处
社会科学研究处
发展规划处
教务处
统战部
资产与实验室管理处
离退休工作处
纪监审办公室
教育工会
网络与教育技术中心
体育部
科技产业集团
出版社
国际学院
外国语学院
新闻与传播学院
艺术学院
经济学院
管理学院
医学院
第一临床医学院
药学院
华文学院
深圳旅游学院

暨南大学百年校庆先进个人名单

特等奖（11 人）

区向丽　王红主　叶　虹　乔雷海　刘渝清
张安国　张铁林　林如鹏　姜煜东　夏　泉
黎　丹

一等奖（22 人）

马秋枫　王心洁　卢健民　伍　巍　刘　斌
向军俭　孙　彧　安　衡　张晓辉　李历家
李康英　陈为刚　陈　亮　周继武　林　海
饶　敏　徐　芳　崔仁辉　黄玉珑　黄晓明
黄跃雄　黎景培

二等奖（91 人）

马　超　马从清　马兴中　仇光永　文　坚
王　昱　邓　速　古伟芳　叶志海　关东英
刘启胜　刘金顺　刘道桂　庄礼伟　朱小琼
江　亮　江　旎　许允中　许秀娟　许秀强
闫　昕　闫香玲　何春贤　何清文　何赐流
何睿弘　余少卿　吴健豪　吴璇凤　宋献中
张子勇　张文龙　张玉春　张柏星　张凌燕
张桂国　李兆聪　李兴昌　李　坚　李秀玉
李国雄　李招忠　李铁军　李跃芳　李　琼
李　磊　杨卫卫　杨　枢　沈镇林　肖永杰
邱彩芳　陈少涌　陈文举　陈亦斌　陈晓婕
陈雪亮　陈榕兆　周丽贞　周建平　周　敏
孟祥磊　幸江涛　林少怀　林文兴　罗　飞
罗映绿　金学刚　侯　蕾　洪　毅　相西源
胡玉先　胡星平　赵维江　徐　力　华　伟
高　岭　梁仲莲　梁　冰　梁　斌　黄向荣
黄沿忠　黄海涛　彭国雄　谢　东　谢绍均
蒙雅森　廖剑辉　潘　琳　颜景瑞　戴灿宇
戴　玲

三等奖（153 人）

卫　铁　马凯梅　马　钢　马　锐　方向东
王　勇　王　桢　王　琼　邓良玉　付　勇
甘　雷　田金奎　关兆伟　刘达明　刘　佩
刘　明　刘秋池　刘焕良　刘增合　刘慰瑶
匡迎辉　吕双欢　庄友明　庄汉文　朱永安
朱红强　朱湘军　朱　鹏　汤颖颐　闫昆仑
许灿东　何万宁　何　雯　佘晓敏　吴友扬
吴　欣　吴晓玲　张永春　张立平　张学森
张将星　张　春　张哲涵　张桂琴　张海沙
张　涛　张　润　张艳丽　张高祥　张蕊华
李　丹　李华东　李庆云　李志安　李朋军
李知宇　李　勇　李　虹　李娴静　李海云
李海鹰　李淑芬　李斯平　李　晶　李新平
李鹏飞　杨红波　杨　杰　杨　松　沈晓玲
沈　清　肖卫华　肖淳端　苏孟锋　辛　静
邵　宜　陆勇强　陆贻彤　陈文源　陈日生
陈世凯　陈　平　陈　石　陈年珊　陈炜地
陈晓明　陈　斌　陈耀忠　周斌仲　孟宪军
巫园芬　林小华　林健和　林　涛　林　敏
欧阳丹　罗家如　罗嘉庆　范凤兰　范立舟
范燕薇　郑永良　郑　玲　郑婕慧　郑　爽
侯大铭　侯　颖　查振刚　胡志诚　胡　杨
胡照裕　赵　越　钟　扬　钟志刚　钟响阔
钟春生　凌　舰　唐明乔　唐　媛　徐　岗
徐　泽　桑莉萍　翁红宇　袁开业　贾晓玲
郭北穗　郭　韵　寇　莹　梁　森　黄少云
黄丽莎　黄建新　彭红兵　彭梅蕾　揭　萍
董启源　董信君　谢明天　谢雨萌　谢　恬
谢　煊　赖伟平　赖碧玉　廖　俊　廖德意
熊剑波　蔡　全　谭　维　谭　聪　颜方明
冀满红　操雯雯　魏　霞

通报表扬（153 人）

马　洁　马桂颜　尹　颖　王中秀　王　欢
王　华（附属第一医院）　王华号　王良爱
王　朋　王　欣　王荣初　王雪霏　王潇潇
邓木英　邓雯妍　付　军　冉　丽　卢大学
田传军　刘国正　刘俊岭　刘剑筠　刘晓粤
刘德洁　吕晓剑　孙广华　孙少群　孙英相
孙清忠　成品兴　扬丽花　朱子木　朱政辉
江进良　汤杰成　纪　芳　何小燕　何广坚
何兴淦　何华坤　何湘君　余广庆　余　筱
吴礼襄　吴　芸　吴玮琼　吴崇杰　张大朋
张　劼　张建华　张冠田　张奕芳　张　标
张婷婷　李　平　李孜博　李　杨　李国庆
李荣君　李海成　李爱琴　李　筠　杨冬华
杨红海　杨　金　杨　柳　沈凤玲　苏少伟
邱伟韬　邱志敏　邹建军　陈小平　陈小玲
陈庆杞　陈志雄（人事处）　陈剑鸿
陈志雄（后勤集团）　陈良恩　陈宝基
陈春宜　陈　莹　陈寂霞　陈毓超　周乐平
周　放　周　娜　庞　钊　庞辉亮　林文旭
林龙化　林志坚　林秀曼　林宝勇　林举参
林高野　林敏贤　林　满　罗志满　郑长艳
郑可敏　郑慧渊　侯学敏　姚云香　胡志凌
荆彦宏　赵　华　赵　珣　钟智军　饶　星
徐　安　徐耿海　徐新为　殷　丽　索　茜
袁语录　郭华昌　郭信江　高玉芬　商保平
崔炳林　梁佩芬　梁泽兴　梁惠霞　梅伟林
黄圣英　黄正茂　黄建平　黄　诚　黄　洪
黄玲玲　黄晓燕　黄　敏　黄楚喜　龚晓兵
龚唯平　喻自建　曾立祥　曾冰玉　温秋华
程　荃　谢伟卡　谢　冰　谢南京　谢惠迎
韩　钢　廖　勇　廖慕新　綦　军　蔡湛宇
谭晓玲　潘启亮　黎宗校　戴小峰

百年校庆暨南教职工岗位技能竞赛与展演系列活动优秀组织单位和优胜者

优秀组织奖

教学系列

教务处　人事处　校工会

党政管理系列

组织部　人事处　校长办公室

实验系列

资产与实验室管理处　教务处

图书系列

图书馆

医疗系列

第一临床医学院

会计系列

财务处　会计系

后勤服务系列

后勤集团　人事处　保卫处　总务处

各系列优胜者

（一）教学系列

特等奖

王　兵　肖小敏

一等奖

方赛迎　徐富平　胡　萍　张　震

二等奖

白　华　邹红英　刘学敏　李　舟　姚志红

王小良　曹丽伟　陈振强

优秀奖

王茂林　胡　虹　朱　锋　伍海军　谷　虹

刘　洋　郑利群　徐义雄　袁一达　邱　青

宁志华　洪　莉　周永红　金腊华　牟善松

（二）党政管理系列

一等奖

金学刚　刘　芬　方李瑾

二等奖

朱　鹏　肖　云　谷世乾　刘剑筠　梁　森

张冰红

三等奖

钟智军　王　朋　李朋军　陈耀忠　刘新荣

余　筱　林文旭　郑凡强　江　波　赵　珣

（三）实验系列

团体知识竞赛

一等奖：医学院第二代表队

王彦平　吴志慧　蔡　玲

二等奖：生命科学技术学院第二代表队

谢春芳　袁志坚　赵建刚

三等奖：医学院第一代表队

覃　莉　何文芳　黄华梅

个人实验技能竞赛

天平称量

第一名：周美云

第二名：吴志慧

第三名：刘国宁

信号发生器波形调试

第一名：黄伟英

第二名：孙良雕

第三名：骆伙有

网线制作

第一名：王彦平

第二名：蔡　玲

第三名：朱汉明

小鼠尾静脉血片制作

第一名：谭广销

第二名：张明珠

第三名：黄华梅

喷水鱼洗振动

第一名：陈美銮

第二名：黎碧莲

第三名：黄海南

（四）图书系列

团体奖

图书技术部　图书采编部　图书流通部

个人赛

一等奖

图书排架

李东红　胡惠芹

图书分类

郭文涛

专题资料检索

张春晓

网络与数据库安装

黄迪

二等奖

图书排架

张刚英　郑　艺　王　舒　张　敏
图书分类
王　华　陈碧清
专题资料检索
林业恒　陈　惟
网络与数据库安装
林业恒　钟远薪
三等奖
图书排架
卓海玉　王　彤　黄晓凤　李祁平　曾　鸣
刘文霞
图书分类
何少红　李祈平　戚　文
专题资料检索
黄云滔　钟远薪　覃剑宁
网络与数据库安装
徐连喜　黄云淘　覃剑宁　肖丽萍

（五）医疗系列

医疗

一等奖：急诊科

二等奖：消化内科　肾内科

三等奖：普通外科　麻醉科手术室联队　眼耳鼻喉心理科联队

护理

一等奖：外科一区

二等奖：危重症医学科　内科二区

三等奖：外科二区　手术室　眼耳鼻喉心理科病区

（六）会计系列

第一名：财务处代表队
吴　春　尹　颖　张婷婷

第二名：总务处和人事处联合代表队
董云华　何　雯　郑婕慧

第三名：纪监审办公室代表队
黄少云　郑勇杰　冯志芳

鼓励奖：后勤集团代表队
赵　华　黄文庆　何红梅

（七）后勤服务系列

电工技能竞赛

第一名：后勤集团维修与水电服务中心二队

第二名：后勤集团维修与水电服务中心一队

第三名：第一临床医学院队　华文学院代表队

消防知识与技能竞赛

第一名：华文学院代表队

第二名：第一临床医学院代表队

第三名：珠海学院代表队　保卫处代表队

大众菜肴竞赛

第一名：后勤集团饮食服务中心第三食堂代表队

第二名：第一临床医学院代表队

第三名：华文学院代表队

大众面点竞赛

第一名：后勤集团饮食服务中心第五食堂代表队

第二名：后勤集团饮食服务中心第一食堂代表队

第三名：第一临床医学院代表队

交通知识与驾驶技能竞赛

第一名：珠海学院　黄周山

第二名：珠海学院　黄志财

第三名：后勤集团交通服务中心　胡永兴

第十次申报学位授权工作先进单位

获得博士学位授权学科的单位

文学院
医学院
管理学院
经济学院
新闻与传播学院
生命科学技术学院
第一临床医学院

积极组织参与申报工作的单位

研究生部
理工学院
信息科学技术学院
药学院
外国语学院
华文学院
法学院
社会科学部

暨南大学2006年“三下乡”社会实践活动“优秀团队”、“先进个人”、“优秀指导教师”名单

优秀团队（30支）

（一）文学院暑期赴新疆农村义务教育青年志愿者实践服务队

（二）新闻与传播学院暑期赴佛山新农村建设社会实践服务队

（三）理工学院暑期赴浙江食品安全及农业现代化实践宣传队

（四）理工学院暑期赴广西“建园”灾区重建社会调查实践队

（五）信息科学技术学院暑期山区文化教育调研服务队

（六）生命科学技术学院暑期赴英德生态保护农村调研实践服务队

（七）生命科学技术学院生物工程系暑期赴英德社会调查志愿者服务队

（八）生命科学技术学院暑期赴韶关科技兴农青年志愿者服务队

（九）生命科学技术学院研究生寒假赴大亚湾“三下乡”社会实践队

（十）经济学院暑期赴河南服务新农村建设青年志愿者服务队

（十一）管理学院暑期赴宁夏银川品牌建设社会实践队

（十二）法学院暑期“走进枞阳，与法同行”青年志愿者服务队

（十三）医学院暑期赴韶关医疗卫生“三下乡”青年志愿者服务队

（十四）医学院护理学系暑期赴清远健康知识宣传服务队

（十五）医学院寒假赴英德口腔医学系先锋实践队

（十六）医学院研究生暑期赴廉江“三下乡”医疗服务队

（十七）药学院暑期赴江西“服务新农村”食品药品安全宣传服务队

（十八）国际学院暑期赴江西服务新农村社会调查服务队

（十九）华文学院暑期赴德庆贫困地区支教青年志愿者服务队

（二十）深圳旅游学院暑期赴河源爱心传播青年志愿者服务队

（二十一）珠海学院“信耘”暑期赴云南青年志愿者服务队

（二十二）珠海学院“绿色使者”暑期赴安徽青年志愿者“三下乡”服务队

（二十三）珠海学院“拓源”暑期赴河源实践调研考察队

（二十四）珠海学院“海天”暑期赴青海“三下乡”志愿者服务队

（二十五）珠海学院寒假东北振兴青年志愿者服务队

（二十六）第一临床医学院研究生暑期赴梅州“三下乡”医疗服务队

（二十七）研究生团委暑期赴广西支教社会实践调研队

（二十八）学生舍区团工委暑期荣辱观宣讲青年志愿者服务队

（二十九）校青年志愿者协会寒假扶助东北孤儿青年志愿者服务队

（三十）校国旗护卫队暑期赴天安门爱国主义教育实践队

先进个人（135人）

于　珊　王　彦　冯　靖　冯洁明　冯望舒
史　宁　叶　垚　宁鹤鸣　申小蕾　任小璐
邢　星　刘　静　刘　露　刘广艳　刘文礼
刘仕佳　刘国凤　刘雁飞　吕嘉乐　庄广福
庄彩屏　江秋婷　汤静儿　许晓冲　许雪玲
邬铭峰　何　诚　何　稳　何倩莹　余玲玲
吴秀峰　吴晓明　张　娜　张美莎　张晓宇
张　盈　张　捷　张　琳　张子文　张文春
张壮乒　张育森　李万辰　李文晃　李俊龙
李劲松　李复盛　李志华　李宜倍　李泽鑫
李　娟　李育线　李金花　李琼霞　李蓉源
杨芳兵　杨　帅　汪书军　汪建春　肖力华
苏镜波　邹维尼　陈　靖　陈冬鹏　陈立鹏
陈妙巧　陈欣宏　陈南鹏　陈晖豪　陈雪玲
陈愉愉　陈新华　冼育英　卓伟杰　周　益

周艾彬　周润仪　庞惠莲　林　冠　林少玲
欧阳辉　罗晓欢　范　洁　范　东　段晋苑
洪　丽　胡秀梨　赵　芳　赵　新　赵　鑫
赵兵辉　郝思文　侯辉歌　唐敏健　徐　军
徐天爽　涂　耘　高　康　曹永林　梁君洋
绮　霞　黄　卉　黄　佳　黄华伟　黄丹萍
黄莹（珠海行管）　黄莹（珠海工管）
黄玉吟　黄金培　黄晓婷　黄耿江　龚微钫
傅基虎　赖泽辉　彭秋生　彭　伟　曾希为
曾晓红　温晓昌　温新生　程昌铃　程晓渝
葛丽霞　谢文娜　韩春明　熊　雍　谭一萍
樊继娟　潘　莉　潘志桑　黎碧霞　燕晓雯
薛静娴　戴玉洁　魏楠楠

优秀指导教师（49名）

孔　锐　王天权　王　东　卢文刚　叶开和
申启武　任　刚　刘金山　刘　佩　刘剑初
朱蕴利　汤　群　严冬松　张　伟　张宇晓
张　志　张修峰　张　润　张端祥　李丰丽
李世涛　杨少华　杨廷钫　苏　柯　邱映萍
陈　争　陈　晖　孟祥磊　昌　伟　林文旭
林清文　金腊华　胡陆生　徐义雄　徐　岗
桂华伟　秦岭松　郭力立　郭海卿　梁　森
梁荫基　黄向荣　黄柏炎　黄晓霞　龚翔荣
彭文平　覃百花　褚俊虹　戴小峰

2006年获奖学生

优秀学生

文学院
郑焕钊　吴思婷　李巧媚　陈叶娜
外国语学院
杨晓君　任心婧　梁东兰　蔡敏榕　曾焕金
李杰文　李锦荣　江瑶媚　刘　雯　王　蓓
许　燕　李　波
新闻与传播学院
何裕华　张　引　马洁瑜　劳妍慧　潘毅娜
刘　威　陈　盼　梁晓君　雷　异　蔡　慧
黄衍华　陈　晨　钟彩琴　蔡若瑜　容嘉欣
何　薇
理工学院
王秋腾　李淑清　白　玮　彭丽华　冯严宵
阙彩虹　徐　敬　胡　铮　周思远　冯　川
李　想　黄明波　蔡少云　崔　臻　毛小俊
信息科学技术学院
蔡丽敏　李金晶　许　悦　石　星　曾志伟
黄风仪　杨木文　李洁霞　朱可宜　蔡占奎
邓进球
生命科学技术学院
刘兆宇　李莹盈　王菲菲　李　鹏　马　静
许雪玲　黄肖雅　李周璇
经济学院
梁燕群　赵　东　梁屹天　熊美莉　蔡斯煜
周倩莹　李元芹　陈昀静　曾希为　冯敏婷
英咏诗　梁丰炜　蔡　泽　胡金露　林国伦
张淳义　庄凉凉　贝维彬　黄诚智
法学院
林燕萍　杜博奇　陈玉婷　叶继顺　曹小妹
李　茵
国际关系学系
袁艳君
知识产权学院
叶　颖
管理学院
曾　莹　杨韵懿　陈　慧　何晓莹　李晓群
王远莉　黄　罂　文宝英　张小冰　余慧琪
黄文桂　高　贞　刘云宋　蔡晓蓓　李静思
梁娟娟　李丽芳　吴晓燕　谢小琳　何玉森
汪　洋　陆嘉豪　文婉玲　杨立新　吴杏萍
蔡昭琳　蔡诗翎　刘国文　林嘉美　黄颖薇
刘日隽　黄海玲　潘家宝　陈伟义　曹莉雅
冼智祥　柯超航
医学院
陆芝英　余国荣　彭锐锐　黄炜安　鄢　敏
吕耀东　林燕婷　丁文婷　朱　一　余嘉妍
叶　榕　梁文学　黄奕珊　张雯雅　潘雨薇
齐　绩
药学院
曾怀苇　李慧婵　陈希莹　刘佩婷
国际学院
仲剑曦　王　璘　黄青云　李颖思　张汉亭

武世多　陈文洁　蔡茂霞　钟李青　叶皇琦
吴芳芳　邝丽娜　陈兆锋

华文学院

陈艳君　官宁劼　黄　曦　朱　童

深圳旅游学院

陈　琳　于　燕　傅世昌　莫旭球　吴小莹
曾婷婷　王　倩　朱梦夏　陈明珠　梁海燕
张冉昕　李安琪　谢立媛　方　芳　李汭华

珠海学院

吴洁慧　梁广明　康　洁　周羽琪　黎昭凤
张小康　卓婉婷　蔡玉茹　王　宁　洪幼鹏
王琛琛　刘　晶　李超良　叶　虎　王光清
彭　丹　刘　烨　张凤萍　方加沛　梁艳红
罗江川　李育锦　王　彦　许　薇　耿寅融
李　冰　缪翠馨　张晓宇　周洁枝　陈丽娟
黄艺虹　郭奇瑶　官宛莹　萧增瑜　冯紫云
简俏榕　田盈盈　潘湛泉　林秀燕　熊银桂
张绮雯　王　慧　孙佩佩　周　婧　武　艺
吕春林　杨林涛　张镜泽　张　雪　李雅婷
蓝可染　王淑婷　马钰榆　黄　瑜　贾晨星
王　芬

优秀学生干部

文学院

王增光　张壮乒　关思文　黄尹妍　王　珂

外国语学院

董　韵　郭　宁　白　剑　杨　艳　黄靖雯
徐梦雅　张　珺　张丽娇　曾韵琪　朱小桥
陈　淙

新闻与传播学院

何志强　祝伟堃　刘佩淳　李惠媛　李若洁
周颖君　徐展基　刘　芳　唐园园　谭景怡
黄伟邦　陈小恬　曹悦吉　钟佳琳　欧天榆
梁秀岸　徐天爽　刘莉璋　陈翼翔　杜秀明
李　悦

理工学院

朱丰华　林伟兵　莫　震　吴　勇　叶　秧
卓鲁敏　张　俊　钟永亮　黄建铭　梁金辉
区信强　陈贵涛　刘　锋　吴文青　林敦城
聂光庭

信息科学技术学院

邓国良　钟振宗　葛茂彬　陈宏发　李洁霞
吴展威　程标雄　周美秀　赵绛珍　何成文
黄华伟　方问禹

生命科学技术学院

姚　伟　钟健翔　王　雪　李小运　董世松
刘咏娟　钟　敬　杨铭华　张　捷

经济学院

蔡　青　范　颖　王　蜜　凌敏星　蔡荣跃
叶嘉佳　秦　朗　张　一　郑选花　温俊奇
郭　楠　杨　旋　陆远东　施凌宵　陈韵恒
邹英然　凌敏星　赵永伟　彭桂春　钱家韵
谢明媚　钟丽华　洪佳子　吕佩铃　郑海生
宋　佳

法学院

陈子劲　蓝逢洋　吴志伟　吴沛锋　王裕超
罗顺钊　高　曼　夏宁君

国际关系学系

苏毅华

知识产权学院

王雨青

管理学院

罗冠华　胡　瑾　周小丽　陈炳池　刘林铄
龙焯培　关韵琴　黎玉均　李　尘　刁　坤
叶文仪　吴永杰　谭志新　王健璋　程云鹏
张学敏　陈志成　林志恒　黄翠珊　钟淑媚
李静思　周绍昌　张丝铭　黄淑贤　谭坚达
刘彩霞　吕俊威　洪伟东　徐达伟　陈妙欢
关锦文　陈孝威　张清荣　袁　敏　宾汉荣
梁淑怡　林嘉美　卢超华　胡永良　程雅明
郑建辉　戴惠豪　林家辉　吴燕霞　钟锦华
欧景芬　徐淑文　王少波　陈道雄　温朗庭

医学院

段　宇　蒋　晶　冯晓华　钱　磊　陈秋妍
范　磊　莫子亮　李淑君　杨　晓　郝思文
吕柔慧　李汉初　钟春燕　谢绮平　苏树超
慈博雯　张　铮　廖隽琨　于婷婷　陈雪玲
侯咏恩　梁雪冰　钟安愉　叶碧群　杨　竞
余江秀　陈华英

药学院

吴　玉　赖烨才　蔡　艳

国际学院

黄振辉　何瑞珍　程康兰　石思迷　陈小容
张厚粲　钟文杰　杨伟君　林东鲁　潘映桃
郭文佳　卓奇琪　明伟杰　Salma

华文学院

张海丽　李天骄　许辛耘　江秋婷

深圳旅游学院

刘辛丹　魏　凡　王　建　杨程程　汪燕玲
王　刚　潘晓婷　隋鹤敏　柯　珂　董文明

文兴琴　关敏仪　凌尚锐　雷亮洁　邓润桃
王　毅
珠海学院
黄　友　梁思乐　梁昱坤　刘纬翔　严　璐
刘见婷　林福霞　陈水应　杨　丹　伍超明
黄进梁　周善海　黄敏怡　肖福生　黄悦嘉
刘逸宁　钟文鹏　吴静云　赖剑华　彭嘉立
叶文健　毕传模　何　锐　张智锋　张　强
孙怀影　许成锋　孙　科　杜凤娟　陈肖敏
张泽葵　潘惠虹　印　青　甘雪萍　陈琳璇
林小靖　蔡晓丹　戴杏英　王　丹　陶西亚
张永熠　钟祉呈　青　灵　陈金龙　谢杨效
梁青云　汪衍礼　梁炜欣　许伟波　张晓宇
鲁　琪　罗咏红　吴琮怡　周科球　朱展鹏
吴万武　庄　重　辜冠岳　黄　捷　黄佳琳
程昌铃　汪艺恬　李晓玲　王诗雪　彭成林
张少华　陈世民　吴颖薇　张怡川　邹　婧
学生会、社团、艺术团
杜　洲　刘文溥　黎少文　张海燕　蔡　泽
许美琳　陈玉斯　何瑞青　苏澄羲　刘颖然
李　扬　吴劲华　段　飞　伦丽霞　林　广
蔡绮雯　陈乐超　刘伟彬　叶素芬　刘锡良
陈紫薇　丘明峰　黄婉儿　陈硕康　庄学谦
曾晓迪　何敏贤　谈定邦　谭丽茵　黄静雯
洪　霞　周颖君　陈嘉怡　黄尉伦　庾建祺
廖海牧　潘洁莹　陈鸿城　王智勇

先进班集体

外国语学院　英语一系英语语言文学专业 2003 级 C 班
外国语学院　日语系日语专业 2003 级 B 班
外国语学院　日语系日语专业 2004 级甲班
新闻与传播学院　新闻学系新闻学专业 2003 级本科班
新闻与传播学院　新闻与传播学类 2005 级 A 班
理工学院　物理学系应用物理专业 2003 级本科班
理工学院　光电工程系信息工程专业 2004 级本科班
理工学院　力学与土木工程系土木工程专业 2003 级本科班
信息科学技术学院　电子工程系电子信息工程专业 2003 级本科班
信息科学技术学院　电子工程系电子信息工程专业 2004 级本科班
信息科学技术学院　电子工程系通信工程专业 2004 级本科班
生命科学技术学院　生物医学工程系生物医学工程专业 2004 级本科班
经济学院　经济学类大平台 2004 级 2 班
经济学院　经济学类大平台 2005 级 1 班
管理学院　市场营销专业 2003 级本科班
管理学院　旅游管理专业 2003 级本科班
医学院　口腔医学专业 2002 级本科班
医学院　临床医学专业 2003 级内招生本科班
国际学院　临床医学专业 2001 级本科班

优秀学生干部奖学金

法学院
陈妙珍　邓美香　杨文秀　苏桂芝　曹　阳
左同云　陈子劲　蓝逢洋　邓　莉　吴沛锋
梁瑞娟　庄立炜　何　丹　徐　翔　陈兆和
庞俊曦　龚玉玲　蒋飞虎　吴志伟　何贯淋
梁凤鸣　欧阳迪熙
管理学院
谢宁馨　王雅静　陈钦武　林梓俊　卢晓东
郑智坚　汪颖凡　刘美香　李欣洁　刘碧茵
张卡根　王娜瑜　陈硕康　周沅苗　林家愉
苏耀枝　陈伟涛　李达群　杨绍民　张一驰
胡熠星　朱燕珠　朱湛滢　陈　亮　叶志新
许绮文　严福洋　邱　瑜　曾文洁　黄惠婷
林　成　甘启星　洪伟东　林沛沛　岑明峰
林少玲　曾纪筠　梁晓媚　詹咏芝　黄明达
钟迪成　黎青华　萧展航　程伟团　叶伟轩
肖　文　戴惠豪　张汴洛　张冠鸣　陈俏萍
朱沛祺　卢超华　徐淑文　黄德怀　刘健坤
陈志成　林志恒　陈志荣　朱秀萍　李顺龙
梁小玲　郭耀宗　黄昆仁　黎进杰　陈添柱
周锦莲　郑建华　黄淑贞　叶艺姗　张志健
吴燕琪　陈栎汀　区彩霞　陈　臻　刘丹珍
周　航　冯伟强　胡永良　卢玉婷　冯文静
李雪娇　刘淑娴　李丽霞　张　茜　魏　朴
刘大伟　张清荣　袁　敏　刘文礼　王少波
潘惠娟　李雄波　周宇峰　戴小娇　张鸿辉
黎彩姬　古　捷　李晓静　文嘉慧　潘皓怡
李俊丰　陈玉连　陈彦冲　杨倩珍　梁金燕
颜倩婷　曾诗薇　陈华韵　陈石强　庄燕珊
梁家贤　钱　芳　罗　凯　黄翠珊　周利东

利光荣　黄茂添　成志敏　周　雍　李运学
文婉玲　林美珍　温朗庭　郑松年　李　享
陈　磊　陈　欣　司徒翠婷　王健璋

国际学院

李盛放　曾祥文　林　敏　杨家祺　夏灿锋
马敏儿　黄　卉　刘嘉嘉　李坤库　陈雪婷
伍勇任　丁青云　田　野　汤杰平　汪　玮
陈惜瑜　范智敏　林凤年　郑柏濠　雷振邦
谷学佩　钟文一　黄鸿达　李复盛　陈彦荣
黄筠怡　蔡茂霞　汤崇波　林庆鹏　李茂康
杨端容　余莎莎

华文学院

韩　冰　陈尉瑜　龚　雪　陈长果　何彩燕
何　坤　程曼欣　李　骄

经济学院

李荣勇　谢韵瑶　耿秋红　胡健聪　何嘉丽
沈　毅　陈启鹏　罗冠斌　黄杨净　邓子靖
谢杰明　冯庭政　谢结云　李国才　陈志洪
钟志威　宋　佳　吴东财　胡港龙　宾亚军
钟丽莉　陈冠杰　陈韵恒　葛　天　张　洁
林国伦　洪佳子　陈丽琼　吕佩玲　邱钧濠
郑海生　李　爽　蔡嘉敬　张　坚　傅　荣
李佳桥　肖洪亮　张　一　郑选花　吴春苗
区沛林　黄晓乐　郭　楠　温俊奇　林庆斌
吴秀峰　咏　娴　李洪标　凌敏星　彭桂春
钱嘉韵　陈凤云　吴博如　王　璐　王　蜜
赵永伟　钟家儿　邹英然　陈建璋　霍淑珍
李海萍　廖启宏　彭修婷　王建新　吴晓虹
伍思敏

理工学院

邓召余　郑华侨　周　炎　黄若诗　赖乐球
黄光燕　谈炎培　关天发　黄华昌　陈思远
刘宇航　王志强　孙海英　罗英达　马闻倬
陈海锋　沈　阳　钟翠红　李灼垣　卢俊仿
陈柳洁　吴文青　陈晓燕　叶　秧　谭　俊
曹　伟　吴　勇　杨芳兵　谢明超　肖小青
周　磊　刘国英　肖力华　吴文锐　张鹏飞
刘伯涛　朱晓晓　南　野　吴小辉　徐宇昊
贺星铭　贺俊刚　肖　林　李绪民　张　俊
滕　昶　陈金春　陈　欢　黄婷婷　李宗新
蔡丽桃　林少玲　黎堞彦

深圳旅游学院

杨文进　叶慧萍　熊丽娜　王泽河　徐小云
陈莉莉　张晓斌　周翠平　唐仕琦　梁　为
潘法洪　林赐有　曾妮拉　熊　鹰　彭渊韬
高　翔　杨　希　吴　颖　毛丞玲　王燕妮
杨代熙　梁冬梅　刘　璐　符　君　龚蒙蒙
俞　蓉　刘　芳　陶芬芬　段舒黎　葛　丹

生命科学技术学院

焦进辉　陈武境　陈　英　黄楚波　陈小帆
蔡东菱　刘　政　彭　婧　谢展鹏　梁文君
陈晓玲　郭志炜　刘碧惠　罗思韵　黄　禹
章南岚　张　鹏　杨炳华　蔡凤仪　吴姗姗
杨远立　张　捷　李　化　聂玉文　刘咏娟
陈丽银　王　静

外国语学院

刘晓薇　邱雪梅　唐　昕　陈秀文　魏秀玉
张雪婉　杨　奎　莫静仪　吴卓燊　林洛文
全祎乐　李维杰　邓孝洋　张丽娇　吴锈慧
李蓉芳　林叶婷　麦月莹　朱小桥　邓嘉玲
杨雨晨　刘志敏　陈弼生　温美连　陈枝庆
李莉萍　邓宝儿　赵慧芝　梁家铭　何彩怡
唐德君　杨　艳　汪广毓　彭德镔

文学院

吴嘉恩　马文慧　陈爱玲　何纪雄　闫海涛
邝瑞伦　陈愉愉　徐　晶　陆　欣　符气钧
麦楚嫣　范　洁　杨美芬　夏小伟　郑晓跃
赵　丽　林月有

新闻与传播学院

王　伦　白　炜　代　易　李　青　梁凯岚
朱敖翎　盛正挺　骆凌巍　杜冬日　杜秀明
梁秀岸　王　靖　王雪薇　高鸿辉　赖心怡
陈静仪　李雪玉　刘志鹏　甄家慧　石咏仪
邓浩言　骆杰锋　郑庆江　方允信　袁宏帆
梁宇俊　陈煦洲　陈逸丰　黄伟邦　刘佩淳
黄炜熊　郭　楣　马　燕　古小雨　王分枝
陈　哲　叶夏清　张　引　何裕华　冯慧欣
吴若毓　陈　琳　梁小娇　王素梅　刘　芳
陈秋红　黄静文　蔡芳芳　沈赛星　刘丹丹
徐　欢

信息科学技术学院

蔡建华　黄钰琨　梁世燊　李文杰　曾　俊
区富豪　王小兵　杨　振　黄荣达　关则强
刘　杰　宋淑鸣　蒋柏虎　谢文娜　吴　准
陈宏发　莫　楠　邓国良　唐志林　曾祥伟
葛茂彬　杨伟法　刘流景　张仁辉　冯　硕
谢振球　翁衍吉　张巨锋　张伟兵　吴德皇
李冠袖　黄兆森　何姗珊　吕桂洲　周锡河
李秋斌　张龙钊　赵绛珍　陈伟俊

药学院

何鸿生　郑小娟　周翠萍　张淑冰　何钜恒
方贤赟　曾晓冬　张灵幸　李志伟　何博雯

医学院

张　阳　姚云香　任志炜　陈建伟　李加颖
罗石宏　赖育政　禤伟振　郭宏伟　许秀芬
洪标华　范纪贤　韩春明　邓建英　张泽勇
慈博雯　张　铮　廖韶君　朱世恩　郭经铭
余国荣　王斐斐　赖国威　方　亮　郑展宏
吴永馨　李淑君　刘方以　陈文慧　吕柔慧
张兆麟　陈绪菁　洪嘉凡　李燕芬　李苑平
吴泽龙　钟转华　石　通　李海静　郝思文
梁美玉　丁文婷　骆婵珍　陈端强　谢绮平
陈志强　蔡泽建　卓习文　潘雨薇　甘思远
钟　苹　陈雪玲　伍乃俭　刘绮娜　马慧道
关伟立　朱志成　叶碧群

珠海学院

缪青耘　张　博　李义春　郑自立　姚少锋
魏　琳　陈志鹏　潘伟思　李　帅　古东璟
黄珊珊　文　景　宋　健　林天喜　郭志毅
李栋梁　朱洪渠　姚文智　陈亚语　罗丽君
钟进洪　赖　阳　许其飞　钟　莉　王　恺
谭海锋　陈路展　刘敬彬　阚建国　李晓华
赵　林　蔡咏金　魏晓青　唐乐乐　杨伟彬
林师旭　朱丽聪　张聪梅　刘正山　郑伯诚
祝　愿　韩萃萃　田静雯　郑俊彦　刘　欢
许冠中　许静瑜　郑　瑄　黄兴华　刘芳芳
赵晶晶　陈　凯　杨良叙　郑耿鑫　甄颖仪
黄焕祥　张智锋　吴惠珍　严深明　杨　琳
崔朝义　何汇益　练云兴　罗杰镔　刁雄锋
曹云斌　师　维　龚晓惠　郑　欣　丁淑娴
朱　燕　尤　俊　梁　颖　叶　楠　张　卉
孙心怡　梁　彦　陶西亚　罗桂叶　杨　丹
朱志成　王丽莉　黄　莹　周妙珍　蓝　辉
钟玉蓉　甘　露　周　敏　李志薇　曾育根
黄　菱　黄毓丹　方　文　张若雪　李　梅
许伟波　陈秉贤　林新孟　余梁福　陈家隆
关文清　李青瑾　张秋平　黄珠妤　邹金成
曾庆祥　马　婧　刘丽坚　雷　宏　黄菲菲
杨雄才　杨雪芳　黄志毅　楼　微　叶文健
陈　盛　岑志聪　马培羽　刘绍才　李万群
李博楠　支兴岩　李　谦　陈凤玲　沈骋岑
陈雪银　徐胜焱　唐显伟　张　兴　梁思乐
仝海钰　陈泽林　彭嘉立　刘锋生　刘胜文
沈冠东　李蓉源　丁媛敏　张晓宇　王敏聪
吴秀明　张　慧　田炎明　郑善庭　王新为
范春光　邓立键　祝天涛　黄东升　周舒卿
钱　超　李　萌　黄千珊　李国辉　吴　奕
刘素慈　曾　萍　华　莹　陈耀帆　李健威
陈　堃　邝楚文　谢田广　朱风波　钟文鹏
蔡幸根　李楠蓁　王　雷　范　巍　邓见智
王艳坚　李文勇　林进响　李文娟　傅正容
王　蒙　梁艳媚　陈少珊

国际关系学系

林子江　何美娜　刘秋芹

优异学生奖学金

管理学院

李静思　文婉玲

国际学院

陈嘉轩　张甜敏

经济学院

李元芹

理工学院

杨　斌　强　婧　林流丹　李淑清　胡　炜
徐　敬　赵剑勇　邓泽荣

生命科学技术学院

翟玉冰　游倩雯　吴思超　吴　越　梁玉玲
何泽文

深圳旅游学院

仇　丹

外国语学院

陈志伟

信息科学技术学院

蔡艳桃

文学院

鲍秀玲

医学院

吕史维　余　田　张昊昊　陆芝英　彭锐锐
韦笑梅　丁文婷

优秀学生奖学金

法学院

谢国辉　金植然　黄素贤　李哲玮　闫钟芳
陈志鹏　徐逸奇　邓炜梅　唐仪萱　徐梓婕
连洲雄　董媛兰　刘志毅　蔡翊岚　许波澜
苏耀华　马映卿　邓东文　黄宝仪　陈育新
黄　涛　陈　蕾　叶小利　刘桂栓　黄芬芬
章胡姝　何　青　陈　彦　陈子劲　黄　敏
陈　靖　麦文珊　徐含露　郑润仪　蔡庆寅
刘君祥　张文琛　黄　丹　杨路锦　高　曼
黎晓文　尹晓宁　蒋　力　周　畅　何贯淋

吴志伟　林绮红　梁瑞娟　黄晶晶　林燕萍
吴　双　徐晓亮　吴　茜　黄守洁　高　翔
林　燕　李淑华　何佩英　林玉成　方月君
孙小静　吴碧诗　洪梓滨　肖　筠　范薇丹
谢羽鸿　李冬梅　杨丽华　郑曲霓　张　瑜
潘美珍　孙露茜　江佩儿　罗顺钊　庄立炜
何　丹　徐　翔　李尚剑　谭倩漪　陈新华
徐晓雯　陈玉婷　陈晋威　骆杰敏　叶继顺
李　茵　古侃如　区曼萍　曹小妹　杜博奇
陈怡颖

管理学院

黄玲玲　卓玉远　胡洁婉　何彩婕　何彩娉
朱丽仪　郭　翔　杨彦鑫　陈一珊　张欣欣
刘　颖　曾洁琼　梁婷婷　徐晓翰　郝媛媛
黄　蕾　马浩玉　凌子山　龚玉雁　欧阳婷
曾庆梅　李　萃　张卓华　肖　振　柯秋胜
汪　舟　余　倩　李浩耀　康　萍　谭咏而
何绮文　谢凯仪　张华斌　林启泰　余惠雯
刘荣恒　王晓华　冯云婷　刘佳曼　郭　宁
孙　丹　潘霄鸿　马佩珊　汪　颖　陈璟文
郑晴筠　黄卫玲　梁　莉　吴锦辉　卢小茜
黎杰航　董倩莹　谭小娴　苏耀枝　邓宝儿
张子辉　陈炯贤　吴文文　陈思源　唐　燕
江燕华　何婉芝　杨雯诗　何少敏　汤仲添
林伊嘉　古永和　解文芳　谭惠敏　余利云
叶　晶　陆佳玲　张健为　李焕权　陈艺鸿
刘景纯　孙雅贞　李靖翡　吴少伟　周进良
梁汉燊　陈美兰　逯晔慧　蒋凯霞　张和部
何俊杰　郭琪枫　张卡根　黎晓莹　刘碧茵
潘为胜　李洁婷　蔡斯娟　黄君明　高玮骏
刘　铃　林　琦　侯慧晶　陈嘉欣　陈秋娴
陈鸿菲　蔡颖轩　甄丽薇　张哲涵　王宁娜
吴燕霞　温钰婷　卜湘琦　蔡晓蓓　孔嘉雯
胥　娟　林　敏　江　凌　饶　茹　吴婵媛
张小轩　伍智雄　高　捷　张　晨　余章馨
龙焯培　杨翠霞　谢冰冰　黄志豪　张丽金
蒲承恩　骆玉欣　严建玲　何滔滔　陈咏琳
邓立彦　赵建旺　黄海琳　丁晓琳　李嘉铭
陈逸芝　伍嘉英　冯海锐　陈坚宁　朱洁茹
陈忠毅　陈　敏　吴碧琪　周倩文　李玲玲
程云鹏　莫钰姿　张菁菁　罗方瑜　杨嘉影
杨　曦　赵德艳　黄仕萍　谭胜年　邝丽贞
李艳霞　王海龙　黄梓榕　朱思雅　丁毅红
颜梦琴　卢凤英　洪丽仪　黎玉均　关碧玉
吴梓维　莫钰瀛　陈柄池　陈卓光　吴惠宜
许晗瑜　张文秀　万志华　倪美丽　陈丽金

杨春虞　梁庭方　李运强　陈诗萍　薛嘉宝
曾华彬　李　艳　蔡　蕊　陈华韵　陈石强
吴永杰　劳永剑　聂钰婷　孙汝汀　刘洁婷
李万青　钟淑媚　郑观雪　林全文　李燕娜
蔡　婧　庄健伟　张志滔　陈明丰　张小娟
黄锦嘉　周绍昌　欧秋萍　周　鑫　肖　忆
张爱莹　彭巍巍　钟佩宜　谢　茂　曾丽珠
陈嘉怡　郭义佳　倪碧霞　李敏玲　聂健文
范　嘉　陈雯晴　王　啸　吴　婷　黄文华
徐志成　黄海玲　谢林霞　谭丽仪　黄颖薇
刘日隽　连智辉　何光强　曾锦丽　赵雪丽
刘文秀　翁绍壮　冼海飞　黄德怀　范嘉欣
李靖敏　张民灏　陆明敏　陈伟义　陈金苗
陈炳权　许培城　龚诗敏　吴翰锋　欧景芬
彭嘉莉　李梅兰　钟慧欣　张舒涵　赵慧敏
林家辉　卢玉婷　谢佩冰　黎妙施　洪启民
任　怡　梁丽燕　樊昱伶　林慧敏　朱　伟
王　健　李佳阳　王　越　张韵娴　张雪君
肖梓静　蔡金连　陈　明　谭一萍　张爱婷
张宏添　邱　瑜　林　灵　梁凯儿　黄燕兰
李　慧　陈思敏　刘洪发　廖远银　王振锋
陈颖玲　陆尚仪　邓柏嘉　黄铭达　李素珊
黄婷婷　李黄惠　蔡清报　邓沛贤　胡美华
关锦文　冼贺华　陈妙欢　徐达伟　朱俊玑
陈增质　李丹丹　覃佩贞　万耀明　梁小玲
蒋思茵　王　蓉　林盈影　杨燕珊　余慧莹
庄莎莎　陈玉冰　林淑文　赖立人　吴栋梁
陈诗清　萧洁韵　黎少文　欧颖岚　蔡晓彤
王朱莹　冯嘉恩　关国飞　陈兴凤　黄嘉永
黎汉铨　罗卓晧　吴嘉敏　郑如昕　杨蓉琴
林群芝　陈健祥　何翘欣　冯雪清　郑佩芬
余辉坚　黄来旺　李荔娟　谭洁仪　邓标俊
韩史光　谭文锋　宾汉荣　罗　瑜　罗俊珺
刁　坤　张子君　张爱云　陈玉连　陈彦冲
廖海牧　金雪鸿　张慧敏　黄子珊　冯佩珊
朴春梅　邓美英　曾诗薇　郑佩仪　马文彬
陈素瑜　谭志新　王　君　张惠兰　陈隆炽
钱长松　杜　洲　孔令基　苏莉莉　梁雅欣
罗恩昕　谢柏健　范丽娜　廖广文　李　莹
洪金英　林美珍　杨晓怀　梁淑桃　王淑谊
李　扬　赵美玲　何　珍　陈丰茹　赵宇丞
何碧华　蔡诗茗　刘泠伶　谭桂兰　白崇霖
刘明育　施　娜　于子惠　吴　迪　陈孝威
苏鸿昌　关学斌　陈萍萍　谭锡源　苏文清
区月丽　罗东玲　张国富　詹佩宜　李文皓
陈志勇　胡海菁　陈伊婷　叶莉欣　王伟忠

宋国豪 黎明健 陈绍强 苏焕铃 林华杰
罗小青 乌日娜 吕伟伦 陈燕玲 江艳梅
林　杰 梁优芝 萧元鹏 梁丽筠 梁国培
冯纯锋 陆锦辉 郑倩影 罗冠华 游艳芳
徐平欢 谭春平 叶惠敏 李思敏 袁丹丹
刘燕婷 李雄波 罗　琳 周宇峰 梁广全
黄洁宁 刘彩霞 王远莉 周小莉 李小群
张冬梅 文宝英 黄　曌 林　芳 关韵琴
张小冰 林嘉美 吴杏萍 田雅方 刘国文
卢成民 蔡诗翎 蔡昭琳 黄尉伦 周曼琪
梁淑怡 陈诗明 谢小琳 吴晓燕 李丽芳
梁娟娟 刘嘉富 李　月 杨　英 王惠珊
张　聪 柯超航 谭文琦 徐剑亮 陈佩香
吴燕琪 余慧琪 黄静雯 黄文桂 杨立新
林惠琴 高　贞 李俊丰 李光花 刘云宋
颜倩婷 王晓旖 黄志妙 余　乐 闫　清
沈　婧 何玉森 卓伟杰 张琼琼 陈玲玲
钟文娜 黄淑贤 何晓莹 陈　慧 庄佳珣
李丹妮 杨韵懿 曾　莹 梁晶晶 赖　咏
潘家宝 丁　浬 徐淑文 麦翔熙 黄丽娜
戴惠豪 郑建辉 黄小玉 江佳丽 冼智祥
黄冠豪 许俊辉 曹莉雅 林宏潇 赵洁棋
卢凤媚 吴惠珍 钟锦华 黄雅庄 陈　钰
冯伟强 郑玉君 关钧元 区燕红 陈冰清
张婉琳 李　尘 陆嘉豪 慕容秋强
端木叶雨 司徒翠婷

国际学院

王蕾蕾 童　博 林　敏 汪　洁 李静筠
刘　畅 陆筱珊 麦根华 潘泳茵 谢嘉慧
何敏霞 凌玮雯 郝一维 黄俊元 邱燕燕
岑显扬 张昭颖 何瑞珍 黄之曦 谭少云
韩隆隆 岑飘艺 王礼虎 何娇芬 钟绣名
谈懿琳 蔡青甫 刘艺诗 苏恒兼 潘翠珠
任学梅 林栩嫦 陈雪婷 郭淑仪 李慧斯
柯　婧 刘嘉茵 王　韵 潘　琳 周晓芳
廖莲恩 靳家康 黄雁华 黄鸿达 钟文杰
刘冠杰 冯大成 陈远斌 董权锋 余莎莎
陈　龙 梁倩宜 林庆鹏 张伟津 黄建儿
廖淑仪 林　嫥 梁小平 黄媛媛 文　蔚
孙钧荣 刘祯睿 吴佩茵 苏　雯 阮琼云
陈小容 李绪灏 麦毅诚 潘美玲 李洁瑜
周均贤 刘　辉 郑伟杰 韩明蔚 杨民欢
赵嘉麒 孙淑芬 林子阳 李军桦 梁思雅
施静茹 张　威 杨怡然 谭丽华 汪　玮
何芙蓉 伍勇任 范智敏 郭冠飞 郭文佳
何伟乐 江敏茹 黄子俊 陈美仪 黎慧妍
梁俊铿 王　挺 王龙军 林倩仪 卢淑仪
林月蟾 黄怀颖 杨　华 陈思远 吴芳芳
Arabb Jehangir Asif Islam Srinivasan Muniyappa
李复盛 李秀兰 蔡钰菁 汤崇波 肖静瑶
梁嘉蔚 聂洁瑜 陈美玲 李海仙 欧阳平
曾子菡 林倩旋 许梦禹 孔　艺 王翠妆
杨超华 陈　华 马敏儿 潘映桃 刘韶英
林　洁 金斗民 程康兰 丁青云 吴奕彬
黄　卉 潘俊安 林笑笑 林凤年 雷振邦
钟文一 王乔峰 刘嘉雯 蔡昕妮 华晓芳
黄筠怡 许奕珣 叶素芬 李王瀚榛
Nadeem Anjum Gargi Madhukap Aple
Navadasu Pavankamar

华文学院

刘文君 张　璇 杨　玲 邓毅敏 高　岑
王永康 黄健文 龚　雪 胡良光 汪思慧
冯　怡 刘碧天 张秀琴 黄　曦 余　娟
严碧华 江秋婷 何倩波 张慧敏 杨彩澜
周　荻 张天锦 陆诗茗 张　真 戴玉洁
雷　妍 王克然 孔杰莹 潘晓玲 唐美珊
徐晓沙 黄丹凤 张　琳 黄学敏 苏金玲
郑铿志 池琳瑛 朱　童 林　茜 李阳阳
官宁劼

经济学院

傅华珍 莫炜楷 段汝君 谢韵瑶 余　丹
何文帅 何华果 徐晓青 罗冠斌 梁蕙仪
王运芬 梁秋婉 邓思蕴 冯妙华 桑　田
石钧林 冯静子 朱　赟 颜咏思 耿秋红
操雯雯 黄洁红 廖雪宏 邱怡慈 汤诗雅
何雪慧 李　捷 李晓珊 徐　燕 张秋敏
陈晓芹 谢　妍 冯锦辉 李　颖 张晓蕾
栾婷婷 雷　玲 陶宣羽 陈文燕 潘敏芸
吴淑贤 刘杰涛 谢莉莉 钟炳才 钟志威
梁绮婷 曹丽丽 李文静 刘晓勤 周竹君
郝　燕 刘诗华 黄紫薇 吴君荣 陈千碧
黎秀婷 崔励欣 郭一川 黄杨净 张艳嫦
梁丽嫦 冯彩愉 张晓晴 陈艳芳 董桥宇
黄敏宜 谢友庄 朱秋英 李露华 李　俊
谢容欢 吴东财 梁值燐 邱朝星 黄诚智
周文豪 李玉春 陈馨慧 王宇辉 陈　媚
蔡荣跃 李　雪 陈君实 陈晓霞 钟丽华
陈巧瑜 李　坤 李心妍 吕佩玲 林启扬
张倩茵 李婕瑶 兰　莹 李　琼 施威良
张　珏 傅　荣 李彩仪 郭中月 钟广鹏
古淑如 王诗筠 潘筱丽 王艳菁 李浩全
冯　珍 蔡嘉颖 许　翔 陈贤玉 刘起文

江 成 许晓冲 李倩怡 张 颖 蔡冠杰
黄 陶 何敏贤 吴秀峰 李婧怡 梁斯敏
彭桂春 钱嘉韵 任志婷 苏俊安 沈绮媚
陈伟吉 王 迪 樊苏蘅 吴 斯 吴劲华
吴泳恺 徐 曦 严婉薇 袁丽云 郑家鸿
钟家儿 周铠斌 周妙子 朱杏桃 陈 昆
邓雅君 陈惠贝 陈锡慧 何海霞 李浩尧
刘明炬 刘旭彬 刘懿莹 潘柳璇 潘蕴健
张 庆 赵 茜 陈俊发 陈幸萍 何美娜
黄小锋 刘俊杰 李凤葵 招海莉 梁秋梅
陈翠芬 蔡灿丽 陈 跃 陈 壮 陈冠杰
陈锦弟 陈钜水 陈宛明 陈远珑 黄佳琳
王永洁 孙明艳 曾庆斌 葛 天 屈婷婷
颜彩羽 洪佳子 黄鹭虹 莫慧欣 蓝 静
王震龙 蔡超雅 林志滔 卢洁仪 郑海生
李 爽 赖宝珠 王恩祈 谷长玉 李佳桥
陈 婷 王友锋 黄海燕 侯 喆 麦翠屏
陈万田 范 颖 徐建忻 王文娟 吕焯平
袁伟健 吴春苗 周完美 吴丽懿 麦友舜
王 潇 麦晓彤 萧 鹏 洪淑敏 吴华鑫
任小璐 赖青林 沈 觅 杨景春 冯丰盛
陈正杰 谭 耕 黎蔚嘉 林家杰 凌敏星
刘 杨 刘锡良 刘旭光 宋 萍 苏海恩
谭慧诗 陈嘉雯 张钰嫣 何倩莹 李 戬
陈凤云 徐加明 韦银英 吴 鋆 武昕炜
谢莹滢 徐 畅 杨普琛 曾 伟 张 杨
张子达 祝 青 陈炜妍 陈 莹 冯 怡
洪 谦 金 侃 梁东梅 梁燕群 林海明
唐虓飞 吴 佩 吴子彦 伍思敏 杨苑平
叶嘉佳 张 伟 林佰玲 宋 佳 黄婉儿
陈帼铃 施凌霄 蔡 泽 蔡金钟 陈嘉欣
陈韵恒 林国伦 刘 洋 张淳义 钟美华
庄凉凉 吴犇坤 贝维彬 庞晶晶 王嘉兴
张 坚 谢明媚 邸 倩 冯敏婷 蔡斯煜
周倩莹 赖秋如 张 一 郑选花 姜 娟
黄燕红 黄 璐 陈昀静 梁 潇 梁丰炜
卢思慧 曾希为 王燕丹 王 蜜 冼慧芝
英咏诗 赵永伟 邹英然 李小冰 梁屹天
秦 朗 王 蕙 熊美莉 赵 东 钟 磊

理工学院

杨 斌 强 婧 林流丹 冯维玲 赵晓菲
梁柳焕 谈炎培 关天发 潘葭珉 王 恒
陈莹珠 苟耀梓 叶林发 戴伟顺 孙毓鑫
许绮萍 温 荷 杨 兴 张永杰 张 卫
曹绍林 王蕴芝 冼锐冠 梁 洁 蒋中林
萧杰涛 张冼华 梁志坤 李锡威 齐欲莎

温鸿戈 李崇清 丁 艺 韩 蕾 杨 萍
李 宵 米培芝 李 青 潘倩雯 黄华昌
黎志辉 潘钜明 李剑锋 梁正杰 饶辰生
鲁民辉 李 嫦 李景照 杨万宝 王康模
金 妍 谯萍萍 陈 文 冯 强 梁金辉
李 想 龚微钫 林少玲 陈雪玲 邓翠敏
胡男君 陆婉玲 何丽敏 周 琦 张杰良
陈赋颖 邓智展 钱玉兰 洪 丽 缪小春
刘健文 沈 力 钟土安 陈 欢 罗美琪
巫景铭 蓝丽婷 周思远 王玲芝 罗传旭
吴锦科 徐晓珊 吕丽霞 孙土春 吴圣权
周 宣 刘 锋 陈 政 张丽峰 许 钊
蔡小琼 朱丰华 曹永林 王丽燕 杨 进
徐绮坤 张 鹏 冯绮澜 辜 梦 陈烁娜
叶何兰 罗 璇 何智媚 吴珈莹 陈 华
莫铭莉 杨新莲 吴雪娜 曾思聪 陈伟强
林 龙 郑坚昭 郭子宏 李 凡 覃家荣
郭孙立 傅 倩 李启湛 吕嘉乐 周天然
周 茉 翟志雄 冯严宵 古 威 郭伟胜
潘 捷 胡雅婷 段泰炜 关 昕 杨松霄
李 波 孙旭东 叶燕芬 伍祚兵 金红丹
殷凯泳 陈 曦 许玲玲 吴文青 梁碧丽
戴洁施 许宇川 刘 琪 何绮琪 朱福娣
李延凤 冉文渊 黄杰明 魏海梅 舒怡眉
黄丽欢 秦 芹 王传思 区展杰 谭小琪
吕 晶 钱 鹤 徐升阳 翁 乙 卢嘉诚
区信强 李寒标 郭文哲 秦晓明 苏丽琳
易承波 肖雅婷 林富斌 李洪燕 李宇扬
黄常钊 谢明远 莫晨晓 史鹏云 陈景文
胡文彬 廖秉键 陆 海 邱林凤 何丽婷
沈 凯 徐旭堂 林 芊 张瑞杰 叶菁芸
崔 臻 陆旭生 白 玮 张 煜 彭丽华
黎敏玲 张幂萝 刘舒乐 易靖然 黄明波
陈贵涛 李林燕 蔡少云 邝立文 林艳丽
毛小俊 吕 平 黄梦园 胡 铮 郝春宁
章燕如 阚彩红 黄 炘 江 菲

深圳旅游学院

徐晓楠 黄雅丽 沈亭亭 殷雅美 林田霞
许 蓓 陈莉莉 区佩珊 徐小云 陈懿国
史业博 李亚琪 蔡 雪 李 鹏 陈绍灿
廖燕玲 马 波 叶慧萍 巫碧珠 张慧媚
陈曼莹 许理红 文 静 杨 常 余静雯
曾小粉 翟小颖 黎丽丽 曾素梅 张云霄
文慧莉 谢晓芬 张小倩 林乐君 汤 清
刘立峰 陈嘉敏 徐莉娟 郭 华 孔维东
纪微微 苏建华 何雨昕 钟欣妍 叶晓萍

张春燕 彭凤芝 柳　波 马晶晶 付　娆
周翠平 严兴艳 聂宏梅 唐　秋 吴小莹
朱　莹 楼孟杰 甄少雯 曾春秀 杨娜珠
王　建 刘艳梅 宋春平 金晓丽 杨美华
熊　鹰 黄　远 刘思亮 陈明珠 王建宏
童梦蝶 周　幸 丁莲霞 张小红 王　倩
徐　敏 戚美连 梁菁菁 郭海莹 朱梦夏
李维兴 潘敬毅 叶一秀 柳　笛 赵　倩
刘辛丹 董　斐 张正兴 陈　军 俞　蓉
许铮铮 郑馥恩 郑伟珊 朱园园 胡　婷
金银芳 叶婷珊 吴志刚 刘海荣 林　权
赵世超 莫旭球 刘梦溪 杨　君 付　星
阮后祥 丁文婷 谢庆英 张　超 邓斐珺
徐　芬 刘　书 孙婉莹 傅世昌 李　嘉
魏　琳 秦玲楠 王作相 陈晓坤 董文明
彭渊韬 杨　帆 高　翔 李安琪 徐晓倩
冯敬文 隋鹤敏 王　佳 黄　丽 陈小燕
刘宝才 麦克俭 杨佩佩 丁　月 朱　丹
陈　娟 谌　强 郑少燕 吴　颖 季冬青
覃慧龙 张　禾 梁海燕 黎建新 逯　璐
杨代熙 梁冬梅 叶　清 陈隽隽 刘雅琪
王　璇 武　君 王筱简 陆常高 张　卓
胡媛媛 魏　凡 周妙霞 于　燕 龚蒙蒙
何红霞 辛青春 凌尚锐 刘　芳 陈　姝
万坤焱 尹可佳 王　腾 袁　根 段舒黎
应逸帆 刘　颖 方　芳 张　旋 何彩云
和慧娟 刘　佳 张晓斌 石亚玲 杨　晶
陈桂花 毛　峙 余　钧 江琳琳 陈　露
沈剑云 曾婷婷 余国燕 陈智娴 潘　莉
闫芳芳 胡　笑 殷　勤 熊　雍 龙举洲
柯　珂 余　静 方　草 梁海平 卢洁雯
李耀芳 谭彩英 谢立媛 容文峥 李汭华
靳智博 黄宇翔 张蒙川子

生命科学技术学院

蔡子龙 陈俊智 魏建华 莫小慧 曹　亮
张　丽 黄宝添 郑汉伟 卢倩雯 黄硕豪
王衡馨 汪祖昊 吴丽雁 薛　武 袁玉菁
甘静雯 邱绍扬 吴许文 吴　葵 贾　楠
周文燊 梁丽妍 张剑军 叶京鸿 蔡　郁
严　岩 黄燕华 李小运 黄月明 何文美
陈纯兴 李　颖 李碧君 方　颖 钟健翔
余玲玲 曾晓红 黄婉珺 李观贵 胡嘉森
麦婉丽 陈鸿城 何冠贤 王　雪 游　怡
彭雯丹 张杏波 陈诗韵 唐敏健 闵　翔
姚　响 吴朝希 王　迪 许雪玲 钟　敬
张建凤 张莉娜 邹少瑜 张世兵 李静媚

李　丽 凌碧红 于　雷 林朗聪 麦国和
周铁标 陈景亮 林敏杰 蔡宝珠 丘栋安
姚　伟 林晓涛 林婷婷 郭淑军 廖梅会
谭紫璐 杜佳苗 林达成 薛瑛婷 黎家成
傅络然 王秋玲 蓝建华 庄广福 赵　瀛
潘小灵 洪天校 李　霞 黄华彬 杨创涛
梁晓青 郑　佳 陈秀梅 马　静 刘兆宇
郁　颖 王菲菲 何　珊 李莹盈 李　鹏
邱　薇 莫泳娴 区雪慧 张灵敏 李周璇
徐智娟 蒋　洁 董世松 欧阳宏佳

外国语学院

林洁彬 黄晓芳 张妙玲 胡桂庄 张雪婉
张维雯 谢　芳 陈嫣雅 邱雪梅 麦敬夏
张致华 陈秀文 冯　宵 刘　芳 杨晓卉
李杰莹 江昂谕 莫静仪 罗康琳 黄榆华
沈　玲 陈艳怡 李慧燕 肖　镛 刘　婧
黄秋敏 潘珠清 邝雪妍 朱润芳 温倩维
蔡锦虹 郑　欣 莫燕媚 黎聪秀 陈冬鹏
张小毅 何慧敏 邓　雨 李维杰 张　珽
李思颖 黄倩君 李广微 林丽远 苏静宜
黄冠南 袁少玲 邓嘉玲 杨青青 陈晓清
邱建宇 孙迪楠 李杰文 陈娇娇 赵海湖
范奎雷 许　燕 王佳雯 张鸿博 杨　静
莫冬妮 钟露婕 卢钰媚 林少霞 胡毅懿
梁东兰 许欣欣 罗志玲 陈斯敏 司徒艳
阮嘉红 罗洁莉 杨　波 周骄俪 汪广毓
郝　瀚 黄小霞 刘美艳 王永进 刘学青
吕义慧 蔡敏榕 陈艳明 陈歆馨 林洛文
全祎乐 莫锡梅 郭　键 张玉霞 冼咏茵
郭　宁 罗洁华 王子君 孔欣锐 蔡进丽
史晓红 朱小桥 张　璐 杨雨晨 李锦荣
牟　彤 麦月莹 董　韵 张　瑜 刘颖然
陈艳环 石　艳 陈珊珊 熊君佩 李晶晶
冯惠华 廖耀泉 邓宝儿 林惠文 李家敏
傅惠丹 李整煜 刘燕芬 任心婧 傅佰红
郑惠燕 何燕妮 杨　艳 吴潇桐 孙　伟
梁达邦 徐梦雅 曾焕金 向　尧 王伟炜
李　波 藏媛媛 王　悦 江瑶媚 寇梦飞
张　凤 张　茜 陈泳因 林意苗 王　蓓
黄紫燕 陈　浣 章佳丽 江　岚 杨晓君
黄雅婷 黄靖雯 陈晨风 陈　曦 白　剑
姚　茜

文学院

李泽江 章　琰 许颖敏 何小娟 车皇玉
刘　源 许　婕 李　丽 郑健民 黄伟豪
徐凤凤 陈　婕 胡　燕 陈瑞婷 高天龙

沈一帆 谭伟华 梁华旭 李淑娴 林广荣

潘　越 潘特宾 刘酩诗 关思文 彭伟瑜

王瑞荣 何凯菱 刘紫慧 周　静 王增光

蔡智力 王民雅 杨　凯 任文岭 吴荣荣

邓亮亮 于欣正 冯　强 黄万根 谢丽娜

邱湘敏 葛修振 杨绮琪 黄　鹤 陈玉敏

黄长安 林菁青 罗礼静 欧兆华 何伟斌

辛灼明 李昊昌 张献中 朱传林 武卓斐

王笑楠 潘嘉丽 何文彬 谢浩华 廖方舟

何其庭 路培培 郑静贞 张子宇 陈军宏

吉　勇 彭晓丹 吴思婷 郭瑞蕾 陈思雅

郑焕钊 徐宇航 林　冠 韩　露 陈叶娜

王　珂 李　媚 严　蓉 李巧媚

新闻与传播学院

李　刚 余善华 张　丹 张顶萍 王尹东

伍健平 廖怡德 严　铧 林旭娜 林恩洁

曾　天 杨慧娟 萧卓衡 陈炜元 张　洵

曹　凯 吴劭明 董燕飞 蔡　韵 程　多

黄　键 管安琪 徐旭珊 陈萍花 杨春晓

范展莹 黄树颖 林琼芬 李国妍 吴　畅

李　青 韩映华 蒲卓琳 郭　卉 林明志

孔令源 黄　敏 梁珈琳 林　赟 陈瑶莲

钟佳琳 陈敏珊 林　丹 王　琴 梁建美

王智永 高婉婷 刘莉璋 曾嘉慧 谭嘉瑜

王　卓 陈璐莎 廖松阳 戴月华 陈嘉红

伍颖安 伍倩仪 黄樱伦 梁晓君 袁　园

杨金子 江　敏 林家惠 冯家杰 高宏坚

甄巧媚 欧倩娘 吕雪如 李淑贤 张淑玲

杨晓霞 袁宏舟 朱希文 黄存新 徐惠诗

刘　星 林奕旋 李文娟 吴　敏 华　璐

谢庆裕 陈　雯 姜　莹 刘姝伶 谭罗敏

麦泽娜 孙琳琳 谭　微 王　楠 伦洁盈

陈　瑶 谢　璇 徐若云 庞无忌 吴斯伟

陈　穗 李　岚 梁春秾 李宝芝 纪绮琦

王昭棉 陈瑞莹 陈嘉仪 江绮玲 叶浩玄

胡克刚 苏月娥 邵健远 张　麟 金子珺

温柏基 徐天爽 史淑婕 陈惠敏 罗宁杰

黄芷茵 刘咏芝 黎佩贤 植颖姮 叶淑君

施少艾 谭景怡 曹玉珊 严玮琦 黄良水

周凤华 王慧诗 李　娜 叶永祥 任咏诗

傅颖芝 陈文颖 陈小恬 余杭子 陈春意

宗影岚 何家俊 徐少乐 李坤玲 陈有祖

梁恩恩 李汝珊 杨　欣 周颖君 颜伦乐

郭艳婷 利建邦 钟蔚莹 曾晓岚 黄善衡

李　朗 黄张敏 陈康澄 丘明峰 黄佳殷

王纯毅 徐晓霞 吴　哲 罗素萍 张晓芳

廖晓娜 林子慧 刘勇飞 冯婧婧 戴倩祯

叶碧华 倪思思 沈文金 魏　韦 康洁蕙

李燕清 王　达 李　悦 李锦泓 梁子枫

区卿卿 苏振兴 杨健民 陈韵传 黄洁莹

何伟仪 刘沉冰 刘贰和 陈耐施 林　毅

梁敏菲 林敬倡 陈咏姿 雷　异 胡尊丽

蔡　慧 曾燕燕 欧天榆 黄衍华 唐园园

陈　盼 郭　景 谭咏琴 刘　威 孙桢林

曹悦吉 何佩珊 陈翼翔 劳妍慧 罗贺琪

陈仲禧 李若洁 潘毅娜 徐展基 邝　娴

张威红 祝伟堃 林燕德 张　引 何裕华

何志强 郭丽君 李惠媛 马洁瑜 李　尤

吴　翀 钟彩琴 陈　晨 蔡若瑜 严艳芳

王忻懿 容嘉欣 何　薇 王志夫

欧阳兆佳 张任青子

信息科学技术学院

胡耀恩 叶小媚 何美玲 李哲夫 陈　锋

蔡建华 李东旭 叶　婧 陈　炜 范凯健

黄钰琨 苏湖山 冯　雯 黄桢祥 张晓娜

崔振威 卢南华 黄志岷 林启涛 黄金福

周　又 颜　杰 林晓红 梁嘉毅 雷　乐

陈俊宇 陈华杰 王禄生 谢培钊 邓嘉仪

何彦钊 阚海湄 官　兆 邱志亮 龙世雄

张　静 张大智 刘　杰 谢镇湖 唐恒杰

张　剑 江丽芬 柯郁松 杭　星 黄俊歆

张　超 周志坤 陈　爽 孔令琛 苏俊毅

卢越峰 温　键 陈振涛 刘　勇 邓科毅

关佩球 黄文婷 黄健康 何　伟 杨　肖

吴婷婷 黎　君 陈　锦 陈承德 褚　楚

赵　朋 敖贵丽 李　婷 曾志伟 曾仙荣

梁绍伦 苏应彬 唐徐立 朱海锋 罗新林

刘钊夏 陈志成 林丽娟 卢新华 吴荣新

卢锦煌 梁仲鑫 张　艳 劳永安 廖志委

黄东硕 黄展鸿 蔡占奎 区业祥 赵子艺

姚运芹 何锋维 陈顺平 梁嘉铄 申　晨

徐育彪 苏剑华 蔡德胜 黄德君 杨嘉文

宁华宏 黄　晴 莫　杰 黎春桃 郭伟明

张雷渝 张继锋 赵国强 盖　宇 王铭诗

简行健 唐宗伟 李保文 欧阳辉 余根英

张思华 刘珊珊 杨福安 解　力 沈伟康

张艳辉 翁桂芳 李永明 黄凤仪 陈少玲

徐　洪 包彩军 李　春 钟金莲 葛茂彬

王胜源 胡伟书 吴展威 钟庆伟 黄静宾

周振伟 周美秀 邓进球 谢泽勉 朱可宜

朱文明 贺文健 饶　慧 钟　华 张伟坚

方问禹 王　霖 李英俊 何成文 蓝婵婷

许悦　石星　刘美霞　梁凯豪　钟华斌
郑旭　林晓星　黄兆森　冼晖力　黄志峰
叶志浩　雷义斌　蒋国均　吴新文　李丹妮
丘惜明　杨敏霞　范理科　谭丙英　夏登斌
赵绛珍　简钊　伍桂明　金哲　徐慕蓉
刘付通　蔡丽敏　陈旭　罗昕　许舒瑟
陈锐浩　田园　李雁　李金晶　杨洁

药学院

吴影君　方瑞　张强　黄珺珺　郭佳
续倩　冯炜菁　李晖莹　陈海文　殷茵
黄文杰　何钜恒　姚辉　梁令仪　张依
余璐尧　蔡艳　李绩伟　赖烨才　刘国勇
刘明艳　卢肖宇　符少莲　吴淑芬　叶杰敏
邵梅　欧健薇　宋敏瑜　潘宇明　卓羽波
张岩　张同银　何博雯　杨茵　黄辟兰
曾丹　李慧婵　陈妍　刘伟　瞿畅
班书光　曾怀苇

医学院

魏梅　洪慧娟　黄纯　周幼芬　杨敏英
郑颖　曾春苗　夏淑妍　梁少兰　杨环文
黄晓佳　张黎敏　郭钰滢　王慧娟　姚云香
李咏东　李莉　刘静　詹丽华　刁振华
陈伟林　陈银霞　丁园园　林小燕　余贵亮
黄金华　徐燕　刘晓芳　赵演池　李展聪
陈晓琴　潘炜祺　许秀芬　洪标华　池绍龙
林子鸣　吴卓坚　赵娟　郭咏梅　施珊珊
袁绍辉　刘思润　张琪乐　梁彩霞　王俊芳
陈家湄　萧羡珍　阎毅　赖菲菲　黄妙明
梁继飞　姬智艳　王冠　张菊弟　谢芳
韩婷雯　朱连雨　蔡昀　张文春　杨竞
余江秀　王畅　张泽勇　刘文静　林凤燕
徐静　范挽亭　五味子　廖韶君　于婷婷
张正　潘晓晖　刘天悦　岳峙坤　陈自瑜
张重明　伍天崇　周玲芳　黎丽霞　关芳
吴雪花　冼志聪　黄炜安　黄崇瑜　陈家豪
杨浩然　陈文慧　李琴翠　李思贝　刘玉堂
陈绪菁　李汉初　曹慧斯　林燕婷　林玮顺
黄旭雯　霍毅民　浦文俊　黄晶惠　骆婕
钟转华　张旭　陈业佳　杨帆　赵璐瑜
江焕仪　杨晓　柯彩萍　吴娟瑛　潘凤仪
麦惠婷　李连珠　张薇　董大伟　黄娉婷
陈虹　陈伟军　李景新　冯艳嫦　卢依伶
陈聪　陈雪玲　张丽君　伍乃俭　管昱鑫
吴子君　马慧道　王芳　曾文静　唐灿洪
陈紫薇　张雯雅　许诗韵　刘福丹　纪惜銮
黎碧霞　郜蕊　丘利宜　殷远梅　邱岸梅
田唤　陈晓霞　吴堪葵　殷慧　邬铭峰
林雪彩　刘娜　徐莎莎　杨静　王彩琼
朱想娣　叶榕　白深梅　潘倩茹　周芳
沈闲茹　宗美兰　刘琦　冼伟均　陈冰
范磊　刘志龙　高恒元　李国晖　李玉珍
张子敬　郑敏芝　许向一　江艾文　袁淑敏
刘宛灵　张兆麟　柳素云　周慧盈　黄定一
王丽鹏　李灏敏　梁健萍　朱奕豪　丁玉珍
李丽华　高歌　陈运旺　冼丽芳　吴泽龙
叶聪　陈晓钢　陈立鹏　杨邵英　邝绮霞
黄伟星　田蔚蔚　钟春燕　陈妙巧　庄彩屏
谭艺平　吴文燕　何磊　黎泳欣　马慧璇
张一望　李健玲　蔡垂岳　郑安　陈剑涛
马仲盛　谭碧珠　何家明　黄银换　李树成
区增冠　黄雅蔚　邓清华　秦斌　吴凯恩
叶洁飞　侯咏恩　余燊炜　郑鹏　谭晓光
黄宏钦　李艳桃　王洁云　林婉珺　霍伟豪
成龙　贾梦梵　韩春明　邓建英　杜傅华
江少云　张铮　周君　苏伟珠　李娟
夏芳　陈纤纤　佘国荣　冯淑芬　姚艳芳
吴永馨　黄贞强　黄慧娟　古伟杰　吕耀东
李依芬　李钟奇　洪嘉凡　张海燕　余嘉妍
唐杰坷　曾凡倩　甘露　黄熙琳　鄢敏
刘仕佳　吴侃　骆婵珍　张利娜　朱一
范蕾蕾　黄棋昌　卓习文　潘雨薇　顾海迪
钟萍　黄柳菁　陈莉熔　梁文学　黄奕珊
李芳玲　梁雪冰　叶碧群　齐绩

珠海学院

廖小慧　苏小萍　王璐　霍惠芬　郭曦
申啸　孙燕萍　覃丽珍　金莉　徐凤梅
余妙玲　欧妙艮　李惠敏　张裕婷　刘雯婷
张夏鸣　宋晶晶　刘海蓉　廖宏金　龙宝嫦
源诗雅　王铭婵　吴欣　黄劲雄　庞少芬
周燕霞　王艺　廖杰丽　李丹　朱丽
朱海冰　邹永杰　叶彬彬　方展鹏　官茜
虞兢珍　苑文佳　朱丽兰　薛晖　吴良晓
苏婉芬　赵晨　班文芬　袁湛花　胡立群
刘洁琼　陈沁怡　黄晓芳　余云琴　蒿嫱
焦璐　成婕　丁美玲　余妙嫦　周佩虹
刘晓颖　曹卉辉　高璐　黄丹萍　蔡珏欢
付伟迎　林德瀚　范宜贞　应乐波　杨倩怡
张琨　许飞粤　季青　梁颖琴　林永智
杜莹　刘姝　夏爽　张龙龙　刘宏
陈瑜　麦晓雯　唐秋英　顾曦　叶胜林
何雅茹　周华蕾　刘雪群　周珺清　张国成
吴莉琼　邱小玲　朱闵敏　袁颖聪　于洋

肖诗玥　史春艳　王晓梅　李　娜　李　啸
林学年　王子姗　黄燕华　邓振华　邹湘林
曾智斐　曹　珺　许文山　邓　菲　李如海
张丽琼　陈　蕾　莫玉酝　陈静敏　刘志芳
刘毅毅　侯金硕　张晓沛　范丽娟　陈宇君
秦静文　何玉金　孔振峰　王　婷　陈丽笑
刘和锋　王雨超　王敬春　刘　威　李林轩
吴东芳　骆雅娜　钟文俊　王馥郁　陈香莹
邓　薇　郑瑜琳　许莹蕾　程秀枫　雷　敏
付丽娜　李怡园　彭　平　成　立　张慧竹
刘　颖　李健强　罗双春　郭苑平　陈佳妮
袁　曦　崔　琳　谭小兰　赵　冬　曾　芹
蒋明亮　孙　磊　陈晓璠　王姝雅　黄丛伟
吕　恒　莫颖均　张晓鸣　梁　坤　旷　铭
陈玲玲　方耿林　汤伟民　袁　宝　柯凤华
钟少华　徐川川　林结凤　马小虎　路五娜
蒙丽佳　邹慧婷　曾瑞仪　刘　馨　吴健鹏
洪　欣　徐佳艺　胡　健　雷怡然　张楷宜
陶玉珊　陈秀婷　钟艳玲　张鸿磊　韩明洁
李春嫦　关嘉辉　周雅君　桑　叶　刘妙容
黄　臻　周竹君　徐敏玲　王树章　赵晓君
梁宝华　唐凤鸣　张巧育　郭庆海　龚鹭杰
李梦欢　罗凤禧　符少花　周　斐　刘传柯
郭越越　汤　一　陈晓丽　陈　晔　曾天芬
梁冬云　夏阳娇　李　曦　谭振艾　胡晓莹
冯美枝　赖晨曦　沈超伟　邹月英　陈　玮
刘　涛　钟雅文　吴美英　林进飞　毛嘉亮
蔡少云　刘小芬　叶　梦　李振贤　刘　留
冯展超　刘垭昕　陈旭佳　陈贵梅　邱伟燕
邢丽媛　赖秋玲　余　丹　王陶然　张秀敏
林敏仪　吴楠楠　薛林子　熊蝶莉　唐苑泽
谢　峥　张　忱　徐　燕　韩子薇　赖少芬
岑　丹　闫昆仑　邹　云　成越越　陈　嘉
刘婷婷　王　阳　黄健美　倪　佳　李洁昀
吴少娜　简容芳　周艳彬　周爱明　张兆源
罗丹青　黄宇茵　谭敏儿　杨越杨　张　静
叶梓芬　康　谷　梁慧信　何　为　叶　颖
胡　蝶　陈燕宜　蔡晓丹　巫妮娜　李钰冰
单　谦　张蔚巍　俞　洁　张　强　黄　健
李　彬　李　政　熊　磊　青　灵　李琚叶
黎永健　任文坤　钟桥新　廖耀坚　董钻满
卢小芳　秦　毅　马敏然　潘婷婷　宋慧林
诸明勋　陈晓兰　邵　立　孙　亮　冯　靖
赖安琪　李爱新　苏　杰　邓淑婷　谭　笑
覃冬杨　黎昭凤　钟祉呈　张　瑞　马淑倩
黄晓丹　王倩岚　李玉琪　吴志锐　赵浩志

冯　帆　许建军　蔡旭曼　张晓文　肖晋霞
战丽春　王　宁　秦　媛　刘思遥　林健龙
刘　羿　肖　添　梁倩君　马寅子　张绮雯
李莎莎　洪　然　吴思韵　乔　璐　卓　明
罗嘉欣　罗志凤　李美娟　于书捷　陈肖敏
罗美咏　叶密密　张泽葵　蔡小娟　刘宵颖
陈春燕　彭　凤　何玉婷　李国艺　谢芳敏
曾俊仪　庞家雯　周嫚娜　张佳妮　尹　敏
陆韵欣　王淑婷　李　媛　王丽琴　李展鸿
简俏榕　邓铭仪　丘　薇　林　铄　黄佳琳
冯紫云　吴子钰　陈佗弟　陈晓云　林再娟
邝少桃　冯祖丽　毕燕群　钟朝龙　杨　森
杨　帅　张凤萍　罗广伟　卢志培　刘桂玉
聂　玲　叶洪涛　李旭东　罗江川　赖剑华
孟小翔　梁君洋　邓洪文　陈泉冰　刘彦平
李育镍　张良杰　李　俊　黄婉华　卢慰庭
刘舒婷　陈　啸　赵　珊　宋思聪　李　幸
车凌琳　卢钰婷　李东辉　蓝思璐　梁广明
李　柠　刘纬翔　张　蕾　周羽琪　何政洲
闫　静　梁艳红　张　蓓　李　彤　徐晓瑜
张禾良　朱阅岸　王　彦　刘嘉茗　马钰榆
麦晓金　张若溪　陈　坚　冯　跃　陈壁霞
曾　金　赵霭雯　韩　胜　刘展鸿　孔　超
钟敏仪　黄泽钦　沈文君　陈晓亮　黎锡全
郑全朝　杨　洁　夏伟光　邓亚萍　金　韬
谭在东　彭　鹏　陆丽明　贾晨星　陈冬妮
许航萍　陈小敏　张琦沛　潘惠虹　温文旭
麦君泳　蒋文婷　袁端端　汪　蓓　蔡艾琳
张怡川　王　涵　陈晓文　郑佩瑾　李翔鹏
李观金　李　艳　戴亮瑜　陈小凤　潘颖妍
黄展英　汤小容　梁　迈　罗志辉　倪桂熳
武　艺　陈丽霞　吕春林　邹　婧　崔珊珊
汪衍礼　周静儿　纪小燕　温志明　招佩兰
卢心裴　蓝可染　王　芬　曾慧芳　黎　宪
林树美　房　倩　毕柱杰　罗小青　罗洪福
胡运燕　江　勇　袁国勇　陈　伟　陈玉英
吴才实　郭树成　黄锐鸿　周雄辉　苏楚树
范新宇　冯欣鑫　陈　锋　刘茹芳　王旭瑾
冯元华　周　欣　邱代东　芦　文　黄进梁
骆世峰　黄子青　董文祥　赵　新　黄静地
赖泽辉　苏　月　谭美盈　陈明蔚　梁显军
雷彩霞　陈诗媛　颜美灵　郑少川　杨志鸿
陈少珊　丁笑如　古艳婷　肖　楠　陈泽芬
于欣欣　谭　洁　孙成飞　何思媛　陈玉蕊
陈　琛　梁　永　张伊莎　陈晓琳　章　晶
沈小玲　邹敏捷　王海庭　张文萃　宋　靖

钟倩嵘　曹玲会　武　丹　王　俊　张　鹏
李璐妍　李德春　杨延松　李大红　李嫦娥
徐敏娟　吴小群　张文文　岑燕玲　肖　薇
付丽慧　何嘉欣　李璐璐　任芳芳　刘见婷
梁嘉文　徐迪朗　赵剑文　吴恩怜　黄淑微
何　颖　宋晓芳　陈　媚　钟小媛　叶建源
林妮妮　黄浩琼　苏安琦　马晓珠　劳和智
甘　媛　卢艳霞　罗　威　潘凤柳　陈英明
王　晶　黄晓辉　李佳岚　彭曼娜　景　璟
江州洋　霍国炽　梁显艺　郑丽荣　廖　原
柯琪娜　周　童　胡毅姗　张　力　张　凯
江　曙　张　淳　叶志洪　周清炎　邹维尼
刘　洁　戴杏英　范天宝　周素红　张　蓓
曹玉凤　骆　翔　王瑞琼　李　科　何春萍
林彦汝　章　丹　吴静云　郭婉婷　肖　啸
魏少伟　全家楠　陈　星　陈金花　张　衡
张仁发　李钦弟　莫伟锋　徐朝升　林秀金
林玉斌　钟祥鹏　梁绍湛　罗劲翼　廖过房
胡自洲　刘汉波　黄　友　梁军屏　田　云
冯望舒　钟坤仪　区庭昆　薛立窑　郑施玲
范凤娟　叶茂华　汤　瑛　吴丽云　姚雪萍
肖坍淮　陈罗兰　麦健科　谢宇倩　谭伦政
唐　晓　王瑞红　田俊诚　贺　颖　朱功峰
何利芳　张丽君　林映生　张　文　程晓瑜
刘晓翔　黎艺行　蒋卫刚　杨瑞兰　庞惠莲
罗晓欢　蒋鸿颖　夏　厦　卢　娜　郑燕群
林嘉栋　龚翠云　谢欣言　刘聚胜　林小玉
宋　薇　胡瑶庆　李广欢　朱　娟　李嘉彤
金红霞　罗　琴　卢　然　陈小萍　徐炜锋
周　鹏　张海龙　周　元　叶　虎　辛链源
薛云峰　黄志芬　罗健华　徐增锦　梁　蓉
高　晔　夏莹莹　张　盈　田　欢　杨　婷
黎偲偲　冯慧婷　张定玉　程昌铃　曾宇星
苏小芳　梁晓丽　冯家殷　朱婧一　曹倩雯
梁淑盈　李晓丹　陈容清　李超良　陈　宇
张兆俊　吴美珊　董毓芬　吴俊淮　李锴琦
钟倩红　蔡云菲　孙　勇　邓嘉骥　罗瑞娜
鲁佳毅　何家敏　谢杨效　黄晓婷　王　丽
叶敏丽　黄　莹　曾　洁　杨敏娴　吴才娣
赵寒宇　周晓丹　蔡建芬　张　晶　黄惠霞
杜童节　潘嘉玲　陈小银　张文君　香绮雯
张新立　李　瑜　陈芳蕊　宋艳娟　田盈盈
陆美英　许　薇　耿寅融　李　冰　孙怀影
孙佩佩　李小霞　郑炳森　陈坚娟　王琛琛
缪翠馨　陈　璐　梁　虹　吴雨辉　李艳平
张晓宇　王聿菲　周洁枝　李明敏　李　颖

邓黎黎　管静赟　韦莹莹　李　皓　王　慧
林秀燕　齐　航　熊银桂　任　姗　蔡玉茹
黄永洁　陈水应　洪　敏　周文婷　唐彩虹
肖玉莹　邓　艳　姚彦如　张小康　张镜泽
陈丽娟　张　冰　廖涪茹　黄艺虹　吴俊杰
李晓玲　邓慧燕　张　雪　卢晓茜　曾　晓
黄　瑜　严　婧　刘彩兰　吴筱颖　肖虹珍
庄亚欣　杨　薇　袁晓君　神雨丹　李素芬
魏碧娇　潘湛泉　崔　杨　王元元　周志鹏
顾　勤　何倍廷　杨全海　黄凌云　李丽君
卢伯荣　李家晖　方加沛　叶丽娟　李　平
沈　一　吴洁慧　岑永峰　康　洁　薛晓倩
严　欢　孟一琳　关岚岚　葛　丹　孙超逸
王　棋　王　德　彭存银　周天外　谢建文
孙　锦　黄丹萍　王肖莉　李雅婷　杨　婷
许帼正　梁韵瑜　丁　燕　霍惠铃　白　洋
刘　晶　孙凤林　邓焯杰　周定荣　彭　丹
黄佳伟　高　扬　夏少云　黄颖欣　李　雪
郭奇瑶　钟　珩　印　青　李　婧　官宛莹
黄敏怡　张晓鹏　徐　婧　王光清　周小燕
刘　烨　周　丰　潘瑜天　茶郁馥　李　娜
李宜倍　宋孜孜　辛玉兰　杨林涛　陈永永
王琼娟　列子欢　钟捷闻　耿亮亮　陈　滟
解薇薇　应菲菲　伍超明　黄家美　关晓媚
黄超文　张海萍　阮惟柏　张美芳　梁蔼怡
岳晓婉　马艳芬　卢文威　徐国梁　曹倩欣
高倩雯　陈琴琴　郭家驹　陈嘉韵　蒋淑雯
洪幼鹏　吴子君　卓婉婷　林福霞　唐俊杰

国际关系学系

蔡炯福　杨春熙　魏　唯　马　骅　吴宝胜
傅丽萍　周　敏　蔡碧玲　翟　鹏　张秋彦
刘　昕　李　婧　李　娴　邓碧剑

优秀毕业生

文学院

章　琰　李泽江　林广荣

外国语学院

孟祥磊　马丽茹　陈　真　林洁彬

新闻与传播学院

车　琳　严　铧　林明志　吴　畅　王尹东
李　青　张任青子

理工学院

孙毓鑫　强　婧　林流丹　杨　斌　关天发
谈炎培

信息科学技术学院
张　剑　雷　乐　江丽芬
生命科学技术学院
汪祖昊　王衡馨　莫小慧
经济学院
郭一川　罗冠斌　莫炜楷　谢韵瑶　何文帅
梁秋婉　梁蕙仪　雷　玲
法学院
徐梓婕　金植然　苏耀华
管理学院
凌子山　曾庆梅　甄丽薇　黄玲玲　胡洁婉
朱丽仪　何彩婕　徐晓翰　黄　蕾　张欣欣
刘　颖　潘霄鸿
医学院
张昊昊　郑　颖　周幼芬　吕史维　黄晓佳
杨环文
华文学院
张　璇　杨　玲
药学院
李晖莹
深圳旅游学院
徐晓楠　喻春燕　区佩珊
珠海学院
陈　嘉　赵晶晶　雷　敏　闫昆仑　金　莉
胡立群　袁湛花　刘洁琼　刘雯婷　廖宏金
刘锦旭　张建坤　唐亦州　王　璐

第八届"有作为、有贡献"毕业生

文学院
章　琰
外国语学院
马丽茹　蔡锦虹
新闻与传播学院
龚琎洁
理工学院
刘宇航
信息科学技术学院
黄荣达
生命科学技术学院
梁振洪　张　奕
经济学院
姜湛睿　刘伟国　王运芬
管理学院
胡洁婉　李达群　凌子山
医学院
叶明喻　李嘉颖
药学院
何鸿生
国际学院
童　博
珠海学院
吴　优　许莹蕾

南粤优秀研究生

博士
产业经济学
周轶昆
国际关系
李　静
国民经济学
孙　鳌
汉语言文字学
王媛媛　周日安　吴立红
会计学
汤　胜
金融学
谭政勋　于　蓉　喻国平　谭加劲　宋　健
胡　颖　崔　萍　黄建欢
劳动经济学
何亦名
旅游管理
郭　华
内科学
吴秀丽
企业管理
王雄志　柳士顺
生物材料与纳米技术
邓穗平
生物医学工程
焦延鹏　李　莹
统计学
陈学华
文艺学
万莲姣　詹　乔
眼科学
苏　颖
中国古代史
白晓霞　杨惠玲　田　渝
中西医结合临床

杨　丽

硕士

病理生理学

关　颖

财政学

罗春龄

动物学

廖婉琴　王　琳

分析化学

王　梅　练习中

分子生物学

王力先　刘林川

光电工程

张海峰

国民经济学

陈　和　顾忠华

汉语言文字学

林　俐

环境科学

袁　杰

会计学

林炜桐

金融学

高　洁　王成进

旅游管理

刘　芳

免疫学

贺　芳　于　哲

内科学

迟作华　陆　琰　胡　刚

企业管理

陈建林

区域经济学

段晋苑　汪书军

神经病学

刘小艳

数量经济学

陈　军

水生生物学

桑　敏

统计学

方匡南

外科学

何沛恒

无机化学

陈思嘉　黄微雅　邝金勇

新闻学

罗　娜　芦锦霞　叶　芳

遗传学

康琰琰　朱艳梅

应用心理学

叶莲花

应用语言学

吴青军

英语语言文学

王　琼

影像医学与核医学

殷　亮　刘连生

中国古代文学

梁　娟　胡海义

中国近现代史

张晓玮

中西医结合临床

黄　进　周　鹏　廖红娟　赵昌林　边海云

孟　华　杨　萍

优秀研究生

管理学院

黄微平　黄之骏　傅　沂　何　莹　林科宣

周文良　梁　俊　苏　黎　汤　胜　王明辉

李　源　刘　青　凌　力　冯薇薇　刘秀菊

王新颖　乔建锋　童汝根　高秋玲　周小燕

叶少硕

华文学院

侯兴泉　朱晓文　刘　慧　蔡晓丽　叶　花

唐　叶

经济学院

邵洁笙　任超锋　周孟亮　顾忠华　宋燕琳

孔丽娜　黄　莹　孙　鳌　崔　萍　黄建欢

张　文　于　蓉　胡　音　黎　伟　乔　栋

石　伟　朱　清　田慧蓝　马洪娟　莫海云

程增生　邓可斌　秦　艳　冯　冰　李进明

郑　丹　王成进

理工学院

张海峰　钟金钢　张华华　刘源岗　焦延鹏

周文锐　何宝燕　袁　杰　卢迎华　邓倩莹

王　劲　薛　枫　王云起

生命科学技术学院

游江涛　苏妙贤　任军慧　贺　芳　袁欢欣

胡　鹏　颜秋平　林　慧　马　洁　李玉霞

董艳辉　邓　芳　陈思嘉　邝金勇　张　珉

文学院

陈伟军　颜小华　白晓霞　滕志朋　黄　伟
胡海义　蔡　菡　胡　曼　林　俐　蒋尊国
吴立红　周兴杰　陈　欣　伦莹莹　尹玲玲
唐　英　吴　芳　汪全刚　周成强　谢中元
吴巧凤

新闻与传播学院

吴　静　甘　霖　刘　俊　罗　娜　刘毓洁
陈　伟　周文娟　颜开云　刘　燕

信息科学技术学院

卞明哲　夏碧瑜　林仕相　彭　晶　谢　静
李伟镰　黄　楠　王秀凤　曹定州

药学院

门晓媛

医学院

迟作华　陆　琰　刘湘宁　管红云　张　颖
黄　进　汪卓赟　廖红娟　史金桃　周　鹏
边海云　张　倩

第一临床医学院

许　多　苏　颖　李莉平　冯永洪　李涵葳
高伟良　李海仙　康丽丽　杜志宏　陈根云
安　庚　别彩群　史长征　王晓茜

法学院

李　静　刘建林　黄洁梅　林逢春　肖长华
李玉华　陈楚钟　黄丽璇　陈　凌　郑素梅
彭　芳

药学院

白卫滨　朱艳梅　叶石敦　康琰琰　张世平

华侨华人研究所

李未醉

外国语学院

李道全

优秀研究生干部

一等奖

病理生理学

涂荣波

财政学

李　霞

产业经济学

王　昀　胡福强

传播学

赵兵辉

分析化学

练习中

概率论

赵佳白

工程力学

丁　磊

古代文学

余安元

国际关系

阮金之

国际贸易学

涂　耘

国际政治

马　娟

汉语言文字学

王　然

环境科学

吕万明　燕晓雯

会计学

邹　晴

基础数学

赖志辉

教育经济与管理

郭欣欣

金融学

杨春梅　李　乐　张艳明　伍庭璋

历史文献学

吴玉娴

民商法

李远桃

企业管理

邱　勇　谭金卫

区域经济学

王　赛　黄国林

生物化学

陈　涛

生物医学工程

郑　馨

水生生物学

李慕婵

外科学

杨景哥　张育森

文艺学

华国栋　高　康

中国现当代文学

申国亮

新闻学

袁秀丽　邓　琼　李丽铃

行政管理

余励斯　段君伟　韩　雪

眼科学

黎颖莉

药理学

徐　俊

遗传学

周艾彬　曾志宏

英语语言文学

王　琼

语言学及应用语言学

潘　莉

政治经济学

唐　欣

中国古代文学

高　超

中国近现代史

张晓玮

中西医结合

钱国强

组织胚胎学

焦红丽

二等奖

MBA

熊建军

病理生理学

曹雯娟

病理学

谭　琪

病原体生物学

范志刚

材料学

谢　婵

传播学

陈艳梅

分析化学

曾　鑫

概率论与数理统计

贾淑芬

工程力学

吴楚群

管理科学与工程

伍秀君

光学

罗运平

国际关系

万　鑫　何晓清

国际贸易学

熊思茹　谢圣利

会计学

胡秀梨

基础数学

詹涌强　谭志明

计算机应用技术

杨文茵

金融学

肖令飞　易嘉辉　夏　坤　马千里　骆红明

经济法

吴　双　郑兴武

内科血液病学

陈　思

企业管理

杜广志　宋子仑　易贵明　朱珊珊

区域经济学

罗　睿　汪书军　段晋苑

神经病学

马文彬

生化药学

刘国凤

生理学

葛丽霞

食品科学

卢晓旭

世界文学与比较文学

郑冬瑜

外科学

任亦星　李志华

文艺学

曹志勇　李晓彩

新闻学

刘　泉　汪建春

行政管理

董　研

药理学

何　诚

遗传学

郭朝万　刘　格　王海涛

英语语言文学

黄　愉

语言学及应用语言学

解直委　于　珊

中国古代文学

梁　之
中国近现代史
董艳玲
专门史
卢大海

爱普生奖学金

管理学院
钟淑媚　朱丽仪　孔令基　何彩婕　李静思
经济学院
何文帅　李晓珊
理工学院
姜晨竟　蔡小琼
信息科学技术学院
朱文明
珠海学院
李明敏　源诗雅　王琛琛　李　颖　许文山

黄乾亨奖学金

文学院
邱湘敏
外国语学院
王伟炜
新闻与传播学院
何裕华
经济学院
蔡　适
法学院
傅丽萍
管理学院
凌子山
理工学院
胡　炜
信息科学技术学院
张晓娜
生命科学技术学院
许雪玲
医学院
陈银霞
药学院
续　倩
国际学院
张甜敏
华文学院
黎　丹
深圳旅游学院
张晓斌
珠海学院
孙佩佩

住友商事奖学金

珠海学院
李晓玲　曾　晓　邓慧燕　黄　瑜　严　婧
外国语学院
张小毅　陈冬鹏　徐梦雅　曾焕金　黎聪秀
国际学院
杨超华　王礼虎　陈莹莹　黄莉欣
经济学院
郑选花　吴春苗　张　一　周倩莹　蔡斯煜
赵永伟

科海菁莪奖学金

珠海学院
卢伯荣　李　冰　王　德　杨全海　黎锡全
夏伟光
理工学院
王文修　陈淑辉　黄耿江　陈晓晨　冯严霄
信息科学技术学院
刘钊夏　钟庆伟　周振伟　敖贵丽　葛茂彬
钟金莲　石　星　陈　旭　蔡丽敏

梁奇达暨南教育奖

生命科学技术学院
张　珉
新闻与传播学院
严　铧
信息科学技术学院
黄荣达
经济学院
于　蓉　姜湛睿
管理学院
凌子山
药学院
李晖莹　门晓媛

彭瑞安奖学金

管理学院

汤　胜　颜倩婷　张春和

华文学院

黄　曦　王　劼　孙　丹

经济学院

周丽莉　张可诗

深圳旅游学院

徐晓楠

医学院

夏　芳　曾凡倩

珠海学院

李怡园　王　恺　汤伟民　李陈香

南方都市报新闻奖

新闻与传播学院

招志蕴　张　宇　李桂蓉　黄丽颖　刘　俊

王尹东　严　铧　郑佳欣

注册会计师奖

管理学院

曾庆梅　张哲涵　何淑芬　古永和　甄丽薇

李　翠　罗文芳　蔡颖轩　梁延臻　陈一珊

逯晔慧　孙　丹　余利云　张卓华　黄玲玲

林敬奖学金

生命科学技术学院

钟　敬　徐智娟　洪天校　王　鑫　蒋　洁

张建凤　杨创涛　李宏胜　董世松　张世兵

邹少瑜　陈丽银

张驷祥陈寿明奖学金

理工学院

林流丹　梁柳焕　李　青　李　贞　吴淑镇

霍铸安奖学金

医学院

陆　琰　张昊昊　周幼芬

经济学院

邵洁笙　雷　玲　姜湛睿

· 2006 年毕业生 ·

本科毕业生（含春季生，3 401 人）

国际学院（56 人）

国际经济与贸易（全英语教学）（20 人）

陈敬文　黄凯汶　黄俊元　陈颖欣　谢嘉慧
余迅翎　廖咏茵　莫璐文　蔡文荣　杨嘉祺
许可欣　李骐丰　梁颖诗　潘泳茵　杨旻菲
邱燕燕　林　敏　童　博　麦根华　刘　苑

国际经济与贸易（8 人）

岑显扬　邱煌艺　梁耀辉　叶敬文　李敏菱
陈裕丰　李多敏　黄仕芬

会计学（CGA，全英语教学）（28 人）

梅玉萍　杨　艳　李咏欣　陈　亿　陈　钰
何美薇　黎中娴　黄汝莹　苏玮琏　余佩莹
李静筠　李盛放　黎　莎　王蕾蕾　刘　畅
韩晓宇　陆筱珊　汪　洁　黄文达　郝一维
凌玮雯　何敏霞　颜小清　罗鹏程　梁　宙
曾祥文　杜　娟　李　峥

文学院（92 人）

历史学（含师范方向）（18 人）

谭文通　闵　凯　罗　昊　江　吟　卢勇辉
何纪雄　胡国强　胡　燕　陈　婕　林广荣
任沃辉　林勇伟　毕李李　蔡伟贵　何小娟
潘　越　阮卓林　李翠盈

汉语言文学（含师范方向）（74 人）

刘晏石　曾思明　朱鸿飞　麦荣浩　廖琛磊
张　孜　刘　琛　张深红　舒志龙　王炜宏
郭淑娴　郑颖昌　陈玲玲　黄惠仪　斯　华
邝启业　赖育盈　吴嘉恩　郑健民　谭伟华
蔡家茂　梁　毅　关颖然　李海燕　欧阳定宜
陈汉灏　高天龙　徐凤凤　袁灏晖　陈爱玲
梁春燕　邓佩菁　陈凯晴　李嘉麟　李思蕴
梁健敏　许颖敏　柯晓颖　方　玲　张　莹
田红娟　乔　鹤　马文慧　宋苗苗　李文龙
潘　洁　俞晓燕　许　婕　李　丽　袁　婷
刘　源　张淑琼　吴木鑫　李泽江　李淑娴
蔡炫炜　刘南涛　邓欢欢　庞婷婷　陈婵芳
林佳妮　陈文红　龚江洪　刘树艺　王永杰
沈一帆　李　楠　张大亮　章　琰　蔡　航
黎嘉励　车皇玉　梁华旭　江　良

外国语学院（130 人）

英语（含语言文学方向、商务管理方向）（95 人）

吕秉权　区逸升　卢志伟　庄达文　顾子瑜
崔　瑄　李振宇　梁梦仪　梁嘉琳　王　晶
赵其云　陈聪美　张维雯　陈卓君　黄娇婷
洪汝泳　汤晓燕　陈志伟　张凯贻　梁慧敏
汤洪辉　黄榆华　罗蔼群　张羽翎　何燕兴
谭惠芬　潘淑敏　谢慧媛　阮咏欣　陈惠苑
胡桂庄　冯　宵　江昂谕　张馨尹　何思婷
方静文　张沛宜　叶莉怡　陈秀文　杨睿恬
张妙玲　卢善瑜　区静雯　韩　君　丁浩然
王　辰　陈美钰　唐　昕　周纬源　许恒敏
廖慧敏　周浩全　谢铭晖　朱思铭　郑雅文
廖宇宁　刘　婧　莫静仪　魏秀玉　李椿兴
郑钊豪　邝雪妍　许钰婷　杨晓卉　黄秋敏
朱润芳　马丽茹　温倩维　潘珠清　邱树昌
沈　玲　莫燕媚　黄丽春　钟玉妮　李杰莹
张雪婉　陈　馥　温平平　赵　楠　蔡林灵

米　兰　徐圆圆　肖　娟　郑　欣　岳树斌
杨　奎　何值金　谢　芳　蔡锦虹　刘　芳
陈　真　罗康琳　梁　洁　陈　云　刘骥翔

日语（35人）

卢爱贤　陈朗诗　金利鑫　焦广静　柯昌勇
闫振宇　刘香玉　陈美淳　陈诗涵　刘晓薇
郑佩珊　岑洁瑜　陈瑶瑶　梁思捷　卢皓妍
莫美玲　何美儿　傅裕文　林佳蓁　高兆蕾
黄晓芳　邱雪梅　肖　镛　陈嫣雅　李慧燕
陈　杰　张致华　杨晓君　黄丽娟　兰　悦
陈艳怡　林洁彬　罗秀敏　张晓婷　麦敬夏

新闻与传播学院（165人）

新闻学（56人）

戴咏如　施文程　周艳玲　廖怡德　朱　芸
梁兆南　吕浩然　袁霭婷　叶咏生　杨宏达
叶恒璋　张以正　郭思华　周锦铭　张梦圆
马咏琴　刘家莉　梁启刚　陈秀鳞　陈萍花
管建明　黎秉辉　赖盈盈　宋玉珠　林利芳
何子莹　周巧薇　杨洁茵　骆凌巍　雷敏姬
刘泽庆　林明志　杨春晓　郑佳欣　徐旭珊
管安琪　宋　翃　孔令源　盛正挺　林朝丰
刘琪鹏　黄　敏　梁珈琳　龚琎洁　林　赟
黄　键　林旭娜　杜冬日　范展莹　邝展婷
严　铧　车　琳　杨　璞　吴　皓　史家陶
冯竟玉

广告学（55人）

林颖芝　梁茵茵　麦晓帆　李家莹　欧爱想
张顶萍　林紫娟　黄紫君　黄　斌　李慧芳
李承孝　招学诗　孙可昕　梁杰威　徐婉菁
梁凯岚　陈韵雯　梁静文　左敏芝　黄海慧
黄丽梅　姚　晔　罗昭仪　游轶诗　张健升
韩映华　朱敖翎　邓玉玲　陈婉莹　邓德利
何开红　林巧仪　吴家浩　许智豪　吴劭明
蔡　韵　陈　辉　程　多　侯梦雯　张　欢
梁安逸　莫倩文　韦　苇　李　青　蒲卓琳
岑学敏　王尹东　伍健平　孙晓惠　欧阳兆佳
董燕飞　郭　卉　岑咏枫　严　俊　张任青子

广播电视新闻学（54人）

黄佩瑜　梁嘉祺　何松竹　黄慧雯　赵　槿
李国妍　李丽嫦　布廷欣　洪　鸣　丁　杰
罗师师　戴丽娟　林思洁　伍嘉敏　陈思齐
陈炜元　徐涵毅　李琬婷　邓丽梅　吴颖欣
张燕嬉　何嘉莉　苏倩慧　刘慕华　蒋丽彬
傅子聪　蔡欣娉　赵启发　曾瑞玉　李　双
胡　楠　王　琳　张玲玲　贺　电　李　刚
施华彬　余善华　张　好　王　伦　张　丹
黄树颖　周正阳　林琼芬　江雪媛　吴　畅
曾　天　白　炜　代　易　邸　娜　张　洵
赵　劼　杨慧娟　梁姗姗　金　峥

经济学院（302人）

国际经济与贸易（121人）

申子贵　崔文娟　陈绍彰　黄羽生　欧立蔚
洪文晶　黄菊明　韦厚景　任英杰　李文静
洪毅华　吕志斌　符永鸿　冯静子　刘俊星
汤诗雅　罗凤颜　黄键德　吴贻超　陆家敏
莫炜楷　陈辉慧　陈书律　江志贤　段汝君
李睿渊　曾正勋　林易贤　李珍珠　邱怡慈
陆翔渝　谢韵瑶　陈晓芹　解明溥　颜崇志
周竹君　陈　昉　李浩佳　黄洁红　陈千碧
崔励欣　吴韵雯　苏志豪　刘诗华　胡健聪
李卓迅　周美智　孟桂芬　莫纯飞　黄佩祺
张福星　陈伟声　王子聪　颜咏思　陈颖琪
蔡惠炼　李　捷　麦雪铃　陈宛莎　谢殷南
冼颖颖　黄子扬　崔佩嘉　王海滨　彭　莎
邝颖慧　吕宗翰　尚菁玉　尚菁菁　李耀明
胡海珠　邝志恒　陈健鸿　熊永强　吴君荣
杨宇翔　陈雁飞　余　丹　宾昭明　陈启鹏
何景良　麦领明　林　毅　郝　燕　张晓江
何文帅　吕　伟　万　婷　方　林　吕呈杰
詹　懿　卢焕文　武文浩　沈　毅　黎秀婷
陈　戈　余兰英　王　琛　孙　鑫　袁鸣娜
邓　璇　王　上　范伯良　朱　智　黄紫薇
徐　燕　何雪慧　蔡俊荣　吴　珊　刘晓勤
陶　冶　廖雪宏　何华果　金潇骁　耿秋红
李晓珊　麦　星　徐子翔　魏　巍　颜如玉
朱　赟

经济学（含投资经济方向、国民经济学方向）（74人）

许晓桦　陆家彪　黄院添　杨健亨　陈柏康
文嘉敏　曾敏菁　雷焯铿　梁蔼露　孔铭聪
钟雨静　梁嘉纹　黄梓棋　王志豪　文丽琴
梁千威　何兆康　张师凯　谢展鹏　陈慧诗
严裕侃　成丽妍　罗婉婷　白庆茹　倪益文
陈建新　钟志威　郭志立　陈晓京　董桥宇
陈艳芳　关毅武　邵颖仪　谢杰明　卢伟勇
曾幸彬　梁键钊　黄锦海　胡　琦　高　嵩

林　瑶　刘昊皞　崔　坤　王运芬　邓思蕴
谢　俊　李　俊　潘敏芸　梁绮婷　黄少勇
潘国亮　谢莉莉　刘荣忠　梁蕙仪　谢容欢
冯妙华　黄剑锋　钟炳才　杨万裕　何国文
张晓晴　吴宗华　苏静研　李露华　周世平
陶宣羽　雷　玲　姜湛睿　史宇峰　陈　莹
陈文燕　陶　明　宓嘉衡　陈志洪

金融学（56人）

吴冠恒　赖志华　关家豪　谢静惠　戴黎成
黄润珍　李宗亮　黄澍欣　梅仲诚　李志江
张艳嫦　周结荣　郑文贤　樊晋宏　焦广明
吴晓帆　罗冠斌　房　杏　张兆权　戴丽敏
邓丽妍　罗成卓　叶兆生　刘佩贤　姚　瑶
许世雄　吴紫薇　黄瑄华　唐　诚　罗文超
邓俊辉　黎明昕　冯彩愉　黎韵怡　黄庚盛
黄振宇　邝燕芳　庞　礴　冯锦辉　栾婷婷
刘　玥　刘　艳　黄荣广　徐晓青　樊　瑜
邓子靖　张晓蕾　郭一川　劳慧贞　庞文彬
李　颖　梁丽嫦　谢　妍　陈晓婷　黄杨净
黄蓝玉

统计学（29人）

林妙簪　吴淑贤　朱慧敏　黄敏宜　郭是朗
吕韵青　谭朗锋　关治进　黄秀娥　任　璐
韩　冬　姜　雷　单绍春　苏　炜　朱秋英
詹家伟　黄永艳　梁秋婉　张梅芳　谢结云
戴成晓　李国才　谢友庄　林　锦　刘杰涛
温国锋　李伟明　熊　洁　胡言芬

财政学（含税务方向）（22人）

卢晓晶　李慧妍　冯婉君　冯立钊　饶雯娟
李荣勇　石钧林　曹丽丽　杨　颖　桑　田
范　飞　龚绮琦　傅华珍　吴月娥　黎少芬
蔡　适　刘伟国　钟　竞　苏少贞　陈　婷
朱　楠　许　阳

管理学院（365人）

会计学（含注册会计师方向）（91人）

欧碧琪　周　曦　何惠媚　黄　斐　梁银萍
梁洁玲　林丽莹　吕小燕　黎瑞华　黄乘华
黄清洁　李颖淇　李汉丽　刘美香　邹晓锋
欧德力呼　唐宇静　麦嘉琪　金宁仪　招瑞贞
庄佩贤　香结贞　萧　安　谢锦芬　陈美兰
梁杏仪　李怡珍　黄颖诗　文淑芬　黎荣秋
陈　胜　李　茵　列燕萍　古永和　甄丽薇
杨志鹏　汪颖凡　冯云婷　郑智坚　罗文芳
林伊嘉　刘　昀　解文芳　郭　宁　逯晔慧
佘东明　时玉萍　李欣洁　孙　丹　武玉林
汪迟珺　温艺婵　周章强　罗竹先　赖静雯
林鸿霞　胡熠星　朱　姝　简秀贤　梁延臻
谢文彬　陈总才　何晓婷　刘佳曼　张思师
杨彦鑫　郭晓銮　蔡建成　蔡颖轩　邱沛文
黄世力　叶贤官　朱燕珠　曾庆梅　陈一珊
赵铭川　蒋凯霞　郑衡伟　杜晓燕　张桂雄
柳　旻　谢勤连　覃开丽　李　萃　陈　娱
冉华周　巨创锋　王晓华　李朝海　何淑芬
汤仲添

行政管理（38人）

李展鹏　梁永恒　陈子卓　黄慧珊　张文强
黎浩然　吴嘉丽　何少敏　张志权　何婉芝
何雪梅　陈嘉欣　江剑清　黄婉媚　王安民
詹咏薇　陈秋娴　袁兆伦　黄炽乐　张中略
黄子文　吴翌嘉　杨雯诗　叶丽华　陈凯玲
李世荣　黄珩玲　王瑞兴　江燕华　唐　燕
龚玉雁　程　翔　欧阳婷　余海菲　凌子山
孙玉华　陈鸿菲　张一弛

工商管理（87人）

蔡国辉　谭雅心　黄智龙　钟承舜　吴晓华
甘泳杭　郑嘉辉　林健平　周飞鸣　黄胜超
郑选志　黄志豪　邓沃恒　林　唤　贺燕诗
吴少伟　刘明辉　林南旭　刘嘉燕　梁妙濡
唐嘉俊　林秦坚　王新焕　刘国怡　陈大伟
洪鸿艺　林继智　郑怡佩　钟易霖　苏佩姗
黎泳芝　潘善恒　陈银瑞　严家荣　陈文韵
林启泰　何嘉俊　刘华强　张健为　左晓莹
何绮文　何彩婕　何彩娉　刘荣恒　戴铭光
黄嘉慧　钟倩雯　谭咏而　朱明珠　林怡安
马嘉营　谢逊时　孙雅贞　欧家威　张逸辉
梁汉燊　李浩耀　周进良　文星华　沈莹晖
庄祯雅　王雅静　余惠雯　谢凯仪　陈永裕
湛俊杰　陈钦武　刘景纯　陈艺鸿　欧卓彦
萧永泰　王家鹏　邹丹亭　余　倩　陆佳玲
郭　翔　蔡传强　胡洁婉　王春明　张华斌
卢晓东　罗俊杰　朱丽仪　李靖翡　汪　舟
康　萍　李焕权

旅游管理（47人）

梁仙兴　黄杨善　周明静　刘远敬　伍广池
张丽星　何礼贤　冯达锋　何志惠　杨远卿
胡美洪　梁婉婷　李引葵　曾洁琼　黎嘉伟
梁淑仪　黄嘉可　王娜瑜　张伟业　黄咏欣
黄卓毅　刘淑庄　马佩珊　刘碧茵　胡鼎昌
林玉芬　周凯妍　伍凯欣　陈璟文　吴锦辉

汪　颖　汪　菁　潘为胜　张和部　刘　颖
梁　莉　何俊杰　彭钟灵　郑晴筠　郭琪枫
黎晓莹　梁婷婷　潘霄鸿　张　萍　黄卫玲
张欣欣　张卡根

市场营销（商学）（41人）

朱镜咏　吴颖欣　白开明　游玉君　杨锦添
莫家威　陈锦华　钟龄德　张丽芳　麦晓薇
林宗亿　陈伟捷　李玉辉　布慧欣　王昭月
吴文文　徐永鸿　黎杰航　黄重思　林家愉
卢小茜　黄玮韵　胡绍基　曾冠杰　邓宝儿
林　琦　黄临昕　张子辉　黄洁红　彭诗娴
董祖光　何隽斐　张肇蓉　茹凯盈　王恩雪
周沅苗　陈有成　李洁婷　陈思源　张华丰
麦定邦

财务管理（29人）

黄美慧　杨　悦　梁笑英　关丽颖　胡　宇
余利云　周　颖　陈伟明　叶　晶　王　宸
徐大同　汤文鑫　陆冰蔚　张卓华　谢宁馨
郭朝聪　肖　振　谭惠敏　卓玉远　柯秋胜
周健聪　黄晓娜　马珖达　桑小嵛　宋志洋
刘　京　冯慧华　黄玲玲　葛豆豆

市场营销（32人）

田春明　何家辉　董倩莹　谭小娴　高玮骏
方晓亮　龙飞宇　黄君明　徐晓翰　蔡斯娟
郝媛媛　马浩玉　于　涛　王　跃　戚靖民
黄　蕾　侯慧晶　张发华　钟现敏　张城湘
肖晓尊　李达群　苏耀枝　王裕华　吴林钟
李高辉　张　放　刘　铃　鲁　伟　梁锦坤
杨　东　慕容秋强

法学院（113人）

法学（90人）

李少川　钟承修　唐雅妍　林卓恩　萧凯匀
杨智勇　李广伟　张莉萍　何建伟　李　源
吴洁文　连洲雄　巫佳纯　柯智慧　王咏思
梁咏珊　蔡骊堃　许嘉茵　叶圣闻　许洁文
卢颖芝　何家颖　吴晓丹　黄丽雯　许浩智
周惠珍　陈雪芬　陈嘉滔　黄旭盈　何家文
苏桂芝　谢嘉敏　董媛兰　黄志林　陈义兴
黄宝仪　徐逸奇　林颖宜　陈志杰　吴夏苗
杨小敏　谢晓东　吕誉镠　林瀚晖　张铭辉
钟建文　李伟峰　崔铭诺　谭咏怡　黎嘉安
叶敏聪　符始允　马炜文　钟创兴　刘惠怡
梁敬尧　刘志毅　陈宗汉　张皓云　谢国辉
陈育新　陈维敏　邓东文　黄　涛　马映卿
徐梓婕　任　然　仲圆圆　孙　剑　吕晓刚
陈　佳　钱　敏　顾亚男　苏耀华　王　灿
陈　蕾　李哲玮　黄素贤　陈妙珍　杨文秀
邓美香　石　威　刘　立　唐仪萱　徐成洪
金植然　邓炜梅　陈志鹏　钟汶君　欧阳迪熙

国际政治（22人）

许波澜　周国康　黄云辉　梁耀恒　李守舜
李振江　谭宅钧　陈家豪　周志恒　莫家浩
李相伟　李　挥　黄健秋　左同云　汪晓星
祝和平　闫钟芳　胡　斌　蔡翊岚　叶小利
刘桂栓　曹　阳

经济法（1人）

潘励隆

理工学院（203人）

应用物理学（28人）

周文俊　王　恒　郑丝雨　李学坤　李东明
陈　颖　邓德勇　覃　炎　陈锋授　李　斌
李洪伟　黄英华　孙海英　罗英达　范垂沛
李景照　何立晖　李锡威　周　明　崔忠艺
王康模　植秋浩　曾志华　刘兴华　黄　行
屈海川　杨万宝　梁志坤

食品科学与工程（34人）

李祖佑　吴少芳　张日新　黄慧嫦　蔡林池
李伟浩　杨慧仪　温　荷　林流丹　张永杰
梁柳焕　黄光燕　汤小川　徐　武　李　青
陈天恒　孙文婷　姚　煜　潘倩雯　陈伟标
庞锦仪　缪婉文　邓凤娣　蔡清伟　赖乐球
曾守平　叶晓锥　李柏根　李　贞　颜　果
吴惠萍　杨　兴　索　慧　吴　昊

环境科学（37人）

吴志安　杨嘉慧　刘展邦　李珊珊　苏渝铃
李云龙　钟裕航　颜锡炜　王　维　黄若诗
韩　蕾　李芳华　杨　浩　陈　宁　杨　萍
曹　佳　程一鸣　李　宵　周　炎　刘建湘
丁　艺　李汉枢　戴伟顺　王　铿　林建锋
黎敬德　李志鹏　任金雨　赵晓菲　李凌云
杨安秀　李　森　强　婧　孙毓鑫　陈冠宏
许绮萍　庞英平

信息工程（光电子方向）（32人）

杨锦全　姜运生　何嘉宝　黄伟光　陈家乐
鲁民辉　张广威　萧杰涛　潘葭珉　钟　锐
饶辰生　陈武宗　李　嫦　陈思远　林晓鑫

刘宇航 赵　硕 王志强 练　平 潘宇清
李植伟 林　粤 陈　瑞 张冼华 林　瀚
胡　洪 蒋中林 古大鹏 齐文渊 姚行超
牛春雷 马光强

土木工程（45人）

冯雪涛 容斌斌 周云龙 潘钜明 李剑锋
崔志杰 陈晓彦 邹子燕 曾志新 黄继盛
黎志辉 张占峰 王蕴芝 孙婷婷 况　晔
张　卫 周国雳 邵嘉力 贾全利 李　华
温　文 梁正杰 谈炎培 冼锐冠 许海祥
赵亚党 梁　洁 陈优善 陈杰成 张亮生
简洲洋 曹绍林 钟靖杰 赖　宇 王　信
赵媛媛 石　文 高鸿业 扈燕博 李　欢
马　佳 何海万 黄华昌 关天发 刘　均

材料科学与工程（27人）

谭锡钦 黄耀康 区汉光 陈明标 温鸿戈
陈莹珠 陈智敏 申轶男 马越华 冯维玲
董鸿浩 苏坤明 杨　斌 李崇清 王　珏
陈家善 谭凯文 叶林发 梁和锦 陆瑞锋
许桂贤 林永坤 何　亮 邓召余 郑华侨
齐欲莎 苟耀梓

信息科学技术学院（224人）

电子信息工程（52人）

邝永康 刘炳坤 钟杰林 杨昭宇 陈秀清
冯文浩 许景新 郑可兴 黄志岷 邓达斌
陈洪庆 区富豪 邓志成 何钟逸 林启长
邓嘉仪 张伟聪 蔡志成 邓育军 曾　俊
朱俊晖 萧志浩 黄立果 严赋聪 何彦钊
陈玉波 邝东成 黄金福 王禄生 温志兴
谢培钊 倪树标 李佳昕 移伯网 张　超
朱　峰 林启涛 黄俊歆 何炜彤 周志坤
叶斯华 梁贤第 刘　崇 张文和 吴家美
陈炯锋 吴锷渊 景　杨 杭　星 刘志刚
阮敏坚 陈华杰

计算机科学与技术（66人）

陈文标 黄灿华 罗坚秋 李云龙 杨光朝
杨永毅 叶小媚 苏湖山 卢南华 李柏根
黄永康 崔振威 李浩荣 余硕明 吴金顺
薛灏楠 林　旻 萧子华 黄钰琨 范凯健
蔡建华 陈　炜 黄彦纶 吕炳镇 蔡艳桃
欧贵堂 陈诗雅 叶伟明 罗振华 李哲夫
李　佳 李东旭 陈　强 黄结良 蔡炜杰
姜　韬 张晓娜 冯金辉 陈海磊 沙伟伟
周尚伟 王　涛 赵新星 陈　锋 杜蔚明
梁世燊 李纲平 胡耀恩 蓝　定 容　里
冯　雯 叶科军 黄锦锥 张基彬 何美玲
罗　伟 郑　毅 郭春洪 金　锐 叶　婧
钟永平 李　鸣 黄桢祥 廖伟庭 李文杰
潘铭忠

信息管理与信息系统（42人）

陈健忠 陈国驹 何承轩 冯继昌 杨广宇
黄伟泉 谢杰智 张桥森 林东宇 谢镇湖
梁嘉毅 冯荦斌 陈观伟 黄伟明 黄举承
卢宇亮 宋淑鸣 张　坤 雷　乐 杨元广
刚　强 张鲲鹏 邓科毅 陈林灵 舒　昕
张　洋 陈振涛 何韶兴 刘乐华 张纪璜
唐恒杰 麦小安 黄　涛 刘　杰 洪　格
丘文豪 杨明洪 余云波 韩　力 徐冰心
张　剑 刘　勇

通信工程（25人）

许育德 黄淑婷 钟荣豪 郭　宇 钟　振
陈　维 王　燕 林晓红 张　静 王晓丽
罗坚武 罗盛宇 李活贤 卢越峰 龙世雄
黎　彪 谢智灵 温　键 李俊武 关则强
黄荣达 李煜璟 颜　杰 张大智 周　洋

数学与应用数学（软件工程方向）（23人）

李耀升 谢智坚 周健辉 黄旭斌 苏俊毅
何　斌 罗胜文 柯远升 徐　浩 许民强
阚海湄 巩吉璋 李颖嘉 张展军 邱志亮
刘剑飞 吕仕平 孔令琛 林　璇 陈　爽
官　兆 周　又 王小兵

信息与计算科学（16人）

杨海盛 覃雄维 柯郁松 林新坤 黄文婷
江丽芬 李海康 许樱抒 关佩球 姜树炜
詹佳燃 熊德先 周海波 陈俊宇 梁　健
彭显哲

生命科学技术学院（105人）

生物技术（生物工程方向）（20人）

甘静雯 李群业 吴锦德 梁振洪 王衡馨
阮向扬 黄志伟 郑小郎 薛　武 周智康
张剑军 叶振升 吴许文 陈小帆 吴丽雁
邱绍扬 谢明珊 张鹤森 梁丽妍 罗　飞

生物技术（37人）

罗　勤 陈业志 蔡东菱 叶京鸿 刘　政
何　颖 陈伟锋 范旭宏 何述明 彭　婧
王　佳 贾　楠 殷海波 赵秀思 顾家祺

赵　蒙　唐　涛　严　岩　李光照　陈　榕
邱敏奇　曾　涛　徐金军　吴　葵　杨　志
袁玉菁　关牧之　冯家恩　樊振华　周文燊
刘伦富　汪祖昊　蔡　郁　林　珊　谭洁亮
黄燕华　陆英杰

应用化学(商品检验方向)(24人)

梁劲锋　林耀文　蔡子龙　郑智聪　陈伟泉
游倩雯　郑良佳　谢文华　江海燕　黄伟欢
毛德兴　翟玉冰　黄　辉　汤常金　郭　亮
吴思超　陈子伦　杨振兴　陈武境　焦进辉
魏建华　冯百承　戴荣锋　陈俊智

生物医学工程(24人)

余启聪　韦丽萍　李子安　梁嘉雯　林丽娟
卢倩雯　曹　亮　张　丽　郑汉伟　黄楚波
莫小慧　陈　英　方志远　张　奕　包　磊
黄硕豪　何柱国　林　远　何　山　黄宝添
代　鹏　苏　科　潘　山　郭　安

医学院(227人)

口腔医学(24人)

胡佑旗　罗永宏　黄富金　陈晓雷　何泳艺
郭红英　刘天涛　任志炜　李　丹　韩晓东
邱小玲　杜翠莲　应　隽　刘思润　黄　纯
张　超　张琪乐　李　莉　梁善钦　罗　纬
叶明喻　詹丽华　刘　静　曾汉林

临床医学(122人)

杨　锐　黄添业　叶　盛　余　强　卢美玲
李伟成　黄秀芝　庞振鸿　刘思聪　张玉娣
韦　蓝　张志雄　李展聪　吴锦芬　梁　厚
毕玉琴　禤伟振　钟锦萍　林嘉明　李加颖
李家碧　卢佩仪　李华红　岑雅妍　萧盈荣
杨宗照　邓梦理　姬智艳　黄业欣　李华丽
朱宝中　何文皑　陈炜伦　戴结强　苏靖芬
陈卉君　林宓莹　陈胜炬　杨崇艳　涂智峰
杨　慧　郑长煌　刘致中　朱嘉祥　梁少兰
陈家湄　陈伟林　魏玺群　陈　龙　陶　岩
任　丽　刘晓芳　张亚男　韩志远　陈青青
郭　煦　杨　谦　刁振华　宁　睿　林心情
卢永城　石晶晶　李　峰　王　冠　王俊芳
但　操　阎　毅　吴　渚　黄妙明　邬业强
屈家辉　梁淑贞　潘炜祺　曾惠銮　张菊弟
郭宏伟　杨敏英　夏淑妍　林国辉　林　捷
李华康　陈锦夏　余贵周　丁园园　黄金华
张永红　黎晓萍　黄丽嫦　李敏智　钟振强
曾黄辉　周幼芬　赖菲菲　罗石宏　赖育政
曾春苗　萧羡珍　余贵亮　陈晓琴　方锡鹏
唐竞新　冯春鸣　梁耀中　吴忠勇　曹贤君
郑　颖　谭小军　陈建伟　梁继飞　杨洪海
董　玲　唐　昊　陈银霞　安　迪　徐　燕
张昊昊　赵演池　邱思远　梁彩霞　林小燕
韩　辉　欧阳文浩

中医学(41人)

陈碧川　高振军　陈少恩　卓雅云　容志航
胡安娜　陈演仪　林子鸣　冼振威　黄荣辉
吴卓坚　詹挺钰　詹挺琦　游曙铭　范纪贤
黄心洁　黄健初　潘可欣　王小刚　陈　磊
杨环文　张黎敏　向　葵　蔡　昀　谢　芳
许秀芬　林锡丰　黄晓佳　余锡贺　陈振宇
郑秋明　吴建奇　陈春燕　吴阳胜　庄　雪
洪标华　池绍龙　徐小金　朱连雨　蔡海柱
韩婷雯

护理学(40人)

魏宇玲　叶嘉茵　郭钰滢　林彩霞　阮佩君
高君仪　张永良　施珊珊　罗秋影　李仲恩
江健凤　李咏东　钟　敏　杨晓苑　袁绍辉
赵　娟　吕史维　姚云香　徐佳卿　周曼丽
洪慧娟　陈　岳　王慧娟　许　用　余　田
骆汇雄　余晓君　陈新容　陈梓珊　周泽和
梁劲生　江一平　黄苏平　谭雪梅　魏　梅
郭咏梅　张　阳　李嘉瑜　李银优　严碧芳

药学院(47人)

药学(47人)

冯锦辉　毛俊儒　刘言芬　吴静文　潘凤霞
张　强　何喜同　林金华　周翠萍　段宏亮
王昭丹　梁雅雯　杨汶萱　李晖莹　吴影君
何鸿生　陈小聪　陈国颖　曾桂花　陈淑慧
周春玲　黄珺珺　颜雯雯　赵冰心　郭　佳
王文婧　邴云云　江　波　郭施雅　郭朝伟
莫凤翔　冯炜菁　郑小娟　黄科明　黎秉富
吴志敏　苏文魁　陈海文　蔡钊烁　陈引环
殷　茵　蔡　雨　余绍蕾　黄文杰　方　瑞
阮杰武　续　倩

华文学院(57人)

汉语言(24人)

林小佩　余浣玲　郭政权　黄俊英　金善熙

杨木钦 李彦政 孙齐焕 金成郁 胡良光
陆 兵 陈 雁 陈亿丰 刘赫湜 李美莹
龚 雪 何学恒 李 炎 杨 玲 梁欣璐
刘玉珠 许晓明 植 毅 张秀琴

对外汉语（33人）

孔琴心 余燕娜 邓文丽 徐鸣鸿 李慧敏
韩 冰 王 帅 倪望真 张 璇 李 辉
李 慧 刘文君 胡素珍 高盛一 冯婉梅
邓毅敏 陈尉瑜 王 剑 黄健文 张盛元
杨瑞娟 汪思慧 黎 丹 曾文科 王永康
高 岑 冯 怡 梁 洁 杨林峰 刘碧天
罗 曼 袁 辉 张 珩

珠海学院（1 111人）

市场营销（76人）

刘慧炜 谭丝敏 平德明 刘 茜 郑伯诚
邱立智 黄杰荣 钟正辉 邓良彪 李丽敏
张文鸿 罗楚鹏 梁泽鹏 黎垣华 丁彩娜
郭郁生 左纯场 关凯瀛 张 晶 刘伟凯
张 忱 高敬龙 刘 颖 张慧竹 尤依璐
崔 琳 王雅文 杜宇波 毛世佩 吴良晓
陈佳妮 吴楠楠 李国文 江 龙 陈 辉
张聪梅 刘 利 李志强 徐炜平 赵 晨
孙 涛 袁 曦 司元元 李 媛 夏 录
严立浩 伍健平 苏婉芬 曾祥平 廖开有
向经伦 薛林子 林敏仪 陆正文 黄广贤
李健强 马 明 黄 保 周一好 欧彩焕
罗双春 郭苑平 雷熠宇 钟志福 费奕龙
周汝彬 许延寿 黄泽群 唐菀泽 盘 涛
骆 思 谢 峥 赵伟强 马 珂 班文芬
熊蝶莉

法学（116人）

黄国彪 张炳豪 梁振华 汤静仪 徐敏玲
钟 莹 冯颖智 梁思华 何启文 陈凤珊
黄玉芬 李杰峰 黄华强 唐秋英 梁颖琴
张 鹏 杨登华 李海鹏 姚莹莹 严德勇
覃丽珍 古东璟 梁沐周 李 云 黄 臻
谢 桓 安太旺 韩俊杰 王亚男 韩 宁
刘 阳 姜 昆 蒋 竹 赵竞斌 彭 翔
徐海亭 袁文婷 程 越 夏 爽 陈晓婷
许高顺 刘 宁 孙燕萍 徐凤梅 曹亚琼
刘 宏 刘满堂 蒲 伟 麦晓雯 郑文杰
韩明洁 朱燕媚 张龙龙 张 凯 杜 莹
温丽雯 潘家惠 陈 瑜 马 凌 姚少锋
陈永亮 申 啸 刘妙容 周竹君 陆飞繁
杨 文 黎耀洪 陈文清 陈玉明 谭淑春
李春嫦 梁素娟 王孟春 周雅君 梁晓玲
董宝珠 黄勇略 刘舒婷 潘伟思 张 威
朱健瑜 莫汝坤 潘玉霞 刘映旺 张秋生
王树章 陈志鹏 罗 萍 谭 曦 孔维聪
朱运旺 林永智 韩晓丽 刘 姝 倪小铉
佘 玮 石建娜 葛广波 金 莉 梁文琼
高 辉 蔺 喆 李 帅 韩文峰 郭 曦
魏 琳 虞 洋 许飞粤 褚 密 季 青
宾 敏 刘竞男 关嘉辉 陈文静 林圣杰
杨 甜

新闻学（91人）

黎咏芝 黄小敏 杨子玲 陈 星 廖靖文
黎慧婷 曾晓怡 潘 丽 钟 燕 陈廉碧
袁湛花 骆苏艳 曾秋辉 余金锋 张运彝
陈 琼 吴洁纯 毕媛媛 杜亚红 李 勇
薄晓婷 胡立群 路明有 于国明 赵金峰
韩萃萃 韩子薇 王思文 陈 岩 张亚男
刘 杨 曾 芹 徐 燕 董柏锁 仲 宝
刘洁琼 陈晓璠 王姝雅 田 超 黄丛伟
叶建川 郭子建 肖桂花 崔 佳 田静雯
张惠清 陈 晨 肖旭升 程 鹏 陈 琳
赖少芬 邹 云 罗先华 陈婷婷 郑俊彦
谭小兰 张海燕 梁俊鹏 钟育婵 梁 璇
张 玮 江天一 黄立俊 刘维述 梁智勇
肖 昕 赖良青 林彦锐 梁桃英 祝 愿
李 雪 陈庆淑 黄良策 彭 俊 吕 恒
蒋明亮 张 薇 陈海涛 苑 蓉 靳碧海
陈晓丽 欧阳玲 成越越 孙 磊 陈沁怡
梁志华 王煜炜 岑 丹 毛锦萍 高启鹏
赵 冬

工商管理（68人）

林健新 张燕霞 张巧育 李嘉荣 李惠敏
关伟龙 黄珊珊 陈 喆 林春成 李天祥
刘家澍 张 杰 欧妙艮 卢松发 梁宝华
张惠惜 崔 星 杨小蕾 张建坤 于伟伟
方 毅 孙火军 陈 晨 郭军保 郭庆海
龚鹭杰 林鼎琴 陈 珺 毕永健 黄文钊
韦 炜 宋 健 王灯亮 赵晓君 何雅茹
陈锡城 吴欢欢 梁君仪 张国成 余妙玲
吴 锋 吴亚飞 叶胜林 张 璐 蓝超强
罗杰宏 周应连 叶嘉慧 陈斯敏 卢剑纯
张裕婷 肖徽泽 莫宇升 周珺清 李彬彬
刘启林 曹 沁 顾 曦 周华蕾 葛茂全
俞琬滢 张小超 徐锐鑫 赵 芳 刘雪群

唐凤鸣　文　景　郝　岚

会计学（74人）

廖杰丽　林晋超　毛嘉亮　李　蔚　叶冬梅
钟演芬　钟雅文　吴美英　林智青　何佩敏
冯　钧　柯华娇　蔡少云　陈志军　刘宇金
谭海锋　范方仁　张嘉琪　吴　华　江君行
陈链武　张建武　陈璇月　李晓雨　高晓娟
张　岩　王　玲　陈路展　陈高毅　黄恩慧
陈炳铿　王　恺　周　丹　刘和锋　郑　菡
郑　婕　李文超　罗田芳　雷丰源　曾贵山
张俊声　张　平　李大伟　范丽娟　陈宇君
游妙芬　陈丽笑　梁玉昭　何玉金　丁健峰
陈少梅　黄慧婷　古　晓　林进飞　陈建国
孔振峰　刘敬彬　王　相　林海婷　李　蕾
刘　涛　曾华英　陈　果　秦静文　李银先
李奇斌　彭　娟　李　丹　陈　朗　贾　蒙
朱　丽　王　婷　陈振辉　赖锦源

行政管理（74人）

张祖怡　杨颖欣　林结凤　吴少辉　郑咏之
刘毅平　叶冠华　高伟财　梁亮柠　周文彦
钟振宇　熊小佼　吴少娜　张兆源　李护季
路五娜　高燕卿　张力虎　刘天竑　杨　斐
徐传凯　王晓明　马小虎　徐　军　柯凤华
丁美玲　刘芳芳　张　婷　吕春花　叶春雄
钟少华　周爱明　张文权　赵晶晶　池映虹
简容芳　黎堂明　肖秀茵　周艳彬　余妙嫦
严子山　赖燕青　李志彪　王　轩　林上喻
全兆君　陈国芬　潘火强　张惠香　张湘东
黄兴华　罗小洁　李建成　杨杰聪　白传飞
徐泽城　成　婕　陈晓旭　方一川　梁　田
王　犇　夏　凡　陶晶晶　徐川川　蒙丽佳
俞鹏程　李　卫　胡艳兰　郭　雷　童　玲
毕志毅　王　涛　陈德武　康雯瑄

国际经济与贸易（94人）

李婉芬　陈丽敏　黄嘉贤　邱绣璇　邓振华
源诗雅　陈　蕾　董国锵　郭黎明　黄燕华
龙宝嫦　叶伟平　钟进洪　何佳娜　徐升祥
梁洁瑜　关俊强　李小清　罗日坚　黎燕妮
吴　欣　陈洁菡　陈佳娜　刘　婷　刘　燊
王宝磊　王文婷　陈　晔　孙　峰　潘明慧
陈宗兴　曹　珺　贡兴盼　许文山　刘永周
唐君凤　龙志鹏　王　炜　栾　楠　严　力
李崇怡　麦志斌　周颖翔　孙璟妍　李　卓
罗丽君　胡晓莹　王铭婵　林学年　曾天芬
黄德安　周静兰　黎翠玉　何炬荣　曾智斐
谢绍恒　黄劲雄　陈新兰　谭振艾　招惜秒
李秋莉　王子姗　崔　露　梁冬云　李如海
毛为民　杨　莹　伍东红　黄晓敏　黄宝峰
陈亚语　周诗孝　张丽琼　吕　玉　林曼娜
郭燕娜　梁文辉　李　曦　孔祥柯　李　征
邹湘林　夏阳娇　卢静洁　翟　健　秦　雯
杨　玲　李冠楠　韩　英　田晓辰　陈　璐
许　进　秦　青　邓　菲　欧阳依茹

英语（商务管理方向）（71人）

林惠嫦　梁景雅　陈嘉宝　谭敏儿　林　慧
洪　欣　杨越杨　林　静　叶梓芬　张颖卓
劳　静　赵沛荣　张　洁　彭冬梅　胡　健
张秘铭　康华滢　康　谷　张　慧　陈冠丽
张　倩　何超华　叶丽云　蓝佩琳　刘效强
吴健鹏　张　静　张　蕾　刘　馨　解全明
孙姗姗　徐佳艺　唐亦州　宋　辉　曹卉辉
诸智武　黄　维　邹慧婷　罗丹青　黄宇茵
林新雅　林韵歆　林苑君　曾瑞仪　郑　宇
侯雪蓉　刘晓颖　周晓意　周佩虹　陈　珏
陈　凯　杨　媚　徐敏媚　江进华　冯梦霞
林小争　陈秋菊　卢海容　赖玉燕　赖瑜琳
陈江红　龙海云　曾焕暖　陈　飞　黄楚卿
杨　丹　赵　恺　沈慧敏　姚　婷　张朦朦
高　璐

财务管理（77人）

李雅翀　张　硕　符　晓　林云婷　陈　慧
程月琴　杨倩怡　林德瀚　黄嘉敏　廖成华
李义春　赖　俞　刘　奕　蔡换娣　陈秀婷
洪萃菁　王　倩　唐　宇　李　华　许伟光
张　琨　薛丽芳　张鸿磊　常　洪　卢一萍
苏　畅　王　璐　徐　勇　廖小慧　余雪亭
孙大伟　王　素　许琳茜　张楷宜　张勇波
雷怡然　沈棣明　翟树祥　徐风华　林树群
陈惠娟　陈冰纯　霍惠芬　关洁明　刘永秋
关钧宜　罗　远　郑自立　钟进文　高　彬
钟　越　何嘉兴　饶健林　钟艳玲　苏小萍
黄丹萍　付伟迎　张振洪　李伶俐　骆小燕
蔡琢欢　吴西贝　任振中　苏　卉　陶玉珊
何义维　乔珊珊　常翔东　赵　媛　缪青耘
应乐波　宋　巍　张　博　赵　巍　黄文婷
范宜贞　李维宇

金融学（94人）

杨小梅　刘　登　李昕桦　杨伟彬　张　博
马少惠　李小敏　黎长旺　余　丹　朱丽聪
罗　静　魏晓青　唐　华　吴　洋　段良华
马立群　刘　洋　鲍海宇　王向春　付丽娜
苑文佳　史文龙　邢丽媛　薛　晖　张正卿

邬磊斌　程秀枫　尹　培　吴　苏　虞兢珍
刘　序　江伟捷　许莹蕾　邹海辉　邹　晖
雷　敏　于万里　霍凌汉　郭尊奇　马　靓
郑　风　黄淑孝　成　立　庾君杰　谭颖欣
彭　平　邱伟燕　邓敏丽　李怡园　赖秋玲
何凤琴　马苑芷　黄庭美　陈巧文　陈香莹
赵昕敏　黄国才　梁穗琪　梁全旺　朱丽兰
刘树荣　严永莉　潘秀梅　陈贵梅　刘梦仙
张文欣　陈旭佳　王旭新　许伟旋　梁信凯
黄朝刚　林松峰　林师旭　华　梦　王陶然
戴　夫　徐　敏　官　茜　邓　薇　罗无名
武　磊　曹晓岚　宗文楠　武　虹　刘妍婧
李自强　白小霞　徐念劬　陈　婷　张秀敏
郑瑜琳　刘勇政　谢鸿雁　唐乐乐

广告学（93人）

吴柳青　罗凤禧　庄佩旋　杨　勇　吴智毅
张夏鸣　徐珊珊　曾俊锹　陆春艳　陈家泉
陈日光　郑泽万　张润松　曾锦荣　姚文智
林天喜　邹礼仁　李　硕　冯小琳　徐　凯
宋晶晶　张　磊　王晓梅　于　洋　李　杨
李成蹊　肖诗玥　张　斌　蔺萌萌　郭越越
史春艳　陈　君　李萌萌　王馨悦　朱洪渠
林　莹　李端月　宋长春　侯海平　李　啸
李栋梁　薛舟民　赵　棪　沈　慧　刘海蓉
汤　一　周　斐　杨见雄　刘雯婷　陈志聪
袁颖聪　谢卓凯　许梓旭　袁　槟　郭志毅
蔡玉兰　林文俊　马吐兰　郑洪海　钟小昆
邓观浩　赖建国　范武波　吴　优　廖宏金
何嘉慧　邱小玲　余远浩　李伟歆　蔡岳生
张林霖　吴莉琼　符少花　徐　然　李君君
刘传柯　朱闵敏　肖令爽　黄艺冰　吴　莎
张晓天　刘莹莹　王　凡　杜　宁　惠　增
陈　超　陈晓丽　汪竞雄　黎洁欣　李梦欢
王间开　符潆心　李　娜

汉语言文学（55人）

叶凯霖　陈静敏　朱晓君　洪敏星　巢素娟
张　锐　陈景锋　周燕霞　罗志渊　陈　凯
梁荣君　李育彬　侯金硕　徐　涂　王　军
张先耀　毛纯林　赖晨曦　赖　阳　戚建荣
钟　鸣　丘翠翠　沈超伟　钟　莉　黄　铄
王　艺　庞少芬　冯美枝　林秋华　黄静虹
莫玉酝　陆红梅　何国维　李海生　程水山
黎凤彩　刘毅毅　沈晓维　邹月英　黄　腾
陈　绚　林伟镇　梁锺锋　邝金雁　陈　玮
李清华　杨　洋　魏　华　王　博　张晓沛
周锦锋　万　可　刘志芳　许其飞　林　巧

计算机科学与技术（65人）

马静怡　姚嘉栋　冯展超　钟文俊　方　安
吕英飞　刘　威　林　坷　陈恩炳　叶彬彬
郑　强　刘垭昕　姜　健　王馥郁　骆雅娜
臧　微　马　涛　朱　琳　闫龙妮　阚建国
陈　军　周修兆　李晓华　石佳丽　李玲莉
丁宏飞　张　昊　周圣金　刘　留　张定鹰
张小景　刘小芬　宋明鑫　逯金奇　吴东芳
邹永杰　朱海冰　谢贤芬　吴建昌　郭　珺
方展鹏　蔡咏金　崔锦根　王雨超　张兆康
李振贤　林云天　明桂贤　薛　佳　叶新权
郑琼冬　黄锐荣　林　锐　张　翎　罗　慧
李林轩　叶　梦　石晓磊　赵　林　自　然
杨映莹　余学远　奉其狮　殷文锋　何乙帅

信息管理与信息系统（63人）

倪　佳　邓宪君　邓欢强　许冠中　何锦盛
梁　坤　朱幸荣　罗泽涛　苏　明　廖　杰
方耿林　熊云兰　刘太中　焦　璐　蒿　嫱
谢仑佑　王　阳　姚　林　曲莎莎　刘锦旭
魏桃桃　陈　嘉　袁　宝　王磐磊　夏晓苏
赵小磊　韩　伟　余云琴　江　钦　徐先成
田　园　赵雪梅　徐春阳　陈智锋　莫颖均
梁　正　刘婷婷　赵洪荣　陈志宏　汤伟民
彭伟国　张晓鸣　郑　瑄　倪文林　黄晓芳
王思焜　陈浪交　韩健楠　旷　铭　张　燕
杨　亮　刘　欢　黄慕芳　蒋少林　杨　彪
姚结兵　陈玲玲　许静瑜　黄健美　庄隆生
李洁昀　卢文珠　金　涛

深圳旅游学院（204人）

旅游管理（70人）

张　洋　何佩钰　廖燕玲　郑竹均　谢忆华
钟晓岚　梁启祥　李　靖　张俊炼　苏庆邦
唐　珊　廖培文　黄灿荣　巫碧珠　李立建
李媚珠　孔维东　冯　青　李琳琳　霍瑞娟
栾　竹　张振伟　王　鹏　马　波　黄斐然
沈亭亭　殷雅美　周姗姗　胡　瑶　徐莉娟
熊丽娜　赵莉莉　许理红　杨炜烽　黄含秀
黄浩维　陈宁昌　黄晓新　纪利才　纪微微
苏建华　马丽琳　陈曼莹　陈杰谊　文　静
张慧娟　陈秉尧　陈嘉敏　黄丽珍　林田霞
胡海棠　余贤朴　许财健　吴航标　叶慧萍
苏文忠　陈俊宇　许斯儒　李　强　郭　华
于丽文　王　菁　樊　琼　魏思亚　林庆良

梁先骥　刘小芒　何　艇　胡　娜　欧阳圣裕
电子商务（44人）
萧启乐　区世强　林志强　胡炽辉　姚凯俊
王嘉祺　苏英汉　陈懿国　褚锦培　陈绍灿
赵佳丽　毛海涛　王仲毅　李　鹏　侯军会
张　路　黄　培　刘智勇　蔡　雪　郑　矗
王凌静　唐　亮　李玉书　徐晓楠　林杭玉
卢炳瑛　李娅洁　郭振奇　吴芷颖　刘立峰
薛少鑫　徐健新　杨文进　黄雅丽　廖莉敏
史业博　刘丽珠　殷　隽　喻春燕　李亚琪
汤　清　付兴旭　普　瑞　林乐君
英语（商务管理方向）（90人）
曾　洁　郑丽娟　张丽珊　刘婉清　钟　磊
吴　飚　欧晓静　彭凤芝　麦志材　钟宏勇
曾文均　袁丽娟　郭敏仪　陈曙刚　杨　菲
卫彧浡　张春燕　郭　琳　刘国强　吕　娜
闫一婷　刘　刚　汤东旭　崔萍萍　许　蓓
翟小颖　杨　常　蔡紫恒　刘晓磊　孟玉娟
熊　琰　苏晓玲　王小英　何雨昕　柳　波
王　媛　王亮亮　于若雨　张小倩　余静雯
陈　韵　赵　旭　曾素梅　刘　娟　叶　波
邹宝玲　钟欣妍　文慧莉　马晶晶　林长荣
张智强　陈莉莉　黎丽丽　曾庆洪　李秀洁
彭志恒　梁倩榆　刘瑞枝　李美浓　张云霄
陈宗杰　符春远　郭俊华　黄　宇　黎碧兰
邓淑君　李文玲　李宝宝　陈远辉　何　哲
雷卫敏　梁世杰　陈志伟　杨海成　谢晓芬
曾小粉　叶晓萍　唐莹昱　邓　瑛　王泽河
徐小云　刘筑蓉　何亚娜　李　玲　任　冰
王文超　区佩珊　蔡罕夫　陈洁施　张国权

硕士毕业生（2 121人）

春季毕业硕士生（52人）

经济学（17人）
财政学（2人）
张轩维（兼）　谢仪颖（兼）
金融学（13人）
王成进　赵　嵘　姚木健　张蓓蕾　李国欣
邓　竞　徐　海　李卓威（兼）　吴金娇（兼）
王嘉盈（兼）　林晓彤（兼）　黄超波（兼）
谭明辉（兼）
国际贸易学（2人）
钱　茜　蔡泓名（兼）
法学（6人）
国际关系（4人）
廖新年　张青鹏　房　敏　高文峻
国际政治（2人）
姚卓文　郑思尧
文学（2人）
语言学及应用语言学（1人）
曹钦明
新闻学（1人）
毛锦钦
理学（2人）
凝聚态物理（1人）
仲　飞
水生生物学（1人）
李秀玉
工学（1人）
工程力学（1人）
周秋娟
医学（1人）
病理学与病理生理学（1人）
康小玲
管理学（23人）
1. 科学学位（15人）
会计学（14人）
林深渊（兼）　黄翔弦（兼）　陈兆伸（兼）
蔡聪慧（兼）　魏锡栋（兼）　黄建诚（兼）
甘鸿英（兼）　林素真（兼）　吴耀宗（兼）
陈志权（兼）　冯文超（兼）　缪丽萍（兼）
郭玉娥（兼）　刘敏慧（兼）
企业管理（1人）
范君怡（全）
2. 专业学位（8人）
MBA（8人）
易　戎　刘秀梅　崔乐传　何华强　沈宝生
肖向阳　张青文　骆明裕（兼）

夏季毕业硕士生（2 069人）

经济学（346人）
政治经济学（28人）

邵国和 郭忠杰 胡 智 田丽芳 谢 康
王喜凤 熊 薇 张艳丽 郭 蒙 蔡佳文
刘 明 张景东 李雪琪 廖天佑 张志敏
周芮仪 茅玉峰 张冬霞 马 星 王炜清
谭 卫 程增生 魏大姣 马 冰 唐 洁
郭 辉 陈向华 范莉萍

西方经济学（8人）

宋红春 黄黎明 田慧蓝 闫薇薇 苏黎明
聂红艳 孟俊清 龙海雷

国民经济学（40人）

黄雪晖 廖成娟 周峥华 尹 锴 余长建
陈 磊 刘海青 杨建华 梅淑玲 张中德
张 立 张宗静 韩超群 杨利云 邹清源
陈意新 陈 晖 高 丹 于 炜 顾忠华
杨 帆 张林海 冯 云 朱胜勇 陈 和
蔡荣军 吕伟伟 郭文琴 占 静 郭建万
李景海 钟秋生 郑广瑄 任超锋 邵洁笙
梁宏中 黄伟彪 曾世华 张 毅
王惠君（兼）

区域经济学（16人）

杨 奕 谭小平 冯 冰 赵 敬 罗和国
刘新建 王吉人 朱欣苑 包 娟 杨向伟
蒋纪华 刘文静 胡 捷 李 蕴 黄 琼
王 华

财政学（33人）

陈小勇 郑 丹 陈 靖 秦 艳 李 茜
宋燕琳 孙 妍 李海波 贾云涛 王 娜
朱 洁 谢海群 傅扬华 李雪芹 李 亮
田新锋 唐 霏 林国斌 何志静 张益赋
张 锐 乔彩霞 李 孜 朱 清 林举冠
杨 柳 罗 威 陈 艳 乔 栋 黄佩筠
冯晓燕 陈荣东（兼） 黄盈霏（兼）

金融学（96人）

曹 郡 陈燕珊 陈建华 姜 勇 揭 冲
董有国 姬文龙 马维艺 刘 晨 唐 军
段慧磊 廖霞田 傅建源 张 丽 詹士华
马洪娟 刘新刚 李炅炼 林德宏 林永亮
黄晓雯 苏俊桦 王 祺 王丽萍 孙洪宇
高 乔 吴 健 吴 昱 李 琳 何碧长
邓娟丽 牛玲玲 李春阳 汤炳辉 骆 琳
姚 斐 李 倩 史 慧 姚 南 孙建辉
龙 敏 朱 丹 周 瑛 莫海云 陈 峰
黄英婷 张少杰 赵 莹 陈姣姣 廖仁英
秦翠萍 张 婷 康 鹏 肖海斌 许艳梅
欧阳瑞 张 娜 彭琳娜 雷彩萍 汪小军
和致源 林日丽 朱建明 张宗勇 李长征
金 纯 李晚华 李进明 吴 聪 李诗田
李 军 郭世江 芦 峰 卢春燕 杨汉波
蔡 彦 范 题 卢国锋 钟 诚 麦文盛
林德明 李 权 王春月 黄 莹 周丽莉
胡 音 关伟琦 蓝 薇 石 伟 黄书婷
陈庆辉 林云岩（兼） 黄国宏（兼）
陈晓燕（兼） 林文冕（兼） 杨明栽（兼）

产业经济学（36人）

李 莹 屈 衍 胡礼江 胡 婷 陈先锋
陈 林 郑 燕 尧凤仁 赵嘉薇 李 磊
杜传洋 吕绍云 李桢桢 张杏树 黄 薇
燕 波 刘玉婷 李望俊 何长轩 李克杰
陈嫣嫣 刘 莹 秦向辉 张 艳 莫桂海
陈 果 李雪云 姚 滢 陶 锋 宋 玲
唐 琼 邓晓锋 姜 奕 穆艳华 曹伟东
欧阳颖弋

国际贸易学（37人）

陆序生 陈运兴 马 莉 孙 旭 陈秋锋
彭双凤 杨丽娟 许姣丽 王玉芳 胡 超
李 旋 刘 凡 崔晓梅 杜凤蕊 颜海明
丁亚涛 杨成平 陈敏敏 张海霞 刘钧炎
赵培华 王奇珍 揭 昊 汪大兰 曾友谊
李向升 付 丹 王 静 龙先文 朱展斌
沈湘平 刘凤翔 余 律 赵 娟 顾洁华
张玉媚 颜婉雯（兼）

统计学（19人）

金颖思 钟淑萍 牛秀敏 董 伟 傅 薇
陈纾荣 姚 艳 陶海映 熊国林 杨中庆
都崴崴 兰 芳 孔丽娜 陈 萍 刘斌锋
陈国汉 汤克明 毛艺萍 黎 伟

数量经济学（33人）

付志刚 刘增彬 吕亮雯 陈 桥 贺建凤
邱全山 李剑梨 高詹清 杨巧梅 周丽华
刘 兵 常静娟 章贵军 李 萍 凌 塔
刘浩瀚 梁媛坚 林德球 陈光慧 苗建防
王克林 刘永强 刘 畅 罗 薇 钱 璐
伍燕芳 廖继标 陈楚祥 谢铭杰 岑倩青
欧阳敏华 黄依雯（兼） 魏 泳（兼）

法学（164人）

民商法学（29人）

马惠凌 王 鹏 曾倩宇 金 明 董 国
何珍丽 胡艳东 梁小赟 杜慧君 丁 楠
熊 斌 郑永生 李振海 黄海坤 陈巍巍
吴汉伟 张清华 魏祥浩 吴子媚 黎景欣
金松华 徐能军 李兆慧 凌洪斌 许雅岚
喻 湜 张 锐 欧阳甘芬 邝宁芙（全）

经济法学（67人）

刘新宇　黄洁梅　杨斯淼　王磊珊　涂洁
韩凝　苏丽英　张琳　杨少雄　蔡华强
蔡晓鸣　胡宏欢　任普　刘媛　高洁英
范建梅　施新华　黄经辉　郑云　陈燕琼
陶鸿业　敖志　陆露　杨宽红　区琳
张燕红　左建越　黄国崇　陈楚钟　邹艳珏
李晓华　王文丽　成伟智　杨海平　陈静
赵丽慧　谭卓凡　罗剑锋　李进　何玉洁
杨梅华　黄斌腾　张榕华　胡建强　赖嫦媛
叶丹　李惠平　陈慧华　陈智才　王孟荣
于慧玲　郑佳　吴晔　张健　饶艳
吴于群　余新亮　梁鹏　凌永琴　黄鹂
陈泽锋　陈晓玲　李莉莎　郑素梅　黄丽璇
曹刚　朱三英

国际政治（15人）

陈明礼　吕壮林　梁芬　吕雪仿　李燕
王雷　朱幼恩　谢丽梅　胡庆亮　杨凯
林婀苗　邹建军　黄明焕　袁术林　刘红艳

国际关系（53人）

茅根红　邓信良　张芳　李玉华　竭仁贵
张锐　马正义　周玉渊　曾文华　陈晓莹
林逢春　许泳怡　张鸣　龙邦　李立之
韩瑞凤　阳群　刘美佳　舒光美　邓志虹
李导平　李惠臻　黄晓聪　袁源　曾日
潘德锋　刘华斌　陈凌　孙煜　张勇长
郑山水　揭晓　王伟东　余彬　肖长华
胡春艳　彭芳　刘培栋　钟耿涛　薛刚
李政　方拥华　李小琼　姚娟娟　温馨
郭萍　李仕燕　马立明　邵镔
张文昱（兼）　宁德邦（全）　周佳霓（全）
赵卫星（兼）

教育学（29人）

应用心理学（29人）

黄文述　姜开岩　陈婷　潘素娴　蒋艳华
黄涛　白光林　康传义　王雪　卢娓娓
王传芳　马金焕　吴贤华　宋艳　陈鸿飞
文峰　何芳芳　王群　赵琼　卿海龙
谭慧洁　黄波　吕剑辉　刘秀菊　谭艳玲
王月新　方坚　朱荣贵　李君

文学（373人）

文艺学（33人）

刘卿霞　李平　魏建亮　卢欣　赖新芳
王海燕　梁松清　徐凯　谢中元　潘玉舒
李翠萍　毛小芬　左建国　杨光洲　李艳
彭海英　罗春光　吴巧凤　佘姝姝　李兴兴
汪全刚　彭晓芸　梁颂谦　彭梅蕾　吴惇
刘少曼　张筱园　龙利群　易立　蔡菡
徐耀明（兼）　徐钊（兼）　余思亮（全）

语言学及应用语言学（66人）

潘汜津　王劼　叶花　牛继华　刘晓阳
罗煌辉　杨江　陈秀明　刘催勤　谈颖瑜
王敏　黄年丰　钟莹　程媛　王晓
陈硒　郑秋坤　杨路平　刘怡冰　王沛
袁方　李维肖　李幼飞　许红晴　陈若芬
刘小花　王慧慧　张汉娇　苏东华　李英俊
叶仕燕　廖舞艳　孙丹　刘慧　廖暑业
田宏梅　蔡晓丽　孙清忠　毛哲诗　刘晓露
侯兴泉　许迎春　严丽明　林奕高　刘娟
李艳洵　丁洁　朱晓文　刘文辉　范文嫣
曹琴　唐叶　王妍丹　于灵子　张雪芹
彭彩红　梁静　张文一　谢海燕
陆文颢（兼）　刘美玲（全）　赵华（兼）
朱小明（兼）　孙墨燕（兼）　许楚月（兼）
韩惠吉（兼）

汉语言文字学（24人）

李丽君　段宏　杨振华　张娜　彭文峰
邓芳　蔡燕华　梁桦　滕一圣　苏娟
张婷　韦超　刘晓飞　汪敏锋　李琳
羿采妍　饶琴　翁泽文　徐咏威　曾超华
吴芳　蒋尊国　林俐　周若虹

中国古典文献学（7人）

冯琳　龚艳　黄洪明　曾荣耀　程时用
梁晓园　王祎

中国古代文学（49人）

单光亮　刘立华　宋豪飞　王绍卫　周成强
贾婀娜　杨明侠　荣莉　王晓霞　王清华
田小兵　陈晓艳　阳达　彭娟　梁娟
赵钰　茅雪梅　李祎　孙莉　杜巧月
曾永久　谭辉煌　龙芳　赵琨　颜文武
吴丽清　贾波　陈冬　杨艳华　李振松
夏令伟　代智敏　万薇薇　高翠元　文波
韦升　胡海义　邱苇　宁晓燕　尹玲玲
谢新香　梁必彪　郑才林　唐英　黄美华
薛艳　张振谦　徐持庆（全）　黄慧忻（兼）

中国现当代文学（25人）

杨文　马阳　刁栋林　郭群　杨雅丽
张爱华　周航　覃春琼　胡楚城　李轩
黄丽　冯琼　吴丹凤　舒勤　马淑贞
刘力　刘书勤　谭芳　何小勇　伦莹莹
毛毳　吴国成（兼）　梁咏琪（兼）
黄瑞仪（兼）　施友朋（兼）

比较文学与世界文学（22人）
张顺美　陈晓芳　徐丽云　高　慧　陈　东
梁美霞　栾立朋　杨法坤　程　丽　朱宏燕
梁施蔚　丁丽君　陈　芬　黄　冲　李晓霞
熊　芳　齐秋萍　陈志凌　乐　琦　杜　燕
杨雪梅　罗锡英
英语语言文学（26人）
吕建英　植茵莹　徐娴轩　李　波　宋　莉
王　莉　孙绮芸　李道全　靳振勇　马仲文
吴绍辉　潘　琳　苏东彦　谢剑萍　马　莹
刘友桂　彭　瑶　刘艳华　张　萍　朱晓轩
李轶君　孙骞骞　张淑娅　彭　姝　朱肖红
毛　尊
新闻学（93人）
李　培　许　蓓　弓慧敏　蔡　艳　郑忠明
刘　莹　阎　锋　刘　丹　胡一平　吕晴春
刘　谦　曾　未　吴　平　胡　韵　黄　颖
张泽之　许　光　吴　静　张爱华　邹一戈
杨　阳　高一帆　段晓宏　杜雪晶　吴　云
秦　英　项　盈　林月明　王雄伟　汪宴卿
韩丽姝　易少龄　周文娟　吴智臣　刘　丽
胡　鸽　汤雁如　罗　晴　陆　勇　林怡如
黄嘉莉　潘　勇　李叶华　赵　玲　刘学军
喻　苗　史明磊　崔素华　薛冰妮　苏　常
李双亮　张巧玲　胡　丹　刘毓洁　刘　畅
郑宇曦　牟晓伟　刘　达　晋　筠　戴晓蓉
熊国荣　曾丽红　卢国松　王　灏　潘　琼
郑琼芳　张丹羊　刘　扬　汪　源　罗　娜
黄丽颖　易钟林　张　宇　张　毅　明　洁
周　婕　卢迎新　张笑秋　颜开云　公丕钰
李伶俐　甘　霖　杨　莲　李俊彦　余利花
罗卫光　冯远顺　成　然　兰尼华　丁素云
陶国睿　李桂蓉　郭尼迪尔
传播学（28人）
岑　姗　董　萍　关雪峰　杨　纯　冯　芸
谢昱旻　余意华　黄金萍　谭晚兰　朱　娜
刘　琛　危曙荣　陈　阅　李迎宾　牛雯雯
李　爽　徐　宁　陈　伟　王朝丽　张　敏
刘　佩　江泽文　胡振宇　刘　俊　丁　彬
招志蕴　谢影月　刘　燕
历史学（82人）
历史地理学（4人）
鲁延召　庞　蔚　郑　颖　陈玉霜
历史文献学（1人）
冯　卉
专门史（23人）
孙山亦　薛永芳　张传明　张　玲　刘智峰
陈颖霞　杨连峰　王学伟　乔淑贞　王琨祥
郃利亚　朱文慧　周玉红　任谢元　高　黎
杨友谊　蔡海钦　侯　波　林杏容　向远菲
张宝华　邓敏锐　梁　霞
中国古代史（38人）
刘　军　陈　欣　吴　震　夏　坤　吴自力
刘　芳　彭　丹　肖应云　王　飞　张建民
陈彩云　刘广丰　吴艳玲　朱宇强　彭　展
利　煌　韦　羽　孟迷芳　段文艳　楚利英
王国强　屈广燕　孟　超　江晓梅　魏　珂
张胜海　马根伟　朱文利　蒋启俊　卢金玲
张家玉　宋永志　汤后虎　倪尚明　杨承舜
王丽娃　黄春艳　本多雄治（全）
中国近现代史（16人）
黄灵玲　王鸿志　石利刚　苏新华　连艳艳
王庆林　贾蕊华　许宜湛　王沙灵　崔占龙
刘文军　李　慧　文艳君　孟育东　杨茂玲
胡　曼
理学（276人）
基础数学（19人）
曹定州　梁洁瑜　张　昆　叶芳慧　陈见生
庄思发　阮　坚　尚利霞　丁　超　李丹丹
黄朝凌　王　佳　武秀美　陈　辉　江秀海
李杰民　王秀凤　李思彦　范德辉
概率论与数理统计（6人）
徐芳燕　肖传强　唐晓嗣　许明凤　张国俭
张小小
凝聚态物理（7人）
孙未未　苗银萍　杨　洁　孙前芳　张正法
王慧丽　吴　奎
光学（15人）
薄利军　曾应新　陈少英　骆健忠　李　伟
蒋庭君　赵　强　赵中华　陈书汉　刘新宇
江沛凡　袁芳林　骆宇锋　张　峰　周文锐
无机化学（46人）
刘素霞　陈村元　黄亚林　曾　文　陈　动
黄　亮　余剑峰　陈绍源　徐彦芳　睢超霞
孙广辉　陈　岩　邓兰青　李　选　林晓芝
胡　鹏　朱利伟　陈彩选　王书红　程立强
常贯儒　袁欢欣　张　军　张惠敏　郑丽梅
李林刚　陈思嘉　杜碧莹　赵晓红　赵玉苹
邝金勇　肖　勇　邓　芳　黄东勤　陶　奇
马　洁　胡军文　吴秀梅　何光涛　孙　超
李国有　崔海精　郑　辉　刘兆清　黄微雅
胡永红

分析化学（46人）

王　冠　罗金菊　范兆永　周燕芬　刘珀润
李周明　卢海燕　张茂峰　周　俊　冯　竟
王海鸣　许文杰　刘芬妮　吴春梅　黄日明
邱瑞霞　陈曼莉　丁海燕　蔡怀鸿　苏妙贤
王　耀　肖　锋　董艳辉　张文豪　李维嘉
綦　艳　张　颖　陈润智　李玉霞　王　梅
芮　雯　颜晓丽　宁巧玉　梁芳慧　戴小锋
张　珉　李浩华　苏章益　江　涛　肖孝梅
吴新华　林　慧　朱添祥（全）　黄启昌（全）
刘敏（吉林）　刘敏（山西）

动物学（18人）

李丽璇　刘玉荣　商　文　端金霞　马　旭
郭　瑾　于　燕　薛艳芳　王　琳　肖圣杰
谢　瑾　刘加根　张　萍　廖婉琴　崔郁敏
吴敏仪　杨　莉　欧阳好婧

生理学（2人）

马　宁　潘　丽

水生生物学（33人）

金　芳　刘中华　王　劲　赵水东　程炜轩
任　岗　隋　健　刘健晖　刘婷婷　史　方
吴　春　任永霞　桑　敏　李立欣　陈　迪
李　英　孙晓甜　邸宝平　陈艺燕　吴志辉
吴　任　欧美珊　张占会　潘剑雄　梁海含
刘太胜　陈翰林　孙岁寒　钱开诚　孙　勇
王　庆　梁倩华（兼）　完颜小青

遗传学（36人）

刘秀贵　张强文　周权男　陈宇霞　柯　实
朱钦昌　李　帆　张志成　李实骞　刘孝菊
苏惠霜　姜丽娟　李益广　张春龙　何智强
蒋　泓　高　媛　吴健虹　丁长才　赵嘉咏
黄慧贤　李　冰　谭慧媚　谭洁怡　汤伟佳
陈琼玉　朱艳梅　叶飞舟　刘　侃　高思红
罗志文　黄小葵　吴志玲　宋江南
谭毅力（全）　曹忠健（全）

发育生物学（10人）

宗　敏　王　伟　马　丽　郑　凯　张　丽
任军慧　柯　琼　高彦茹　史卫卫　李文星

生物化学与分子生物学（14人）

陈子明　陈惜燕　徐思光　崔凯涛　周　翔
史金桃　汪卓赟　王　芳　张小芬　孙　亮
黎景光　曹　红　罗林波　熊永康（全）

环境科学（19人）

高坤干　林　娴　张玉娟　俞林伟　彭延治
王　翔　曾　淼　曹　宇　舒　阳　刘　娴
郭晓彬　滕　琳　应文晔　牛　涛　谭　镇
唐海溶　何国全　陈心满　李丽君

免疫学（5人）

黄秀艳　罗辉武　查庆兵　迟晓云　李小迪

工学（264人）

工程力学（19人）

吴　洪　孙海忠　朱街禄　钟文镇　卓志飞
何振宇　杨增涛　唐　麟　韩立锋　沈文浩
龚　昊　安　娜　王　劲　卢迎华　雷勇波
杜　冰　韩　冰　王　波　黄井武

材料学（8人）

陈柳珠　冯章启　丁刘才　常　洁　付　猛
庞鹏沙　胡世涛　刘子琪

通信与信息系统（47人）

曾元元　黎　艳　许书君　梁远亮　谢其良
马晓玉　蔡　君　范能胜　马　飞　盛松涛
曾国智　陈　武　朱少敏　刘外喜　武　晋
陈　亮　庞艳杰　梅　妮　陈松涛　喻武龙
江东海　冯友华　杨瑞亚　周　桦　铁风莲
詹特伦　谢　静　张爱丽　彭君毅　彭　晶
崔春雷　王显安　吴延军　蔡林锋　胡建新
曾镜源　洪家裕　梁曦捷　林仕相　张瑜芳
刘　恒　皮向君　吴　翔　卞明哲　黄　楠
冼　莹　夏碧瑜

信号与信息处理（7人）

周楚雯　高智强　姚瑞琨　周伟贤　卢易苏
穆记锁　刘　洋

计算机软件与理论（38人）

潘柱军　邓忠京　黄志明　闻炳海　刘建伟
佘俊胜　张劲松　黄益栓　张彦军　王　晗
赵聚雪　周　磊　汪　振　徐　陋　朱良愿
王少伟　汤伟强　林万平　黄晓燕　乔　鲁
林雪辉　杨剑敏　王　猛　李晓峰　刘旭彤
谢运佳　谭　炎　宋超荣　刘本斌　刘焕亭
黄蓓蓓　陆裕奇　李　丹　张　仲　李伟镰
宋　庆　方锦亮　司徒浩臻

计算机应用技术（40人）

谭沛恩　张昌城　吴彩虹　张光情　吴明珠
周　洋　刘少军　吴海明　陈兴波　谢小君
斯　凌　徐　平　钟秋燕　夏　娟　王　娜
张　凯　吴君林　郑建勋　徐　林　李昕娣
陈凯伟　曹晓静　陈宁凡　钟鼎一　唐彩虹
韦　苇　黄永华　江　兰　莫乐群　张凌燕
唐润华　陈勋俊　李乔儒　王传胜　郭　华
杨旺明　黄达安　官全龙　车国海　欧阳金方

结构工程（8人）

黎洪局　高　云　拓　路　文俊强　李　丹

王玫玲　宋红林　陆　华

应用化学（6人）

吴忠平　张莉萍　马文彦　王红叶　刘　海
张胜利

环境科学（26人）

王海燕　袁　杰　楚　蓓　刘海叶　杨清清
尹淑庄　李　鹏　佟蒙蒙　王　锐　邓　丹
兰云飞　欧祥亚　陈克坚　任海贝　刘国祥
何宝燕　谢志旺　唐崇杰　李善得　梁志宏
郑培楷　杨　峰　尚　薇　董申伟　麦有斌
陈嘉伦（全）

环境工程（15人）

苏有武　张迎明　万丽兵　陈　杏　贺　毅
周孝治　邵　娟　王　弘　李中华　王　君
于　晶　万雨龙　刘　超　蒋兴国　左向宇

生物医学工程（25人）

李　震　刘世俊　施云峰　闫　昕　冯博华
田　杨　彭柳芬　刘齐海　李茜茜　蔡扬海
王　婷　范善翔　杨　威　许少波　杨凯声
缪　婧　颜秋平　陈培正　于　芳　石义芳
邢禹彬　陈兴尧　邓倩莹　朱敏鹰
杨南煌（全）

食品科学（24人）

陈秀兰　陈　杰　王丽丽　曹柏营　郭开平
舒小康　陈　权　谭志光　曾凡逵　罗艳玲
杨　伟　张玉萍　郭甫成　陈雅雪　李　望
薛　枫　李爱萍　李福谦　刘鹏展　王文岭
焦　霞　周红锋　田利春　郑　洁

管理科学与工程（1人）

陈　诚

医学（228人）

人体解剖与组织胚胎学（6人）

武延格　山爱景　杨永国　方会娟　金日男
贾　琴

免疫学（6人）

范　辉　王会营　贺　芳　许小亮　江颖娟
谭玉波

病原生物学（2人）

张　倩　肖　瑞

病理学与病理生理学（12人）

赵　雪　韩丽芳　陈梦飞　李　平　张俊艳
谢新华　高双全　郑　宇　关　颖　陈艳宇
蔡军伟　蔡进中

内科学（34人）

曲亚丽　汤　冀　高伟良　赵　雷　尹青松
张　昇　龙爱梅　庞新利　杜　娟　许振华
王　康　朱忠生　陆　琰　别彩群　段雪辉
孙　楠　张新枝　吴雄健　李　康　陈健新
孟　宇　李俊萍　戴　炜　余木生　马　彦
李琪毅　朱卫健　郑　磊　王东霞　谢　婵
黄思敏　黄　丽　陈美玉　陈　芳（全）

儿科学（9人）

周　平　晏路标　赵立华　康丽丽　曲妮燕
邵红梅　赖毓冕　刘　冯　谢蕙如（全）

神经病学（5人）

左彦方　杨万勇　谭泽锋　杜志宏　曾文双

皮肤病与性病学（9人）

丛　林　施　军　田　静　李丰霞　计雄飞
侯占英　黄永华　刘洪波　陈俏伶（全）

影像医学与核医学（11人）

曾　伟　高　伟　史长征　董　洋　弓　健
马立恒　岳军艳　张丽香　金志发　贾桂静
沈　思

外科学（29人）

孙学峰　李　伟　曹爱兵　简　锋　艾小江
李涵葳　张军林　熊洪涛　童建军　安　庚
汪　迎　范远华　王　希　王志峰　杜喜峰
朱智奇　赵成之　胡海军　冯永洪　胡霄羽
法志强　彭建明　张小海　侯敬申
马大华（全）　张松柏（全）　谭文成（全）
郭子寅（兼）　李文生（兼）

妇产科学（9人）

路妍妍　郦爱贞　唐　薇　金素芳　徐　慧
帅翰林　吴莉莉　王文慧　余少欢（全）

眼科学（9人）

陈根云　刘　珏　金　玲　刘晓霞　郭　萌
姚茂兴　姬鹏翔　黎　霞　刘　莲

耳鼻咽喉科学（1人）

王晓茜

口腔临床医学（7人）

姚　希　孙传喜（兼）　冯智强　张　颖
刘湘宁　张秀琴　杨建浩

流行病与卫生统计学（4人）

陈海珍　张泽武　覃　思　管红云

中西医结合临床（20人）

李卫丽　王　强　谭　遥　蔡智刚　贺会刚
周　蓓　欧阳菁　于文娟　张万水　郭　栋
王凤珍　余琴华　冯慧娟　汪学军　许海生
任　莉　龚　理　钟安朴　宋　媛
陈畅宏（全）

药物化学（4人）

杨　威　贺　飞　冯　金　石宝俊

微生物与生化药学（14人）

王 怡　张 青　张 驰　何明霞　王 蒙
马 磊　周 云　贾忠伟　白卫滨　郭建红
海广范　马焕丽　王 为　饶渝兰

药理学（37人）

方文娟　金永亮　杨政红　刘美英　刘月丽
张 慧　江 涛　桂 飞　陈霞平　花文峰
李志霞　任省华　徐 炎　梁少玲　赵 亮
郑洁静　吴瑜铭　闫 莉　门晓媛　卢超霞
湛 敏　任胜芳　刘 薇　李文君　余 锐
孟兰贞　肖 健　叶石敦　张 章　李晓玲
彭 菲　张世平　路晓辉　吴家华　康琰琰
陈敏青　杨燕霞

管理学（307人）

管理科学与工程（20人）

梁圆燕　查 涛　覃海洛　陈浩荣　徐 庆
周晓勇　余海波　陈 蔚　李粤海　文 斌
张 芪　刘 芳　彭 勇　尤立红　朱 向
王 锋　沈 明　李 华　陈 梅　陈永聪

会计学（67人）

余 薇　陈晓敏　赵 婷　陈绮莉　王婧玥
陈 媛　梁 睿　蒙 飞　刘卫敏　李培功
平来祥　黄道平　张 莉　黄文婧　李伟东
黄 瑜　李崇坚　谢明东　肖 丰　赵 伟
冯凯芸　刘军霞　张利红　池明举　许蔚君
邸红娜　张广平　徐志刚　赵升平　汤小兵
刘 娜　吴 梅　谢 立　顾 蕾　钟 森
刘焕皎　何国尧　李小友　周小燕　蒙维琪
马 航　张兰萍　张朕铭　许 渊　柏 徐
杨维波　陈楚宣　李云峰　夏永元　王晓锦
温引竞　曲梓萍　曹特朝　陈彬海　古 伦
刘晓华　洪 泓　王新颖　高秋玲　冯薇薇
朱燕敏　毛绪烨（全）　赖楚贞（兼）
赵惠燕（兼）　王丽梅（兼）　罗逸华（兼）
王东奇（兼）

企业管理（93人）

刘 佳　常云芳　郭 骁　陈家卿　王 璐
吴晓华　梁少华　吕凤亚　于良波　陈延芹
庆艳华　邹 愈　汤 磊　谭新兰　崔 雷
刘海珍　范 涛　周华星　冯 杰　汤 俊
董文娟　孙 楠　冯顺庆　朱利敏　万 栋
李再强　杜静翌　段 懿　刘文剑　李立军
邓文龙　林 静　孔 燕　周启涛　王 玥
牛 静　封智勇　耿庆科　刘 华　李晓春
岳 雷　左小明　杨 军　郭菁华　陈建林
董红娜　高梨花　赵媛媛　余燕琼　唐晓华
刘爱花　张 蕾　陈 琴　官国通　官晴雯
姜 晨　张 琦　马贺举　蔡惠如　童汝根
曾祖梅　温文峻　陈科杰　林科宣　刘明生
叶少硕　周灼维　张少勇　梁 玉　杨俊煜
刘军栋　周 冲　阮和兴　乔建锋　蒋米仁
何 莹　郑琼华　凌 力　苏广文　刘 青
梁 俊　邓 莹　卫丽敏　麦毅娟　王 泼
毛哲敏　詹洁斌（全）　林勇志（全）
杨 锋（兼）　林美宝（兼）　王春明（全）
邓佩玲（全）　李中贵（全）

旅游管理（20人）

陈 薇　廖慧娟　李立志　张成杰　沈智慧
梅杏莉　遇 娜　汪红娜　杨凤影　李 伟
孟清超　秦 浩　陈小洁　苏 黎
朱立红（兼）　刘 军（兼）　王世伟（兼）
冯智广（兼）　黎班泰（兼）　陈 彤（兼）

行政管理（12人）

郑溢元　王圆圆　李 喆　朱艺圆　方 玲
张敏娜　陈 平　苏长虹　杜文辉　高立娜
张旭勇　王 怡

教育经济与管理（8人）

胡 俊　李梦虺　张丽敏　王 菡　李 艳
李彦军　詹晓雯（全）　李绮霞（全）

MBA专业学位（87人）

蓝国欣　谢光辉　吴 飞　李拥华　章继志
兰步峰　刘 莎　林 胜　胡雍方　许翠兰
郭良洪　陈 辉　刘柔刚　梁明伟　陈明雄
肖雄松　李 坚　张国华　唐发金　王 凉
余 鑫　王 欢　赵 云　石胜璞　卫中旗
邱 炜　许书跃　夏瑞利　杨 茂　瞿定实
刘 翔　刘 琼　徐 斌　叶旭东　朱润玲
胡 冰　甘海波　吴恩博　黄 颂　智建芳
李宇红　姚平顺　邓俊彦　张侃晖　王仕勇
杨 甄　莫海丹　朱 英　杨 戈　谭郁森
闫 悦　叶晓琳　缪 静　程 昱　张 庆
倪英琴　黄 嵘　高卫明　叶美春　谢刚强
林 辉　林晟祺　孙向东　熊 伟　梁 稳
陈伟强　邢开明　杜力权　王峥嵘　朱云鹏
丁卫东　陈 琪　罗 健　高平伟　王 军
陈竞千　胡 拓　陶 靖　苏 萌（兼）
谢炎汾（兼）　邱健强（兼）　郑裕正（兼）
黄智炜（兼）　杨宗修（兼）　魏志任（兼）
郭梓文（兼）　吴湛辉（兼）

注：①有下划线的为本次毕业暂缓授学位者。
②“兼”表示港澳台及海外学生，“全”表示港澳台及海外全日制学生。

博士毕业生（123 人）

春季毕业博士生（29 人）

经济学（6 人）

金融学（3 人）

方　红　曾忠生　吴慧强

产业经济学（3 人）

潘伟志　孟令国　袁洪章（兼）

法学（5 人）

国际关系（5 人）

郑鼎文　曾　路　王曙光　朱陆民　白庆哲

历史学（7 人）

专门史（3 人）

胡文涛　谭志词　邵允振

中国古代史（4 人）

林广志　陈文源　余　勇　黎日晃（兼）

理学（1 人）

生物医学工程（1 人）

张华华

管理学（10 人）

会计学（6 人）

兰艳泽　宋志鸿（兼）　池景清（兼）

张金男（兼）　李瑞霖（兼）　丁俊民（兼）

企业管理（4 人）

李爱梅　姚作为　林绣月（兼）　杨青隆（兼）

夏季毕业博士生（94 人）

经济学（17 人）

金融学（11 人）

于　蓉　邓可斌　周孟亮　崔　萍　张　文

王金全　黄建欢　李艳虹　陈彬瑞　何　剑

景　楠（兼）

产业经济学（6 人）

周文良　伦　蕊　傅　沂　王伯成

陈王琨（兼）　杨胜华（兼）

法学（8 人）

国际关系（8 人）

代　帆　刘建林　陈奕平　陈廷根　李昌新

刘　艺　崔　颖　郑铭志（兼）

文学（14 人）

文艺学（12 人）

孙　琪　周兴杰　陈玉珊　黄　伟　滕志朋

陈伟军　温朝霞　吴　蓸　涂　昊　傅明根

赵　君　刘雄平

汉语言文字学（2 人）

周　芍　赵春利

历史学（11 人）

专门史（5 人）

张金莲　李未醉　陈　文　庄友明　魏露苓

中国古代史（6 人）

颜小华　杨惠玲　张　彧　白晓霞　刘小珊

韦祖松

理学（11 人）

水生生物学（7 人）

游江涛　晏荣军　姜　胜　但学明　雷泽湘

韩志国　王　春

生物医学工程（4 人）

王云起　徐　彬　初彦辉　张文军

工学（4 人）

生物医学工程（4 人）

焦延鹏　刘源岗　钟金钢　李志忠

医学（11 人）

内科学（4 人）

周鸿科　卢筱华　迟作华　孙　艳

妇产科学（5 人）

李莉平　蒋立艳　李海仙　许　多　王　波

眼科学（1 人）

苏　颖

生物医学工程（1 人）

王秀河

管理学（18 人）

会计学（8 人）

罗　宏　黄之骏　汤　胜　李　源　张程睿

杨菁倩（兼）　侯得裕（兼）　吕志明（兼）

企业管理（10 人）

王明辉　张辉华　陈　浩　杨东进　李艳华

黎正忠　王　岚　罗文标　应中伟

冯向前（兼）

注：①有下划线的为本次毕业暂缓授学位者。

②“兼”表示港澳台及海外学生，“全”表示港澳台及海外全日制学生。

成人高等教育毕业生（464人）

法学本科

吴东霞　张豫侃　罗景光　庄文煌　陈贤松
黄家浩　陈秀艳　罗美亮　刘桂珠　李佩仪
关冠霞　区健雄　林汉基　梁文龄　廖美杏
黄健谊　陈丽娟　朱　萍　何静芬　黎镇辉
黎伟康　陆丽玉　谢宏儒　温道生　郑　坤
苏东尼　马育琼　区凤萍　FREDERICO TOMAS CARDOSO DAS NEVES　ROGERIO ANTONIO DA CONCEICAO NOGUEIRA

工商管理本科

越永贤　谭　俊　黎　晶　卢　伟

国际经济与贸易本科

郭伟强　黄　璐

汉语言文学本科

赖长南　黄凤琳　施杰茹

会计学本科

谭燕华　黄　虹　蔡　毅　温杰斌　李海华
张远坚　林开敏　周以泠　林济华　柳　娜
张　琳　聂筱哲　邝剑锋　金红月　曾翠霞
吴　敏　李　玲　冯立新　苏于薇　李　丽
江序天　李　欣　谢丽华　周慧明　林庆慧
林苗芝　秦　琳　苏绮霞　周铁钢　邓慧玲
崔海鸥　房今赤　李广盛　余婉萍　陈剑清
李玉清　梅小娟　吴皓娟　曾红英　邱艳芳
黎永超　梁仲文　梁国良　黄玉娇　李美珍
杨燕琼　王木的　李欧阳美琼

金融本科

李志文

行政管理本科

麦慧嫦　江丽华　罗礼荣

计算机科学与技术本科

陈伟炽　何桂珍　陈国超　李维明　陈华基

社会学本科

陈春燕　麦少如　黄倩贵　袁焕霞　袁绮萍
周锦有

英语（商务管理）本科

林嘉丽　尤晶晶　杜淑仪　何咏纹　陈凤英
李宽丽　段国际　陈文念

中医学本科

李　英　黄金铃　冯继培　吴俊文　刘　戈
禤伟文　钟振勇　邓子荣　吴丽英　李洁萍
麦建华　刘汉华　林凤如　刘杏游　赖展超
毛德丽

护理学本科

吴启姣

英语本科

李　严　叶丽珊　张　旭　曹俊茵　张　晓
关恩娜　钟　瑞　邓超玮　寇晓静　林雪芬
胡丽琳　杜晓萍　陈慧敏　麦　进　温穗娟
袁彩霞　马敏妍　王文勇　张景璘　林　杏
李艳琍　胡毓君　吴　颖

新闻学本科

陈得雄

对外汉语专科

杜秋莲　温启逸　甘沁颖　刘良华　钟明珠
王玉英　周慧秀　林玉瑛　温　容　颜善谋
吴宝琰　吴丽萍　许紫玲　杨金虎　周晖燕
庄利萍　李慧慧　王利年　颜美凤　郭尤莉
唐锦欢　刘玉霞　萧裕兰　谢玉凤　黄金瑛
郭平辉　杨羡青　施凤瑛　吴秋兰

国际经济与贸易专科

钟世斌　陈洪敏　夏　春　杨振文　林若璇
梁展达　徐友珊　何志辉　梁树光　林炎原
张令飞　李锦嫦　王云峰　王　林　陈艳芬
廖　晖　胡祖容　吴来贵　颜肖芳　卢庆民
陈　星　谢永祥　黄绮君　张剑锋　苏文程
胡精华　林丽静　沈　琛　李洁明

会计学专科

赖雪梅　陈东华　谢冬英　陆应萍　钟小群
吴少娟　陈颖茹　劳银好　冯楚翩　何倩葵
冼丽芬　王巧燕　张安妮　胡秀琼　阮玉冰
黎庆鹏　陈启铨　黄慧连　李紫霞　易鸿波
蔡志红　王　丽　张飒爽　吴冬娥　黎　倩
陈丽娟　乔立翠　刘　艳　梁嫦娥　叶艳丽
周肖荷　赵贵源　林杰开

企业管理专科

刘荣辉　黄宝弟　刘俊平　徐桂运　李志红
吴鑫灶　江如煜　岑伟乐　陈耀华　高小玉
陈雪红　陈淦明　陈嘉荣　陈展新　饶锦仪
王文任　区海华　黎健明　张冠健　郑坚南
曾红辉　周　刚　陈志权　黄淑梅　许黄珍
董晓艳

市场营销专科

陈浩森　马名旭　彭启翔　卢爱华　莫伟强

谭伟军　王焕玲　王桂明

中医学专科

冯春红　袁庆满　王茂林　刘灿艺　黄土新
张恒标　张桂明　徐永剑

社会学专科

洪锦发　许荣龙　侯雅荣　朱美金　王志鹈
林俭波　黎春华　李长威　梁国荣　陈雅善
梁佩雯　宁长华　张嘉雯　何家祺　黄七妹
彭咏恩　陈劲松　林志桥　林耀生　方宇洪
陈智健　李家辉　邓美芬　李恩濂　黄保健
胡永祥　李惠平　梁国珊　马慧德　潘祝森
林成德　陈　坯　冯国光　谢志豪　郑敏娜
林宝玉　杜国文　罗志恒　萧翠英

物流管理专科

黄　红　冯倩翘　陈雪华　张国烽　刘锦涛
陈耀权　何剑波　赵汝权　李志标　郭志强
李伟雄　吴志强　赵健文　梁培盛　何耀坤
梁华佟　彭煜秋　甘国威　郑健潮　梁继昌
刘健伟　林锦豪　黄日云　郑锦声　郭俭华
陈宇专　何志强　黄伟龙　陈爱兰　许纳新
黄跃坤　郑伟铭　余国权　梁伟强　叶伟棠
黄带娣　高社胜　潘清渊　黎女银　吴妙玲
吴凤莲　郑小云　许美婵　陈沛坤　陈丽燕
罗燕萍　林炜强　何丽庆　关淑芬　吴艳琼

胡心妍　谭润明　高嘉辉　曾国静　区采扬
梁惠邦　黄志宁　杜丽珊　朱逸曦　黄海泉
王友松　冼志明　邓达光　LILY CHEE

护理学专科

杜爱粤　卢小焕　翟燕珺　钟慕华　吴爱婵
李彩凤　罗月荷　袁惠章　周佛香　黎瑞仪
王凤娟　李焕清　邹翠花　刘燕玲　顾小梨
罗锦霞　汤太娟　谢汉仪　尹瑞婵　顾美玲
黄惠芳　徐婉媚　郑妙云　李景平　甘玉东
冯彩玲　姚耀梅　邓丽萍　肖碧妹　龙丽如
丁淑霞　许欢红　叶婉玲　吴凤英　谢绍环
王秀兰　黄芳梅　高文宏　陈金花　邱玉梅
钟利琛　翟云霞　岑敏琼　陈锡慧　刘　洁
何秀媚　洪彩梅　梁梅香　林伟娟　张金花
罗春红　区洁兰　柯春连　罗彩霞　温燕梅
池剑文　邝焕明　卜　敏　何妙珍　廖彦瑜
卢佩梅　陈景霞　罗焕娣　刘柳英　谭继珠
杨桂英　张惠芳

英语专科

林桂华　刘　环　陈少颜　张梅美　杨国杰
叶健强　杨　勇

经济管理专科

叶劲斌　王辉生　黄凤英

· 2006年大事记 ·

一月

1月5日　共青团暨南大学委员会召开2005年度工作总结会议。副校长贾益民出席会议并作重要讲话。

1月6日　学校敦聘香港亚洲电视营运总裁余统浩，高级副总裁邝凯迎、关伟、何乃贤，首席营运顾问方健铨，副总裁李一萍、刘澜昌为客座教授。校长刘人怀出席敦聘仪式并为客座教授颁发聘书、佩戴校徽。

▲2005年新引进人才新春茶话会在校学生活动中心四楼举行。校长刘人怀、有关部处负责人和80余位新引进博士及副高以上职称人员参加了此次座谈会。

▲教育部基础教育司郑增仪副司长率国家安全生产监督管理总局和公安部消防局领导组成的检查组，对学校的消防安全工作进行了检查。

▲学校副校长贾益民，校党委宣传部部长、校团委书记夏泉出席在省档案馆举行的"省档案馆广东省爱国主义教育基地"暨"广东省高等院校社会实践基地"挂牌仪式。学校是首批获准与省档案馆共建社会实践基地的7所高校之一。

1月6~11日　学校完成"十五""211工程"建设子项目的验收工作。经过专家组评议，学校"十五""211工程"8个建设子项目均以"优秀"的成绩通过验收。

1月9~11日　校长刘人怀出席在人民大会堂召开的全国科学技术大会。

1月13日　暨南大学第五届董事会董事蔡冠深先生一行4人莅临学校参观访问。

1月13~15日　学校召开第六届教代会、第十届工代会第二次会议。校长刘人怀作《学校工作报告》，党委书记蒋述卓致大会开幕词并作报告，党委副书记、工会主席叶勤向大会致闭幕词。副校长胡军、贾益民、陆大祥、纪宗安、王华，"双代会"正式代表、民主党派和离退休特邀代表、学校处级以上干部共300多人出席了会议。

1月14日　国务院侨办党组成员、副主任刘泽彭在暨南大学曾宪梓科学馆国际会议厅正式宣布，胡军同志接任暨南大学校长，刘人怀同志因为年龄关系，不再担任校长。国务院侨办党组成员、副主任刘泽彭、赵阳，广东省委组织部副部长林华景，广东省委教育工委书记、教育厅厅长、中山大学党委书记郑德涛，广东省委教育工委副书记谭泽中等领导以及学校全体校领导、中层干部（副处以上）、教授、离任的老校领导、民主党派负责人等400多人出席了宣布校长人选大会。刘泽彭、林华景、刘人怀、胡军、蒋述卓先后在会上发表讲话。

▲学校新图书馆东楼封顶仪式在新楼东楼天台举行。校领导胡军、蒋述卓、贾益民、陆大祥、王华，原校长刘人怀、校长助理王志伟等出席了仪式。

1月19日　学校举行2006年春季毕业典礼暨学位授予仪式。校长胡军，学位评定委员会主席、中国工程院院士刘人怀，副校长贾益民、陆大祥、纪宗安、王华，党委副书记叶勤及各学院、有关部处领导出席了毕业典礼。典礼由副校长纪宗安主持。

▲学校财税研究所与广东省地方税务局签署合作协议，成立广东地方税收研究中心。校长胡军、副校长王华出席了签字仪式。广东省地方税务局副局长鲁兰桂与学校财税研究所所长於鼎丞代表双方在协议上签字。

1月23日　校长胡军、党委书记蒋述卓慰问学校前领导王越、刘人怀、张德昌、何军、周耀明、伍国基等老同志。

1月27日　校长胡军、党委书记蒋述卓慰问学校原经济系教授、现年106岁的李燮棠先生。

1月29日　校领导胡军、蒋述卓、贾益民、陆大祥、纪宗安慰问新春佳节坚守工作岗位的工作人员，并送上慰问金和新春祝福。

本月，经国务院学位委员会第22次会议批准，学校获得博士学位授权一级学科3个：历史学、中西医结合、管理科学与工程；获得博士学位授权学科、专业4个：政治经济学、新闻学、生物化学与分子生物学、内科学；获得硕士学位授权一级学科8个：理论经济学、中国语言文学、化学、生物学、力学、计算机科学与技术、临床医学、中药学；获得硕士学位授权学科、专业12个：美学，宪法学与行政法学，国际法学，中外政治制度，马克思主义中国化研究，思想政治教育，外国语言学及应用语言学，应用数学，物理电子学，粮食、油脂及植物蛋白质工程，中医内科学，社会保障学。

二月

2月8日　学校“扶助东北孤儿”青年志愿者服务队与长春孤儿代表举行了联欢及捐赠仪式，校团委副书记区向丽、管理学院党委副书记赵兰英等代表学校师生给孤儿们送上捐款及学习用品。

2月16日　校长胡军主持召开学校部分院士座谈会。副校长王华，院士姚新生、陈星旦以及人事处、社科处、科技处的负责人参加了会议。

2月20日　暨南大学校董、暨南大学泰国校友会会长颜开臣一行4人莅校访问。

2月20~23日　学校新一届领导班子组成后的首次党委理论学习中心组会议在办公楼826室举行。校领导胡军、蒋述卓、贾益民、陆大祥、纪宗安、王华、叶勤，校长助理兼珠海学院院长王志伟，以及校办主任林如鹏，党办主任、组织部部长王心洁，宣传部部长、校团委书记夏泉等出席了会议。会议由胡军、蒋述卓分别主持。

2月24日　粤港传媒发展与文化交流研讨会在行政办公楼1111会议厅召开。校长胡军、党委书记蒋述卓，羊城晚报报业集团社长、暨南大学兼职教授梁国标，新闻与传播学院院长蔡铭泽在会上发表讲话。暨南大学香港传媒同学会的校友及各地新闻学者参加了会议。

2月25日　学校原校长、董事会副董事长、广东省原省长梁灵光同志逝世。26日，学校在办公楼826室举行追思梁灵光老校长座谈会。

2月26日　校长胡军主持召开全校中层干部会议，传达2月20日至23日召开的学校党委理论学习中心组会议的主要精神，对学校今年的工作进行了部署。校领导蒋述卓、贾益民、陆大祥、纪宗安、王华、叶勤出席了会议。学校各院系党政领导及副处以上干部、系主任助理，机关部处、直属单位副处级以上干部，各民主党派负责人、侨联负责人、第六届教职工代表大会暨第十届工会会员代表大会代表团团长共300余人参加了会议。

本月，学校党委书记蒋述卓、副校长纪宗安率学校相关单位负责人一行19人赴学校定点扶贫单位佛冈县迳头镇大村村进行了慰问和上专题党课活动。

三月

3月1日　学校珠海学院名誉院长钱清泉院士当选为2005年珠海市十大魅力人物之一。

3月3日　校党委召开学校统一战线寒假见闻座谈会，各民主党派主委、副主委、侨联主席及无党派代表人士参加了会议。校党委副书记叶勤出席会议并讲话。

3月4日　暨南大学2006年春季入学新生开学典礼在邵逸夫体育馆举行。校领导胡军、蒋述卓、贾益民、陆大祥、纪宗安、王华、叶勤和有关学院、部处领导出席了开学典礼。典礼由副校长贾益民主持。

3月5日　学校隆重举行成人高等教育2006级新生开学典礼。副校长陆大祥及有关院系领导出席了典礼。

3月6日　校长胡军、党委书记蒋述卓与30多位女教职工代表聚于一堂，以“庆祝三八，百年校庆，巾帼建言”为主题进行了座谈。

▲新学期首次升挂国旗仪式在学校田径运动场举行，学校副校长贾益民，校党委宣传部部长、校团委书记夏泉，校团委副书记区向丽，校团委全体学生团干及国际学院师生冒雨参加了升旗仪式。

3月7日　教育部高教司评估处处长朱洪涛等莅临学校指导本科教学工作水平评估工作。校长胡军和全校各学院、直属教学单位、机关有关职能部处及教务系统管理人员共110多人出席了报告会。会议由副校长纪宗安主持。8日，纪宗安副校长还主持召开了有学校部分部处及学院负责人参加的座谈报告会，朱洪涛处长在会上一一解答了与会人员提出的关于做好迎评准备工作的相关问题。

3月9日　学校举行2005年度临时工优秀个人及管理先进单位表彰大会。校长胡军出席会议并讲话。

▲新图书馆和管理学院分别举行封顶仪式。校长胡军、党委副书记叶勤、校长助理王志伟等参加

了仪式。

▲为迎接百年校庆，深入开展“暨南精神大讨论”活动，学校在曾宪梓科学馆举行由王冀生教授主讲的“百年暨南讲堂之大学文化与办学特色”专题报告会。报告会由校党委书记蒋述卓主持。副校长纪宗安及学校全体中层干部、校本部机关科级干部共300多人参加了报告会。

3月10日　学校领导与广州市科技局领导举行“十一五”科技规划发展座谈会。校长胡军，副校长陆大祥、王华，广州市科技局局长蔡刚强，副局长弓鸿午、叶力、王桂林，以及学校和市科技局有关部门负责人参加了座谈会。

3月11日　学校举行首届公共管理硕士（MPA）开学典礼。学校副校长纪宗安、全国MPA教学指导委员会顾问夏书章、全国MPA教学指导委员会秘书长朱立言、中央机构编制管理委员会办公室司长龙江、广东省人事厅教育培训处处长杨恒余，以及MPA教育中心的教师和MPA新生参加了开学典礼。

3月13日　学校举行“暨南大学百年校庆新闻发布会”，校长胡军和党委书记蒋述卓通过中央、省市和港澳媒体向社会各界发布有关学校百年校庆筹备工作的情况，并公布校庆标志。

3月16日　学校举行“暨南精神大讨论”座谈会。会议由党委书记蒋述卓主持，学校老领导张德昌、伍国基、饶芃子，教师代表邓乔彬、马明达、张玉春、张森文、马秋枫、刘家林、袁祖望、徐瑄等及部分学生代表参加了座谈会。

3月16～20日　校领导胡军、蒋述卓、贾益民、陆大祥、纪宗安、王华率校长办公室、教务处、科技处、社科处、人事处等有关部门负责人分赴深圳旅游学院、珠海学院、华文学院召开现场办公会议，就三个学院的发展现状以及未来发展等问题分别听取了汇报，并分别与学院领导和老师就有关工作进行了广泛的交流和探讨。

3月18～19日　校领导胡军、蒋述卓、叶勤分别与学校老领导及部分学院的老院长、各民主党派及侨联组织负责人、部分无党派人士座谈，通报学校情况，听取大家的意见和建议。

3月19日　国务院侨务办公室文教宣传司司长刘辉、副司长雷振刚等领导在学校邵逸夫体育馆观看了“花样年华”学生艺术团汇报演出，并对学校承担的2006“中国寻根之旅”华裔青少年夏令营闭营式大型文艺晚会项目进行了审查。校长胡军、副校长贾益民出席。

3月20日　学校敦聘中国科学院化学学部黄乃正院士为客座教授。校长胡军为黄乃正院士颁发了聘书并讲话。

3月22日　第五届董事会香港董事座谈会在香港举行。余国春、蒙民伟、初志农、霍震寰、颜同珍、林光如、石汉基、梁仲景、李秀恒等校董和中央驻港办教科部殷长春处长，学校校长胡军、副校长贾益民等出席了座谈会。校长胡军一行于3月21日至25日在港期间分别拜访了王凤超、初志农、郑河水、余国春、蔡冠深、刘皇发、王华生、石景宜、霍英东的代表霍震霆、郑裕彤、何世柱、陈有庆、方润华、许智明、李秀恒等校董，以及中央驻港办、香港中旅集团、亚洲电视、暨大香港校友会等。

▲由全国政协委员、香港新华集团总裁、暨南大学校董蔡冠深先生捐赠人民币100万元、学校自筹400万元的暨南大学蔡冠深博物馆捐赠签约仪式在香港新华集团举行。蔡冠深校董、校长胡军、副校长贾益民、校长办公室主任林如鹏、董事会办公室主任叶虹、学校驻港办主任董启源等出席了签约仪式。

3月23日　校党委举办“暨南学习论坛”第三期报告会，广东省外事办公室副主任傅朗应邀作了国际形势报告。报告会由校党委书记蒋述卓主持。

3月24日　学校召集文科各学院、系、基地主管科研的领导、教科办、主任以及科研秘书共80多人，召开了2005年文科科研工作总结暨2006年科研工作布置会。副校长王华出席会议并讲话。

3月27日　学校在理工学院召开“ADS系统研发应用调研”项目工作会议。校长胡军、院士刘人怀、广东省测试分析研究所副所长牟德海、广东发展和改革委员会副主任王亚明、处长孔云龙等出席了会议。

▲学校第一届至第五届董事会董事颜同珍先生在香港去世。

3月28日　学校召开第十次学位授权工作表彰大会。校长胡军，副校长陆大祥、纪宗安，校长助理王志伟出席会议。会议由副校长陆大祥主持。校长胡军、副校长纪宗安发表讲话。

3月29日　香港知识产权署署长谢肃方在学校作题为“著作权的概念与发展”的演讲。

3月30日　第五届董事会澳门董事座谈会在澳门举行。中央驻澳办主任何晓卫、宣文部副部长罗先有，学校校长胡军，澳门部分校董以及有关嘉宾出席了座谈会。

3月31日　学校团委举行“树立正确荣辱观”座谈会。校党委书记蒋述卓参加了座谈会。

本月，广东省教育厅考试中心首次委托暨南大学华文学院设立“中华人民共和国普通高等学校联合招收华侨、港澳地区及台湾省学生考试”报名点开展考生报名工作。华文学院是全国联招考试广州唯一的报名点，也是全国六个联招考试报名点（北京、上海、厦门、广州、香港和澳门）中唯一一个由高校独立组织完成的报名点。

▲教育部2006—2010年高等学校有关科类教学指导委员会委员名单公布，学校应用力学研究所所长刘人怀院士获聘为新一届教育部高校力学教学指导委员会主任委员，理工学院院长马宏伟获聘为该委员会秘书长；学校党委书记、副校长蒋述卓获聘为中国语言文学学科教学指导委员会副主任委员；新闻与传播学院院长蔡铭泽获聘为新闻学学科教学指导委员会委员；理工学院党委书记周长忍获聘为教育部高等学校生物医学工程专业教学指导委员会委员。

▲教育部公布了2005年度备案的高等学校本专科专业名单，学校申报的5个本科专业获批，分别是：体育教育、动画、电气工程及其自动化、建筑学、包装工程。至此，学校已有61个本科专业。

四月

4月4日，学校敦聘英国Lancaster大学环境科学系教授Kevin Jones为理工学院名誉教授。校长胡军为Kevin Jones颁发聘书并致辞。

▲学校党委书记蒋述卓主持召开百年校庆电视专题片座谈会，听取来自有关学院、部处领导，专家学者和学生代表对即将开拍的电视片的意见和建议。

▲由国务院侨务办公室和暨南大学联合举办的泰国、缅甸华文教师培训班在学校华文学院举行开学典礼。学校党委书记蒋述卓出席典礼并致辞。

4月7日　学校党委书记蒋述卓会见台湾成功大学文学院代表团。

▲科技产业集团与广州市康采恩医药有限公司及技术发明人举行重组黄曲霉毒素解毒酶工程菌的开发与应用项目合作签字仪式。校长胡军、副校长王华出席签字仪式并讲话。仪式由副校长刘洁生主持。

4月9日　在澳门举行的第十一届“21世纪澳门之星”全国英语演讲比赛总决赛中，学校外国语学院英语专业2002级学生陈真获得了全国二等奖。

▲国家汉办首次派赴泰国博他仑府的两名志愿者陈新和钟晓婧老师在圆满完成了一学年的教学工作后顺利抵穗。陈新和钟晓婧两位老师于2005年6月29日赴泰任教。

4月10日　学校工程院院士刘人怀一行到珠海考察珠海大学园区和航空产业，并与市委书记邓维龙、市长王顺生、常务副市长冼文、副市长邓群芳座谈。

4月13日　华侨大学副校长张禹东一行来学校考察物业管理工作。

4月14日　中国民主建国会暨南大学总支部在学校召开成立大会。民建广东省委常务副主委张志远，组织处处长何伟华、副处长江秋英，学校党委副书记叶勤出席。

4月15日　以“弘扬传统，彰显风范”为主题的第十四届“暨南园”院际辩论赛决赛，医学院获冠军，经济学院获亚军。副校长贾益民观摩了整场比赛。

4月17日　印度尼西亚国立“311”大学校长西亚穆苏勒哈第一行12人专赴学校华文学院访问，该校文学艺术学院与学校华文学院签订了合作开展汉语教学的协议。校长胡军出席签字仪式并讲话。仪式由副校长贾益民主持。

▲应菲律宾圣路易斯大学校长保罗·冯·帕里基斯神父的邀请，暨南大学艺术团抵达菲律宾，前往圣路易斯大学进行为期9天的访问演出活动。

4月18日　美国加州中国语言教学研究中心主任潘兆明、美国南海艺术中心总裁施旭东访问学校。学校与美国加州中国语言教学研究中心签订了合作培养华文教育硕士研究生的协议。校长胡军代表学校在协议书上签字并讲话。校党委书记蒋述卓、副校长贾益民出席了签约仪式。仪式由副校长贾益民主持。

4月18~19日　学校副校长纪宗安出席在北京举行的全国普通高等学校本科教学评估工作经验交流暨评估专家组组长工作研讨会。

4月19日　中央人民政府驻澳门特别行政区联络办公室副主任、学校董事会副董事长王今翔莅校视察工作。

4月19~21日　副校长纪宗安访问了香港中文大学、香港理工大学、香港城市大学和香港专业进修学校四间高校。

4月20日　北京大学经济学院院长、国务院学位委员会经济学科评议组成员、《经济科学》主编刘伟来学校作学术报告。校长胡军发表讲话，副校长王华出席了报告会。

▲“百年暨南讲堂”第四讲在科学馆国际会议厅举行。学校党委书记蒋述卓作题为“自觉、自主、自择——谈大学生的自我意识与成才之关系”的讲座。

4月21日　校长胡军和党委书记蒋述卓结束了对信息技术研究所的调研，标志着3月15日以来学校领导的20场学院（所）调研活动圆满完成。

4月22日　暨南大学和中山大学、华南理工大学、广东工业大学、广西大学及海南大学共六所高校的MBA联合会共同策划推动的中国MBA华南联盟成立大会在学校隆重举行。校长胡军发表讲话。中国MBA发展论坛顾问委员会主席金平、中国MBA各地区联盟代表及兄弟院校的代表出席了会议。中国MBA华南联盟是由中国华南地区MBA同学组成的非政治性、非营利性联合组织。在此前举行的预备会议上，学校被推选为联盟首届轮值院校，同时学校MBA2003D2班的胡劲松被推选为联盟首届轮值主席。

▲暨南大学MBA联谊会第四届理事大会在学校召开。学校校长、联谊会荣誉会长胡军出席并讲话。会议通过了《暨南大学MBA联谊会章程》。

4月22～23日　学校在“2006年澳穗高等院校学生竞技比赛”中获亚军，学校啦啦队夺劲爆啦啦队大奖。

4月25日　学校举行2006年招生新闻发布会，副校长纪宗安、招生部门负责人及学院领导向媒体通报2006年学校招生情况。

4月25～27日　学校党委书记蒋述卓赴澳门访问并作讲座。

4月26日　广东省知识产权局举行首届开放日活动，学校2005年发明专利申请量在全省高校中排名第三、专利申请量排名第四。

4月27日　中南财经政法大学校长、著名知识产权专家吴汉东来学校作学术报告。

4月27～28日　由暨南大学产业经济研究所、中国工业经济研究与开发促进会联合主办的“自主创新与产业竞争力”学术研讨会在学校举行。全国产业经济学界知名学者以及主办单位和广东省部分高校的专家学者共80多人参加了研讨会。学校校长胡军、副校长王华出席该研讨会。

4月28日　学校举行敦聘香港岭南大学翻译系孙艺风博士为外国语学院外国语言文学研究所名誉所长仪式。校党委书记蒋述卓、副校长王华出席仪式。

4月30日　百年校庆倒计时牌揭牌。校长胡军和党委书记蒋述卓为倒计时牌揭幕，校长胡军发表讲话，揭幕仪式由副校长贾益民主持。副校长纪宗安、陆大祥参加了仪式。

本月，经中文社会科学引文索引指导委员会评审，《暨南学报》（哲学社会科学版）入选为2006年度“中文社会科学引文索引”（英文简称“CSSCI”）来源期刊，这是《暨南学报》（哲学社会科学版）自1998年以来连续入选CSSCI来源期刊。

▲英国伦敦皇家内科学院荣授院士、香港大学内科医学院院士、美国皮肤科专科委员会委员、暨南大学客座教授叶承耀向学校捐款人民币100万元，用于附属第一医院皮肤科添置教学设备。

▲学校敦聘美国学者Frieder Seible院士为理工学院名誉教授、Lawrence Lessig教授为知识产权学院客座教授。在敦聘仪式上，校党委书记蒋述卓分别为Frieder Seible和Lawrence Lessig颁发了聘书并致辞。

▲受校长胡军的委托，副校长贾益民一行分别于4月21日、4月24～26日赴港澳拜访了暨南大学校友总会会长、学校董事会副秘书长马有恒以及刘宇新、杨孙西、许智明、吴炳昌、李国华等校董。贾副校长向校董们汇报了学校近期的工作以及百年校庆的筹备情况，并邀请他们出席百年校庆庆典活动。

▲何耀光慈善基金向学校捐赠人民币64万元支持兴建土木工程实验楼。

五月

5月8～12日　香港警务人员普通话培训班基础班第六十五、六十六期和提高班第二、三期学员在华文学院进行普通话及中国文化学习。校长胡军、香港警务督察协会主席廖洁明、香港轩辕教育基金会主席罗文春出席结业典礼并向学员颁发了学习证明书。校长胡军在结业典礼上讲话。

▲以老挝中华理事会理事长、寮都公学董事会顾问林振潮先生为团长的老挝华校负责人访问团一行对暨南大学华文学院进行为期一周的访问。

5月10日　学校党委书记蒋述卓赴珠海学院作题为“城市文化资源与城市核心竞争力”的演讲。这是学校“百年暨南讲堂”系列活动之一。

▲学校党委书记蒋述卓主持召开了2005年学校领导班子先进性教育活动整改方案落实督办会。校长办公室、党办·组织部、教务处等20个整改方案责任部门的负责人参加了会议。

5月11日　“百年暨南讲堂”第五讲在科学馆国际会议厅举行。我国著名作家、文化部原部长王蒙为学校师生作题为“语言的功能与陷阱”的讲座。讲座由校党委书记蒋述卓主持。

▲以教育部外资贷款办公室项目处王振亚副处长为组长的教育部国家助学贷款工作巡回督察组第四组莅临学校指导工作。副校长贾益民主持召开会

议，汇报有关情况。

5月12日 暨南大学第五届董事会董事刘宇新先生来学校参观访问。

5月13日 “工程结构故障诊断”广东省高校重点实验室学术委员会第一次会议在学校举行。副校长王华出席并致辞。

5月14日 教育部社科司科研处处长张东刚来学校，与各文科学院主管科研的领导和学术骨干共30多人进行座谈。会议由副校长王华主持。

5月16日 暨南大学新任副校长宣布大会在学校行政办公楼第三会议室举行。国务院侨办赵阳副主任，省委组织部林华景副部长，省委教育工委谭泽中副书记，省委组织部干部五处何巨峰处长，省委教育工委组织干部处朱伟新副处长，学校校长胡军，副校长贾益民、陆大祥、王华，两位新任副校长周天鸿、刘洁生，以及学校机关部处和各基层学院领导近100人出席了会议。大会由校长胡军主持。国务院侨办副主任赵阳代表国务院侨办党组宣读了《关于周天鸿、刘洁生同志任职的通知》：周天鸿同志兼任暨南大学副校长；刘洁生同志为暨南大学党委常委、暨南大学副校长。

▲由国务院侨办、中国海外交流协会主办，广东省侨办和暨南大学共同承办的第三期“华裔新生代企业家中国经济高级研修班”在学校正式开班。国务院侨办副主任赵阳、广东省侨办主任吕伟雄、学校校长胡军等出席开班仪式。

5月20日 珠海学院2003级广告学专业的张冰、何颖、陈以珮、陈丽娟、廖倍茹、蔡莉莎等在第15届“金犊奖”颁奖典礼上，获得“银犊奖”。

5月24日 第五届“挑战杯”广东大学生创业计划竞赛评审委员会全体会议在学校召开。学校副校长纪宗安出席并讲话。

5月25日 学校举行“暨南大学教职工迎接百年校庆环校跑活动”。学校党委副书记叶勤主持起跑仪式并讲话。

▲由团省委主办，学校团委、校青年志愿者协会承办的“知荣辱，明使命，我与西部共奋进——广东省西部计划志愿者报告会”在学校举行。广东省西部计划志愿者代表——暨南大学2005届香港籍毕业生黄乾宇、潘妮娜专程从广西田阳县回到母校，畅谈在基层从事志愿服务的体会和感受。团省委、学校有关部处领导，广东省各大高校学生代表300余人参加此次报告会。

5月26日 学校经济学院与广州开发区工业发展集团共建固本强基工程社会实践基地挂牌仪式隆重举行。副校长刘洁生出席了仪式。

5月26～27日 由学校承办的2006年广州地区高校统战工作研讨会在中山市举行。省委统战部副巡视员袁伟英，副调研员曹华安、陈继山，学校党委副书记叶勤，以及来自广州地区的华南农业大学、广州大学、南方医科大学等10多所高校的统战部长和统战干部参加了研讨会。

5月27日 由暨南大学、佛山传媒集团主办，暨南大学新闻与传播学院、佛山电视台顺德分台承办的“都市化与传媒发展高峰论坛”举行。校长胡军致开幕词。省委宣传部常务副部长胡国华，佛山市委副书记卢汉超，南方报业传媒集团董事长、社长、管委会主任范以锦，国务院学科评议组新闻与传播学科组召集人童兵分别致辞。佛山市委宣传部部长蒋顺威，佛山传媒集团董事长刘宁，顺德区委常委、宣传部部长梁惠英，学校校长助理、校长办公室主任林如鹏，研究生部主任张子勇，社科处处长仇光永，新闻与传播学院蔡铭泽、刘家林、董天策等院系领导和全体教授出席了论坛。

5月28日 在第三届MBA联合会主席峰会的申办大会上，学校获得了第三届MBA联合会主席峰会的主办权。

▲校长胡军就学校百年校庆、侨校办学特色、学科建设等问题接受了《南方日报》专访。

▲由中宣部、教育部、中国记协和全国新闻战线“三项学习教育活动”领导小组办公室联合组织的新闻战线“三项学习教育活动”巡回报告团来到学校，新华社新闻研究所原所长文有仁、解放军报记者高艾苏、中央电视台主持人王志作报告。报告会由学校党委副书记叶勤主持。

▲学校举行敦聘仪式，敦聘印尼前国家领导人——印尼人民协商会议主席、印尼国民使命党前主席、穆罕默迪亚前任总主席，现为印尼国民使命党荣誉主席、印尼知名学者阿敏·赖斯为学校客座教授。副校长纪宗安向其颁发客座教授证书。随后，阿敏·赖斯作题为“印尼民主化进程及中国——印尼关系展望”的学术讲座。

5月29～30日 由国务院侨办和广东省人民政府共同组织的暨南大学“十五”“211工程”验收专家组对学校“十五”“211工程”建设成果进行了考察验收，专家组成员一致认为学校“全面实现了建设目标，高质量地完成了建设任务”。国务院侨务办公室副主任刘泽彭，广东省人民政府副秘书长罗欧，广东省教育厅厅长罗伟其、副厅长罗远芳，国务院学位办综合处处长徐伯良分别代表学校主管部门参加了验收汇报会。

5月30日 暨南大学第五届董事会副秘书长余

国春先生来学校参观访问。

5月31日　学校召开2006年纪律教育学习月活动动员大会。校长胡军出席会议并作主题报告。会议由副校长王华主持。校领导纪宗安、叶勤出席了会议。

本月，在巴黎博览会列宾国际发明竞赛上，学校理工学院欧阳东以“农业废弃物稻壳制取生物源纳米 SiO_2”项目为中国代表团获得金奖。

▲收藏家卓文波先生将手中珍藏多年的有关暨南大学的校史资料捐献给学校。

▲学校管理学院2003级G1班获“全国先进班集体”荣誉称号。

六月

6月1日　学校党委副书记叶勤一行赴学校挂钩帮扶贫困村——清远市佛冈县迳头镇大村村慰问。

6月3~4日　由暨南大学金融研究所、信息科学技术学院和中国科学院数学与系统科学研究院联合主办，暨南大学经济学院、管理学院协办的“2006金融工程国际学术研讨会”在广州成功举行。学校校长胡军，中国科学院系统科学研究院副院长汪寿阳，国家自然科学基金委管理学部副主任、天津大学副校长张维，广东省银监局副局长孟建波出席开幕式并致辞。副校长纪宗安在闭幕式上作总结发言。

6月8日　以高校产业协会理事长陈清龙为组长的教育部产业规范化建设专项检查工作小组一行对学校产业改制工作进行专项检查。

6月9~10日　由团省委、省科协、省教育厅和省学联联合举办，暨南大学承办的第五届“挑战杯”中国移动广东大学生创业计划竞赛决赛在学校隆重举行。学校天唯创业团队获“最佳创意团队奖”，入围决赛的8件参赛作品中6件获金奖、2件获银奖，名列广东省高校第一名，并获得“优秀组织奖”和“特别贡献奖”。副省长雷于蓝出席开幕式并讲话。校领导胡军、贾益民、陆大祥、纪宗安、王华、叶勤和团省委、省科协、省教育厅、省学联有关负责人及24所高校的参赛师生出席了开幕式、闭幕式。

6月10日　学校敦聘中国工程院外籍院士大村智为名誉教授、高桥洋子为客座教授。

6月12~14日　2006年暨南大学、华侨大学招收港澳台、华侨、华人、外籍学生入学考试顺利进行。

6月14日　校长胡军、副校长贾益民与学生代表座谈，听取学生意见和建议。来自全校16个学院以及校学代会、团委、学生会、研究生会和社联等学生团体的50多名学生代表和学生干部代表参加座谈会。

6月15日　“暨南学习论坛”第五讲在行政办公楼1111室举行，校长胡军以“文化与管理”为主题作讲座。

6月16日　学校敦聘著名神经科学领域专家饶毅为客座教授。副校长陆大祥为饶毅教授颁发聘书并讲话。

6月17~18日　学校党委书记蒋述卓、原党委书记伍国基一行在高州冼园举行暨南大学中华文化教育基地的揭幕仪式。蒋述卓书记发表讲话。

6月18日　副校长王华率领暨南大学代表团参加第四届中国·福建项目成果交易会。

6月22日　学校党委举行基层党组织统战工作创意比赛汇报演讲。学校党委副书记叶勤参加了会议。

6月23日　深圳市市长许宗衡一行到深圳旅游学院调研。华侨城集团总裁任克雷，副总裁蒯迪岸、刘平春，学校校长胡军、副校长王华等参加了汇报会，旅游学院常务副院长何建伟向许市长一行汇报了学院情况。

▲学校辩论队抵达狮城新加坡，参加第二届亚太华语大专辩论公开赛，首战告捷。这是学校第二次获邀参加这一赛事。此次参赛的16支高校辩论队来自新加坡、马来西亚、澳大利亚、俄罗斯、中国大陆、香港、澳门和台湾等国家和地区的16所知名大学。

6月25日　学校举行敦聘香港凤凰卫视著名时事评论员、节目主持人杨锦麟为客座教授仪式。校长胡军出席并致辞。敦聘仪式由副校长刘洁生主持。仪式结束后，杨锦麟作题为“中国软实力的内涵和传播——兼谈和平崛起与香港、台湾元素”的讲座。

6月26日　学校文学院党委中文系党总支在省委教育工委召开的纪念建党85周年暨表彰先进大会上，被授予“广东省高校固本强基先进基层党组织”称号，理工学院党委成员张春彝被授予“广东省高校‘三有一好’优秀共产党员”称号，后勤集团临时党委物业管理中心党支部书记廖剑辉被授予“广东省高校优秀党支部书记”称号，经济学院党委经济学系学生党支部书记张维佳荣获“广东省优秀党支部书记”称号。

▲学校在邵逸夫体育馆隆重举行本科教学工作迎评第二次动员大会。校长胡军和党委书记蒋述卓分别作动员报告；副校长刘洁生主持动员大会并就

如何贯彻落实会议精神提出要求。校领导贾益民、纪宗安、王华、叶勤、周天鸿和4 000多师生员工代表参加了会议。

6月26～30日　“ADS系统在广东发展应用前景研究”研讨会在学校召开。校长胡军、副校长王华及来自国内的5名院士和10位专家参加了会议。

6月27日　暨南大学中药及天然药物研究所与食益补太平洋有限公司携手共建的“暨南大学白兰氏基金会健康科学研究中心”在药学院举行签字暨揭幕仪式。学校校长胡军和食益补集团总裁、执行主席小池英治共同签署合作备忘录，并为“暨南大学白兰氏基金会健康科学研究中心”揭幕。学校副校长王华、药学院名誉院长姚新生，广东省科技厅副厅长李兴华及广州市科技局副局长马曙参加了签字仪式并致辞。

6月28日　学校在邵逸夫体育馆隆重举行2006届本科生毕业典礼。校领导胡军、蒋述卓、贾益民、王华、周天鸿、刘洁生，校长助理王志伟、林如鹏，各学院领导、部处负责人，以及今年本科毕业生700多人参加了典礼。典礼由副校长纪宗安主持。29日，校长胡军、副校长纪宗安前往珠海，参加了珠海学院2006届毕业生毕业典礼，校长胡军为986名毕业生一一颁发证书，并与同学们合影留念。副校长王华赴深圳参加了旅游学院2006届毕业生毕业典礼。校领导蒋述卓、贾益民、王华、叶勤、周天鸿、刘洁生分别在各学院分会场参加学院举办的毕业典礼。

▲学校举行纪念建党85周年座谈会。会议由党委书记蒋述卓主持。

▲由科技产业集团组织申报的暨南大学“人工器官及材料教育部工程研究中心”获教育部批准立项。

6月29日　学校隆重举行庆祝中国共产党成立85周年暨表彰先进大会。会议由校长胡军主持。校领导蒋述卓、纪宗安、王华、叶勤、刘洁生，学校党委老领导张德昌、伍国基、刘羽、关汉夫，学校民主党派、侨联的负责同志以及受表彰的个人和集体代表、各基层党委、总支、支部的书记300多人参加了大会。

6月29～7月2日　应澳门校友会马有恒会长的邀请，副校长贾益民带领学校优秀学生代表团一行41人对澳门进行了为期4天的参观、学习与交流活动。中联办宣传文化部部长孔繁壮，暨大校友总会会长、澳门校友会会长马有恒会见了代表团。

七月

7月1日　学校校董余国春先生、蒙民伟先生获香港特区政府颁授金紫荆星章，学校校董石汉基先生获特区政府颁授铜紫荆星章。校长胡军致函祝贺。

7月2日　学校在邵逸夫体育馆隆重举行2006年夏季研究生毕业典礼与学位授予仪式。学校领导胡军、蒋述卓、贾益民、陆大祥、纪宗安、王华、叶勤、周天鸿、刘洁生，校长助理王志伟、林如鹏，各学院院长及有关部处领导参加了典礼。典礼由副校长纪宗安主持。

7月2～8日　校党委书记、副校长蒋述卓一行出访泰国。

7月5日　暨南大学经济学院日本经济研究中心正式挂牌成立。学校校长胡军、副校长王华，日本驻广州总领事馆首席领事鹤冈千晴、领事川崎诚，日本贸易振兴会广州事务所所长塚田裕之参加了揭牌仪式。

7月10日　国际交流工作委员会成立大会在专家楼会议厅举行，校长胡军出席会议并讲话。大会由副校长贾益民主持。

7月11日　学校经济学院举办“百年暨南·经济学院名师系列讲座”暨敦聘联合国专家、瑞士日内瓦大学客座高级研究员安建国为兼职教授仪式。副校长王华出席会议，并向安建国颁发聘书。

7月12～18日　校长胡军出席由教育部主办的第三届中外大学校长论坛，并接受《中国青年报》的采访。

7月15日　学校“中国寻根之旅夏令营”团队在副校长贾益民的率领下前往首都北京，参加为期三天的海外华裔及港澳台地区青少年盛大联欢活动。团队当天在京广线上遇上台风“碧利斯”带来的洪水，受困于孤岛41个小时。在学校及领导们的关怀下，受困师生们团结一心，最终战胜了困难，于18日到达北京，副校长贾益民亲率先期到京的老师身穿红色营衣迎接。7月21日，参加寻根之旅联欢晚会的暨南大学寻根之旅总团分五批次返校，副校长贾益民亲率学生处和校学生会师生到站台迎接。

7月15～16日　由中国会计学会教育分会主办、暨南大学承办的中国会计学会2006年学术年会在学校曾宪梓科学馆隆重召开。来自全国高等院校、政府部门、研究机构、企事业单位以及港澳台地区和美、日、韩等国的会计学专家、学者共400多人出席了本次学术年会。学校党委书记蒋述卓致开幕词。

大会开幕式由学校副校长王华主持。

7月15~23日　第十一届中国大学生网球锦标赛在武汉举行。学校网球队夺得了男子乙组团体、单打、双打冠军，男子甲组团体亚军，双打第四名、单打第八名，女子乙组团体亚军，女子甲组团体第七名，单打第五名、第六名的佳绩。同时，学校教练彭国雄荣获本次大赛“最佳教练员”称号。

7月18日　省委、省政府在珠岛宾馆隆重召开2006年度广东省科学技术奖励大会，表彰为我省科学技术事业作出突出贡献的科技人员和获得2005年度国家和省科学技术奖的单位和个人。学校以刘人怀院士为首的科研团队与中国科技大学合作的成果“复合材料基本力学问题的理论研究”获2005年度广东省科学技术一等奖。此外，学校的“血液透析/滤过装置”、“经皮电脉冲刺激治疗糖尿病神经原膀胱的研究”、“地中海贫血检测芯片的开发与应用”等成果获三等奖。

7月24~26日　2006—2010年教育部高等学校力学教学指导委员会第一次全体会议在学校隆重召开。来自全国50余所著名高校的55名委员，上届力学教指委主任委员伍小平院士、秘书长何世平等参加了大会。学校副校长刘洁生出席了大会开幕式。

本月，暨南大学董事会董事杨孙西先生向学校捐赠人民币100万元，以支持华文学院教工之家大楼的建设。

八月

8月2日　校长胡军、副校长贾益民等赴澳门拜访中央驻澳办宣传文化部原部长、学校校董孔繁壮先生以及中央驻澳办宣传文化部新任部长刘晓航先生。

▲副校长贾益民一行在香港分别拜访了方润华、余国春、林光如三位校董。

8月5日至7日　学校召开了“十一五”发展规划研讨会。校领导胡军、蒋述卓、贾益民、叶勤、刘洁生以及各职能部处负责人和学院院长共40余人参加了会议。会议由副校长王华主持。校长胡军回顾了学校已经取得的成就，对学校“十一五”的发展目标、大学自身创新能力建设及制度创新等作了精辟的分析，指出学校今后发展的重点是提高教学质量，培养创新型人才。

8月7日　加拿大“新方向”中国助学基金会（New Direction China Ministries）会长大卫·科逊斯（David Curtis）及秘书郭先生（Gerry Guo）一行来学校参观访问，并在学校设立“新方向”助学金。

8月13日　校长胡军、党委书记蒋述卓率领“百年校庆寻根团”开展寻根之旅。校长胡军一行先后到达南京、上海、建阳，瞻仰了学校过去的办学旧址，并在上海真如、宝山，福建建阳举行办学旧址纪念碑落成典礼（南京办学旧址纪念碑已于2001年11月落成）。8月18日，校长胡军、副校长刘洁生一行在福建建阳结束“百年校庆寻根之旅”后，专程前往华侨大学访问。8月19日，校长胡军率学校“百年校庆寻根团”圆满结束“寻根之旅”活动回到广州。

8月18日　学校代表团在广东省第七届大学生运动会中共夺得奖牌115枚，其中金牌38枚，银牌37枚，铜牌40枚，获甲乙组团体总分1 800.5分，排名第二，并获得体育道德风尚奖。

8月26~28日　学校党委理论学习中心组会议在办公楼826室举行。校领导胡军、蒋述卓、贾益民、陆大祥、纪宗安、王华、叶勤、周天鸿、刘洁生，校长助理兼珠海学院院长王志伟、校长助理兼校办主任林如鹏，党办主任兼组织部长王心洁等出席了会议。会议由校长胡军、校党委书记蒋述卓主持。会议学习的主要内容有：《江泽民文选》，胡锦涛总书记在庆祝中国共产党成立85周年暨总结保持共产党员先进性教育活动大会上的重要讲话，胡锦涛同志、温家宝同志关于科学发展观的有关论述，教育部2006年工作要点，周济部长在普通高等学校本科教学评估工作经验交流暨评估专家组组长工作研讨会上的讲话。

8月27日　北京校友会会长陈默受中共中央政治局前委员、国务院原副总理兼外交部部长吴学谦的委托，向母校捐款。

▲暨南大学校友总会第二届理事会第三次常务理事会会议在学校召开。校长胡军、副校长贾益民出席会议。

8月30日　学校党委书记蒋述卓一行在香港拜会学校校董余国春先生。

本月，由广州市委员会、广州市科协、广州日报社、广州电视台联合主办的“首届广州市青年科技创新奖”颁奖典礼在广州友谊剧院隆重举行。学校的两个学生科技创新项目获奖。其中，理工学院李洪伟等同学的“魔屏——基于无线数据传输的视觉暂留显示屏”获最具推广价值奖，生命科学技术学院李世川等同学的“生物活性剂对血铅的清除及其对铅中毒拮抗作用的研究”获创造社会效应奖。

九月

9月1日　副校长刘洁生对开学前的各项饮食保障准备工作进行全面检查。

9月1~3日　学校召开教职工代表大会校园综合管理专题会议。校长胡军、校党委书记蒋述卓、党委副书记叶勤出席会议并讲话。

9月3日　校长胡军主持召开了全校中层干部会议，总结学校上半年的主要工作，传达8月26日至28日召开的学校党委理论学习中心组会议精神，对学校下半年的工作进行了部署。校党委书记蒋述卓布置了下半年学校党委的主要工作。校领导贾益民、陆大祥、纪宗安、王华、叶勤、周天鸿、刘洁生出席了会议。

9月4日　校领导胡军、蒋述卓、贾益民、陆大祥、纪宗安、王华、刘洁生分别亲临校本部、华文学院及珠海学院的各教学楼检查教学情况。

▲副校长纪宗安出席珠海学院新学期工作讨论会。

9月5日　校长胡军、副校长刘洁生主持召开了本科教学基本状态数据统计工作会议。

▲泰北华校校长访华团对学校华文学院进行为期一周的交流访问。

9月8日　学校隆重举行庆祝2006年教师节暨表彰大会。校领导胡军、蒋述卓、贾益民、陆大祥、纪宗安、王华、周天鸿、刘洁生及全校中层干部、受表彰的先进集体代表和先进个人出席了大会。会议由副校长贾益民主持。

9月12日　学校党委召开党外人士论“暨南精神”座谈会。学校党委书记蒋述卓、副书记叶勤，宣传部部长夏泉，统战部部长杨松，学校各民主党派、侨联组织负责人和部分党派成员出席了会议。会议由校党委副书记叶勤主持。

▲为尽快改善校园交通秩序，学校正式收缴无牌无证摩托车。

9月13日　学校举办“暨南精神”论坛，校长胡军作重要讲话，校党委书记蒋述卓作主题报告。论坛由副校长贾益民主持。理工学院张森文、管理学院袁祖望、教务处熊卫华、新闻与传播学院研究生汪建春作专题发言；外国语学院刘春英、文学院研究生张晓玮提交了书面发言材料；学校党委宣传部部长夏泉提交了大讨论活动的书面总结。

9月16~17日　我国著名经济学家、中国人民大学副校长林岗来学校讲学。

9月17日　学校管理学院与广州市委组织部联合举办了广州市国有企业高级管理人员财务管理和生产经营管理研修班。学校党委书记蒋述卓、副校长王华，管理学院院长李从东，广州市委组织部副部长余耀胜，广州市国资委党委书记张连广，市国资委副主任陈雄桥、陈海如分别出席了研修班的开学典礼和结业典礼。

9月21日　著名汉学家高利克（Marian Galik）先生访问暨南大学现代文学研究中心并作讲座。副校长贾益民向高利克先生颁发暨南大学现代文学研究中心特约研究员聘书。

9月23日　学校百年校庆捐赠仪式在曾宪梓科学馆举行。学校董事会董事杨孙西先生，学校董事会原董事颜同珍先生的遗孀冼剑钊女士，学校董事会副秘书长、校友总会会长马有恒先生之子马志成先生，校长胡军出席捐赠仪式并讲话。仪式由副校长贾益民主持。

9月23~24日　由学校承办的“校庆杯”广东省高校第五届“校长杯”暨第二十届老年教工乒乓球单项赛在邵逸夫体育馆举行。校长胡军、校党委副书记叶勤出席并为获奖运动员颁奖。

9月24日　由学校团委、青年志愿者协会共同主办的“百年校庆青年志愿者启动仪式”在邵逸夫体育馆举行。

9月25日　学校教师姚冬生及其率领的研究组担负的国家“863”高科技项目——“重组黄曲霉毒素解毒酶基因工程菌”历时10余年，取得重大进展。其研究成果由暨南大学科技产业集团代表学校与广州康采恩医药有限公司合作，正式进入产业化阶段。

▲学校举行设立“住有商事奖学金”协议签字仪式。学校副校长贾益民，住有商事（中国）企业集团董事长兼总经理伊藤令，学校学生处领导及相关院系师生代表出席了签字仪式。

9月26日　广东省知识产权局朱万昌副局长一行来学校调研知识产权教育情况。

▲暨南大学广东侨办系统校友联谊会在广州珠岛宾馆举行成立大会。学校校长胡军、副校长贾益民，广东省侨办主任吕伟雄、副主任林琳、副巡视员吴行赐等领导和嘉宾及数十名校友出席了大会。

9月28日　学校副校长、党委副书记、纪委书记王华主持召开治理商业贿赂专题报告会。广东省人民检察院检察官张熙应邀作题为“用规则看守人生”的专题报告。

▲国务院侨办副主任刘泽彭向广州市委书记朱小丹颁发暨南大学董事会副董事长聘书。学校校长

胡军、校党委书记蒋述卓、校长助理林如鹏等出席了敦聘仪式。

9月28～10月2日　以暨南大学校长胡军为团长，副校长、校友总会理事长贾益民和澳门校友会理事长黎柏强为副团长的暨南大学澳门校友会访京团一行赴北京、天津进行了一系列的拜访活动。访京团先后得到曾庆红副主席和国务院侨办陈玉杰主任、天津市政协常务副主席卢金发等领导的接见。

9月29日　广东省教育工委在学校召开广州地区部分高校民主党派及党外代表人士“迎中秋、庆国庆”茶话会。省委教育工委副书记谭泽中等领导及各民主党派、无党派代表人士、各高校统战部部长70余人参加了茶话会。学校党委副书记叶勤出席会议并致欢迎辞。

本月，香港金铭联合有限公司执行董事、暨南大学董事会董事李国华先生，向学校捐赠30万港元，支持学校行政办公大楼会议厅的建设。

▲学校教授温北炎的“印尼政局及对华政策与华人政策趋势的研究”、高伟浓的“主要华人聚居国华人社团体系的结构、功能变化与其数据库构建——以美国华人社团为基础”两项课题在国务院侨办（政研司）课题成果评选中获三等奖。

▲学校董天策教授被全国哲学社会科学规划办评为“认真负责的鉴定专家”。

▲由科技部火炬高技术产业开发中心、国家科技风险开发事业中心和宁波市人民政府联合主办的2006中国宁波科技创业计划大赛结果揭晓，学校杨丽等同学的《天星药物开发有限责任公司创业计划书》获得“新苗奖”。

▲学校暑期“三下乡”社会实践活动以“践行荣辱观，服务新农村”为主题，共组织了65支社会实践服务团队共800余名大学生，分赴新疆、青海、甘肃、浙江、江苏、山东、安徽、江西、河南、湖南、北京、广西、广东等省（市、自治区）开展社会实践活动。

▲泰国中华总商会常务会董颜开臣先生捐赠人民币20万元赞助印制校园地图和校庆指南。

十月

10月3～5日　副校长刘洁生主持召开迎评工作研讨会。

10月10日　校长胡军接受《光明日报》记者专访。

▲南方报业传媒集团社长范以锦以“创新：报业成长发展的动力”为题，为学校新闻学系建系60周年传媒学术系列讲座开讲。

10月10～15日　第九届世界大学生羽毛球锦标赛在中国地质大学举行。学校羽毛球队陈林、彭羽两位同学代表中国大学生参加了比赛，并荣获混合团体冠军、女子双打第五名；陈林荣获混合双打亚军。

10月10～17日　副校长陆大祥一行赴印度进行访问。

10月12日　广东省财政厅厅长、暨南大学兼职教授刘昆作题为“公共财政与社会主义和谐社会建设”的学术报告。

▲学校校长胡军出席第八届中国国际高新技术成果交易会。

10月14～18日　学校在第五届“挑战杯”中国大学生创业计划竞赛终审决赛中获得一项金奖、两项银奖和高校优秀组织奖。

10月16日　学校副校长、党委副书记王华一行到佛冈县迳头镇大村村开展调研。

10月16～20日　副校长刘洁生一行赴北京参加2007年参评普通高等学校本科教学工作水平评估工作第一期研讨班的学习。

10月17日　学校与广东罗浮药谷有限公司签订可可茶产业化合作协议。省委副书记蔡东士，省人大副主任李维进，学校校长胡军、副校长王华等出席了活动。

10月18日　学校与沈阳东软软件股份有限公司签订“暨南大学信息化校园一期工程”合同。副校长贾益民代表学校在合同上签字。

▲学校外聘教师周转公寓楼封顶仪式举行，校党委副书记叶勤出席封顶仪式。

10月18～25日　由学校主办、管理学院承办、管理学院研究生会协办的“海峡两岸研究生创意管理研习营”活动在学校举行，副校长贾益民出席开营仪式并致欢迎辞。来自台湾暨南国际大学、中央大学、大叶大学、中正大学、吴凤技术学院、布罗丰登大学等6所高校的100余名研究生参与了此次活动。

10月19日　学校党委召开学习贯彻党的十六届六中全会精神座谈会。会议由校党委书记蒋述卓主持。

10月20日　学校党委召开党外代表人士学习贯彻中共十六届六中全会精神座谈会，校党委副书记叶勤参加了会议。

10月20～22日　全美中文学校协会访华团一行来学校华文学院交流访问。

10月23日　“学习·执行·创新·和谐——2006中国企业创造力论坛”在广州亚洲国际大酒店举行，这是学校百年校庆系列活动之一。国际著名儒学大师杜维明、当今西方管理学领域的领袖人物彼得·圣吉、福特公司前副总裁尼克·赞纽克及趋势科技创办人暨董事长张明正出席论坛并发表演讲。学校校长胡军出席论坛并致辞。

▲学校敦聘美国阿尔贡国家实验室龙振强为客座教授仪式在理工学院举行。副校长纪宗安为龙振强颁发聘书并讲话。

10月27日　原中共中央政治局常委、国务院副总理李岚清为学校师生举办“音乐·艺术·人生”讲座。讲座由校长胡军主持，出席讲座的还有国务院侨务办公室、广东省教育厅等部门的领导和学校领导贾益民、纪宗安、王华、叶勤、刘洁生。校长助理林如鹏、各部处和学院的领导，以及2 200多名师生聆听了讲座。

10月28日　学校与中国联通广东分公司战略合作签字仪式在学校举行。广东联通将出资冠名11月18日校庆晚会为“联通世界风——暨南大学百年华诞庆典晚会”。学校校长胡军，副校长王华、刘洁生和中国联通广东分公司总经理吴勇明等出席签字仪式。仪式由副校长王华主持。

▲广东省法学会知识产权法学研究会2006年学术年会暨自主创新与知识产权保护研讨会在学校举行。副校长贾益民参加会议并致欢迎辞。

▲学校启动了车辆进出门禁系统，开始对进入学校的外来车辆实施严格管理。

▲全国政协副主席、暨南大学董事会副董事长霍英东先生病逝于北京协和医院，享年83岁。

10月30～11月10日　校领导分别带领专家组到全校各学院（含直属教学部、系）进行评建工作检查。

10月31日　“暨南大学澳门科海菁莪奖学金”设立协议签字仪式在学校举行，澳门科海研究及发展中心总经理李伟杰先生、助理总经理梁杏娇小姐，学校副校长贾益民等出席了签字仪式。该项奖学金用于奖励物理、光电、数学、电子信息工程、计算机等专业的优秀学生。

本月，刘宇新、方润华、蒙民伟、钟立雄、戴国坤等5位校董，共向学校捐赠港币19.47万元、人民币25万元，支持学校办学，向百年校庆献礼。

▲暨南大学香山文化研究所、华人留学文化研究所在珠海学院成立。

▲广东中惠集团有限公司向学校捐赠人民币100万元作为校庆贺礼。

▲暨南大学董事会董事陈有庆先生向学校捐赠20万港元，支持学校办学。

▲在中国高等教育学会《中国高教研究》编辑部统计整理的“2005年全国高等学校教育科研论文成果排序”中，学校以32篇论文升至全国高校第13位。

▲在总结暨南精神大讨论成果的基础上，学校将暨南精神的主要内涵概括为“忠信笃敬、知行合一、自强不息、和而不同”。

▲学校艺术学院教师屡获国内外音乐书法比赛大奖。北京国际电子音乐节第三届“Musicacoustica”电子音乐作曲比赛，学校艺术学院音乐系教师王桢的作品《一》获二等奖，作品《寻·询》获三等奖。“第七届全国书学讨论会”论文评审，艺术学院美术系朱圭铭老师的论文《从掌指之法到肘腕之法——运笔方法的转换与晚明书风的丕变》荣获一等奖；陈志平老师的论文《周越著作考论》荣获三等奖。艺术学院影视系青年教师卫铁新近执导的故事长片《远离》入围第11届釜山国际电影节“新浪潮”竞赛单元。

十一月

11月4～5日　第三届全国MBA联合会主席峰会在学校召开，这是全国MBA联合会主席峰会首次在华南地区举行。学校副校长王华参加开幕式及主论坛。

11月6日　学校在新建的图书馆广场举行了隆重的图书馆广场竣工暨第一次升国旗仪式。校领导胡军、贾益民、陆大祥、纪宗安、王华、叶勤、周天鸿、刘洁生，机关部处干部，各学院院长和党委书记及学生代表约千人参加了仪式。校长胡军致辞，校党委副书记叶勤主持仪式。

11月9日　学校百年校庆捐赠暨蔡冠深博物馆揭牌仪式隆重举行。校长胡军、副校长贾益民，校董蔡冠深、刘宇新、颜开臣等出席了仪式。学校校董、新华集团总裁蔡冠深捐资为博物馆冠名。校董颜开臣、刘宇新、蒙民伟、陈有庆、方润华、戴国坤、李国华、唐志坚、钟立雄，以及东莞虎彩集团、广州汉兴实业有限公司、东莞市瀚森投资集团有限公司、凯利斯复合建材有限公司等企业均向学校捐资，为学校百年校庆献礼。在仪式上东莞市瀚森投资集团有限公司向学校捐赠人民币50万元并设立“暨南大学（经济学院）瀚森助学基金”。

▲学校举办第6期暨南学习论坛，邀请华侨大学

校长兼党委书记吴承业作题为“大学精神与宽容”的学术报告。论坛由校长胡军主持，副校长贾益民、纪宗安参加了论坛。

▲学校光电工程系2004级研究生陈立勋、张海峰、刘浩和金志琛同学的参赛作品“基于DSP的紫外双光谱图像检测仪”在首届广东软件创新大赛中获得银奖。

11月10日　中国青年报社社长徐文新、共青团广东省委宣传部部长黄庆晖等一行莅校调研。

▲珠海学院举行办公楼落成典礼暨香山文化研究所、华人留学文化研究所以及包装工程联合实验室揭牌仪式。学校校长胡军、副校长纪宗安，珠海市副市长邓群芳，珠海市大学园区工作委员会主任钟国胜，学校校长助理兼珠海学院院长王志伟出席了典礼。

▲学校举行产业经济学博士点成立20周年庆典暨暨南大学产业经济研究院成立庆典。校长胡军和学校产业经济学博士点创始人黄德鸿、资深教授云冠平先生等为产业经济研究院揭牌，并现场为37位首批研究院特邀研究员颁发聘书。大会由副校长纪宗安主持。

11月11~12日　由学校东南亚研究所（国际关系学系）主办的“东亚合作：进展与反思”国际学术研讨会在天河远洋大厦举行。副校长刘洁生出席并讲话。

11月12日　学校举行敦聘中央财经大学党委书记、博士生导师邱东为兼职教授仪式。校长胡军出席仪式，并为邱东颁发聘书、佩戴校徽。

11月15日　数百暨南师生学子午夜在校庆倒计时牌前与校长胡军、校党委书记蒋述卓、校党委副书记叶勤一起齐声倒数，迎接校庆的到来。

▲由教育部语言文字信息管理司和暨南大学共建的海外华语研究中心揭牌仪式在华文学院举行。国务院侨务办公室文宣司司长刘辉，教育部语言文字信息管理司副司长王铁琨，学校校长胡军、校党委书记蒋述卓、副校长贾益民，以及海内外一些语言学知名学者出席了揭牌仪式。仪式由副校长贾益民主持。

11月15~16日　由深圳旅游学院、苏格兰爱姆伍德学院联合主办的中国首届高尔夫职业经理人国际论坛在旅游学院隆重举行，论坛主题为“最佳管理者的成功实践”。来自全国各地知名高尔夫球场的总经理及同济大学等高校的专家学者近60人参加了论坛。

11月16日　南方日报《暨南大学建校100周年100版纪念特刊》暨珍藏缩印本发刊仪式，《百年暨南丛书·暨南文丛》首发式，百年暨南纪念邮册、首日封、明信片发行仪式在行政办公楼1111室举行。

▲学校敦聘天津财经大学副校长张维为兼职教授。校长胡军出席仪式。

▲校长胡军接受凤凰卫视的专访。

▲校庆书画展剪彩和孔子铜像揭幕仪式在蔡冠深博物馆门前隆重举行。省政协副主席王兆林，广州市天河区政协主席杨南聪，广东省工商联党组副书记陈海燕，广东省美术馆馆长王璜生，广东省博物馆副馆长莫鹏，学校领导胡军、蒋述卓、陆大祥、王华，校董、香港国际投资总商会副会长梁仲景，著名画家陈金章、杜滋龄，著名画家陶冷月之子陶为衍等20多位嘉宾出席。活动由副校长陆大祥主持，由此拉开了校庆庆典的序幕。校长胡军在剪彩仪式上致辞。

▲学校在新教学楼前隆重举行“百年暨南”纪念碑揭幕仪式。校领导胡军、蒋述卓、贾益民，国务院原副总理吴学谦先生之子吴晓镛先生，北京校友会会长陈默学长以及学生代表共200多人参加了揭幕仪式。

▲“马超、王静三绘画作品展”在艺术学院一楼展厅举行。校领导胡军、蒋述卓、贾益民、陆大祥、纪宗安、刘洁生，校长助理林如鹏以及艺术学院院长张铁林等观看了展览。这次展览是暨南大学百年校庆庆典活动之一。

▲学校在新建图书馆举行了暨南大学六先贤铜像揭幕仪式。暨南大学六先贤指的是端方、郑洪年、黄炎培、何炳松、陶铸、廖承志。学校领导胡军、蒋述卓、贾益民、陆大祥、周天鸿、刘洁生，何炳松之女何淑馨，陶铸之女陶斯亮，梁仲景校董和学校老领导罗国民、黄旭辉等出席了揭幕仪式。仪式由副校长贾益民主持。

11月17日　国务院侨办主任陈玉杰一行来学校视察百年校庆工作。

▲暨南大学第五届董事会第二次会议在广州东方宾馆南国宴乐厅举行。暨南大学董事会董事长钱伟长和副董事长马万祺给本次会议发来了贺信贺电。会议讨论并通过了董事会章程修改草案，并由国务院侨务办公室主任陈玉杰和广东省省长黄华华向新聘校董颁发证书。国务院侨务办公室主任陈玉杰，广东省委副书记、省长黄华华，广东省政府秘书长徐尚武，广东省侨务办公室巡视员赵金陵出席了会议。国务院侨务办公室副主任刘泽彭，全国人大常委、金利来集团有限公司董事局主席曾宪梓，中央人民政府驻香港特别行政区联络办公室副主任王凤超，中央人民政府驻澳门特别行政区联络办公室副

主任王今翔，广东省副省长宋海，广东省人大常委会原副主任侣志广，学校校长胡军等七位董事会副董事长及方润华等董事出席了会议。出席会议的还有学校领导蒋述卓、贾益民、陆大祥、纪宗安、叶勤、刘洁生等。会议由董事会副秘书长、暨南大学校友总会会长马有恒主持。

▲学校在广州东方宾馆宴会厅举行盛大的欢迎晚宴，庆祝暨南大学建校100周年。

▲暨南大学校友总会第三届理事会扩大会议在曾宪梓科学馆国际会议厅开幕，海内外校友分会的代表及相关人员共300余人参加了会议。

▲学校华侨华人研究院正式挂牌成立。国务院侨务办公室副主任刘泽彭，校长胡军等出席挂牌仪式，并分别作了重要讲话。挂牌仪式由副校长纪宗安主持。

▲暨南大学校友总会第三届理事会扩大会议在曾宪梓科学馆国际会议厅隆重开幕，海内外校友分会的代表及相关人员共300余人参加了会议。校友总会理事长、副校长贾益民在会上作了暨南大学校友总会第二届理事会的工作报告。

11月18日　学校迎来建校100周年盛典。中共中央政治局常委、全国政协主席贾庆林，中共中央政治局常委李长春给学校发来贺信，向全体师生员工和海内外校友表示热烈的祝贺。中共中央政治局原常委、国务院原副总理李岚清为暨大百年校庆题词：“百年侨校，人才辈出”；国务院原副总理、暨南大学校友吴学谦题词：“百年暨南”。中共中央政治局委员、广东省委书记张德江发来贺信。全国政协副主席周铁农，国务院侨务办公室主任陈玉杰，澳门特别行政区行政长官、暨南大学董事会副董事长何厚铧，国务院侨务办公室副主任、暨南大学董事会副董事长刘泽彭，国务院港澳事务办公室副主任周波，国务院台湾事务办公室副主任叶克冬，外交部部长助理、暨南大学董事会副董事长孔泉，中央人民政府驻香港联络办公室副主任、暨南大学董事会副董事长王凤超，中央人民政府驻澳门联络办公室副主任、暨南大学董事会副董事长王今翔，中共广东省委副书记欧广源，中共广东省委常委、广东省人民政府常务副省长钟阳胜，中共广东省委常委、广州市委书记朱小丹，广东省人大副主任游宁丰，广东省常务副省长汤炳权，广东省政协副主席周天鸿，广东省检察院检察长张学军，全国人大常委、暨南大学董事会副董事长曾宪梓，海南省人大常委会原副主任王学萍，广东省人大常委会副主任侣志广，广东省政协原副主席李辰，广东省武警总队总队长牛志忠，广东省教育厅厅长罗伟其等出席了庆典大会。出席庆典大会的领导和嘉宾还有中央有关部委、广东省、广州市、合作单位、海外姊妹大学、“211工程”高校、广东省内各高校、各省市政府及侨务、教育部门的领导，暨南大学董事会董事、海内外校友，中央、省市和港澳60余家媒体记者以及各界嘉宾朋友等共计4 000多人。庆典大会由学校党委书记蒋述卓主持。

▲新闻与传播学院举办“共庆60华诞座谈会”。广东省省委宣传部副部长、校友方健宏，副校长纪宗安，校长助理兼校办主任林如鹏，暨南大学校董梁仲景等参加了座谈会。

▲学校举办以“大学竞争力——管理·创新”为主题的中外校长论坛。学校校长胡军、美国圣道大学校长路易斯艾吉尼斯、复旦大学党委书记秦绍德、厦门大学副校长李建发、美国威斯康星欧克莱尔大学校长布赖恩·勒富因·斯坦科维奇、日本立命馆大学副校长Kimio Yakushiji、日本兵库县立大学副校长阪本靖郎、日本关西国际大学校长滨名笃、澳大利亚格林菲斯大学院长卢耀梓、俄罗斯人民友谊大学副校长Chistokhvalov Victor Loo等13位大学校长、校领导作了精彩的演讲。论坛由副校长王华主持。

▲教育部港澳司谢伟民司长，国务院侨务办公室文宣司代表，广东省政府港澳办唐豪主任，中央人民政府驻香港及澳门特别行政区联络办公室代表，160多名来自香港、澳门的中学校长、教育机构负责人，以及学校设在台湾和国外的招生点负责人等应邀参加了“2006年暨南大学对港澳台及海外招生工作座谈会”。学校党委书记蒋述卓作主题发言。会议由副校长贾益民主持。

11月19日　由学校与香港亚洲电视合作的第二部百年校庆电视专题片《暨南大学与港澳》全部完工并在香港亚洲电视本港台播出。

▲百年校庆珠海学院庆祝文艺晚会在珠海学院体育馆举行。校领导胡军、陆大祥、纪宗安、刘洁生观看了庆祝晚会。

11月20日　朱荣华、徐文实、胡江三位书画家将其在校庆期间展出的200余幅书画作品悉数捐赠给学校。校长胡军代表学校接受捐赠。

11月22日　为庆祝学校百年校庆而进行的“校庆杯”篮球邀请赛在邵逸夫体育馆进行，比赛的双方是广东宏远队和东莞新世纪队。学校领导胡军、蒋述卓、陆大祥、王华观看了比赛。

11月25日　学校举行百年校庆庆典晚会。省市各级领导、学校领导出席了晚会。

▲由广东省计算机学会主办、暨南大学信息科学技术学院计算机科学系承办、广州市天河软件园

协办的第16届“高校杯”软件设计（本科组）竞赛在学校拉开帷幕。副校长贾益民出席开幕式，校党委副书记叶勤出席闭幕式。

11月26日　学校珠海校区体育健儿在2006首届珠海大学生体育运动会中获得36枚金牌。其中田径、游泳、乒乓球金牌总数第一，同时获得本次大学生体育运动会团体总分第一、体育道德风尚奖和优秀组织奖。

11月27日　由省国资委、省经贸委等单位联合主办，学校与广东省商业联合会承办的首届广东企业论坛在广州东方宾馆举行。省委常委、常务副省长钟阳胜到会并致辞，学校校长胡军发表了讲话，博鳌亚洲论坛秘书长龙永图、联想控股有限公司总裁柳传志、美国艾默生公司大中华区总裁任锦汉等作主题报告。学校副校长王华参加了论坛。

11月28日　世界著名科学家潘毓刚做客百年暨南文化素质教育讲堂，畅谈“中美大学生之异同”。

▲暨南大学新闻传播教育60周年纪念暨粤港澳新闻传媒人才培养研讨会召开。校长胡军、副校长贾益民，校长助理、校长办公室主任林如鹏出席了开幕式。

▲中国科学院物理所散裂中子源靶站谱仪工程中心王鼎盛院士等专家来学校考察。

11月30日　学校举行敦聘八卷俊雄先生为客座教授仪式。副校长纪宗安出席仪式并为其颁发聘书。

▲全国大学生数学建模竞赛组委会公布获奖名单，学校学子共获4项全国一等奖、2项全国二等奖，另外学校还获得了7项广东赛区一等奖（含获全国奖的6队），在广东41所参赛高校中名列第一。

本月，暨南大学董事会董事唐志坚先生向学校捐赠人民币5万元，向百年校庆献礼。

▲广东省开平市人民政府向学校捐赠人民币7万元，其中5万元用于赞助“经济学院迎百年校庆宣传册”的出版，2万元用于认捐图书馆中心广场木棉树1棵。

▲第八届全国统计科研优秀成果奖获奖名单公布，学校多项课题获国家级奖励和省政府立项。雷钦礼老师的《中国粮食生产的价格作用机制分析》、韩兆洲老师的《广东省最低工资研究》、卫海英老师的《均值—方差风险计量模型及其优化研究》获得课题论文类三等奖；谢启南老师的《统计学原理》、卫海英老师的《应用统计学》获统计教材类三等奖；汤开建老师的成果《党项西夏史探微》获2005年国家民委社会科学研究成果奖著作类三等奖。此外，龚唯平老师的课题“广东加快发展先进制造业与相关政策研究”（与广东省社会科学院向晓梅老师合作）获2006年省重大决策咨询研究社会公开招标项目，资助经费5万元。

▲学校增聘孔泉为第五届董事会副董事长，魏苇、陈永棋、戴德丰、符易亨、潘永华、刘晓航为第五届董事会董事。

▲校长胡军一行在香港分别拜会学校校董徐展堂先生、陈永祺先生。

▲学校珠海学院在中国大学生数学建模竞赛中获国家一等奖（同时获省一等奖）2项，省二等奖1项，省三等奖3项。

▲在教育部中央电化教育馆主办的第十届全国多媒体教育软件大奖赛上，学校文学院张世君主持的“红楼梦文化”专题学习网站获一等奖，管理学院梁明珠主持的“中国的世界遗产”专题学习网站获二等奖，学生处王红主主持的“中国民族民间舞蹈”网络课程获优秀奖。

十二月

12月1日　学校召开本科教学工作水平评估工作会议。校领导胡军、蒋述卓、纪宗安、刘洁生出席会议并讲话。会议由副校长刘洁生主持。

▲学校举行本科教学工作水平评估倒计时牌揭牌仪式。校长胡军致辞，并与校党委书记蒋述卓一起为本科教学工作水平评估倒计时牌揭牌。仪式由副校长刘洁生主持。

12月1～3日　由暨南大学、南方报业传媒集团、羊城晚报报业集团联合举办的“数字化时代传媒产业发展战略高峰论坛”在学校召开。副校长刘洁生，省内各大新闻媒体的领导以及全国高等新闻院校的专家学者出席开幕式。

12月1～15日　学校学生吴财宝、温永毅、李雪姬代表中国分别参加了第15届亚运会的武术和田径比赛，其中吴财宝获得武术南拳全能金牌，温永毅获得男子4×100米接力第三名、100米第七名，李雪姬获女子4×400米接力第三名。

12月2日　广东省第六届大学生篮球联赛在学校落下帷幕。学校女子乙组获第一名，男子甲组获第二名，女子甲组获第五名，男子乙组获第七名。

12月5日　2006年《学位与研究生教育》杂志工作研讨会在学校顺利召开。校长胡军出席会议。

12月6日　学校与广州市光机电工程研究开发中心举行“暨南大学学生创新实践与就业实习基地”挂牌揭幕仪式，学校党委副书记叶勤、广州市光机电工程研究开发中心党委书记余德友共同为实习基地挂牌揭幕。

12月7～9日　学校“百年校庆杯”第三十三届田径运动会在旭日田径场隆重举行。校领导胡军、蒋述卓、贾益民、陆大祥、叶勤、周天鸿、刘洁生，以及机关部处、直属单位和学院的领导出席了开幕式。开幕式由副校长陆大祥主持。

12月8日　教育部科技发展中心处长万猛及同行专家一行莅临学校，对学校申报教育部科技查新工作站进行现场考察、评审。

12月12日　学校召开学生工作干部队伍建设会议。校领导胡军、蒋述卓、陆大祥、纪宗安、王华、周天鸿出席会议。会议由副校长贾益民主持。

12月13日　学校百年校庆总结暨表彰大会在新落成的大礼堂举行。校领导胡军、蒋述卓、贾益民、陆大祥、纪宗安、叶勤、周天鸿出席大会。校长胡军作总结报告。校党委书记蒋述卓主持大会并宣读表彰名单。校领导为获得表彰的先进集体和个人颁奖。百年校庆筹备办公室荣膺先进集体“特别奖”，校长办公室等13个单位获一等奖，研究生部等26个单位获二等奖；教工中11人获先进个人特等奖，22人获一等奖，91人获二等奖，154人获三等奖，154人获通报表扬；44名同学获优秀学生一等奖，45名同学获二等奖，150名同学获三等奖。

本月，学校在第31届ACM国际大学生程序设计竞赛亚洲区决赛（上海赛区）中获得铜奖。

▲学校蒋述卓教授主持申报的“中国传统文化概论”入选教育部2006年度国家精品课程名单。

·附　　录·

暨南大学2006年新聘兼职教授名单

姓名	国别/地区	职务/职称	聘任时间
王福春	中国	广州市政府外事办公室副主任	2006.04.02
安建国	中国	联合国驻日内瓦会议服务司高级译审	2006.04.07
王微	中国	国务院发展研究中心研究员	2006.04.07
韦相才	中国	广东省计生科技研究所主任医师	2006.04.06
李嘉豪	香港	香港中文大学教授	2006.02.23
文福栓	中国	华南理工大学教授	2006.04.28
宋则	中国	中国社科院财政与贸易经济研究所教授	2006.09.06
汪寿阳	中国	中国科学院数学与系统科学研究院教授	2006.07.19
张维	中国	天津财经大学副校长、教授	2006.07.19
吴伟雄	中国	广州市人口和计划生育科学研究所主任医师	2006.09.06
江雷	中国	中国科学院化学研究所研究员	2006.09.22
周流溪	中国	北京师范大学教授	2006.09.26
刘富才	中国	广东省政府国有资产监督管理委员会主任	2006.10.20
戴玉庆	中国	广州日报高级编辑	2006.10.20
方健宏	中国	中共广东省委宣传部副部长	2006.10.20
张惠建	中国	广东电视台台长、高级编辑	2006.10.20
梁建中	中国	广州日报副总编辑、高级编辑	2006.10.20
詹启敏	中国	协和医科大学教授、研究员	2006.10.20
钟世坚	中国	中共珠海市委副书记	2006.10.31
邱东	中国	中央财经大学党委书记、教授	2006.11.10
梁宏	中国	广西师范大学校长、教授	2006.11.14
刘平春	中国	华侨城集团公司副总裁、深圳华侨城控股公司董事长	2006.12.11
郁小平	中国	深圳高尔夫俱乐部执行董事、中方总经理	2006.12.11
郑天祥	中国	中山大学教授	2006.12.11

暨南大学2006年新聘客座教授名单

姓名	国别/地区	职务/职称	聘任时间
李旋	美国	Senior Biotech Consultant in Department of Infectious Diseases Naval Medical Research Center，Maryland，USA	2005.12.28
Lawrence Lessig	美国	斯坦福大学法学院教授	2006.03.31
袁先智	美国	美国毕马威财务审计公司总监	2006.03.24
黄朝翰	新加坡	新加坡国立大学研究员	2006.04.02
盛力军	新加坡	新加坡国立大学高级研究员	2006.04.02
张嘉中	英国	牛津大学研究员	2006.04.02
李明	香港	香港中文大学副教授	2006.02.23
孙雷	美国	UCB Research，Inc. Cambridge，USA 研究员	2006.04.16
刘楚元	中国	美国得州农工大学教授	2006.04.16
Mansel	加拿大	加拿大 Guelph 大学教授	2006.05.21
Rais	印度尼西亚	印尼大学教授	2006.05.21
高桥洋子	日本	日本北里研究所教授	2006.06.02
杨锦麟	香港	香港凤凰卫视节目主持人	2006.05.30
宋镇照	台湾	台湾成功大学教授	2006.06.10
张错	美国	美国南加州大学教授	2006.06.26
毛学荣	英国	英国斯特拉思克莱德区大学教授	2006.07.19
宋凯	台湾	台湾中央大学教授	2006.10.20
龙振强	美国	美国阿尔贡国家实验室研究员	2006.10.20
尼克·赞纽克（Nick. Zanuik）	美国	国际组织学习学会创始成员	2006.10.20
车镇涛	香港	香港中文大学教授	2006.10.20
梁静	美国	美国加州大学洛杉矶分校副教授	2006.10.20
杨显荣	澳门	澳门国际中医药学会教授	2006.10.31
八券浚宏	日本	东京经济大学教授	2006.11.14
陈建仁	美国	美国 Fexas 大学教授	2006.12.11
贾维嘉	香港	香港城市大学教授	2006.12.11
洪竣浩	美国	美国纽约州立大学终身教授	2006.12.12
清水信行	日本	Iwaki Meisei University 教授	2006.12.22

报刊报道有关暨南大学主要消息索引

【新闻·事件】

亚视营运总裁受聘暨大教授 ……《新快报》2006年1月9日
香港亚视高层获聘暨大客座教授 ……《南方都市报》2006年1月9日
国务院侨办研究决定任命胡军为暨南大学校长 ……《信息时报》2006年1月15日
胡军任暨大校长 ……《广州日报》2006年1月15日
胡军任暨南大学校长　原校长刘人怀因年龄关系卸任 ……《南方都市报》2006年1月15日
胡军任暨大校长　刘人怀因年龄关系不再担任校长 ……《南方日报》2006年1月15日
胡军任暨南大学校长 ……《羊城晚报》2006年1月15日
广东两所主要高校“易帅” ……《光明日报》2006年1月17日
暨南大学为961名学生举行春季毕业典礼 ……《南方日报》2006年1月21日
暨南大学举行2006年春季毕业典礼 ……《新快报》2006年1月21日
留学生包饺子过新年（图） ……《信息时报》2006年1月26日
暨大留学生包饺子庆新年 ……《新快报》2006年1月26日
暨大新闻学专业获博士学位授予权 ……《羊城晚报》2006年2月26日
粤首个新闻学博士点落户暨大 ……《南方日报》2006年2月26日
暨大召开追思老校长梁灵光座谈会 ……《南方都市报》2006年2月27日
梁老与暨大有三次“约会” ……《羊城晚报》2006年2月27日
暨大举行梁灵光追思会 ……《晶报》2006年3月1日
暨大港澳学生秋季学费减半 ……《新快报》2006年3月5日
暨大恢复部分研究生三年学制 ……《信息时报》2006年3月5日
“目前暨大不考虑扩招” ……《南方都市报》2006年3月5日
暨大今年内外招生比例仍为1：1 ……《南方日报》2006年3月5日
香港学生爱到内地读大学（香港风景线） ……《环球时报》2006年3月5日
暨大港澳生学费劲减一半 ……《香港大公报》2006年3月5日
享受同一片蓝天下的关爱 ……《人民日报（海外版）》2006年3月10日
暨大聘政府官员担任MPA导师 ……《南方都市报》2006年3月13日
暨南大学迎来百年校庆　不请演员一切从简 ……《信息时报》2006年3月14日
暨南大学11月庆百年 ……《新快报》2006年3月14日
暨大今年100岁了 ……《广州日报》2006年3月14日
暨大11月迎百年校庆 ……《南方日报》2006年3月14日
华侨名校暨南大学迎百年华诞　校庆标志正式亮相 ……《南方都市报》2006年3月14日
瑞龙腾飞　喜庆暨大百年 ……《羊城晚报》2006年3月15日
台生登陆读高学历者趋增 ……《香港大公报》2006年3月16日
庆祝百年校庆　暨大办电影明星图片展 ……《新快报》2006年3月17日
暨南大学华侨大学两校联合招考27日报名 ……《南方日报》2006年3月27日
暨大侨大今起联招 ……《羊城晚报》2006年3月28日
暨大侨大联招周一开始报名 ……《新快报》2006年3月27日
穗暨大招港生新学费减半 ……《香港大公报》2006年3月27日

养父卧床养母搬运水泥受伤 女大学生挑起重担 ……………………………《广州日报》2006 年 3 月 29 日
“陈志豪是我们学习的典型” ……………………………………………………《信息时报》2006 年 4 月 3 日
树立社会主义荣辱观 暨大热论八荣八耻 ………………………………………《新快报》2006 年 4 月 3 日
知荣辱 树新风：大学应否开设“劳动课” ………………………………《羊城晚报》2006 年 4 月 4 日
广东重点高校招生计划公布 名校招生数与去年持平 ……………………《南方日报》2006 年 4 月 13 日
广东暨南大学将奖励各省高考状元四万元 …………………………………《信息时报》2006 年 4 月 13 日
台成功大学与暨大学者互访 ……………………………………………《香港大公报》2006 年 4 月 14 日
扶贫五年可免试免学费读研 首批培养 150 名硕士头三年农村任教 ……《南方都市报》2006 年 4 月 20 日
蒋述卓“百年暨南讲堂”开讲大学生知耻自省方能成才进步……………《南方日报》2006 年 4 月 21 日
广东暨南大学四万重奖高考状元 ……………………………………………《新快报》2006 年 4 月 26 日
暨大再招 1 900 海外生 ……………………………………………《人民日报·华南新闻》2006 年 4 月 27 日
高校港澳新生今年起与内地生同等收费 ……………………………………《南方日报》2006 年 4 月 27 日
弘扬丛飞精神奏响时代强音：专家学者座谈丛飞精神 ……………………《南方日报》2006 年 4 月 27 日
中国 MBA 华南联盟成立 ……………………………………………………《民营经济》2006 年 4 月 27 日
暨南大学港澳生享同等待遇学费降 5 000 ……………………………《南方都市报》2006 年 4 月 27 日
港澳学生热报内地高校 ………………………………………………………《羊城晚报》2006 年 4 月 27 日
卖一台电脑只能赚一捆大葱钱? …………………………………………《南方都市报》2006 年 4 月 28 日
张铁林将赴山东 为暨大选艺术生 ……………………………………………《羊城晚报》2006 年 4 月 28 日
欧阳东等中国发明家获 5 个金奖 …………………………………《人民日报（海外版）》2006 年 5 月 10 日
著名作家王蒙避谈超女 ………………………………………………………《羊城晚报》2006 年 5 月 12 日
王蒙讲课：宝玉和薛蟠没太大区别 …………………………………………《广州日报》2006 年 5 月 12 日
王蒙称阿 Q 吴妈未结合实属语言缺训练（图） ……………………………《信息时报》2006 年 5 月 12 日
港澳生读暨南大学学费降半 …………………………………………………《中国青年报》2006 年 5 月 15 日
稻壳中制取纳米 SiO_2 ……………………………………………………《南方都市报》2006 年 5 月 16 日
用稻壳制取纳米材料 …………………………………………………………《信息时报》2006 年 5 月 16 日
华裔企业家来广州进修 ………………………………………………………《羊城晚报》2006 年 5 月 17 日
华裔新生代企业家研修班开班 ……………………………………《人民日报·华南新闻》2006 年 5 月 18 日
稻壳有望实现变废为宝 ………………………………………………………《光明日报》2006 年 5 月 29 日
与优秀记者共论新闻操守 ……………………………………………………《广州日报》2006 年 5 月 30 日
教师《自然》《科学》发表论文可奖 20 万 ……………………………………《广州日报》2006 年 5 月 30 日
暨大赶考“211 工程”《自然》《科学》上发论文重奖 20 万 ………………《南方日报》2006 年 5 月 30 日
教育部专家组在暨大进行验收 ………………………………………………《信息时报》2006 年 5 月 31 日
发表顶级论文 暨大重奖廿万 …………………………………………………《羊城晚报》2006 年 5 月 31 日
稻谷也能“种”出“房子” ……………………………………………………《羊城晚报》2006 年 6 月 6 日
广州大学生足球联赛暨大夺冠 …………………………………………………《新快报》2006 年 6 月 12 日
20 个国家学子投考暨大…………………………………………………………《南方日报》2006 年 6 月 13 日
外招学生也考“3 + X” ………………………………………………………《南方都市报》2006 年 6 月 13 日
3 000 多境外青年赶考“3 + X” ………………………………………………《羊城晚报》2006 年 6 月 13 日
暨大华大招考港澳台侨生 ……………………………………………《人民日报（海外版）》2006 年 6 月 14 日
暨大获 MBA 联合会主席峰会主办权 ……………………………………………《新快报》2006 年 6 月 14 日
“中华文化教育基地”落户高州 ………………………………………………《茂名日报》2006 年 6 月 20 日
暨大在高州设中华文化教育基地 …………………………………………《南方都市报》2006 年 6 月 26 日
杨锦麟举行学术讲座 称中国既要孔子也要章子怡 ………………………《信息时报》2006 年 6 月 26 日
杨锦麟：我不算知识分子 ……………………………………………………《广州日报》2006 年 6 月 26 日
杨锦麟：既要孔子也要章子怡 …………………………………………………《新快报》2006 年 6 月 26 日
杨锦麟受聘暨大 昨为暨大师生奉上一场精彩讲座 ………………………《羊城晚报》2006 年 6 月 26 日

暨大健康科学研究中心成立 ……………………………………………………《南方日报》2006年6月30日
暨大与白兰氏联手共建科研中心 …………………………………………………《信息时报》2006年6月30日
国侨办华文教育奖学金助马来西亚华裔赴暨大深造 ……………《人民日报（海外版）》2006年6月30日
暨大白兰氏基金会健康科学研究中心成立 ………………………………………《羊城晚报》2006年6月30日
暨大华大录取本科生3 050人 ………………………………………………《香港大公报》2006年7月12日
徐小明戴四方帽感激家人支持 ………………………………………………《香港文汇报》2006年7月12日
徐小明戴四方帽激动 …………………………………………………………《香港大公报》2006年7月12日
广东高校研究生招生初步计划出台　暨大增29专业 ……………………………《新快报》2006年7月12日
出档线：华师660　暨大668 ……………………………………………………《新快报》2006年7月12日
暨南大学第二个教育部工程研究中心获批立项 …………………………………《信息时报》2006年8月17日
广东暨南大学研究表明中药穿琥宁粉针剂具有体外抗HIV－1作用 ……《中国医药报》2006年8月17日
大运会赛事不断升温　暨大代表队勇夺第一金 ……………………………………《广州日报》2006年8月17日
民建联与暨大合作经年调研　倡泛珠建统一商务条款 ……………………………《香港商报》2006年8月17日
暨南大学旧址纪念碑在真如、宝山落成 …………………………………………《文汇报》2006年8月17日
暨南大学将迎来百年校庆 ……………………………………………………美国《侨报》2006年9月11日
暨南大学百年校庆海选演员　张铁林受邀出任形象代言人 ………………………《信息时报》2006年9月15日
暨大奖高考“状元”每人万元同等收费……………………………………………《广州日报》2006年9月18日
四千港澳台侨生入读暨大 ……………………………………………………《香港大公报》2006年9月18日
暨大侨生爆棚 …………………………………………………………………《南方都市报》2006年9月18日
暨大秋季新生开学　张铁林迎来首届58名学生 ……………………………………《新快报》2006年9月18日
“我会少拍戏，尽量往暨大跑” …………………………………………………《南方都市报》2006年9月18日
“皇阿玛”强调不会培养明星 ……………………………………………………《羊城晚报》2006年9月18日
张铁林暨南大学转正迎来首批新生 ………………………………………………《信息时报》2006年9月18日
暨南大学：2007年研究生招生公费指标占四成左右 ……………………………《中国青年报》2006年9月1日
暨南大学海外生爆棚 …………………………………………………………美国《侨报》2006年9月20日
能仁暨大合办硕士班 …………………………………………………………《香港大公报》2006年9月25日
为百年校庆献礼　暨大校友解囊逾千万 ……………………………………………《南方日报》2006年9月25日
校董校友纷纷解囊捐赠1 200多万元为暨大百年献礼 ……………………………《羊城晚报》2006年9月25日
暨大获港澳人士捐逾千万 ……………………………………………………《香港大公报》2006年9月25日
暨大中医毕业生获资格证 ……………………………………………………《香港大公报》2006年9月26日
暨大担负国家“863”高科技项目　黄曲霉毒素有望得到抑制 ……………………《南方日报》2006年9月27日
暨南大学研究小组成功完成“八六三”计划攻关项目………………………………《人民日报》2006年9月27日
暨大为黄曲霉毒素“解毒” ………………………………………………………《广州日报》2006年9月27日
暨南大学澳门校友会访津 ………………………………………………………《天津日报》2006年10月8日
暨南大学首批中医专业毕业生通过香港中医执业资格 ……………………………《科学时报》2006年10月13日
潲水油变生物柴油　广东高校成果高交会上受青睐 ………………………………《南方日报》2006年10月16日
暨大华农获“挑战杯”金奖 …………………………………………………………《新快报》2006年10月20日
“首届安徽EMBA班”开学 …………………………………………………………《安徽日报》2006年10月20日
管理学三大师首聚羊城 ………………………………………………………………《新快报》2006年10月20日
管理学大师广东企业家羊城探讨企业创造力 ………………………………………《羊城晚报》2006年10月24日
“企业创新与发展”为主题　首届粤企论坛下月在穗举行…………………………《南方日报》2006年10月24日
世界管理大师对话广州企业家 ………………………………………………………《广州日报》2006年10月24日
“社会和谐比GDP增长重要” ……………………………………………………《南方都市报》2006年10月24日
暨大百场讲座喜迎百年校庆　敦聘杜维明等任名誉教授 ……………………………《南方日报》2006年10月25日
李穗荣独奏音乐会即将举行　孙鹏杰担任演出嘉宾 …………………………………《广州日报》2006年10月25日
杜维明和彼得·圣吉受聘为暨大名誉教授 …………………………………………《信息时报》2006年10月25日

暨大下月贺百年校庆 ……《香港大公报》2006年10月29日
联通300万冠名暨大校庆晚会 ……《南方都市报》2006年10月29日
联通捐资300万贺暨大百年校庆 ……《南方日报》2006年10月29日
校庆晚会冠名“联通世界风” ……《信息时报》2006年10月29日
暨大百年校庆 学术活动为主 ……《羊城晚报》2006年10月29日
暨大师生折纸鹤追思“霍董事长” ……《南方日报》2006年10月31日
霍校董走了 暨大校庆留遗憾 ……《羊城晚报》2006年10月31日
广东联通冠名暨大百年庆典晚会 ……《人民日报·华南新闻》2006年10月31日
暨大首批中医专业毕业生通过香港中医执业资格考试 ……《中国青年报》2006年10月31日
李岚清在暨南大学畅谈“音乐·艺术·人生”侧记 ……《南方日报》2006年10月31日
暨大计划与港高校合办“2+2” ……《香港大公报》2006年11月2日
九旬教授积极“护绿” ……《广州日报》2006年11月2日
三位九旬教授成“护绿使者” ……《羊城晚报》2006年11月3日
暨大下周百年校庆 校方将举办多项庆祝仪式 ……《新快报》2006年11月8日
暨大百年校庆推出世纪珍藏书画展 ……《南方日报》2006年11月13日
暨大成立产经研究院广东发展再添智囊团 ……《南方日报》2006年11月13日
校史专家披露珍贵史料——邓小平胞弟江泽民叔父曾是暨大同窗 ……《南方日报》2006年11月13日
暨南大学将迎来百年庆典 张铁林等亮相庆祝晚会 ……《信息时报》2006年11月15日
暨南大学迎来百年庆典 ……《信息时报》2006年11月15日
暨南大学庆百年华诞 ……《科学时报》2006年11月22日
暨大法学院院长来我市作专题报告 ……《茂名日报》2006年11月22日
篮坛双雄同贺暨大华诞 ……《南方日报》2006年11月23日
CBA广东两虎走进校园 友谊赛为百岁暨大献礼 ……《广州日报》2006年11月23日
宏远新世纪齐贺暨大校庆 ……《信息时报》2006年11月23日
暨大成立香山文化研究所 编撰出版《香山文库》 ……《中山日报》2006年11月27日
暨南百年校庆晚会圆满落幕曾因风雨延期昨夜灿烂登场 ……《南方日报》2006年11月27日
众师生歌舞祝寿 盛大晚会庆暨大百岁生日 ……《新快报》2006年11月27日
粤港澳新闻人才培养研讨会举行 ……《信息时报》2006年11月27日
暨南大学银行招聘会现场火爆 学生揾工趋理性不少选择回家乡 ……《南方日报》2006年11月27日
新闻教育面临挑战 粤港澳共商人才培养大计 ……《新快报》2006年11月27日
世界著名量子化学家潘毓刚对比中美教育 中国教育束缚特殊才能学生
……《南方日报》2006年11月30日
高考化学题难倒化学家 ……《新快报》2006年11月30日
传媒精英共聚暨大华工两场论坛 ……《南方都市报》2006年12月4日
传媒精英传播学者 暨大分享“数字化” ……《南方日报》2006年12月4日
南方报业原掌舵人范以锦出任暨大院长 ……《南方日报》2006年12月25日

【综述类】

百年薪火传承 世纪侨校风范——“华侨最高学府”暨南大学“十五”
“211工程”建设纪实 ……《光明日报》2006年5月25日
百年侨校薪火相传 世纪学府再铸辉煌 ……《南方日报》2006年5月29日
百年沧桑 薪火相传 ……《光明日报》2006年9月6日
伟大的使命 光荣的责任 ……《光明日报》2006年9月10日
民族魂与爱国情 ……《光明日报》2006年9月18日

学术自由兼中外　百年暨南写辉煌 ……………………………………………《光明日报》2006 年 11 月 3 日
百年暨南振体坛　强身健体争国光 ……………………………………………《光明日报》2006 年 11 月 4 日
同舟共济　集思广益 ………………………………………………………………《光明日报》2006 年 11 月 7 日
暨南大学即将迎来百年华诞　被称为华侨最高学府 ………………《中国经济周刊》2006 年 11 月 13 日
百年暨大　三次停办五度迁址 ………………………………………………《信息时报》2006 年 11 月 15 日
海纳百川　有容乃大——暨南之“大” ……………………………………《光明日报》2006 年 12 月 4 日
暨南校训“忠信笃敬” ………………………………………………………《光明日报》2006 年 12 月 11 日
暨南精神 ……………………………………………………………………………《光明日报》2006 年 12 月 11 日
开海外窗口　迎改革之风 ………………………………………………………《光明日报》2006 年 12 月 18 日

【人物类】

创造广州故事：孙博华放弃高薪回暨大任教 …………………………………《广州日报》2006 年 1 月 10 日
暨大同事深情追忆梁灵光风范　省长兼校长　谦逊 ………………………《南方日报》2006 年 2 月 27 日
永远的怀念 ………………………………………………………………………《羊城晚报》2006 年 2 月 27 日
陈恩：两岸关系不乐观 ………………………………………………………《香港大公报》2006 年 3 月 1 日
曹云华：菲律宾　运动革了民主的命 …………………………………………………《晶报》2006 年 3 月 1 日
陈伟明：高考制度相对公平 ……………………………………………………………《新快报》2006 年 3 月 5 日
高雄飞：“总理开博客”这是一种民主意识的觉醒 ……………………………………《新快报》2006 年 3 月 5 日
陈伟明：给高校减减负 …………………………………………………………………《科学时报》2006 年 3 月 10 日
马明达：反对盲目复古 …………………………………………………………………《信息时报》2006 年 3 月 13 日
支庭荣：谈信息时报改版　用独家营销手法打天下 ………………………《信息时报》2006 年 3 月 23 日
董天策：论时报改版 ……………………………………………………………………《信息时报》2006 年 3 月 27 日
林锡星：中缅能源合作潜力巨大 ……………………………………………………《国际商报》2006 年 3 月 28 日
暨大黄振邦教授：活在“真空”里的学者 ………………………………………《南方都市报》2006 年 3 月 28 日
暨南大学硕士生靠 300 元助学金撑起全家（组图） …………………………《信息时报》2006 年 3 月 29 日
记者对罗伟其印象：教计算机的儒雅师长（图） ………………………………《新快报》2006 年 3 月 31 日
我的学生很多都走上了一线岗位 ……………………………………………………《南方日报》2006 年 4 月 12 日
王越：百年学林笑谈中　一生桃李满天下 ………………………………………《南方都市报》2006 年 4 月 13 日
陈恩：粤台产业合作进入新一轮转型调整期 ……………………………………《香港大公报》2006 年 4 月 14 日
父亲许君远二三事 ……………………………………………………………………《香港大公报》2006 年 4 月 25 日
“潘老师”将是我一生的名字 …………………………………………………………《羊城晚报》2006 年 4 月 27 日
黄昆章：华人为何移民所罗门 ………………………………………………………《南方日报》2006 年 4 月 27 日
不能只为他人作嫁衣——暨南大学校长胡军谈自主创新与产业竞争力 ……《光明日报》2006 年 5 月 10 日
蔡铭泽：大学扩招质量堪忧（图） ……………………………………………………《新快报》2006 年 5 月 12 日
建设一个诗意的珠海——访暨南大学党委书记、副校长、著名文艺学家、
博士生导师蒋述卓教授 ……………………………………………………………《珠海特区报》2006 年 5 月 15 日
“潘老师”这一年 …………………………………………………………………………《南方日报》2006 年 5 月 29 日
胡军：流通业越发达区域经济越有竞争力 …………………………………………《南方日报》2006 年 5 月 30 日
黄乾宇用一年时间换一生感动 ………………………………………………………《光明日报》2006 年 6 月 5 日
蒋述卓：名人凡人都可成“天使”　如何“雕琢”考验功力 ………………《羊城晚报》2006 年 6 月 8 日
侨校如何上好思想政治理论课——访暨南大学党委书记蒋述卓 ……………《光明日报》2006 年 6 月 26 日
暨大新校长胡军：百年不仅是时间更是质量 ………………………………………《南方日报》2006 年 6 月 27 日
身边的共产党员：张维佳爱上“三下乡” ………………………………《人民日报（华南版）》2006 年 6 月 29 日

2005 年度教育部新世纪优秀人才支持计划入选者——暨南大学刘泽寰副教授
……………………………………………………………………………………《科技日报》2006 年 6 月 30 日
数数广东的单科状元：河源 ……………………………………………………《羊城晚报》2006 年 6 月 30 日
庄礼伟：巴以冲突　仇恨的政治经济学 ………………………………《南方都市报》2006 年 7 月 4 日
将爱心传递给每个生命　记清远杰出青年吴凡宇 ………………………《清远日报》2006 年 7 月 5 日
65 岁马来西亚籍华人硕士暨大毕业（图） ……………………………《南方都市报》2006 年 7 月 12 日
暨南大学校长胡军：撼动浮躁可真难 ……………………………………《中国青年报》2006 年 8 月 17 日
马明达：香山文化具有强大历史张力和生命力 ……………………………《中山日报》2006 年 8 月 17 日
开发功能性食品成为中药发展现代化的另一途径 …………………………《消费日报》2006 年 8 月 17 日
大学亟需加强人文精神培养　防经济与人文断裂 …………………………《广州日报》2006 年 8 月 17 日
民族文化薪火相传——访国务院侨办副主任刘泽彭 ……………《人民日报（海外版）》2006 年 8 月 17 日
姚新生："天然饮食法"成最时尚的饮食方式 ………………………………《健康时报》2006 年 8 月 17 日
俗人才说我是"挂名院长" …………………………………………………《羊城晚报》2006 年 9 月 14 日
地平线上的背影 ………………………………………………………………《光明日报》2006 年 9 月 18 日
郑洪年与中国的华侨教育 ……………………………………………………《光明日报》2006 年 9 月 20 日
何炳松与暨南的发展 …………………………………………………………《光明日报》2006 年 9 月 21 日
陶铸与暨南大学的重建 ………………………………………………………《光明日报》2006 年 9 月 25 日
陈序经与暨南的重建与发展 ………………………………………………《光明日报》2006 年 10 月 11 日
书骨诗魂乐境——汪国真印象 ……………………………………………《光明日报》2006 年 10 月 16 日
荣毅仁的暨南情结 …………………………………………………………《光明日报》2006 年 10 月 16 日
暨南名师逸事 ………………………………………………………………《光明日报》2006 年 10 月 20 日
"新月派"在暨南 ……………………………………………………………《光明日报》2006 年 10 月 27 日
曹景行说关键还是要看领导人给的空间 …………………………………《南方日报》2006 年 10 月 31 日
以创新为魂　打造百年侨校的特色和质量——访暨南大学校长胡军 ………《光明日报》2006 年 11 月 3 日
护理教育专家黄爱廉：凡事我都不喜欢想 ……………………………《南方都市报》2006 年 11 月 7 日
黄爱廉：做护士最要有爱心 …………………………………………………《羊城晚报》2006 年 11 月 8 日
专访暨大校长胡军："暨大还将创造一个新百年" …………………《中国经济周刊》2006 年 11 月 13 日
徐瑄：知识产权与创新的社会成本 ………………………………………《新快报》2006 年 11 月 20 日
庄礼伟：《大国崛起》还可以拍得更好一些 …………………………《南方都市报》2006 年 12 月 11 日
庄礼伟："十博士"之后我们如何过跨年夜 ……………………………《南方都市报》2006 年 12 月 30 日

【专题类】

名校巡礼之 1：暨南大学迎来百年校庆 ……………………………………《新快报》2006 年 3 月 27 日
分流教学让学生各取所需 ……………………………………………………《科学时报》2006 年 3 月 28 日
勿忘誓言　在广西开展服务的广东志愿者素描 ………………《人民日报・华南新闻》2006 年 4 月 21 日
十载自主创新办学硕果满枝 ………………………………………………《深圳特区报》2006 年 5 月 15 日
特殊定位打造暨大无可比拟的特色 ………………………………………《新世纪周刊》2006 年 5 月 30 日
港澳学生青睐内地高校 ……………………………………………………《海峡都市报》2006 年 8 月 17 日
暨大"金砖" ……………………………………………………………《中国经济周刊》2006 年 11 月 13 日
华侨最高学府　宏教泽系侨情海纳百川 …………………………………《羊城晚报》2006 年 11 月 15 日
近半学生来自境外 …………………………………………………………《信息时报》2006 年 11 月 15 日
暨南风景漫谈 ………………………………………………………………《光明日报》2006 年 11 月 27 日